동아대
마르크스-엥겔스
연구소 총서

마르크스의 『자본』 탄생의 역사

동아대
마르크스-엥겔스
연구소 총서
❸

마르크스의 『자본』 탄생의 역사

비탈리 비고츠키 지음 | 강신준 옮김

도서출판 길

동아대
마르크스-엥겔스
연구소 총서
❸

마르크스의 『자본』 탄생의 역사

2016년 2월 1일 제1판 제1쇄 인쇄
2016년 2월 5일 제1판 제1쇄 발행

지은이 | 비탈리 비고츠키
옮긴이 | 강신준
펴낸이 | 박우정

기획 | 이승우
편집 | 이남숙
전산 | 한향림

펴낸곳 | 도서출판 길
주소 | 06032 서울 강남구 도산대로 25길 16 우리빌딩 201호
전화 | 02) 595-3153 팩스 | 02) 595-3165

등록 | 1997년 6월 17일 제113호

한국어 판 ⓒ 도서출판 길, 2016. Printed in Seoul, Korea

ISBN 978-89-6445-124-3 93300

이 번역서는 동아대학교 교내 번역과제로 선정되어 동아대학교 번역총서 제135호로 출간되었음.

이 책은 1965년 미슬(Mysl) 출판사에서 발간된『카를 마르크스의 위대한 발견의 역사』*에 대한 직접적인 후속 저작인데, 이 선행 저작은 1850~63년 사이에 이루어진 카를 마르크스(Karl Marx)의『자본』(*Das Kapital*)에 대한 작업 과정을 알려주는 것이었다. 여기 이 책에서 나는 마르크스가 40년에 걸쳐 수행했던 그의 경제 이론 작업의 전모를 보여주고자 한다. 『자본』이 탄생하는 과정을 세부적으로 연구하면 마르크스 경제 이론의 발전 단계를 시기적으로 구분하는 데 있어 몇 가지 기준을 얻어낼 수 있다. 이들 연구는 마르크스 경제 이론이 만들어지는 과정을 시기별로 세밀하게 구분 지을 수 있게 해주는 것은 물론 각 시기별로 그 발전 수준을 과대 혹은 과소평가하는 것을 막아주고 또한 마르크스의 경제 저작들 가운데 충분히 성숙한 것과 아직 미성숙한 것들이 마구 뒤섞이는 것을 막아준다. 내가 보기에 이들 기준 가운데 가장 중요한 것은 각 단계별로 과학적 공산주의 이론이 만들어지고 정립된 수준이다. 그래서 이 책에서『자본』의 역사를 다루는 관점은 마르크스가 과학적 공산주의 이론을 어떻게 만들어냈는가** 하는 것에 두었는데 그것은 이 이론을 발전시키는 것

• 이 책의 독일어판은 1967년『위대한 발견의 역사』라는 제목으로 비르트샤프트(Die Wirtschaft) 출판사에서 출판되었다.

이 마르크스가 40년에 걸친 경제학 연구를 통해 추구했던 본래의 목표였기 때문이다. 마르크스는 자신의 이론적 작업을 언제나 노동자계급의 이해와 프롤레타리아혁명이라는 관점에서 수행하였다. 즉 그에게 과학적 공산주의 이론의 과제는 무엇보다도 노동자계급의 지위를 자본주의의 전체 구조 속에서 설명하고 이 계급이 미래에 기대하는 전망을 제시하는 것이었다.

과학적 인식의 발전을 단계별로 구분함으로써 마르크스주의 이론과 역사의 주요 부분들에 대한 연구는 불가피하게도 전반적으로 서로 분리되었다. 그러나 현실에서 마르크스주의는 언제나 구성 요소들 사이의 긴밀한 관련을 통해 발전해 왔다. 그래서 마르크스도 과학적 공산주의 이론을 항상 경제 이론과의 불가분의 관련 속에서 발전시켰다. 과학적 공산주의의 원리를 체계적으로 완성한 것은 마르크스의 첫 번째 위대한 발견이 이룩한 성과인데, 그 첫 번째 발견이란 바로 유물론적 역사관으로 마르크스가 (프리드리히 엥겔스Friedrich Engels와 함께) 1840년대 중반에 완성한 것이었다. 마르크스와 엥겔스의 역사적·경제적 연구의 성과에서 출발하여 유물론적 역사관은 마르크스의 후기 경제 이론의 방법론적 토대를 만들어냈고 경제학의 후속 작업에 대한 계획도 함께 제공하였다. 바로 이런 의미에서 경제 이론은 마르크스주의 전체 체계에서 극히 중요한 지위를 차지하게 되었다. 사실 경제적 사회구성체를 구성하는 생산관계가 가장 중요한 결정적인 요인이라면 이 생산관계를 연구하는 것만이 사회의 역사적 발전의 실질적인 추동력을 찾아내고 그것의 발전 경향을 보여줄 수 있는 것이 된다. 달리 말해서 이론 영역에서 마르크스주의의 핵심 과제는 부르주아사회의 경제적 운동 법칙을 탐구하는 데 있는 것이다.

•• 안타깝게도 마르크스 경제 이론을 이런 관점에서 살펴보는 것은 마르크스는 물론 엥겔스와 레닌에 대해서도 극히 중요한 것임에도 불구하고 최근 마르크스주의 저작들에서는 찾아보기 힘들다.

마르크스의 두 번째 위대한 발견인 잉여가치론——그는 이것을 1850~63년 사이에 완성하였다——의 완성을 통해 첫째 유물론적 역사관은 과학적 근거를 확보하게 되어 독창적인 가설에서 과학적으로 입증된 이론으로 바뀌었다. 그럼으로써 과학적 공산주의 이론도 정당성을 확보하게 되었다.[•] 둘째 마르크스 경제 이론의 완성을 통해 과학적 공산주의 이론이 근본적으로 심화되고 확대될 수 있는 전혀 새로운 성과가 만들어졌다. 마르크스의 가치론과 그것의 토대가 된 잉여가치론의 완성, 그리고——이런 틀 속에서——자본주의적 착취의 메커니즘에 대한 연구는 마르크스로 하여금 사회주의 혁명의 불가피성을 경제적으로 입증할 수 있도록 만들어주었다. 경제적 연구를 통해서 마르크스는 자본주의사회에서 노동자계급의 상태와 투쟁에 대한 매우 중요한 법칙을 찾아냈다. 그는 또한 공산주의 경제의 과학적 전망에서도 중요한 성과를 얻어낼 수 있었다. 결국 『자본』의 등장과 함께, 그리고 마르크스의 경제 이론에 의해서 과학적 공산주의 이론은 경제적으로 입증되었고, 그럼으로써 사회주의도 하나의 가설에서 과학적으로 입증된 이론으로 바뀌었다.

과학적 공산주의 이론의 완성과 확립은 마르크스의 경제 이론이 형성되어 가는 과정에 따라 이루어졌다. 그래서 이 이론이 어떻게 발전해 나갔는지 올바로 파악할 수 있는지의 여부에 따라(만일 그렇지 못할 경우 마르크스의 경제 이론은 필연적으로 도그마로 화하여 왜곡되어 이해될 것이 분명하므로) 과학적 공산주의 이론을 위해서 마르크스 경제 이론으로부터 얻어지

• 마르크스의 『자본』에서 과학적 사회주의의 근거와 관련된 문제에 대해서는 A. M. 루먄체프(Rumjanzew)의 다음 여러 글들을 참고할 수 있다. A. M. Rumjanzew, "Marx' *Kapital* und die ökonomische Begründung des Sozialismus", in: *Marx und die Gegenwart*, Moskau, 1968, pp. 113~32, 러시아어판; "Das *Kapital* und die ökonomischen Probleme des Sozialismus", in *Marx' Kapital. Die Philosophie und die Gegenwart*, Moskau, 1968, pp. 36~45(러시아어판); "Die Prinzipien der ökonomischen Begründung des Sozialismus im *Kapital* von K. Marx", in *K. Marx und die sozialistische Wirtschaft*, Moskau, 1968, pp. 5~22, 러시아어판.

는 결론들(그때그때의 역사적 시기별로 얻어지는)도 마르크스의 경제 이론이 각 시기별로 도달했던 수준에 맞추어 이해할 수 있을 것이다. 그렇기 때문에 우리는 마르크스 경제 이론을 그것이 형성되고 발전해 나간 역사적 순서에 따라 고찰해야만 한다.*

물론 마르크스 경제 이론의 역사와 또한 과학적 공산주의 이론의 역사가 모두 1863년에 끝난 것은 아니다. 이후의 20년 동안 마르크스는 자신의 경제 이론을 더욱 심화시켜 나갔을 뿐만 아니라 『자본』 제1권을 출판하고 이어 재판과 제3판을 모두 출판하였다. 국제노동자연맹(제1인터내셔널, 1864~72년)에서의 활동 기간은 물론 그 이후에도 마르크스는 노동자계급의 경제정책에 대하여 밀도 있는 연구를 수행하였다. 그는 이 기간의 연구를 통해서 자신의 경제 이론을 현장 노동자들의 계급투쟁의 구체적인 문제들에 적용하였고 미래의 공산주의사회의 이론을 완성시켜 나갔다. 이 시기는 또한 마르크스가 러시아의 사회경제적 발전에 커다란 관심을 가졌던 시기이기도 하다. 이 과정에서 마르크스는 『자본』의 논의를 넘어선 특수한 연구에 몰두하였다. 이 모든 것은 또한 과학적 공산주의의 정당성을 보다 확고하게 정립하고 그 내용을 풍부하게 만드는 것을 의미하기도 하였다. 제1인터내셔널과 그 이후의 시기에 걸쳐 역사 그 자체를 통해서 입증된 사실은 과학적 공산주의 이론에 기초한 마르크스의 경제 이론이 자본주의 생산양식의 구조, 그것의 작동 메커니즘, 그리고 발전 경향을 그대로 반영하는 것이었다는 점이다.

• 에드워드 피스(Edward R. Pease)에게 보낸 편지 초안에서 엥겔스는 1886년 다음과 같이 쓰고 있다. "그러나 나는 어떤 경우에도 내가 속해 있는 당이 확정된 형태의 완성된 안을 제안해야 한다고 단언하는 것이 아닙니다. 미래의 비자본주의적인 사회와 현재 사회 사이의 차이에 대한 우리들의 견해는 역사적 사실과 발전 과정으로부터 정확하게 도출된 결론이며, 만일 그것이 이들 사실이나 발전 과정과 무관한 것으로 드러난다면 그것들은 이론적으로나 실천적으로 아무런 가치도 없을 것입니다"(MEW Bd. 36, 1967, p. 429).

엥겔스는 마르크스 이론에 대하여 다음과 같이 썼다. "마르크스의 모든 인식 방식은 …… 교의가 아니라 하나의 방법이다. 그의 인식 방식은 완성된 교의가 아니라 계속되는 연구를 위한 정거장이며 그 연구를 위한 방법이다."[1] 우리가 마르크스 경제 이론의 발전 과정을 따라가 보면 우리는 경제문제의 연구에 대한 그의 방법론에 몇 가지 특징이 있다는 것을 알게 되는데, 이들 특징은 오늘날 우리의 현실을 연구하는 데 극히 중요하다.

이런 맥락에서 역사적인 관점은 마르크스의 경제 연구 작업에서 연구의 출발점이자 동시에 종점을 나타내며, 역사적 비판적 분석과 이론적 분석 사이의 관계를 기술하게 된다. 『자본』의 이론적인 부분과 역사적인 부분의 구조를 비교해 보면 이들 두 부분이 대체로 일치한다는 것을 알게 된다. 그것은 마르크스 경제 이론의 역사적인 부분이 그 이론의 형성에 있어 출발점이자 동시에 논리적인 결론을 이루고 있으며, 또한 그 이론에게 역사적 정당성을 제공하고 있다는 것을 보여준다. 게다가 마르크스는 연구의 역사적인 관점으로부터 경제 이론의 완성은 물론 과학적 공산주의 이론을 위한 결론과 관련해서도 매우 가치 있는 성과를 얻어냈다.

이 책에서는 경제적인 과정의 소재적인 내용과 사회적인 형태를 구별하는 것이 연구에서 얼마나 중요한지를 보여준다. 이 방법은 마르크스와 엥겔스가 그들의 초기 경제 이론 작업에서 이미 사용했던 것으로 마르크스 경제학의 고유한 하나의 특징이다. 이 방법을 일관되게 사용함으로써 마르크스는 자본주의가 진보적이면서도 동시에 역사적으로 소멸할 운명이라는 점을 함께 밝히고 부르주아사회의 품속에서 공산주의의 물질적 전제가 만들어진다는 점을 파악할 수 있었다. 그리고 그것은 다시 사회주의 혁명과 미래 사회의 건설이 극히 과학적인 성격을 띠고 있다는 결론에 도달하게 만들어주었다.

이 책에서는 또한 마르크스가 구체에서 추상으로의 운동 과정을 통해서 상품이 자본주의의 '세포 형태'라는 점을 어떻게 발견하였는지를 분석할 것이다. 그런 종류의 선행 단계가 필요하다는 것을 인정하는 것은 추상에서 구체로의 과정에 대한 유물론적 해석에서 극히 중요한 계기의 하나이다. 이런 분석은 또한 이론적 연구에서 출발점을 결정할 때 연구 대상이 된 과정의 소재적 내용이나 사회적 형태를 추상화할 필요가 없다는 인식을 우리에게 가져다준다. 오히려 이들의 유기적 결합— 우리는 상품의 경우에서 이런 사례를 볼 수 있다— 이야말로 추상에서 구체로의 과정의 출발점, 즉 '세포 형태'를 이룬다.

  마지막으로 나는 마르크스가 그의 경제 연구에서 사용했던 추상에서 구체로의 진행 방법에 대한 연구로부터 마르크스와 엥겔스의 경제학적 유산은 오로지 전체를 통해서만, 마르크스 경제 이론과 그의 연구 방법에 대한 올바른 내용을 전달할 수 있다는 인식을 얻었다. 자본 초안들의 특성은 그것들이 부르주아 경제의 연구를 하나의 과정으로 잘 보여주고 있다는 점에 있는데, 이는 예를 들어 세 권의『자본』은 본질적으로 이미 완성된 경제 이론을 나타내고 있다는 점과 대비된다. 초안들을 통해 나타나고 있는 연구 단계들은 무엇보다도 구체에서 추상으로의 과정을 추상에서 구체로의 과정의 선행 단계로 인식하게 만들어준다. 이런 모든 점은 이 책이『자본』의 선행 저작들에 대해서 깊은 주의를 기울이고 있는 이유를 설명해 준다. 마르크스의 경제 이론을 오늘의 현실에 적용하는 문제를 다루면서 나는 이 이론이 우리의 현실을 설명하기 위해 구체화하고 발전시키는 데 필요한 전제들을 포함하고 있다는 점을 부각하려 노력하였다. 마르크스 경제학의 이런 중요한 특성은 레닌의 경제적 연구를 통해서도 충분히 확인되었다. 레닌의 저작들에서 사용된 방법론적 구조는 우리가 마르크스와 엥겔스에게서 발견한 것과 일치하고 또한 전자는 후자를 보충해 주고 있기도 하며, 마르크스 이론에 대한 참된 변증법적 접근 방법의 탁월한 사례를 보여주고 있다. 레닌의 저작들 가운데 특히 주목을 끄는 것은 마르크스주의의 역사에서 이들 문제를 다루고 있는 것들이다. 우리가 레닌의 저작『'인민의 친구'란 무엇인가 그리고 이들은 사회민주주의자들과 어떻게 싸우는가』에서 발견하게 되는 것은 오로지 유물론적 역사관이 하나의 가설에서 과학적으로 입증되는 명제로 어떻게 바뀌는지에 대한 것이다. 마르크스주의 역사에 대한 이후의 모든 연구들은 바로 이런 사실을 그대로 확인해 주고 있다. 이 책에서는 또한 레닌의 제국주의 이론이 갖는 고유한 방법론적 관점을 제시하고, 그 이론이 마르크스가 주로 자본주의적 농업의 사례를 통해서 만들어낸 자본주의의 독점에 관한 일반 이론을 발전시킨 것이라는 점을 설명하고 있다. 사회주의사회에 대한 레닌의 개념도 역시 마르크스가 공산주의사회구성체에 대한 과학적인 전망을 통해서 획득했던 것으로 공산주의사회구성체의 첫 번째 국면이 낡은 사회에서 새로운 사회로의 이행을 포함한다는 인식에 근거한 것이었다. 그래서 레닌은 공산주의의 첫 번째 국면의 이행기적 특수 현상으로 등가교환이 얼마나 계획적인 것으로 바뀌었는지, 그리고 등가교환의 형태와 내용이 자본주의에 비하여 얼마나 근본적으로 바뀌었는지에 주목하였던 것이다.

마르크스의 경제 이론에 대한 오늘날의 부르주아적 혹은 수정주의적 해석에 대해서는 이 책에서 다루지 않는다. 단지 여기에서 한 가지 확인해 두고자 하는 것은 오늘날 부르주아 이론가들 중에서도 마르크스를 모두 부정하지 않는 사람의 수가 상당히 늘어나고 있다는 점이다. 예를 들어 러시아 태생의 미국 경제학자 바실리 레온티예프(Wassily Leontief)는 다음과 같이 말하고 있다. "오늘날의 경제 이론에서 마르크스의 중요성은 그가 곧바로 이용할 수 있는 무한한 원천을 제공하고 있다는 점에 있다. 오늘날의 이론 가운데 대다수는 어느 정도 타인의 이론으로부터 간접적으로 도출된 것들이다. …… 세 권으로 이루어진 『자본』은 이윤, 임금, 자본주의적 기업가 집단 등에 관한 정보를 미국의 숱한 조사 통계들보다 훨씬 현실감 있고 진실된 형태로 보여주고 있다 ……."[2] 그러나 이들 부르주아적 수정주의 이론가들은 마르크스를 연구자로서 이미 인정하면서도 동시에 모두가 하나같이 연구자로서의 마르크스와 혁명가로서의 마르크스를 분리하기 위해 노력하고 있기도 하다. 그래서 이들은 다음과 같이— 대표적인 예로 프랑스의 마르크스 연구자인 뤼벨(M. Rubel)을 들 수 있다— 주장하고 있다. 즉 마르크스는 항상 과학으로부터 사회주의로 나아가는 대신 사회주의로부터 과학으로 나아갔고 마르크스의 혁명적 신념은 과학적인 논증을 앞질러 가버렸으며 그의 이론은 완결된 것이 아니고 따라서 공상적 사회주의로부터 과학적 사회주의로의 이행은 완결되지 못하였다는 것이다. 이런 종류의 주장에 대한 가장 적합한 반론은 마르크스의 경제 이론을 그 발전 과정에 따라 철저히 연구하는 것으로 그런 연구는 마르크스의 경제 이론과 과학적 공산주의 이론의 혁명적 결론이 서로 유기적으로 관련되어 있다는 것을 인식하게 만들어줄 것이다. 나는 이 책에서 바로 이런 방향으로 한 발자국 나아가기 위해 노력할 것이다.

근세기 최대의 지적 보고로 손꼽히는 카를 마르크스와 프리드리히 엥겔스의 저작은 이들이 남긴 원고가 겪어야 했던 기구한 운명으로 인해 아직까지도 그 전모가 드러나지 않은 상태에 있다. 그 전모를 밝히기 위한 작업이 한 세기를 넘기며 지속되고 있는 MEGA(Marx Engels Gesamtausgabe)이다. MEGA는 세계 곳곳에 흩어져 있는 마르크스와 엥겔스의 원고를 빠짐없이 모아서 문헌적으로 완벽하게 복원하고자 하는 작업으로, 1920년대에 시작되어 숱한 곡절을 겪으며 현재까지도 계속 진행 중에 있다. 독일 정부가 2025년까지 지원을 약속한 상태에서 114권의 간행 목표 가운데 2014년 말 현재 61권이 출판되었다.

하지만 우리나라에는 마르크스와 엥겔스 저작의 '정본'에 해당하는 이 MEGA가 아직 한 권도 소개된 적이 없다. 마르크스의 『자본』(*Das Kapital*)을 우리나라에 처음 소개하는 작업에 연루되면서 삶의 길을 통째로 바꾸었던 나는 2008년 연구년을 맞아 독일 베를린에 체류하는 동안 MEGA 작업팀을 만나게 되었고, MEGA를 국내에 소개하는 것이 나의 당연한 책무라고 생각하게 되었다. 도서출판 길의 적극적인 협력을 얻어 나는 2012년 MEGA의 한국어판 출판에 대한 지적 소유권을 국제 마르크스-엥겔스 재단으로부터 얻어내는 데 성공했다.

MEGA 한국어판은 현재 동아대 맑스-엥겔스 연구소의 주관 아래 제1차

계약분 작업이 진행되고 있다. 이 책은 바로 이 작업의 일환으로 기획된 번역물로서, 마르크스-엥겔스 사상의 정수가 집약되어 있다고 할 수 있는 『자본』이 어떻게 만들어졌는지 문헌적인 발전 과정을 따라 추적한 일종의 발전사적 연구라고 할 수 있다. 그것은 MEGA라는 작업의 직접적인 성과물로서 MEGA가 왜 필요하며 그것이 마르크스-엥겔스 사상을 이해하는 데 어떤 의미가 있는지를 구체적인 내용을 통해 보여주고 있다.

지은이 비탈리 솔로모노비치 비고츠키(Witali Solomonowitsch Wygodski)는 1928년 구(舊)소련의 모스크바에서 출생하여 1946년 모스크바 대학에서 물리학을 전공한 후 1950년 모스크바 국립경제연구소에서 경제학으로 전공을 바꾸어 1955년 박사학위를 취득하였다. 이후 그는 1998년 모스크바에서 세상을 떠날 때까지 평생을 MEGA 작업에 헌신하여 MEGA의 직접적인 편집을 포함하여 100편이 넘는 저술을 출판하였다. 그는 MEGA 작업과 관련하여 주로 마르크스 경제 이론의 발전 과정에 대한 전문 연구자로 널리 알려져 있으며 이 책은 원래 1970년 모스크바에서 러시아어로 출판되었다가(원제, *K istorii sosdanija "Kapitala"*) 1976년 독일어로 번역되었는데(독일어 제목, *Wie "Das Kapital" entstand*), 여기에 번역한 것은 독일어판을 대본으로 한 것이다.

이 책에서 비고츠키는 마르크스의 경제학 연구가 1840년대에 시작되어 그가 마지막으로 세상을 떠날 때까지 40여 년간 지속되었고, 이 기간 동안 그의 이론이 성숙해 가는 과정을 몇 단계로 나누어 정리하고 있다. 즉 방법론이 정립되는 1840년대, 주요 범주에 대한 연구가 이루어진 1850년대, 이들 범주의 현상 형태에 대한 연구가 완성되는 1860년대가 바로 그런 단계들이다. 비고츠키는 자신의 오랜 MEGA 작업의 연구 성과를 토대로 이 과정을 추상에서 구체로의 이행, 소재적 내용(경제적 범주)과 사회적 형태(생산관계)의 통일이라는 방법론적인 틀과 부르주아 경제학에 대한 단순한 비판에서 긍정적 수용과 지양으로 발전해 가는 하나의 변증법적 과정으로 설명하고 있다.

14

이런 발전사적 연구는 마르크스가 남긴 글들을 모두 동일한 차원에 두고 단편적인 개별 저술을 함부로 절대화하거나 여러 저술을 단순히 평면적으로 비교하는 해석의 오류를 알려주고, 그의 사상과 이론을 꾸준히 진화해 가는 하나의 성숙 과정으로 이해할 수 있도록 도와준다. 그리하여 그것은 생애 전체에 걸쳐 끊임없는 진화 과정을 겪을 수밖에 없는 한 사람의 사상을 총체적인 면모로 이해할 수 있도록 해준다. 예를 들어 마르크스 경제 이론의 핵심이라고 할 수 있는 잉여가치론은 1850년대 말에 본격화되어 1860년대가 되어서야 완성된다. 따라서 그의 경제 이론이 아직 미숙한 시기였던 1848년의『공산당 선언』과 그의 경제 이론이 완숙한 시기였던 1875년의『고타강령 비판』은 곧바로 비교될 수 없고 둘 사이의 차이점과 진화의 내용을 중심으로 이해할 필요가 있다.

　하지만 이런 문헌적 연구의 소중한 성과에도 불구하고 이 책은 시대적인 한계도 함께 안고 있다. 이 책이 집필된 1960년대는 동서 냉전이 절정을 이루고 있던 시기였다. 따라서 이 책의 곳곳에는 당시 현실로 존재하던 소련 체제의 정당성을 옹호하고자 하는 의도적인 노력이 상당히 묻어 있고(주로 뒷부분에 국한되어 있긴 하지만), 이로 인해 소련 체제의 붕괴를 이미 목도한 오늘날의 관점에서 보면 곧바로 수용하기 곤란한 내용도 일부 포함되어 있다. 예를 들어 케인스주의와 소련의 국가적 소유의 정당성을 모두 마르크스로부터 차용하려는 경향, 자본주의와 점차 격차가 벌어지고 있던 소련의 생산력 문제에 대한 다소 구차해 보이는 변론 등이 바로 그런 것이다.

　따라서 이 책의 가치와 평가는 문헌적 연구라는 영역에 국한시킬 필요가 있는 것 같고 구 냉전시대의 산물인 이데올로기적 잣대와는 신중하게 거리를 둘 필요가 있다고 생각된다. 이 점만 유념한다면 이 책은 이제 첫 걸음마를 준비하고 있는 MEGA 한국어판의 작업과 관련하여 독자들에게 소중한 길잡이 역할을 충분히 할 수 있으리라 생각된다. 마르크스가『자본』제1권 서문에서 지적했듯이, 언제나 처음 시작이 어려운 법이다.

마르크스와 엥겔스의 지적 자산에서 유난스럽게도 불모지 상태에 있는 우리나라에서 이 책이 이들 두 사람의 사상 전모를 밝혀 나가는 어려운 첫걸음에 힘을 보태주기를 간절히 바란다. 또한 이 책이 이미 100년 이상의 문헌적 연구 성과를 쌓아두고 있는 MEGA 작업에 우리나라도 한 발 다가서는 계기가 되기를 바라는 마음 또한 간절하다.

2015년 12월
옮긴이 강신준

■ 차례

제1장

여러 발전 단계로 이루어져 있는 마르크스 경제 이론

『자본』의 '외형적인' 역사와 '내재적인' 역사. 부르주아 고전 경제학 이론과 마르크스와의 관계는 경제적인 범주들에 대한 '피상적인' 연구와 '내부로 파고들어 가는' 연구에 있음. 마르크스 경제 이론을 통한 과학적 공산주의 이론의 확립. 노동자계급의 경제학과 경제정책. 경제 위기와 혁명적 상황. 공산주의사회의 경제에 대한 과학적인 전망. 마르크스 경제 이론의 발전 역사에 대한 개관과 이 역사의 시기 구분.

    『자본』의 역사, 즉 마르크스 경제 이론의 역사에 대한 상세한 분석은 이 이론을 올바로 이해하고 그것을 오늘의 현실에 제대로 적용하기 위하여 반드시 필요한 조건이다. 그렇기 때문에 『자본』의 연구는 오늘날에도 마르크스 경제학에 꼭 필요한 것이다.

    여기에서 문제로 삼는 것은 『자본』의 '외형적인 역사'가 아니다. 즉 이 기념비적인 저작의 역사가 1867년 4월 10일에 시작될 수 있으며, 마르크스가 바로 그날 폭풍우를 무릅쓴 채 증기선을 타고 영국을 출발하여 이틀 후 함부르크에 도착하였고 거기에서 자신의 저작 제1권의 초고를 오토 마이스너(Otto Meissner) 출판사에 직접 넘겨주었다는 그 역사가 아니다. 오토 마이스너 출판사는 마르크스에게서 넘겨받은 초고를 라이프치히에 있는 오토 비간트(Otto Wiegand) 출판사에 넘겼는데, 이 출판사는 당시 루트비히 포이어바흐(Ludwig Feuerbach)의 저작과 엥겔스의 『영국 노동계급의 상태』 등을 비롯하여 상당히 가치 있는 다른 과학적 저서들을 펴낸 곳이었다. 이런 외형적인 사실도 매우 흥미롭기는 하지만 이들 사실이 우리에게 의미를 갖는 것은 오로지 이런 '외형적인' 『자본』의 전기가 그것의 배후에 『자본』의 '내재적인' 전기(즉 네 권의 책으로 이루어져 있는 『자본』 속에 담겨 있는 마르크스의 경제 이론이 어떻게 만들어졌는지에 대한 극적인 역사)를 담고 있기 때문이기도 하다.

마르크스의 경제 이론은 하루아침에 만들어진 것이 아니다. 마르크스는 40년 동안의 힘든 작업을 통해 『자본』을 만들어냈다. 따라서 그의 이론이 여러 시기적인 단계별로 제각기 다른 성숙도를 보이리라는 것은 너무도 당연한 일이다. 이들 성숙도는 각 시기를 결정하는 데 있어 반드시 필요한데, 그 까닭은 말 그대로 마르크스답지 않거나 마르크스 이론의 계속적인 발전과 무관한 것은 물론 그 이론과 본질적으로 다른 이념과 판단을 모두 마르크스의 것으로 포함할 필요가 없기 때문이다. 물론 각 발전 단계별로 이론 그 자체의 분석은 이런 문제를 해명하기 위한 주요 수단이다. 하지만 그런 분석이 가능하지 않은 경우도 있는데 그 까닭은 마르크스가 경제학에 대하여 아무 특별한 작업도 하지 않은 시기(예를 들어 1849~56년)가 존재하기 때문이다. 게다가 각 시기별로 마르크스 경제 이론의 본질에 대한 분석이 언제나 명쾌한 결론을 가져다주지 않는 경우도 있다. 우리는 마르크스가 1840년대 후반 동안에 『철학의 빈곤』(*Elend der Philosophie*)과 『임노동과 자본』(*Lohnarbeit und Kapital*)을 통해서 발전시킨 경제 이론의 성숙도에 대하여 명확한 평가를 내리고 있는 많은 저작들을 볼 수 있다. 예를 들어 로젠베르크(D. I. Rosenberg)는 1840년대 마르크스 경제 이론의 발전을 연구한 저서에 『철학의 빈곤』에서 이미 잉여가치론의 '토대'가 만들어졌으며 『임노동과 자본』에서는 잉여가치론의 '핵심'이 발견된다고 주장하였다.[3]

그런데 이와 반대되는 사례들도 존재하는데 대표적인 것으로는 다음과 같은 주장을 들 수 있다. 즉 마르크스는 차액지대 II의 이론을 1865년에야 비로소 완성했다는 것인데, 이 시기는 그가 『자본』 제3권의 원고를 집필하고 있을 때였다.[4] 이 주장은 그보다 앞선 마르크스의 초고의 성숙도를 과소평가한 것인데, 그 초고란 『자본』 제4권의 초고(1862년)를 가리키는 것으로 거기에서는 이 이론의 몇 가지 원칙적인 문제들을 이미 해명해 놓고 있다(물론 그렇다고 해서 차액지대 II의 이론이 본질적으로 『자본』 제3권에서 더욱 발전되었다는 사실을 부정하려는 것은 아니다).

마르크스 경제 이론의 성숙도를 알려주는 지표는 이 이론의 본질에 대한 현상 형태, 즉 그 이론으로부터 얻어진 결론이다. 그렇기 때문에 이론 그 자체의 성격으로 사용될 수 있다. 물리학자들이 감광지에 남겨진 소립자의 흔적에서 소립자의 본질을 귀납적으로 추론해 내고, 지질학자들이 화산을 연구하여 지구의 내부 구조를 찾아내는 것과 마찬가지로 마르크스주의의 역사를 연구하는 사람은 마르크스의 경제 이론의 발전을 그 이론의 다양한 현상적 특징으로부터 추론해 낼 수 있다. 그렇다면 어떤 현상적 특징에 주목할 수 있을까?

1. 고전 경제학과 마르크스의 관계가 그의 경제학적 견해의 성숙도를 보여주는 상당히 중요한 기준이라는 점을 우리는 알 수 있다.

고전 경제학(마르크스주의의 원천 가운데 하나)에 대한 연구는 마르크스에게는 현실 분석의 한 형태였다. 부르주아 경제학에 대한 비판과 자신의 독자적인 이론의 형성은 마르크스에게서 하나의 통일된 과정이었고, 이것은 그의 경제 저작의 제목이 『자본. 경제학 비판』이라고 되어 있는 데에서도 그대로 확인된다.

부르주아 경제학에 대한 마르크스의 견해는 하나의 진화 과정을 이루고 있는데 그것은 곧 그의 자본주의 생산양식의 본질에 대한 개념의 진화 과정과 그대로 일치한다. 1844년에 데이비드 리카도(David Ricardo)의 주저인 『경제학과 과세의 원리』(On the Principles of Political Economy and Taxation)에 대한 비판적인 해석을 할 때까지도 마르크스는 아직 노동가치론을 전면적으로 거부하고 있었다. 엥겔스도 1844년 『국민경제학 비판 개요』(*Umrisse zu einer Kritik der Nationalökonomie*)에서 노동가치론을 거부했는데, 그는 이 글에서 부르주아사회에서의 등가교환의 가능성을 부인하고 있었다.[5]

1847년 마르크스는(엥겔스도 역시 마찬가지였다) 부르주아 경제학에 대한 부정적인 관계에서 벗어났다. 『철학의 빈곤』에서 마르크스는 어느 정도 경제학에 대한 후속 연구의 출발점을 찾아냈다. 일단 그것은 애덤 스미스(Adam Smith)와 리카도의 이론을 비판적으로 연구하는 것이었다. 마르크스는 "리카도의 가치론은 오늘날의 경제생활에 대한 과학적인 표현이다"라고 썼다.[6] 하지만 『철학의 빈곤』을 쓸 당시의 마르크스의 연구 수준은 전반적으로 아직 리카도 가치론의 토대 위에 서 있었다. 이 책에서 그는 고전파의 경제 이론을 아직 극복하지 못했고, 따라서 자신의 독자적인 이론도 아직 발전시키지 못하였다. 『철학의 빈곤』에서 마르크스는 리카도의 가치론이 요약된 많은 인용들을 사용했지만 거기에는 어떠한 비판도 담겨 있지 않았다. 『철학의 빈곤』에서 발견되는 부르주아 경제학에 대한 비판은 일반적인 방법론적 원리뿐이다. 즉 그것의 몰역사성, 다시 말해 자본주의의 경제법칙을 영속적인 자연법칙으로 내세우려는 부르주아 경제학의 노력이었다. 그러나 『철학의 빈곤』에서 마르크스가 얘기하고 있는 모든 가치 규정은 본질적으로 리카도의 것을 그대로 따른 것이었다. 그래서 마르크스는 가치가 경쟁 조건 아래에서 "생산될 수 있는 **최소의 시간**"에 의해 결정된다고 말하였다. 여기에서 마르크스는 가치를 필요 노동의 산물로 규정하고 있다. 하지만 이런 가치 규정은 마르크스가 『철학의 빈곤』에서 인용하고 있는 리카도의 구절에서도 그대로 발견되고 있다. 리카도는 거기에서 이렇게 말하고 있다. "우리는 노동을 물적 존재의 가치의 토대로 간주하였으며, 물적 존재의 생산에 필요한 노동량을 어떤 상품을 다른 상품과 교환할 때 양도해야 하는 양의 기준으로 간주하였다." 『철학의 빈곤』에서 마르크스는 계속하여 기술 발전의 결과로 인한 가치의 하락을 얘기하고 곧바로 다음과 같이 덧붙였다. "이 사실은 리카도가 이미 얘기했던 것이다."[7] 『철학의 빈곤』에서 필요노동의 개념은 마르크스에게서 아직 일반적 형태에 머물러 있었던 것이다. 거기에서 그는 이 개념을 아직 자신의 이론의 구성 요소로, 즉 자본주의에서 사회적 노동의 특수한 성격을 가진 것으로 만들지 못하고 있었고 리카도와 구별되는 마르크스 가치론의 핵심적인 규정—즉 상품의 가치는 소비된 사회적 노동에 의해 결정되고, 이 사회적 노동은 상품이 교환을 통해 양도될 때 비로소 그 사회적 성격을 드러낸다는 것—이 결여되어 있었다.• 달리 말해 『철학의 빈곤』에는 아직 가치를 창출하는 노동인 추상 노동의 개념이 결여되어 있었던 것이다. 마르크스가 노동(그에 따라 부르주아사회에서의 노동 생산물)의 이중성에 대한 이론을 최초로 발전시키는 것은 1857/58년의 『경제학 비판』 초고(『자본』의 첫 번째 초고)에서였다.[8] 이를 통해 마르크스는 리카도의 노동가치론을 극복하였다. 1851년 4월 2일 엥겔스에게 보낸 편지에서 마르크스는 경제학의 역사에서 스미스와 리카도가 차지하는 지위에 대하여 정확한 판단을 내리고 있다. "본질적으로 스미스와 리카도 이후 이 학문에는 전혀 진보가 이루어지지 않았으며, 종종 매우 세련된 형태를 띠기도 하였지만 개별 연구에서도 마찬가지였다."[9] 물론 그 시기에도 마르크스는 아직 부르주아 고전 경제학의 고찰 방식으로부터 완전히 벗어나지는 못하였고 그래서 그것은 어떤 의미에서는 감상적인(sentimental) 것이었다고 표현할 수도 있다. 1853년 3월 4일 마르크

• 이 책에서 취하고 있는 가치론의 발전 과정이라는 관점에서 수행한 『자본』의 분석으로부터 소비에트의 연구자 준(O. M. Jun)은 다음과 같은 결론에 도달할 수 있었다. 즉 가치는 사회적 필요노동에서 세 개의 계기를 이루고 있다는 것인데 그 계기란 첫째 사회적 생산물의 생산, 둘째 사회적으로 필요한 생산수단과 노동력의 소비, 셋째 사회적으로 필요한 양만큼의 생산물의 생산이 바로 그것이다(*Das 'Kapital' von K. Marx und die Politische Ökonomie des Sozialismus*, Moskau, 1967, p. 104, 러시아어판).

스는 『뉴욕 데일리 트리뷴』에 보내는 통신문에서 이렇게 썼다. "한 나라의 주민들을 빈곤으로 내몰고 나면, 그리하여 이제 이들 주민에게서 더이상 아무것도 빼앗을 것이 없어지고 이들이 그 나라의 부담으로만 남게되면 사람들은 이들 주민을 쫓아내 버린 다음 순소득을 계산한다! 이것은 리카도가 온갖 찬사를 다 받은 그의 저작 『경제학과 과세의 원리』에서취했던 원리이기도 하다."[10] 그런 다음 마르크스는 자신의 생각을 뒷받침하기 위하여 리카도의 『경제학과 과세의 원리』에서 한 구절을 인용하고, 이어서 리카도의 명제를 똑같이 비판한 시몽드 드 시스몽디(Simonde de Sismondi)의 글을 함께 인용하였다. 하지만 마르크스는 이미 시대적으로 생명이 다한 생산력과 생산관계를 유지하려고 했던 시스몽디의 견해에는 동조하지 않는다는 점을 밝혔다. 그리고 여기에서 마르크스가 리카도에 대해서도 반대 의견을 밝혔던 것은 전혀 비밀이 아니다.

1862년 마르크스는 『잉여가치론』(『자본』 제4권)을 집필 중에 있었고 이 작업을 수행하는 동안 부르주아 고전 경제학자들의 이론(예를 들어 가치와 생산가격을 동일시한 스미스와 리카도의 교의)을 이미 완전히 극복하고 있었는데, 바로 그해에 그는 리카도의 견해를 심층적이고 포괄적으로 정리하였다. 흥미로운 사실은 마르크스가 자신이 1853년 리카도를 비판하면서 인용했던 그의 구절을 1862년에는 이제 리카도가 과학적으로 아무런 편견도 가지고 있지 않았다는 것을 보여주는 사례로 인용하였다는 점이다.[11]

1840년대 상반기에 마르크스와 엥겔스가 노동가치론을 부정하고 있었다는 사실은 독자적인 마르크스 경제 이론을 발전시키기 위해 필요한 전제들을 이들이 아직 갖추지 못하고 있었다는 것을 의미한다. 1840년대 하반기에 스미스와 리카도의 이론을 자본주의 현실을 올바르게 표현한 것으로 인정하고 있었다는 점, 그리고 이들 이론의 방법론적 토대를 비판하면서 부르주아 고전 경제학의 기본 원리들에 대한 과학적인 비판이 일관되지 않았다는 점, 이런 모든 점은 독자적인 마르크스 경제 이론이 형성되어 가는 과정을 보여주는 증거들이었다. 결국 1850년대와 1860년대 상반기에 나타나는 부르주아 경제학에 대한 본질적이고 전반적인 비판적 분석들은 이들 시기에 마르크스의 경제 이론이 이미 완성되었다는 것을 보여준다.

2. 마르크스가 '표면적인' 경제적 범주들을 연구하면서 보여준 이론의 성숙도는 '내재적인' 경제 범주들이 연구되고 있던 이론적 성숙도를 그대로 반영하는 것이다.

마르크스는 자신의 가치론을 1857/58년 초고에서 처음으로 발전시켰는데, 조금 더 자세히 말하자면 「화폐에 관한 장」이라는 제목을 붙이고 피에르 조제프 프루동(Pierre Joseph Proudhon)의 소부르주아적인 화폐 이론을 비판하기 시작하는 부분에서였다. 여기에는 중요한 방법론적인 이유가 있다. 화폐는 하나의 현상 형태이며 특히 상품가치의 두드러진 현상 형태이자 가치의 불가피한 표현이기도 하다. 부르주아 및 소부르주아적 경제학에 대한 비판과 화폐에 대한 분석을 하면서 마르크스는 항상 표면적인 현상으로부터 내적인 본질로 나아갔다. 그는 자본주의의 현실이라는 덤불 속으로 조금씩 "뚫고 들어갔던" 것이다. 흥미로운 사실은 마르크스가 1851년 그의 첫 번째 경제학적 성과를 서술할 때 리카도의 화폐 유통 이론과 지대 이론을 비판하면서 시작했다는 점이다.[12] 그래서 그는 1857/58년 초고에서도 상품가치 이론으로 넘어가기 위해 화폐 이론의 연구로부터 시작한 것이다. "우리는 사실 상품 속에 숨겨진 상품 가치를 추적하기 위해 상품의 교환가치 혹은 교환관계로부터 출발하였다."[13] 이 연구를 진행하면서 마르크스는 화폐 이론이 가치론의 직접적인 결과이며 바로 그렇기 때문에 부르주아 및 소부르주아적 화폐 이론의 오류는 곧바로 잘못된 가치론의 결과이고 또한 부르주아 고전 경제학의 가치론이 지니고 있던 치명적인 결함이라는 점을 입증하였다.

그렇기 때문에 마르크스에게서 부르주아 경제학자들의 화폐 범주에 대한 인식은 이들 경제학자가 가치 범주를 어떻게 이해하고 있는지에 대한 기준이 되었다. 그러나 그것은 또한 마르크스 이론 전체에 대해서도 똑같이 해당된다. 마르크스 화폐 이론의 성숙도는 동시에 그의 가치론의 성숙도를 나타내는 것이기도 하다. 1840년대의 저작들에서 마르크스는 본질적으로 리카도의 가치론을 그대로 따르고 있었기 때문에 그의 화폐 이론도 역시 리카도의 것을 그대로 따르고 있었다. 『철학의 빈곤』에서 그는 아직 화폐를 유통수단으로만 간주하는 양적 화폐 이론의 토대 위에 서 있었다(1859년 2월 25일 엥겔스에게 보내는 편지에서 마르크스는 이런 상황을 스스로 인정했다). 그래서 마르크스는 『철학의 빈곤』에서 이렇게 쓰고 있다. "주화(가치 표지)로서의 속성을 통해서 금과 은은 모든 상품 가운데 유일하게 자신의 생산비에 의해 결정되지 않는 상품이다. 그래서 이들이 유통에서 화폐로 대체될 수 있다는 것은 전적으로 옳은 것이다."[14] 여기에서 우리는 화폐에 대한 전형적인 양적 해석을 보게 되는데, 이런 해석은 리카도와 대부분의 다른 부르주아 경제학자들의 견해와 같다. 1857/58년 초고에서 마르크스는 리카도의 화폐 이론에 반대하는 입장으로 전환하였는데 그는 이 초고에서 "리카도의 화폐 이론은 완전히 부정되었다"[15]라고 썼던 것이다. 중요한 것은 마르크스가 『철학의 빈곤』에서 이미 노동 생산물의 개별적 교환에 기초한 생산양식에서 화폐의 필요성에 대한 문제를 제기하고 있었다는 점이다. 또한 그는 금과 은이 왜 화폐의 기능을 수행하고 있는지에 대한 의문—프루동을 움직였던 바로 그 문제이다—도 "생산관계와 관련된 문제가 아니라 금과 은의 특수한 소재적 성질을 설명해 주는 것일 뿐인 부차적인 문제"[16]라는 점을 지적하였다. 그러나 마르크스는 『철학의 빈곤』에서 상품생산의 조건 아래에서 화폐의 필요성에 대한 문제를 비록 제기하긴 하였으나 여기에서는 아직 화폐 이론을 위한 결정적인 문제를 해결할 수 없었다. 그는 가치론을 완성한 다음 그 가치론의 산물로서 비로소 이 문제의 해법을 찾아낼 수 있었다. 1851년 2월 3일 엥겔스에게 보낸 편지에서도 마르크스가 이 시기까지 아직 화폐 이론을 완성하지 못했고 따라서 리카도의 양적 화폐 이론에 대한 비판을 충분히 수행할 수 없었다는 점이 확인된다.

그래서 1857/58년 초고에서 드러나고 있는 마르크스의 화폐 이론은 마르크스가 이 초고에서 자신의 고유한 화폐 이론을 처음으로 발전시켰다는 것을 보여주는 증거이기도 하다.

1857/58년 초고의 작업을 수행하면서 마르크스는 자신의 잉여가치론도 만들어냈고 가치와 잉여가치 등과 같은 자본주의 생산양식의 '내재적' 범주로부터 '표면적' 범주로 넘어가기 시작하였다.

이 초고에서 마르크스는 이윤에 대한 이론을 잉여가치가 전화한 형태로 완성하였고 생산가격도 가치가 전화한 형태로 발전시켰다. 물론 여기에서 그는 아직 평균이윤과 생산가격에 대한 이론을 발전시키지는 못하였다. 생산가격에 대한 마르크스주의적 해석은 여기에서 아직 발견되지 않는다.

이런 판단이 옳다는 것은 1857/58년 초고(이보다 앞선 마르크스의 저작들에서도 역시)에서는 아직 지대 이론(특히 절대지대에 대한)의 세부적인 내용이 전혀 만들어지지 않았다는 점에서 그대로 확인된다. 지대 이론은 평균이윤과 생산가격의 이론을 정립하는 데 있어 화폐 이론이 가치론의 정립에서 수행하는 역할과 마찬가지의 역할을 수행한다. 절대지대 이론은 평균이윤과 생산가격 이론의 직접적 결과물이며 따라서 그것은 상당 부분 후자의 이론들이 옳은지의 여부에 대한 시금석이기도 하다. 마르크스는 스스로 절대지대 이론을 "가치와 생산가격의 차이를 설명해 주는 것"[17]으로 표현하였다. 평균이윤과 생산가격에 대한 마르크스의 이론은 가치와 생산가격이 곧바로 일치하지 않고 단지 생산가격의 합이 가치의 합과 일치할 뿐이라는 기본적인 인식에서 출발하고 있다.

가치와 생산가격의 차이가 절대지대를 형성한다. 그러나 리카도의 평균이윤과 생산가격 이론은 가치와 생산가격이 곧바로 일치한다는 전제 위에 서 있다. 그렇기 때문에 리카도는 실제 현실과 모순된다는 것을 알

고도 절대지대의 존재를 부인했다. 이처럼 절대지대 이론은 평균이윤과 생산가격에 대한 이론의 직접적인 결과물일 뿐만 아니라 이들 이론의 성숙도를 나타내는 지표이기도 하다.

1857/58년 초고에서 마르크스가 자신의 가치론의 완성을 프루동의 화폐 이론에 대한 비판으로부터 시작했다면, 평균이윤과 생산가격에 대한 이론의 완성을 그는 『자본』 제4권(『잉여가치론』)에서 요한 카를 로트베르투스(Johann Karl Rodbertus)의 절대지대 이론에 대한 비판으로부터 시작하였다. 이 비판을 통해서 마르크스는 평균이윤과 생산가격에 대한 이론을 완성시켜 나갔으며, 그런 다음 이들 이론의 결론으로 절대지대에 대한 그의 이론을 발전시켰다.

평균이윤과 생산가격의 법칙에 대한 최초의 언급(『자본』 제4권에서)은 1862년 1월에 이루어졌고 이 법칙에 대한 최초의 서술은 이보다 조금 뒤인 1862년 초반에 이루어졌다. 마르크스는 이 법칙에 대한 상세한 서술을 1862년 6월과 8월 사이에 했다. 이 시기에 엥겔스에게 보낸 편지에서도 마르크스는 자신이 평균이윤과 생산가격의 이론은 물론 이들 이론과 밀접하게 결합되어 있는 절대지대 이론을 발견했다는 사실을 자세히 알리고 있다.[18]

1862년 마르크스가 평균이윤과 생산가격, 그리고 지대 이론을 완성했다는 사실은 그의 잉여가치론이 완성되었다는 것을 의미하며, 이것은 그에게 이제 자신의 경제학 저작을 출판할 동기를 만들어주었다. 1863년 그는 이제 완성된 경제 이론을 출판할 준비에 곧바로 착수하기 시작하였다.

3. 각 역사적 단계별로 마르크스의 경제 이론의 성숙도를 알려주는 본질적인 특징은 결국 과학적 공산주의 이론이 이들 시기적 단계별로 발전되고 정립되어 나간 정도를 보여준다. 엥겔스가 반복해서 강조한 바에 따르면 과학적 공산주의 이론이 만들어지고 사회주의가 유토피아에서 과학으로 전화할 수 있었던 것은 마르크스가 이룩한 두 개의 위대한 발견

때문이었다. 그것은 곧 유물론적 역사관의 완성과 잉여가치론의 창출이었다.[19] 블라디미르 레닌(Vladimir Lenin)은 마르크스와 엥겔스에 의한 유물론적 역사관의 완성은 "과학적 사유의 놀라운 성과"[20]라고 표현하였다(마르크스와 엥겔스는 이 작업을 1845~46년 두 사람이 공동으로 만든 초고『도이치 이데올로기』에서 시작하였다. 그런 다음 그 성과는 1847~48년『철학의 빈곤』과『공산당 선언』으로 출판되었다). 유물론적 역사관으로부터 얻어진 직접적인 결론은 과학적 공산주의 이론이며 그것의 기본명제들은『도이치 이데올로기』에 상세히 정리되어 있다. 그러나 유물론적 역사관 그 자체와 꼭 마찬가지로 이 과학적 공산주의 이론은 무엇보다도 아직 입증되지 않은 과학적 가설로만 남아 있었다. "물론 그것은 **당분간** 가설일 뿐이었다. 하지만 그 가설은 역사적이고 사회적인 문제에 대하여 처음으로 엄밀한 과학적 문제 제기를 가능하게 만든 가설이었다"[21]라고 레닌은 말하였다.

유물론적 역사관을 통해서 얻은 것으로는 무엇보다도 마르크스주의 전체 체계에서 경제 이론이 특별히 중요한 역할을 차지한다는 사실이었다. 그러나 우리가 보기에 더욱 중요한 점은 역사적 유물론이 미래의 마르크스 경제 이론의 방법론적 토대를 제공했다는 것이다. 우리는 이 점을 나중에 다시 다루게 될 것이다. 하지만 여기에서 단지 확인해 두고 싶은 것은 유물론적 역사관의 완성이 마르크스로 하여금 경제학에 대한 연구를 자극했다는 점이다. "마르크스는 경제구조가 정치적 상부구조의 토대라는 사실을 인식하고 나서 무엇보다도 이 경제적 구조에 대한 연구로 주의를 돌렸다."[22]

마르크스 경제 이론은 유물론적 역사관의 결정적인 근거를 제공하였다. "이제―『자본』의 출판 이후― 유물론적 역사관은 이미 더 이상 하나의 가설이 아니라 과학적으로 입증된 명제이다 ……."[23] 이와 함께 과학적 공산주의 이론도 그것의 경제적 근거를 확보하였다.

마르크스의 경제 이론은『자본』제1권이 출판되기 전에 이미 모든 핵심적인 부분이 완성되어 있었다. 그것은 곧 과학적 공산주의 이론이

1867년 이전에 이미 자신의 근거를 확보하고 있었다는 것을 의미한다. 그래서 과학적 공산주의 이론의 토대를 이루는 유물론적 역사관의 핵심 명제들을 1859년에(그의『경제학 비판』서문에서)─즉 그가 자신의 가치론과 잉여가치론을 완성한 1857~58년 직후─이미 정식화하였다는 것도 결코 우연이 아니다.『자본』제1권은 마르크스 경제 이론의 핵심 부분, 즉 마르크스의 과학적 공산주의 이론의 토대가 되는 잉여가치론을 포함하고 있다. 그리고 그것은 바로 마르크스에게서 그가『자본』제1권을 "완결된 전체"[24]라고 표현했던 것의 의미를 말해 주는 것이다. 하지만『자본』제1권은 마르크스의 경제 이론 가운데 비록 매우 핵심적인 부분이긴 하지만 단지 한 부분만을 포함하고 있다. 모든 측면을 충족시키는 과학적 공산주의 이론은『자본』제4권에 이르러 비로소 전모를 갖추게 된다. 바로 그렇기 때문에 엥겔스도『자본』의 제2권, 제3권, 제4권을 가능한 한 빨리 출판하는 것을 그처럼 매우 중요하게 생각했던 것이다. 과학적 공산주의 이론은 크게 세 가지 범주의 문제를 포함하고 있다. 첫째는 자본주의사회에서의 노동계급의 투쟁 문제이다. 둘째는 자본주의사회의 적대적인 모순이 발전하면서 필연적으로 빚어내는 결과인 사회주의 혁명 이론이다. 셋째는 미래의 공산주의사회와 그것의 주요 발전 단계에 대한 이론이다. 마르크스 경제 이론의 발전 과정은 이들 과학적 공산주의 이론의 모든 요소가 확립되면서 계속 발전해 나간 것을 보여주는 것이기도 하다.

엥겔스는 마르크스의 경제 이론을 노동자계급의 경제학이 "과학적 표현으로 응축된"[25] 것이라고 얘기하였다. 마르크스는 경제학적 작업을 수행하면서 항상 그가 만든 이론적 원리들이 노동운동의 구체적인 문제들을 해결하는 데 사용될 수 있도록 노력을 기울였다.『임노동과 자본』,『공산당 선언』등과 같은 저작들을『임금, 가격, 이윤』과 같은 저작들과 비교해 보면 우리는 마르크스가 자신의 경제 이론을 노동자계급의 경제정책 문제에 적용한 방식이 1840년대에 비해 1860년대에는 전혀 달라졌다는 것을 알게 된다. 그것은 그럴 수밖에 없다. 왜냐하면 그는 자신의 경제 이론을 1847~65년 사이에 완성하였기 때문이다. 그래서 마르크스가 각 시기별로 자본가계급과의 투쟁에 있어서 노동자계급의 경제정책으로 이끌어낸 실천적 결론들은 이들 시기별로 그의 경제 이론이 발전한 정도를 보여주는 증거이기도 하다. 그것을 보여주는 좋은 사례로는 노동조합의 임금 인상 투쟁이나 노동일의 법적 제한을 위한 투쟁 등에 대한 마르크스의 입장을 들 수 있을 것이다.

마르크스와 엥겔스는 1840년대에 이미 노동조합의 역할과 노동자들의 경제투쟁이 노동자계급의 정치적 단결을 위한 수단이며 노동자계급을 혁명적으로 교육하는 학교와 같은 역할을 수행한다고 매우 높게 평가하였다. 거기에 대한 증거로는 『철학의 빈곤』에서 파업과 노동자들의 연대에 대한 한 개 장을 드는 것만으로도 충분할 것이다. 하지만 그들은 당시 노동자계급이 파업 투쟁과 노동조합의 활동을 통해서 노동자계급의 상태를 본질적으로 개선할 수 있는 가능성에 대해서는 아직 낮게 평가하였다. 1847년 12월 마르크스는 노동조합에 대한 글에서 "노동조합이 노동자들을 동원하는 데 들이는 비용은 대개의 경우 그것이 획득하고자 하는 이익보다 더 크다. 결국에 노동조합은 경쟁의 법칙을 거스를 수 없다"[26]라고 말하였다. 그리고 엥겔스는 1850년에 이렇게 말하였다. "그래서 10시간 노동법은 그 자체 그리고 최종적으로는 잘못된 방향으로 나아간 정책이었고 하나의 비정치적인 정책으로서 자기 파괴적인 요소를 내부에 품고 있는 반동적인 정책이었다." 엥겔스는 초과노동의 철폐와 노동조건의 개선을 요구하며 1851년 12월 말에 시작된 기계공들의 파업이 경제 위기의 확산을 저지하고 혁명의 발발을 지연시킬 것이 틀림없다고 생각하였다. 그래서 그는 이들 파업을 잘못된 것이라고 표현하였다.[27] 이처럼 마르크스와 엥겔스는 파업 투쟁의 정치적 의미에 대해서는 높게 평가하였지만 그것의 경제적인 의미는 부정하였다.

마르크스와 엥겔스의 이런 언급들은 당시 그들이 품고 있던 경제적인 관점, 즉 당시 그들이 의지하고 있던 잘못된 명제에서 직접 비롯된 것인데, 그것은 바로 노동력의 정상가격이 물리적 최저임금과 같다는 생각이었다. 그래서 마르크스는 임금을 노동의 가치 혹은 노동의 가격이라고 규정하면서 『임노동과 자본』에서 다음과 같이 썼다. "상품 가격 일반을 규제하는 것과 똑같은 법칙이 물론 **임금, 즉 노동의 가격**도 규제한다. **노동의 가격은 이 노동이라는 상품을 생산하는 데에 필요한 생산비, 즉 노동시간에 의해 결정된다.** …… 따라서 단지 노동의 생산비는 **노동자의 생계비와 번식 비용**에 해당할 뿐이다. …… 이렇게 결정된 임금은 **임금의 최저한도**이다."[28] 『공산당 선언』에서도 마르크스와 엥겔스는 "임노동의 평균가격은 …… 임금의 최저한도이다"라고 단정하고 있다.[29] 임금의 최저한도 이론은 임금 문제에 대한 부르주아적인 해석으로 그 뿌리는 중농주의자에게로 거슬러 올라간다. 후에 마르크스는 "그러므로 **임금의 최저한도**는 바로 중농주의 이론의 중심축을 이루며 ……"라고 썼다. 중농주의자들의 오류는 "그들이 이 임금의 **최저한도**를 하나의 불변의 크기로 파악하였다는 점에 있는데, 그들에게 이 최저한도는 전적으로 자연에 의해 결정되는 것이고 역사 발전 단계, 즉 그 자체 하나의 운동에 의해 결정되는 크기가 아니었다 ……."[30]

『임금, 가격, 이윤』에서는 전혀 다른 해석이 나타난다. 여기에서 마르크스는 노동력의 가치가 이 노동력의 유지와 재생산에 필요한 생활수단의 생산에 소요되는 노동량에 의해 결정된다고 말하고 있다. "**노동력의 가치**에는 …… 다른 모든 상품의 가치와 구별되는 고유한 특징이 존재한다. 노동력의 가치는 두 가지 요소에 의해 결정된다. 하나는 순전히 물리적인 것이고 다른 하나는 역사적 혹은 사회적인 것이다."[31] 필수적인 생활수단의 가치는 단지 노동력 가치의 하한선을 이룰 뿐이다. 그와 더불어 노동력의 가치는 다시 해당 국가에서 형성된 "전통적인 생활 수준"에 의해서도 결정된다. 그러나 이 노동력 가치의 상한선은 무엇일까? 그것은 잉여가치율의 최저한도가 결정될 수 없는 것과 꼭 마찬가지로 역시 결정될 수 없다. 자본가는 항상 최대한의 이윤을 추구하고, 임금을 물리적 최저 한도로 끌어내리고 노동일을 물리적 최대한도로까지 확대하려고 한다. 임금의 실제 수준과 노동일의 실제 길이는 "오로지 자본과 노동 사이의 끊임없는 투쟁에 의해서만" 결정된다. "문제는 곧 투쟁하는 두 당사자들 사이의 힘의 크기에 대한 문제로 귀결된다."[32]

1853년에 이미 마르크스는 『뉴욕 데일리 트리뷴』에 기고한 글에서 임금 인상을 위한 노동자들의 투쟁에 대하여 1840년대와는 전혀 다른 견해를 보이고 있다. "파업을 '노동자 자신'의 이해에 있어서 매우 해로운 것으로 간주하고 노동자들의 핵심 과제가 항구적인 평균임금을 확보하는 방법을 찾는 데에 있다고 생각하는 것은 박애주의자나 사회주의자들의 범주에 속하는 것들이다." 자신의 이런 견해에 반대하는 주장들에 대하여 마르크스는 자본주의가 경기순환이라는 특징을 가지고 있어서 "그런 평균임금이란 것은 아예 존재할 수 없으며"[33] 임금은 끊임없이 변동하고 바로 그 변동 때문에 자본가와 노동자 사이의 끊임없는 투쟁이 일어난다고 주장하였다.

이것은 이미 1840년대의 문제 제기와는 전혀 다른 생각이다. 하지만 마르크스는 '노동-상품'의 개념에서 노동력 상품이라는 개념으로 완전히 이행하고 나서야 비로소 이 특수한 상품의 본질적인 분석에 도달할 수 있었다. 즉 이 상품이 다른 모든 상품과는 근본적으로 다르며 자본과 노동 사이의 관계가 부르주아 경제학자들이 생각하는 것처럼 "과거에 축적된" 노동과 "현재의 직접적" 노동이라는 물질적 관계가 아니라 특수한 사회적 관계, 즉 노동자와 자본가 사이의 계급투쟁 이외의 개념으로는 결코 파악할 수 없는 계급 관계라는 분석에 도달할 수 있었던 것이다. 마르크스의 이론에 따르면 임금 인상과 노동일 단축을 위한 노동자계급의 투쟁은 노동력의 가치를 물리적 한계로까지 끌어내리려는 자본의 일반적 경향이 만들어내는 경제적 필연성을 그대로 보여주는 것이다. 만일 노동자들이 "자본의 폭력에 대한 자신들의 저항을 포기"한다면, 그들은 "어떤 것으로도 구제될 수 없는 가난의 귀신에게 철저하게 유린당한 무기력한 대중으로 영락해 버릴 것이다."[34]

이런 모든 점을 감안할 때 1860년대에 마르크스와 엥겔스가 1847년 6월 8일 영국 의회에서 통과된 10시간 노동법을 매우 높게 평가한 것은 전혀 이상한 일이 아니다. "이 법안으로 인해 공장 노동자들이 막대한 물리적·도덕적·정신적 이익을 얻게 되었다는 것은 이제 모든 측면에서 인정되며 그것은 또한 공장 감독관의 반년 보고서에서도 그대로 확인된다. …… 따라서 10시간 노동법은 단순히 커다란 실천적 성과에 그치는 것이 아니라 하나의 원리의 승리이기도 하다. 즉 그것은 중간계급의 경제학이 노동자계급의 경제학에 패배하였다는 것을 만천하에 보여준 것이다."[35] 1866년 마르크스가 8시간 노동일에 대한 법적 규제를 제기한 것도 이런 생각의 연장선상에서 이해해야 한다. 마르크스가 1860년대에 노동조합의 활동에 높은 가치를 부여한 것도 역시 같은 맥락에서 완전히 이해될 수 있다. "자본과 노동 사이의 게릴라전에서 노동조합원들이 필요할 경우, 이들 조합원은 **임노동제도와 자본의 지배 그 자체의 철폐를 위해 조직화된 세력**보다 훨씬 더 중요한 역할을 수행하게 될 것이다."[36]

과학적 공산주의 이론에서 또 한 가지 중요한 요소는 사회주의 혁명이 자본주의사회의 경제적 모순의 발전이 빚어내는 필연적 결과물이라는 결론이다. 그것은 핵심적으로 주목해야 할 부분이 부르주아사회의 경제법칙에 있다는 점을 의미한다. 자본주의 생산양식을 그 운동과 발전 과정을 통해서 파악하는 것이 아니라 그것을 하나의 불변의 고정된 것으로 간주하는 부르주아 경제학은 이 법칙을 발견할 수 없었다. 마르크스도 역시 이 법칙을 곧바로 발견한 것이 아니었고 자신의 경제적 연구의 성과를 통해서 비로소 발견할 수 있었다(『자본』 제1권 서문에서 마르크스는 부르주아사회의 경제적 운동 법칙을 발견하는 것이 자신의 저작의 "최종 목표"라고 밝히고 있다). 마르크스가 자신의 경제 이론을 완성해 나가고 그와 더불어 부르주아사회의 경제적 운동 법칙을 연구해 나간 각 시기마다에서 얼마

만큼 진척을 이루어나갔는지를 보여주는 핵심적인 계기는 경제 위기와 혁명적 상황 사이의 상호 관계에 대한 마르크스의 개념에 있다.

　경제 위기―그 시기의 부르주아 생산양식의 적대적 모순이 드러나는 핵심적인 현상 형태―의 문제에 대하여 마르크스와 엥겔스는 항상 지대한 관심을 기울였다. 위기의 시기에는 자본주의 경제의 저 깊은 밑바닥 속에 잠들어 있던 적대적인 모순이 폭발적으로 터져나오고 부르주아사회 전체가 근저에서부터 크게 흔들린다. 1840년대와 1859년까지의 50년대 기간 동안 마르크스와 엥겔스는 혁명적 상황의 시작을 경제 위기와 곧바로 연결하였다. 그래서 그들은 『공산당 선언』에서 "상업 혁명이 그것의 주기적인 반복을 통해서 부르주아사회의 존재를 점점 위협한다"[37]고 말했다. 1840년에 마르크스와 엥겔스는 나중에 그들이 완성한 공황 이론의 몇 가지 단초적인 명제들을 정식화하였는데, 여기에서 그들은 경제 위기의 파괴적인 힘을 상당 부분 과대평가하였다.

　1849년 12월까지도 아직 마르크스는 혁명적인 사건들 때문에 자신의 경제 이론을 완성할 수 없을 것이라고 생각했다. 1849년 12월 19일 마르크스는 친구 요제프 바이데마이어(Joseph Weydemeyer)에게 보낸 편지에서 "월간지*가 2~3권 발간되고 나면 세계공황이 발발하여 경제학을 잠시 마무리할 수 있는 기회가 사라질 것이 거의 틀림없네"[38]라고 말하였다. 1850년에도 마르크스와 엥겔스는 이렇게 쓰고 있다. "**새로운 혁명은 오로지 새로운 위기의 결과로서만 가능하다. 그런데 지금이야말로 바로 그런 시기인 것이 틀림없다.**"[39] 여기에서 위기와 혁명의 관계는 명백히 직접적인 것으로 고정되어 있다. 마르크스와 엥겔스가 사회주의 혁명의 객관적 성격을 강조한 것은 맞는 이야기이지만 그들은 이 혁명의 조건이 위기에 의존한다는 점을 지나치게 강조했던 것이다. 하지만 마르크스가 바이데마이어에게 쓴 이 편지에서 임박했다고 말했던 "엄청난 규모의 산업, 농업, 상업

---

* 『노이에 라이니셰 차이퉁』을 가리킨다.

부문의 공황"은 발발하지 않았고 혁명도 발발하지 않았다. 그래서 마르크스는 1850년대 후반기를 모두 자신의 경제학 연구에 쏟아부었다.

1851년은 1년 내내 혁명적 상황의 전조인 경제 위기를 고대하고 있는 말들로 가득 차 있다. "방금 나는 상업공황이 발발하리라는 낙관적인 전망이 보이기 시작한다는 자네의 편지를 받았네"(마르크스, 7월 31일). "리버풀과 런던에서는 파산의 행렬이 이미 시작되었다네 ……"(엥겔스, 9월 1일). "오스트레일리아의 금 소동은 아마도 상업공황을 멈추지 못할 걸세. …… 그리고 우리는 자네에게 기쁨을 안겨줄 과잉생산 상태에 놓여 있네"(엥겔스, 9월 23일). "공황이 어떻게 진행될지는 아직 말할 수 없네. …… 어쨌든 공황의 징후는 이제 더 이상 감출 수 없게 되었고, 내년 초에 터질 유럽 대륙의 전쟁은 멋진 공황과 함께 어우러질 것이 거의 틀림없어 보이네"(엥겔스, 10월 15일). "엥겔스가 나에게 얘기해 준 바에 따르면 이제 시중의 상인들조차도 그동안 갖가지 요인들에 의해 유예되어 있던 공황이 …… 늦어도 내년 가을에는 발발할 것이라고 전망하고 있다고 하네. 최근 벌어진 사건들로 미루어볼 때 나는 상업공황 없이는 본격적인 혁명적 사태가 결코 존재할 수 없다는 확신을 점점 더 하게 되었네"(마르크스, 12월 27일).[40]

1852년 초가 되자 가까운 시기에는 공황이 발생하지 않을 것이라는 점이 분명해졌다. "호황이 10월 혹은 11월까지 이어질 것이라고는 생각하지 않네. …… 게다가 공황이 즉각 혁명을 불러일으킬지의 여부는 상당 부분 공황의 강도에 달려 있네. 내가 여기에서 '즉각'이라고 말하는 것은 6~8개월을 가리키는 말일세"라고 엥겔스는 1852년 8월 24일에 쓰고 있다.[41]

1850년대 내내 지칠 줄 모르고 매일매일 자본주의 경제를 분석함으로써 마르크스는 드디어 1855년 새로운 공황이 임박했다는 결론을 얻었는데 공황은 실제로 1857년에 발발하였다. 이제 마르크스와 엥겔스는 마음을 졸이며 혁명적 상황이 곧 시작되기를 고대하였다. "이번에는 과거에 결코 볼 수 없던 새로운 일들이 기다리고 있네. 유럽 전체의 산업과 모든 시장 …… 그리고 모든 유산계급이 결딴나고, 부르주아들의 완벽한 파산과 전쟁, 그리고 혼란이 극도에 달할 걸세. 이 모든 것이 1857년에 이루어질 것이라고 나도 생각하네 ……"(엥겔스, 1856년 9월 27일). "이번처럼 그렇게 깨끗한 형태의 혁명은 다시는 쉽게 오지 않을 걸세"(엥겔스, 11월 17일). "혁명이 다가오고 있네 ……"(마르크스, 1857년 7월 11일).[42]

1857년 심각한 경제 위기가 발발하였고 10월에 마르크스는 미친 듯이 경제 이론의 작업에 매달렸다. 그는 '대홍수', 즉 혁명이 시작되기 전에 프롤레타리아 경제학의 토대를 '확립하고자' 원했다. 하지만 1857년 공황은 그렇게 마음 졸이며 고대하던 혁명적 상황으로 이어지지는 않았다.

마르크스는 자신의 공황 이론을 『경제학 비판』(1857~58)과 『잉여가치론』(1862)의 초고를 작업하며 만들어냈다. 마르크스는 과잉생산 공황의 핵심적 성격이 고정자본의 갱신과 관련된 그것의 주기적인 성격에 있다는 것을 논증하였다. 그는 끊임없는 공황의 가능성을 결정적으로 제기하였다. 그는 경제공황이 "부르주아 경제의 온갖 모순을 실질적으로 응집시켜 폭발적으로 해소하는 것"이며 또한 생산력 발전을 촉진하는 중요한 요인이기도 하다는 점을 논증하였다. 공황은 자본주의 생산이 끊임없이 자신의 한계를 넘도록 만들며 자본주의 생산이 "자신의 한계 내에서는 매우 느리게만 실현할 수 있는 것 ─ 생산력 발전과 관련하여 ─ 을 …… 마치 축지법 신발을 신은 것처럼 달성하게 만들어준다."[43] 경제공황은 자본주의 생산양식의 경제적 모순의 표현이기 때문에, 그 공황은 자본주의 생산양식이 자신의 발전을 위한 모든 가능성을 소진하였다는 것을 의미하지는 않는다. 1859년 1월에 이미 마르크스는 자신의 저작 『경제학 비판』 서문에서 다음과 같은 중요한 결론에 도달하였다. 즉 한 사회구성체는 "그 구성체가 발전시킬 수 있는 모든 생산력을 충분히 발전시키기 전까지는"[44] 결코 멸망하지 않는다는 것이다. 마르크스가 이런 인식에 도달하게 만든 결정적인 요인은 의심할 여지없이 이 시기에 그가 하고 있던

『잉여가치론』의 작업이었다. 공황 이론과 평균이윤 및 생산가격 이론을 연구하면서(1862년의 『잉여가치론』에서) 마르크스는 여기에서 우리가 흥미를 가지고 있는 문제들에 대한 개념을 최종적으로 완성하였다.

자본주의사회의 발전에서 경제공황의 역할에 대한 마르크스의 입장이 변화된 것을 보여주는 중요한 증거는 1879년 4월 10일 그가 니콜라이 다니엘손(Nikolai Danielson)에게 보낸 편지이다. "나는 영국의 산업공황*이 그 정점에 도달하기 전까지는 결코 제2권**을 출판하지 않을 것입니다. 이번 공황에서 나타나고 있는 현상들은 매우 독특한 것들로서 과거의 공황과는 많은 점에서 차이가 있습니다. …… 그래서 지금 공황의 진행 과정을 그것이 충분히 성숙할 때까지 계속 관찰해야만 하고 그런 다음에야 비로소 우리는 그것을 '생산적으로(즉 이론적으로) 소비할 수' 있을 것입니다. …… 지금 이 공황이 아무리 발전한다 하더라도―물론 그것을 자세히 관찰하는 것은 자본주의적 생산을 연구하는 사람이나 직업적인 이론가들에게 매우 중요한 일이겠지만―그것은 결국 이전의 공황과 마찬가지로 극복될 것이고, 호황을 비롯한 온갖 다양한 국면으로 이루어진 새로운 산업 순환으로 이어질 것입니다."[45] 여기에서 우리는 공황 문제에 대하여 1840년대와 1850년대와는 완전히 다른 관점을 보게 된다. 마르크스는 여전히 공황을 자본주의 경제의 결정적인 현상으로 간주하고, 따라서 과학적 연구와 분석의 중요한 대상으로 간주하고 있다. 하지만 그는 이미 공황의 발발과 혁명적 상황을 더 이상 직접 연결하고 있지 않다. 그는 더 이상 공황의 발발에 떠밀려 아직 출판되지 않은 『자본』의 나머지 책들을 서둘러 출판하려 하지 않고 있으며, 오히려 진행되고 있는 경제공황의 온갖 현상 형태를 모두 빠짐없이 연구하기 위하여 그것의 출판을

• 여기에서 말하는 공황은 1873년 공황이며 그것의 주된 진원지는 미국과 독일이었다. 영국에서 이 공황이 포착된 것은 1870년대 말이었다.
•• 당시 마르크스는 『자본』 제2권과 제3권을 하나의 책으로 묶어 출판할 생각이었다.

미루고 있다.

마르크스 경제 이론의 성숙도를 과학적 공산주의에 대한 지표로 간주하는 우리의 연구를 완성하기 위해 한 가지 덧붙이고 싶은 것은, 마르크스가 미래의 공산주의사회의 세부적인 성격을 처음으로 제기한 것이 그가 자신의 가치론과 잉여가치론을 처음으로 만들기 시작한 1850년대 말이었고 두 번째로 제시한 것이 그가 자신의 잉여가치론을 완성한 1860년대였으며 세 번째로 제시한 것이 그가 자신의 경제 이론에 대한 작업을 이어나간 1870년대였다는 사실이다. 공산주의사회가 갖는 경제의 일반적 성격은 『고타강령 비판』(1875)에서 볼 수 있듯이 과학적 전망의 성과, 즉 마르크스가 『자본』에서 수행한 경제적 연구의 직접적인 결론이다.

지금까지 얘기된 것들에 비추어볼 때 우리는 마르크스 경제 이론의 발전 과정이 각기 다른 역사적 시기별로 이 이론의 성숙도를 나타내는 객관적 지표들(이 책에서 연구되고 있는)을 통해 극히 정확하게 반영되고 있다는 사실을 어렵지 않게 이해할 수 있다.

1. 경제 이론에 대한 본질적인 방법론적 전제를 마르크스는 1840년대 중반과 후반 사이에 만들었다. 이 시기는 또한 마르크스가 부르주아 경제학을 자본주의사회에 대한 과학적 해석으로 인정하고 동시에 이들의 방법론적 토대를 비판한 시기이기도 하다. 그런데 또 다른 한편 마르크스는 이 시기까지만 해도 아직 리카도의 가치론 위에 서 있었다. 그는 지대 이론도 리카도의 이론에 동조하고 있었고 부르주아 경제학자들이 옹호하고 있던 양적 화폐론도 지지하였다. 이 시기의 마르크스와 엥겔스는 노동조합과 노동자계급의 경제투쟁을 혁명적 교육의 학교로 간주하고 있긴 했지만 이들 투쟁이 노동조합의 활동이나 파업 투쟁과 마찬가지로 노동자계급의 상태를 근본적으로 변화시킬 수 있을 가능성에 대해서는 매우 낮게 평가하였다. 마르크스와 엥겔스는 부르주아 경제학의 '생계비설'도 아직 신봉하고 있었다. 마르크스와 엥겔스는 1840년대와 1850년대 초

반까지만 하더라도 공황에 대한 아무런 발전된 이론도 마련하지 못하고 있었기 때문에 공황과 혁명적 상황의 시작을 곧바로 연결지어 생각하고 있었고, 따라서 공황의 파괴적인 힘에 대해서도 과대평가하고 있었다.

2. 1850년대 초반은 마르크스가 경제 이론에 대한 작업을 심화시킨 시기로 특징지어지고 특히 경제학의 역사에 대한 광범위한 자료들을 수집한 시기이기도 하다. 이 시기에 마르크스는 스미스와 리카도에 대한 엄격한 평가를 내렸는데, 즉 이들의 업적을 부르주아 경제학의 정점으로 간주하였다. 동시에 그는 리카도의 화폐와 지대론을 비판적으로 분석하기 시작하였다. 마르크스는 또한 이 시기에 임금 인상을 위한 노동자들의 투쟁의 필요성을 경제적으로 입증하려고 노력하기도 하였다.

3. 1850년대 후반 마르크스는 가치론과 화폐론, 그리고 잉여가치론의 핵심 부분을 완성하였고 재생산 이론과 공황 이론의 가장 중요한 요소들을 만들어냈다. 그럼으로써 고전 경제학의 가치론은 그들의 양적 화폐 이론과 함께 극복되었다. 1850년대 말과 1860년대 동안 마르크스는 노동력 가치에 대한 상세한 분석을 하였는데 그것을 통해 그는 노동일 단축과 임금 인상을 위한 노동자계급의 경제투쟁의 필요성을 이론적으로 입증할 수 있게 되었다. 이런 맥락에서 마르크스는 노동조합의 경제적 활동에 올바른 의미를 부여하였다. 1850년대 말 마르크스는 유물론적 역사관의 일반적 성격과 결합해서 경제적 사회구성체의 생존 능력에 대한 자신의 기준도 확립하였다. 이 시기는 또한 공산주의사회의 성격에 대한 상세한 내용이 처음으로 만들어진 시기이기도 하였다.

4. 1860년대 전반기에 마르크스는 자신의 잉여가치론에 대한 작업을 마쳤고 고전 경제학을 완전히 극복하였으며 고전 경제학에 대한 전면적이고 근본적인 평가를 내렸다. 리카도 이론에 대한 세부적인 비판을 하는 과정에서 마르크스는 평균이윤과 생산가격, 그리고 지대 이론 등을 만들

었고 자신의 공황 이론과 재생산 이론을 세웠다(재생산 이론의 경우 마르크스는 1870년대에도 연구를 계속하였다). 그럼으로써 그는 무엇보다도 부르주아사회의 발전 과정에서 경제공황의 실질적인 지위를 규정할 수 있었다. 1860년대와 1870년대 동안 마르크스는 공산주의사회의 성격에 대한 자신의 견해도 심화시켜 나갔다.

✤ ✤ ✤

이제 우리는 이 책에서 연구된 마르크스 경제 이론의 성숙도에 대한 척도를 토대로 그의 경제 이론의 역사에 대한 일반적 성격을 규정하고 그 역사적 시기들을 구분해 보고자 한다.

1840년대 전반. 이 시기는 마르크스와 엥겔스가 자신들의 경제 이론을 정립하고 부르주아 경제학을 비판적으로 연구하려고 처음으로 시도한 시기로 특징지을 수 있다. 이 시기의 저작들— 마르크스의 『1844년 경제학 철학 초고』와 엥겔스의 『국민경제학 비판 개요』—에서 두 사람은 부르주아 고전 경제학의 노동가치론을 아직 거부하고 있었다. 따라서 이 시기에는 조금이라도 발전된 마르크스 경제 이론이 아직 전혀 존재하지 않았고 단지 마르크스 경제 이론의 가장 핵심적인 이론적 전제들— 생산이 사회적 의식 형태에 우선한다는 명제—정도만 있었을 뿐이었다.˙

━━━━━

• 마르크스는 『경제학 철학 초고』에서 인류 사회의 성장 과정에서 물질적 생산의 결정적인 역할을 논증하고 나서, 자신의 연구에서 자본주의 생산과정과 임노동을 핵심 과제로 삼았다. 이 연구의 목표는 노동자가 생산한 생산물을 자본가가 취득하는 것으로 요약되는 자본주의적 착취의 본질을 파헤치는 것이어야 했다. 마르크스 이전의 사회주의자들은 이런 취득이 부당한 것이라고 말하였다. 하지만 마르크스는 자신의 과제가 (자본주의에서) 착취의 합법칙적인 과정을 해명하고 그것을 "하나의 필연적인 발전의 표현"으로 나타내는 것에 있다고 보았다(MEW Ergänzungsband, Erster Teil, Berlin: Dietz Verlag, 1968, p. 510). 필자는 마르크스가 이 시기에 스스로 노동의 '자기소외'라고 불렸던 자본주의적 착취의 일반적이

1840년대 중반. 1845~46년 『도이치 이데올로기』에서 마르크스와 엥겔스는 사회적 생산의 범주들에 대한 근본적인 분석을 제기하였는데, 이 분석은 그들로 하여금 유물론적 역사관을 완성하고 경제 이론의 방법론적 토대를 만들게 해주었다. 『도이치 이데올로기』에서 마르크스와 엥겔스는 물질적 생산의 범주들을 처음으로 분해하여 그것을 생산력과 생산관계의 변증법적 통일로 서술하였다. 생산력은 생산의 소재적 내용을 이루고 생산관계는 생산의 사회적 형태이며 이들 양자의 통일이 사회적 생산이다. 이런 의미에서 마르크스는 1857년 사회적으로 규정된 생산을 경제학의 연구 대상이라고 썼다.[46]

1840년대 후반. 1840년대 중반은 마르크스의 경제 이론이 본격적으로 만들어지기 시작하는 문턱을 이룬다. 이 시기의 경제학적 작업의 결과로 『철학의 빈곤』과 『임노동과 자본』이 만들어졌다. 여기에서 부르주아 고전 경제학의 가치론에 대한 마르크스와 엥겔스의 관점은 결정적으로 바뀌었다. 또한 이들 저작은 모든 부르주아 경제학의 핵심적인 방법론적 결함(즉 몰역사성, 자본주의를 영원한 '자연적' 경제 방식이라고 주장하는 변호론적 관점)에 대한 철저한 과학적 비판을 담고 있다.

부르주아 경제학의 몰역사성에 대한 비판이 의미하는 것은 부르주아

고 질적인 성격을 파악할 수 있었다고 생각한다. 자본주의의 이런 성격은 마르크스 경제 이론 가운데 하나의 유기적인 부분을 이루고 있으며 그것은 자본주의 전체의 계속적인 발전 과정을 통해서 확인된다. 필자는 코르뉴가 마르크스와 엥겔스에 관한 상세한 전기 속에서 얘기했던 개념에 동의하지 않는다(O. Kornju, *Karl Marx und Friedrich Engels. Ihre Leben und Wirken*, Bd. 2, Moskau, 1961, pp. 150, 245, 러시아어판). 코르뉴의 개념에 따르면 마르크스가 『경제학 철학 초고』에서 발전시켰던 바로 이 자기소외 개념이 마르크스로 하여금 노동가치론을 거부하게 만들었고 마르크스가 자본주의적 생산양식의 분석에서 진전을 보게 되는 것은 바로 이 자기소외 개념을 극복하고 나서부터였다는 것이다. 하지만 우리가 만일 마르크스의 경제 이론에 대한 유고들을 꼼꼼히 분석해 본다면, 우리는 마르크스가 1844년에 정식화한 자기소외 개념을 결코 포기하지 않았다는 것을 금방 알게 된다. 잉여가치론에서 이 개념은 그대로 이어지고 있기 때문이다.

경제학의 방법론이 극복되었다는 것이다. 그러나 부르주아 경제학을 완전히 극복할 수 있으려면 자신만의 독자적인 이론이 개발되어야만 하는데, 이 시기의 마르크스는 아직 그런 단계에 이르지는 못하였다. 물론 그는『철학의 빈곤』에서 독자적인 가치론을, 그리고『임노동과 자본』에서 독자적인 잉여가치론을 만드는 데 거의 근접하였고 그 때문에 그는 나중에『철학의 빈곤』이 자신의 경제 이론의 맹아적인 형태를 포함한 저작이라고 술회하였다.[47]

1850년대. 1850~57년 동안에 마르크스는 부르주아 경제학에 대한 광범위한 역사적 비판적 분석을 수행하였다. 1849년 어쩔 수 없이 런던으로 이주하기 전까지 마르크스는 당시 가장 충실한 장서 목록을 보유한 영국박물관 도서관을 이용할 수 없었다. 그는 이제야 비로소 영국, 프랑스, 이탈리아 등의 부르주아 경제학자들(특히 영국의 고전 경제학자들인 페티, 스미스, 리카도 등)의 저작에 대한 체계적인 연구를 수행할 수 있게 되었다.

1850년대 내내 마르크스는 부르주아 경제학자들에 대한 연구와 관련하여 갖가지 문제들에 대한 자신의 생각을 기록하였다. 이들 생각으로부터 우리는 마르크스가 점차 어떻게 부르주아 경제학을 극복해 나갔는지를 알 수 있다. 1851년 4월 마르크스는 리카도의 저작『경제학과 과세의 원리』에 대한 상세한 요약집을 작성하였고 이 요약집에 갖가지 비판적 주석들을 가득 채워 넣었다.[48] 이 요약집에 담긴 주석 가운데 우리의 주목을 특히 끄는 것으로 두 가지를 들 수 있다. 하나는 마르크스가 이 시기에 이미 상품을 만드는 노동 그 자체는 노동이 아니라는 인식에 거의 접근해 있었다는 것을 보여준다. 또 다른 하나는 잉여가치의 원천이 미지불 노동에 있다는 것에 대한 세부적인 문제 제기를 담고 있다(마르크스는 '잉여'(Surplus)라는 개념을 사용하고 있다).[49] 여기에서 마르크스는 이 문제를 완전히 해명하지는 못하였지만 생산비를 초과하는 상품가치의 잉여가 교환에서 발생하는 것이 아니라 교환에서 단지 실현될 뿐이라는 것을 확정하고 있다. 마르크스는 이 잉여가 예를 들어 20노동일이 소요된 생산물 가운데 노동자가 얻는 생산물이 단지 10노동일어치뿐이라는 사실에서 비롯된 것이라고 지적하고 있다. 그것은 마르크스가 이미 『임노동과 자본』에 포함해 놓았던 생각을 보다 발전시킨 것이었다.

1851년 1월 7일과 2월 3일 엥겔스에게 보낸 편지에서 마르크스는 리카도의 차액지대와 화폐 유통 이론을 비판하였다. 물론 당시의 이 비판은 철저한 것일 수 없었다. 왜냐하면 마르크스는 자신의 지대 이론과 화폐 이론을 아직 완성하지 않았기 때문이다. 하지만 우리는 마르크스의 비판적 주석에서 나중에 그의 경제 이론에 포함될 요소들을 이미 발견할 수 있다. 즉 차액지대가 보다 열등한 토지의 경작으로 이행할 경우뿐만 아니라 열등한 토지에서 우등한 토지로의 경작이 이행할 경우에도 증가할 수 있다는 점, 토지에서의 수확체감의 법칙에 대한 비판, 양적 화폐 이론에 대한 비판, 화폐 유통의 교란으로부터 공황을 설명하려는 이론에 대한 비판 등이 바로 그런 요소들이다.

이처럼 마르크스는 부르주아 경제학 이론에 대한 비판을 부르주아의 지대 이론과 화폐 유통 이론의 비판에서 시작하였다. 그런 다음 프루동과 리카도의 화폐 이론에 대한 비판으로부터 마르크스의 가치론과 잉여가치론이 만들어졌고 리카도와 로트베르투스의 지대 이론에 대한 비판으로부터 마르크스의 평균이윤과 생산가격 이론이 만들어졌다. 따라서 마르크스는 부르주아 경제학의 '표면적인' 범주들로부터 점차 그것의 '내적' 범주들로, 즉 자본주의적 착취의 메커니즘을 설명하는 방향으로 나아갔던 것이다.

1857년 7월 마르크스는 속류 경제학자인 클로드 프레데릭 바스티아(Claude Frédéric Bastiat)와 헨리 찰스 케리(Henry Charles Carey)에 대한 요약집(이것은 미완성의 상태로 남았다)을 작성하였는데,[50] 여기에서 그는 부르주아 고전 경제학의 골격을 자세히 구분하였다. 즉 그 경제학은 17세기 말 윌리엄 페티(William Petty)와 피에르 부아기유베르(Pierre Boisguillebert)

에 의해 초석이 세워졌으며 1830년대 리카도와 시스몽디의 저작을 통해 완결되었다는 것이었다. 마르크스는 그 이후의 부르주아 경제학을 단지 고전 경제학의 아류이거나 그것에 대한 반동적인 비판일 뿐이라고 확정지었다. 1857년 8월 말 마르크스는 앞으로 쓰게 될 자신의 경제학 저작 '서론'의 초안을 집필하였다.[51] 이 초안에서 그는 자신이 작업한 경제학의 대상과 방법에 대한 생각을 다른 어떤 곳에서보다 더 상세하게 설명하였다. 이미 『도이치 이데올로기』에서 발전시킨 유물론적 역사관과 생산이 생산력과 생산관계의 변증법적 통일이라는 생각에서 출발하여 마르크스는 이 '서론'에서 사회적으로 규정된 생산(보다 구체적으로는 부르주아적 생산)이 자신의 이론적 분석 대상이라고 말하였다. 생산에 대한 이런 개념을 통해서 마르크스는 생산, 분배, 교환 그리고 소비(부르주아 경제학의 통상적인 연구 대상)가 사회적 생산이라는 하나의 통일된 전체의 부분들이라는 것을 논증할 수 있었다.

'서론'에서 마르크스는 추상에서 구체로 올라가는 과학적 방법을 다루고 이 방법이 헤겔에게서는 관념론적이었다고 비판하였다. 여기에서 마르크스가 논증한 것은 첫째 추상에서 구체로 올라가는 것이 구체에서 추상으로의 운동보다 반드시 앞서야 한다는 것이었다. 이 방식을 통해서 현실은 이론을 형성하는 출발점이 된다는 것이었다. 둘째는 추상에서 구체로의 이행이 본질적으로 실제 역사의 진행 과정과 일치하며 그것은 구체의 과학적 재생산으로 끝을 맺는다는 것이었다.

그럼으로써 마르크스는 1857년 가을 자신의 미래의 경제 이론에 대한 방법론적 토대를 세부적으로 완성하였다. 그런 다음 이론 그 자체는 1857년 10월부터 1858년 5월 동안에 만들어진 포괄적인 초고를 통해서 처음으로 만들어졌는데, 이 초고에 마르크스는 『경제학 비판』이라는 제목을 붙였다.

나중에 『자본』이라는 저작의 첫 번째 초안이 되는 이 초고 속에서 마르크스는 처음으로 자신의 가치론과 잉여가치론을 서술하였고, 평균이윤과 생산가격에 대한 이론을 치밀하게 다듬었다.

『자본』의 이 첫 번째 초안이 네 권으로 이루어진 최종 저작『자본』과 비교해서 우리에게 전해 주는 것은 무엇일까? 그것은 단지 경제학의 역사에 대한 전문 연구자들에게만 중요하고 의미 있는 것들이 아니다.

우리가 여기에서 얘기하려고 하는 것은 첫 번째 초안 가운데『자본』에 들어가지 않은 장들(예를 들어 "자본주의적 생산에 선행하는 형태들"[52])이나 공산주의 생산양식에 대한 몇몇 중요한 언급과 같은 것이 아니다. 우리가 여기에서 이야기하고 싶은 것은『자본』의 첫 번째 초안이 마르크스의 연구 방법을 확정하고 있으며『자본』의 처음 세 권(그리고 제4권의 제1부)은 연구 대상을 서술하고 있다는 점이다. 마르크스는 이렇게 쓰고 있다. "물론 서술 방법은 형식적으로 연구 방법과 구분되어야 한다. 연구는 소재를 자세히 검토하고 그것의 갖가지 발전 형태를 분석하여 그 내적 연관을 찾아내야만 한다. 이 작업을 모두 마친 뒤에야 비로소 현실의 운동이 서술될 수 있다. 그런 모든 것이 다 이루어져서 이제 소재의 생생한 모습에 관념이 반영된다면 그 생생한 모습은 하나의 선험적 구성과 관련된 것처럼 보일 수 있다."[53]

그런데 마르크스는 왜 연구와 서술의 형식적인 구분에 대해서만 얘기하고 있는 것일까? 그것은 이들 연구와 서술이 모두 추상에서 구체로의 이행이라는 동일한 방법에 기초해 있기 때문이다. 초안에서 반영되고 있는 연구 단계들은 추상에서 구체로의 이행 과정과 함께 반드시 각 연구 단계마다 그 도입부로서 다시 구체에서 추상으로의 이행 과정을 함께 포괄하고 있다. 마르크스 경제 이론을 정말 충실하게 연구하기 위해서는 이 점을 명심하는 것이 매우 중요하다.『자본』의 첫 번째 초안은 새로운 이론의 탄생이 어떻게 이루어지는지를 체험할 수 있는 독특한 가능성을 우리에게 제공하고 있다.

하나만 예로 들어보자.『자본』은 다음과 같은 말로 시작하고 있다. "자본주의적 생산양식이 지배하는 사회에서 부는 하나의 '거대한 상품 집적'으로 나타나고, 하나하나의 상품은 이러한 부의 기본 형태로 나타난다. 그래서 우리의 연구는 상품의 분석부터 시작한다." 여기에서 상품 범주는 부르주아사회의 '경제적 세포 형태'로서 이론 전개의 출발점을 이루고 있다. 그런데 여기에는 마르크스를 자본주의의 '경제적 세포 형태'인 상품 개념으로 이끈 연구 과정이 숨어 있다. 그리고 이 과정은 극히 중요한데, 왜냐하면 바로 그 과정만이 이론을 하나의 '선험적인 구조물'로 이해하는 잘못된 개념(즉 마르크스 경제 이론을 교조적으로 해석하는 개념)을 피할 수 있게 만들어주는 것이기 때문이다. 『자본』의 첫 번째 초안은 자본주의의 '경제적 세포 형태'를 발견해 나가는, 참으로 힘든 과정을 하나하나 빠짐없이 추적해 갈 수 있도록 만들어준다.•

『경제학 비판』 초고는 '화폐에 대한 장'으로 시작하는데 그것은 프루동의 화폐 이론을 비판한 것이다. 모든 단계마다 마르크스의 연구는 표면의 현상 형태로부터 그것의 내용으로 나아갔다. 즉 예를 들어 화폐로부터 상품으로, 그리고 상품가치로 나아갔다(그러나 전체적으로 보면 연구 과정은 추상에서 구체로의 진행 과정을 나타낸다. 그리하여 마르크스는 가치론에서 잉

• 최근 사회주의 경제학 내에서 출발점의 문제, 즉 사회주의사회의 '세포 형태'에 대한 문제가 활발하게 논의되고 있다. 아발킨(L. I. Abalkin)은 이 문제에 대해서, 그것이 아무리 중요한 문제라고 하더라도, 연구의 시기별 단계마다 다양한 해답이 존재하기 때문에 현재로서는 아무런 결정적인 해답도 제시할 수 없다고 밝혔는데 이는 전적으로 맞는 얘기이다. 이 문제의 해답을 얻기 위해서는 사회주의 경제의 근본문제에 대하여 보다 진전된, 그리고 보다 심화된 연구가 필요하다. 아발킨은 이렇게 말하고 있다. "이 문제에 대한 해답을 구하기 위해서 우리는 마르크스가 『자본』에서 사용하였던 방법론을 다시 사용해야만 한다. 그를 위해서는 일차적으로 마르크스가 어떤 문제의 이런저런 해답에 어떻게, 그리고 어떤 경로를 통해서 도달했는지를 연구해야만 한다. 그러기 위해서는 마르크스의 25년간의 작업을 연구하고 이 기간 동안 그가 쓴 초고, 편지, 간행된 논문들과 책들을 모두 분석하는 것이 중요하다. 그것을 통해서만 우리는 마르크스의 독창적인 업적을 하나의 단순한 결과물로서가 아니라 그것이 만들어진 하나의 과정의 결과물로서 알 수 있게 될 것이다. 그리고 바로 이런 과정이야말로 변증법을 필요로 한다!"(*Das, Kapital von K. Marx und die Politische Ökonomie des Sozialismus*, p. 55, 러시아어판).

여가치론을 발전시키고 거기에서 다시 이윤론으로 나아간다). 마르크스는 일단 상품의 사용가치와 가치로의 분할로부터 출발하여 상품이 필연적으로 상품과 화폐로 분열(교환 이전에는 관념적으로만 존재하다 교환 과정에서 현실로 나타나는)되는 결론에 도달한다. 이 모든 것으로부터 상품을 생산하는 노동의 이중적 성격—마르크스 가치론의 핵심 요소이면서 부르주아 고전 경제학의 가치론과 마르크스의 가치론을 구별짓는 특징—이라는 마르크스의 이론이 만들어진다. 마르크스는 "사물을 올바로 이해하는 모든 단서가" 바로 이 상품 생산 노동의 이중성 이론에 "근거해 있다"[54]고 얘기하였다. 마르크스의 잉여가치론은 그의 가치론이 보다 발전한 것이며 그것이 그런 까닭은 현실은 물론 이론에서도 가치의 개념이 자본의 개념보다 선행하는 것이기 때문이다. 부르주아 경제학자들은 자본을 단지 하나의 가치액으로만 상정함으로써 가치에서 곧바로 자본으로 이행하려고 하였다. 그러나 사실 우리는 그것을 이론이 표현해야만 하는 질적 도약과 관련지어야만 한다. "순수한 유통 속에만 머무는 교환가치의 운동만으로는 자본이 결코 실현될 수 없다 ……."[55]

마르크스 잉여가치론의 본질적인 특징은 잉여가치의 획득이 가치론의 토대 위에서, 즉 등가교환(본질적으로는 아니고 단지 형태에 있어서만)의 틀 내에서 설명된다는 점에 있다. 마르크스는 자본은 "타인의 노동을 **교환 없이, 즉 등가 없이**, 하지만 외관상 교환의 모습을 통해서 획득하는 …… 힘이다."[56]라고 말하였다. 마르크스는 경제학의 역사를 통해서 처음으로 노동자계급이 창출한 잉여가치를 자본가계급이 부르주아사회의 내적 법칙과 완전히 일치하는 방식으로 획득한다는 것을 논증하였다. 그리하여 이로부터 곧바로 다음과 같은 결론을 도출하였다. 즉 자본주의적 착취로부터 노동자계급의 해방은 자본주의 틀 내에서는 불가능하고 오로지 사회주의 혁명을 통해서만 이루어낼 수 있다는 것이었다. 1840년대에 아직 가설로만 얘기되고 있던 이 명제는 1850년대 말 과학적으로 입증된 명제가 되었다. 그것은 마르크스가 1859년에 출판한 자신의 저작 『경제학 비판』서문에서 유물론적 역사관을 상세하게 정식화할 수 있도록 만들어 주었는데 왜냐하면 이 역사관이 이제는 경제학적으로 입증되었기 때문이었다.

『경제학 비판』저작은 가치론과 화폐 이론에 대한 서술을 포함하고 있다. 그것은 경제학 저작의 제1부였고 곧바로 제2부 이후가 이어져야만 할 것이었다. 그러나 그것은 이루어지지 않았는데 그 이유는 경제 이론이 좀 더 완성되어야만 했고 마르크스는 그런 경제 이론을 1860년대 초에야 완성했기 때문이다.

1861~63년 초고. 이 초고는 하나의 통일된 제목인『경제학 비판』을 붙이고 있고 모두 23권에 달하는 노트 전체가 연속된 쪽수를 기록하고 있지만 내용적으로는 이질적인 것들로 이루어져 있다. 이 초고의 처음 다섯 권은『마르크스 엥겔스 저작집』의 두 번째 시리즈*의 원본을 이루는 것으로, 마르크스는 이 원고의 작업을 곧 중단하고 1862년부터 제6권의 작업을 시작하였는데 그것은 부르주아 경제학의 역사에 대한 상세한 비판적 고찰로 이루어진 것이었다. 이 부분에는『잉여가치론』이라는 제목이 붙어 있었고『자본』제4권의 유일한 원본을 이루는 것이다.

그런데 마르크스는 자신의 저작 제2부에서 왜 작업을 중단한 것일까? 아마도 그 이유는 그가 자신의 이론적 작업을 완결하기 위해서는 가치나 잉여가치와 같은 내재적 범주에서 '표면적' 범주들(평균이윤, 생산가격, 지대)로 넘어가야만 한다는 결론에 도달했기 때문으로 생각된다.『경제학 비판』초고는 이미 잉여가치의 전화된 형태인 이윤에 관한 이론을 포함하고 있다. 마르크스는 여기에서 또한 각기 다른 생산 부문들에서는 반드시 서로 큰 차이가 나는 이윤율이 존재하고, 이들 이윤율은 생산 부문들 사이의 경쟁을 통해 일반 이윤율로 균등화된다는 결론에도 도달해 있

---

* 초고의 이 부분은 1973년『마르크스 엥겔스 저작집』(*MEW*) 소련판 제47권(러시아어판)으로 처음 출판되었다.

었다.[57] 그는 생산가격 이론에 거의 근접해 있긴 했으나 아직 거기에 완전히 이르지는 못한 상태였다. 『경제학 비판』 초고에서 우리는 생산가격 범주를 아직 발견할 수 없고 이 초고에서 생산가격은 아직 가치의 전화된 형태로 발전해 있지 않다. 개별 생산 부문 내부의 경쟁을 통해서 개별 가치가 시장가치로 전화하고 각 생산 부문들 사이의 경쟁을 통해서 시장 가치가 생산가격(시장가치의 변동이 수렴하는 중심점)으로 전화하는 내용은 아직 나타나지 않고 있다. 단순 상품경제로부터 자본주의 경제로의 이행과 함께 이루어지는 이런 가격 형성의 변동 원리를 마르크스는 『잉여가치론』에서 부르주아 경제학의 비판적 분석 과정을 통해 처음으로 설명하였다. 그것은 마르크스의 독창적인 방법과 일치하는 것이기도 하였다.•

『잉여가치론』의 본문을 찬찬히 살펴보면 우리는 마르크스가 평균이윤과 생산가격 이론을 절대지대를 다루고 있는 장에서 설명하고 있다는 것을 알게 된다.

가치와 생산가격을 동일시하는 것에서 출발하여 이를 근거로 절대지대를 부인한 리카도의 이론을 비판하고 절대지대의 존재를 입증하려다 실패한 로트베르투스의 노력을 검토한 다음 마르크스는 평균이윤과 생산가격 이론으로 나아갔는데, 그것은 그의 절대지대 이론의 직접적인 결과물이었다. 가치론을 만들 때와 꼭 마찬가지로 마르크스는 여기에서도 프루동의 화폐 이론(본질적으로 리카도 이론의 유토피아적 해석)에 대한 비판으로부터 시작하였다. 평균이윤과 생산가격 이론의 설명을 마르크스는 로트베르투스의 지대 이론에 대한 비판으로부터 시작하였는데, 마르크스의 논증에 따르면 로트베르투스의 지대 이론은 리카도의 지대 이론과 동일한 전제 위에 서 있는 것이었다. 마르크스는 여기에서도— 연구 과정 전체로는 추상에서 구체로 진행하고 있지만 — 각 연구 단계마다에서

• 이것과 관련된 보다 자세한 논의는 W. S. Wygodski, *Die Geschichte einer großen Entdeckung*, Berlin: Verlag Die Wirtschaft, 1967 참조.

일단은 구체에서 추상으로(즉 절대지대에서 생산가격으로) 나아갔다. 지대 이론(절대지대뿐만 아니라 두 가지 형태의 차액지대까지도 포함하여)의 세부적인 발전 과정은『자본』제4권에서 평균이윤과 생산가격 이론 다음에 이어지고 있다.

1862년 6~8월에 마르크스는 평균이윤과 생산가격의 법칙을 자세히 다듬었다(『잉여가치론』과 같은 시기에 엥겔스에게 보낸 여러 편지 속에서). 1862년 말 마르크스는 자신의 저작을 출판하기로 결정하였는데, 그것을『경제학 비판』의 제1부에 뒤이은 저작으로서가 아니라 독립된 저작으로 출판하기로 결정하였고, 거기에『자본』이라는 제목과 '경제학 비판'이라는 부제를 붙였다.[58]

마지막 20년(1863~83년). 이 시기는 마르크스의 생애에서 가장 창작의 결실이 풍성했던 시기이다. 이 시기 경제학에 대한 그의 연구는 다음과 같이 크게 네 가지 방향으로 이루어졌다. 첫째, 그는 자신의 경제 이론을 계속 발전시켜 나갔다. 여기에 해당되는 것은 1870년대에 그가 만들어놓은『자본』제2권 초고(마르크스는 이 초고의 작업을 적어도 1879년까지 진행하였다)뿐인데, 특히 재생산 이론과 관련된 장을 들 수 있다. 재생산 이론의 기본명제들을 마르크스는 이미『자본』제1초고와 특히『잉여가치론』에서 다듬었고, 이것은 무엇보다도 1863년 7월 6일 마르크스가 엥겔스에게 보낸 편지에서도 확인되는데, 이 시기는 마르크스가『자본』제4권에서 바로 이 부분을 집필하고 있던 시기와 일치한다. 마르크스와 엥겔스가 서로 주고받은 편지에 대한 요약집에서 레닌은 이 편지를 지칭하며 "······ 초고 상태의 제2권(I부문과 II부문의 재생산과정 등), 바로 이것이다!"[59]라고 썼다. 레닌은 여기에서 이 편지(그리고 편지에서 말하고 있는 1861~63년 초고)에는『자본』제2권의 핵심 사상 ── 사회적 재생산의 두 부문에 관한 이론, 재생산 이론 등 ── 이 표현되어 있다고 지적하였다. 그러나 우리가『자본』제2권에서 볼 수 있는 것과 같은 고전적인 형태의 재생산 이론은 1870년대가 되어서야 비로소 마르크스에게서 처음으로 나타나고 확대재생산에 관한 장은 아무리 빨라도 1879년에야 비로소 나타난다.

둘째, 마르크스는 『자본』의 구조와 관련된 작업을 계속 심화시켜 나갔는데, 그것은 특히 모든 핵심 내용이 이미 완성된 이론을 담아내기 위한 필요성과 관련된 것이었다. 『자본』의 구조를 둘러싼 마르크스의 작업은 여러 단계에 걸쳐 나타났다. 그는 『경제학 비판』 초고를 작업하면서 특히 『자본』의 이 구조에 대하여 매우 진지하게 고민하였다. 경제학 저작의 집필 계획에 대한 최초의 초안은 '서설'(1857년 8월)[60]에서 찾아볼 수 있다. 그 이후에 있었던 여러 집필 계획은 생략하기로 하고 단지 『경제학 비판』 초고에서 밝히고 있는 계획에만 주목해 보면 거기에서는 처음으로 원고를 세 부분으로 나누는 얘기가 언급되어 있고 이것은 나중에 『자본』의 이론적 부분의 구조를 만드는 데 매우 중요한 역할을 하였다.[61] 1858년 2월 22일 라살에게 보내는 편지와 같은 해 4월 2일 엥겔스에게 보내는 편지에서 마르크스는 모두 여섯 권으로 이루어질 자신의 경제학 저작에 대한 집필 계획을 알리고 있는데, 이들 저작의 제1권은 『자본에 관하여』이며 이 제1권은 다시 「자본 일반」, 「여러 자본들 상호 간의 경쟁과 행동」, 「신용」, 「주식자본」의 네 개 장으로 분할되어 있다.[62]

원래 「자본 일반」에 대한 장을 세 부분으로 나누어 이를 세 권으로 하고 제4권에는 이론사를 포함함으로써 전체 네 권으로 이루어지는 『자본』에 대한 집필 계획은 1862~63년에 세워진 것이다.[63] 『자본』 제1~3권의 내용이 원래 「자본 일반」에서 계획되었던 것보다 훨씬 분량이 늘어났다는 것은 의심의 여지가 없으며, 또한 『자본』 제1~3권이 「자본 일반」에서 유래되었고 이들 세 권이 모두 바로 그 「자본 일반」의 추상 수준에서 집필된 것이라는 점도 틀림없는 사실이다. 그래서 예를 들어 『자본』 전체에서는 모두 상품의 시장가격이 직접 가치(혹은 생산가격)와 일치하는 것을 가정하고 있다.[64] 시장가격의 움직임이 연구되는 자본 간 경쟁의 특수한 고찰에서는 추상에서 구체로의 이행이 한 단계 발전해 있고 따라서 『자본』 전체의 집필에서 적용된 바로 이 추상 수준의 가정이 기각되어야만 한다.* 『자본』의 구조를 (네 권으로 편성하는) 새로운 집필 계획을 마르크스는 1866년 10월 13일 루트비히 쿠겔만(Ludwig Kugelmann)에게 보내는 편지에서 처음으로 상세하게 밝히고 있다.[65] 이후 ─ 그는 전체 구조를 네 권으로 유지한 채 ─『자본』의 이론적인 부분을 다룬 세 권(특히 제1권과 제2권)의 구조를 계속 완성해 나갔다. 제1권의 구조에 대한 근본적인 변경은 독일어 제2판을 준비하는 과정에서 이루어졌다.[66] 『자본』 제2권과 제3권의 서문에서 엥겔스는 이들 두 책의 구조에 대한 마르크스의 작업에 대하여 알려주고 있다.[67]

셋째, 마르크스의 마지막 생애 기간에서 그의 경제학에 대한 작업을 얘기할 때 우리가 잊어서는 안 되는 것은 엥겔스가 『안티 뒤링』(Anti-Dühring)에서 해석했던[68] 경제학과 마찬가지의 넓은 의미로 마르크스가 경제학을 확장한 글들이다. 그것은 이미 자본주의 경제학의 범위를 넘어선 것이었고 그런 점에서 『자본』의 범위도 넘어선 것이었다. 마르크스는 이전에 이미 전 자본주의적 사회구성체를 파악하고 있었고 이제 이것을

• 이것은 마르크스가 『자본』에 부여한 성격과 전적으로 일치하는 것이기도 하다. 그는 『자본』을 "경제학의 원리", 경제학의 "정수"라고 표현하였다(MEW Bd. 30, 1964, p. 639 참조). 이 주제에 대한 흥미로운 세부 논의는 코간(A. Kogan)의 논문 「마르크스의 『자본』의 방법론에 대한 몇 가지 문제」("Ekonomitscheskije nauki", 2, 1966, 러시아어판)와 「아직 연구되지 않은 마르크스의 집필 계획에 대하여」 ("Woprossy filosofii", 9/1967, 러시아어판)를 참고할 수 있다. 이 논문의 필자가 논증하고 있는 것은 1857~59년에 만들어진 마르크스의 「여섯 권으로 이루어진 집필 계획」(『자본에 관하여』, 『토지 소유』, 『임노동』, 『국가』, 『국제무역』, 『세계시장』)이 단지 마르크스의 연구 계획일 뿐만 아니라 자본주의 경제의 객관적인 구조를 반영하는 것이기도 하다는 점이다. 모두 네 권으로 이루어진 『자본』에서 마르크스는 첫 번째 주제 ─ 전체 집필 계획 가운데 가장 중요한 부분이긴 하지만 ─ 만을 집필하였는데 그것은 「자본 일반」(『자본에 관하여』에서 제1부를 이루는 것이다. 『자본에 관하여』의 나머지 부분은 「여러 자본들 상호 간의 경쟁과 행동」, 「신용」, 「주식자본」이다)의 내용으로 이루어진 것이다. 그러나 그것은 마르크스가 여섯 권의 집필 계획을 『자본』의 집필 계획으로 대체하였다는 것을 의미하는 것은 결코 아니다.

보다 심화시켰다. 그러나 전 자본주의적 사회구성체에 대한 완결된 저작을 그는 오늘날 우리에게 남겨두지 않았다.[69] 단지 엥겔스가 자신의 『가족의 기원, 사적 소유와 국가』라는 저작을 통해서, 그 자신의 표현을 빌리면, 마르크스의 유언을 결국 집행하였다.[70]

넷째, 마르크스는 이 시기에 자신의 경제 이론을 개별 국가(일차적으로 러시아와 미국)의 경제 발전 문제에 적용할 수 있도록 구체화하려고 노력하였다. 그가 살던 시기의 고전적인 영국 자본주의를 사례로 만든 마르크스의 경제 이론을, 자본주의 발전의 관점에서 볼 때 러시아와 같이 '비고전적인' 유형의 나라들의 경제 발전 분석에 적용할 수 있으려면 다양한 중간고리들이 필요하였던 것이다. 이 점과 관련하여 마르크스는 러시아 잡지 『조국의 기록』(*Otechestvennye Zapiski*)의 편집자에게 보낸 편지에서 이렇게 말하였다. "러시아의 경제 발전을 정확하게 이해하기 위해서 나는 러시아어를 공부하였고, 오랜 기간 동안 러시아의 경제 발전과 관련된 공식적인 글을 비롯해 많은 글을 공부하였다." 마르크스는 이 글에서 계속하여 "일반적인 역사철학 이론(가장 큰 장점이 초역사적 성격으로 집약되는)이라는 만능열쇠로는"[71] 어떤 하나의 현상도 결코 파악할 수 없다고 말하였다. 이를 통해서 우리는 마르크스가 왜 이 시기에 러시아 경제와 관련하여 『자본』의 틀을 훨씬 넘어서는 많은 연구를 수행했는지를 이해할 수 있다. 애석하게도 마르크스는 이들 연구를 마무리하지 못하였다. 그런 점에서 레닌의 저작 『러시아에서의 자본주의 발전』은 마르크스의 마지막 경제학 연구 작업을 그대로 계승한 것이라고 할 수 있다.

제2장

『자본』의 전사前史

유물론적 역사관과 그것의 직접적 결과물—과학적 공산주의 이론. 각 시기별 이론의 검증과 설명을 위해 사용된 방법. 부르주아사회의 경제적 운동 법칙을 연구해야 할 필요성. 이 연구의 방법론적 토대의 창출.

　　마르크스주의의 역사는 마르크스의 경제 이론이 유물론적 역사관의 완성과 불가분의 관계를 유지하면서 발전해 갔다는 것을 확실히 보여준다. 또한 사적 유물론의 완성을 통해서 후기 경제 이론의 방법론적 토대도 함께 완성되어 갔다. 또한 다른 한편 마르크스의 경제 이론의 완성은 유물론적 역사관에 결정적인 토대를 제공하였고 그것을 더욱 발전시켰다. 따라서 『자본』의 전사도 마르크스의 첫 번째 발견으로부터 시작된다.

　　마르크스의 첫 번째 위대한 발견인 유물론적 역사관은 1840년대 중반으로 거슬러 올라간다. 그는 이 발견의 전체적인 내용을 엥겔스와 함께 작업한 『도이치 이데올로기』에서 처음으로 서술하였다. 마르크스와 엥겔스가 만들어낸 역사 발전 과정에 대한 새로운 개념의 내용을 간략하게 얘기하자면 그것은 두 개의 기본 명제로 요약할 수 있다(물론 마르크스와 엥겔스의 선배들을 우리는 잊어서는 안 된다. 즉 인간 사회의 내재적인 역사를 설명하려 했던 헤겔, 17세기의 영국 혁명과 18세기의 프랑스 혁명을 계급투쟁의 관점에서 다룬 티에리, 기조, 미니에 등과 같은 부르주아 역사가들, 자본주의사회의 계급 간의 경제적인 분석을 연구한 페티, 스미스, 리카도 등과 같은 부르주아 경제학자 등이 바로 그들이다. 레닌은 이들 선배 덕분으로 마르크스주의가 유럽의 역사학, 경제학, 철학 전체 발전의 정점을 이룰 수 있었다고 이야기하였다).

첫째, 마르크스와 엥겔스는 인간의 사회생활에서 물질적 생산이 결정적인 역할을 수행한다는 명제를 제시하였다. 인간에 의한 생활필수품의 생산은 인간이 동물과 구별되는 최초의 역사적 행위였고 동시에 인류 역사의 첫 번째 전제이기도 하였다. 왜냐하면 인간은 "역사를 만들" 수 있기 전에 먼저 생존해야만 했기 때문이다. 즉 먹고 마시고 잠자고 입어야만 했던 것이다. 『1844년 경제학 철학 초고』에서 이미 마르크스는 사회적 의식의 형태들보다 생산이 우위에 있다는 점을 분명히 하고 있었다. "종교, 가족, 국가, 법률, 도덕, 과학, 예술 등은 단지 생산의 **특수한** 방식일 뿐이고 그것들을 지배하는 일반적 법칙에 예속되어 있다."[72]

둘째, 마르크스와 엥겔스는 물질적 생산을 생산력과 생산관계의 변증법적 통일로 표현하였다.* 물질적 생산의 소재적 내용을 이루는 생산력은 이 통일에서 결정적인 역할을 행사한다.

생산력의 발전 수준에 대한 가장 명확한 지표는 분업의 수준이다. "모든 새로운 생산력은 …… 새로운 분업의 형성을 가져왔다."[73] 그리고 이

• 바가투리야(G. A. Bagaturija)는 마르크스가 분업에 대한 철저한 연구를 거쳐 유물론적 역사관의 핵심 부분에 해당하는 생산력과 생산관계의 변증법을 발견하게 되었다고 생각한다. 사실 "분업은 한편으로는 생산력 발전의 결과이자 현상 형태이며, 다른 한편으로는 생산자들을 특정의 집단들로(즉 사회 전체를 계급으로) 분해함으로써 생산관계의 토대를 제공한다"(Sammelband, *Marx als Historiker*, Moskau, 1968, pp. 140, 131, 138~40, 151~52). 이 가설의 증거로 바가투리야는 주로 마르크스의 브뤼셀과 맨체스터의 발췌록(1845)을 제시하고 있다.

것은 다시 일차적으로 소유 형태로 특징지어지는 생산관계의 변화를 가져온다. "분업의 다양한 발전 단계는 또한 그만큼의 다양한 소유 형태이기도 하다. 즉 분업의 각 단계는 원료, 도구, 노동 생산물 등에 있어서의 개인들 사이의 관계도 결정한다."[74]

생산력과 생산관계(『도이치 이데올로기』에서 마르크스와 엥겔스는 '생산관계'라는 개념과 더불어 '교환형태', '교환수단', '교환관계'라는 말도 함께 사용하고 있다) 사이에는 일정한 조응 관계가 존재한다. 즉 생산력의 발전은 생산관계의 발전과 일치한다. 그리고 비록 생산력이 생산관계를 규정하긴 하지만 이들 양자 사이에는 상호작용이 존재한다. "지금까지의 모든 역사적 단계에 존재하였던 생산력에 의해서 규정되고 다시 그것을 규정하기도 하는 교환형태가 **부르주아사회**이다 ……."[75] 생산력과 생산관계의 상호작용의 변증법에 대해서 마르크스와 엥겔스는 다음과 같이 그 특징을 얘기하고 있다. "이제는 족쇄로 되어버린 과거의 교환형태 대신에 보다 발전된 생산력(따라서 각 개인의 보다 발전된 형태의 자발적인 행동)에 조응하는 새로운 교환형태가 자리를 잡는다. …… 그것은 다시 족쇄가 되고 그런 다음 또 다른 것에 의해서 대체된다."[76]

따라서 사회적 생산에는 생산력과 생산관계의 내적 모순이 깃들어 있는데 이 모순의 원천은 생산력의 발전이며 그것의 결과는 생산력과 생산관계의 일치가 깨지는 것이다. 생산관계는 다시 정치적 이데올로기적 상부구조(즉 사회적 의식의 다양한 형태)를 규정하기 때문에 사회적 생산의 이런 내적 모순으로부터 생산력과 다른(비물질적) 사회적 관계(사회적 의식을 표현하는) 사이의 일치가 파괴되는 결과가 만들어진다.

"생산력과 사회적 상태, 그리고 의식이라는" 이들 "세 가지 계기는 서로 모순관계에 (빠질 수 있고 또 반드시 빠지고 만다.)"[77]

사회적 생산의 일정한 구조는 일정한 계급 구조와 일치한다. 따라서 방금 언급한 모순은 사회의 다양한 계급 사이의 모순으로 나타난다.[78]

생산력의 발전과 낡은 사회적 형태(즉 낙후된 생산관계) 사이의 모순은 결과적으로 모든 역사적 갈등을 규정하고 사회혁명의 원인이 되는데 이런 사회혁명은 일정한 역사적 단계에서 물질적 생산의 소재적 내용과 사회적 형태를 다시 일치시킨다.

마르크스와 엥겔스의 유물론적 역사관은 하나의 독창적인 과학적 가설이었고, 이 가설은 사회의 운동 법칙과 발전 경향에 대하여 문제를 곧장 제기하고 그것을 과학적으로 해명할 수 있도록 만들어주었다. 그것은 처음으로 역사적 과정(즉 사회의 발전 과정)에 대한 내적 척도를 제공했고, 이 척도를 이루는 것은 사회적 생산(즉 사회적 생산의 두 요소의 연속적인 발전 단계)이었다. 비록 과학적으로 아직 논증된 것은 아니었지만 이 가설은 마르크스와 엥겔스로 하여금 이미 1840년대와 1850년대에 부르주아사회에 대한 일관된 비판을 수행할 수 있도록 해주었다. 그들은 계급투쟁 이론을 만들었으며 자본주의사회에서 계급 적대 관계의 본질을 발견하였으며 사회주의가 자본주의사회에 작용하는 경제법칙의 필연적인 결과물이라는 것과 자본주의가 자신의 무덤을 팔 노동자계급을 스스로 잉태한다는 것을 논증하였다. 달리 말해서 유물론적 역사관으로부터 과학적 공산주의 이론 전체가 곧장 만들어졌던 것이다.

과학적 공산주의 이론을 완성하고 확립하기 위한 최초의 시도를 마르크스는 이미 『1844년 경제학 철학 초고』에서 수행하였다. 여기에서 마르크스는 틀림없이 공산주의를 부르주아사회의 내적 법칙의 필연적 산물이라고 말하였다. 마르크스는 "**사적 소유**의 운동(즉 바로 경제) 속에서 모든 혁명적 운동이 자신의 경험적 이론적 토대를 발견한다는 것은 당연히 쉽게 알아차릴 수 있다."[79]라고 쓰고 있다. 당시 마르크스는 아직 부르주아사회의 경제적 운동 법칙을 알지 못하고 있었다. 그는 아직 공산주의의 불가피성을 자본주의에서 노동자계급의 빈곤화(즉 임금의 최저한도 이하로의 하락)[80]로부터 도출하고 있었지만 공산주의를 이처럼 자본주의사회의 내적 발전 경향으로부터 도출하고 있는 것은 장차 과학적 공산주의 이론을 만들어내는 데 매우 중요한 요소였다.* 또한 이것은 마르크스 이전에 사회주의를 대변하던 주요 인물들의 견해와 비교해서 본질적으로 진일보한 것이기도 하였다. 여기에 대해서 레닌은 다음과 같이 단정하고 있다. 즉 공상적 사회주의는 "자본주의사회를 비판하고, 그것을 단죄하고 저주하였으며, 그것을 폐기하는 것을 꿈꾸고 보다 좋은 제도를 그리고, 착취를 부도덕한 것으로 간주하는 세상을 설득하려 노력하였다."[81] 마르크스와 엥겔스가 새로운 사회의 창조자가 될 수 있는 능력을 가지고 있으며 동시에 그런 창조자가 될 수밖에 없는 사회 세력을 자본주의 제도의 품속에서 찾아내고 나서야 비로소 사회주의는 처음으로 하나의 과학적 토대 위에 세워졌다. 사회주의는 공상에서 과학으로 전화하기 시작하였다. 우리는『경제학 철학 초고』에서 이미 공산주의에 대한 공상적 관점의 비판을 볼 수 있었다.[82] 하지만 마르크스와 엥겔스는 얼마 뒤『도이치 이데올로기』에서 사회적 생산의 범주들——유물론적 역사관의 완성을 도와준——을 철저히 분석함으로써 과학적 공산주의 이론의 기본 명제들을 상세히 정식화할 수 있었다. 유물론적 역사관은 과학적 공산주의 이론에 대한 최초의 철학적 논증이기도 하였다.[83]『도이치 이데올로기』의 제1장에 정식화되어 있는 과학적 공산주의 이론의 가장 중요한 명제는 다음과

• 1840년대 전반의 마르크스 저작들에는 공산주의 경제에 대한 세부적인 전망이 전혀 없었다. 하지만 마르크스는 이미 여기에서 나중에(1875년) 유명한『고타강령 비판』의 토대가 되는 사상을 (비록 완전히 일반적인 형태로는 아니지만) 표명하고 있는데 그 사상이란 곧 사적 소유의 부정이 가져오는 필연적 결과인 공산주의는 아직 "진정한 의미에서 독자적인 걸음을" 시작하는 공산주의는 아니라는 것이다 (MEW Ergängzungsband, Erster Teil, 1968, p. 536). 이 명제에 대한 상세한 분석은 라핀(N. I. Lapin)의 책『청년 마르크스』(Moskau, 1968, pp. 312~16, 러시아어판)에서 볼 수 있다. 여기에서는 공산주의사회의 두 개의 국면(나중에 마르크스가『자본』에서 더욱 발전시키는)에 대한 이론의 맹아를 어렵지 않게 확인할 수 있다. 매우 흥미로운 또 하나의 사실은『경제학 철학 초고』가 집필된 것과 같은 시기인 1844년에 제임스 밀의 저작『경제학 요점』에 대한 해설에서 마르크스는 공산주의에서의 노동의 철학적 성격을 하나의 향락, 즉 인간의 자발적 행위로 묘사하고 있다는 점이다.

같이 요약할 수 있다.•

자본주의사회는 생산력과 생산관계 사이의 적대적인 무순에 의해 특징지어진다. 자신의 본성에 따라 대규모 생산은 생산력 전체에 대한(즉 사회적인) 취득을 추구한다. 그러나 그것은 자본주의에서는 불가능하다. 왜냐하면 자본주의에서 생산은 사적 소유의 틀 안에서 발전해 나가기 때문이다. 사적 소유의 조건 아래에서 대공업의 발전은 단지 자본과 노동 사이의 균열과 분열을 키울 뿐인데, 왜냐하면 사적 소유는 다름 아닌 "타인의 노동력에 대한 처분권"[84]일 뿐이기 때문이다. 다시 말해서 대공업의 발전은 자본에 의한 노동의 착취를 가져올 뿐이다. 자본주의에서 생산력의 발전은 사회 구성원의 대다수를 프롤레타리아로 만드는데, 이 계급에게는 "자본가에 대한 관계는 물론 노동 그 자체도 더 이상 견디기 힘든 것"으로 되어간다. 프롤레타리아는 "어릴 때부터 이미 희생으로 바쳐지며" 그에게는 "자신의 계급 내부에서 자신을 다른 계급으로 바꿀 수 있는 조건에 다다를 수 있는 …… 기회"[85]가 봉쇄된다. 이런 조건 아래에서 생산력은 그 반대의 모습으로 변한다. 즉 생산력은 파괴력으로 전화한다. 자본주의에 내재하는 생산력과 생산관계 사이의 이런 적대적인 모순은 사회주의 혁명의 토대를 이룬다.

자본주의 혁명은 사회적 관계를 통한 인간의 지배로 특징지어진다. "인간이 자연 발생적 사회 속에 존재하는 한, 따라서 개인의 이해와 공동의 이해가 분리되어 있는 한, 그래서 그 활동이 자유의지가 아니라 자연

• 바가투리야의 다음과 같은 얘기는 전적으로 맞는 얘기이다. "마르크스의 사상 체계에서 과학적 공산주의 이론만이 마르크스주의의 유일한 요소인 것은 아니다. 하지만 그것은 이 사상 체계 전체의 내재적인 목표를 이루고 그것의 가장 정점을 이루는 부분이다. 마르크스주의의 전체 체계는 상당 부분 이 정점에 의거해서 평가된다"(G. A. Bagaturija, "Die erste große Entdeckung von Marx. Die Herausbildung und Entwicklung der materialistischen Geschichtsauffassung", Sammelband *Marx als Historiker*, Moskau, 1968, p. 107).

발생적으로 분화되어 있는 한, 인간 자신의 행동은 인간에게 자신의 외부에 존재하는 대립된 힘으로 전화하는데 이 힘은 인간이 그것을 지배하는 것이 아니라 오히려 인간을 굴복시킨다."[86]

사적 소유의 토대 위에 선 사회적 분업의 조건 아래에서는 생산력이 하나의 '사회적 힘'으로 전화하고 이 힘은 인간의 희망과 의지에 예속되는 것이 아니라 오히려 그것을 지배한다. 인간 활동의 산물이 인간을 지배하는 물질적인 힘으로 전화하는 것을 마르크스는 '소외'라는 개념으로 표현하였다. 이 소외는 공산주의에 의해서 비로소 제거될 수 있다.

공산주의의 물질적 전제는 '생산력의 폭발적인 증가', 생산력의 최고도의 발전이다. 그렇기 때문에 과학적 공산주의는 공상적 공산주의와는 반대로 대공업의 발전은 물론 확대된 분업의 토대 위에서 수행되는 자본주의의 발전을 진보적인 요소로 간주하는데, 왜냐하면 사적 소유의 폐기는 대공업의 발전과 함께라야만 비로소 가능하기 때문이다.

사실 생산력과 자본주의적 소유관계 사이의 적대적 모순이 더 이상 "버틸 수 없게" 되는 것은 생산력이 고도로 발전하고 나서이다. 사회적 행위의 '소외'는 "혁명의 대상이 되는 하나의 힘"으로 전화한다. "따라서 그것*과 함께라야만 …… 비로소 사적 소유의 철폐가 가능하다."[87] 대공업이 발전해야만 비로소 발전된 노동자계급이 존재할 수 있고 자본주의 제도에 대항하여 일어서는 혁명적 대중이 형성된다. 발전된 프롤레타리아는 '세계무역'을 전제로 한다.[88]

조금 더 보도록 하자. 생산력의 보다 높은 수준으로의 발전은 인류의 전반적인 교류, 즉 세계무역을 위한 조건이며, "국지적인 인간을 **세계사적**이며 일반적인 경험을 가진 인간으로 대체하기" 위한 조건이다. "이것이 없이는 …… 공산주의도 단지 국지적인 성격의 것으로만 머물게 될 것이다."[89]

• 대공업―편집자 주.

마르크스와 엥겔스는 공산주의 혁명을 세계사적인 과정으로 간주하였는데, 이 과정은 "지배적인 나라들에서 인민들의 행동이 '한꺼번에' 그리고 동시에 이루어질 때에만 가능한" 것이었다.[90] 잘 알려져 있듯이 레닌은 나중에 다음과 같은 결론을 내렸다. 즉 자본주의의 독점 단계에서는 사회주의 혁명의 승리가 몇몇 나라 혹은 한 개별 국가에서도 이루어질 수 있고 또 그럴 수밖에 없으며, 이 개별 국가가 반드시 자본주의의 선진국일 필요도 없다는 것이었다. 이 결론은 공산주의 혁명을 세계사적인 과정으로 묘사한 마르크스와 엥겔스의 얘기를 결코 바꾼 것이 아니다. 이 결론에서 레닌이 말하고자 했던 것은 이 과정이 개별 국가에서 시작될 수 있고 또 그럴 수밖에 없다는 의미였다.* 마르크스와 엥겔스의 이 구절과 관련하여 매우 흥미로운 점은 "이 모순**"이 한 나라 안에서 대립으로 발전하기 위해서 반드시 그 나라 내에서 극단적인 형태로 발전할" 필요는 없다는 것이다. "국제무역의 확대로 인하여 촉발되는 선진 산업국가들 사이의 경쟁이 아직 후진적인 산업국가들에서도 비슷한 모순을 충분히 불러일으킬 수 있기 때문이다."[91] 레닌은 제국주의(이 단계에서는 자본주의 체제 전체가 사회주의 혁명을 위하여 충분히 성숙해 있다)의 조건 아래에서는 생산력이 덜 발달한 나라들이 공산주의 세계혁명의 전위가 될 수 있다고 논증하였다. 그러나 "프롤레타리아의 …… 존재가 오로지 **세계사**

---

* 레닌은 제국주의 단계에서 몇몇 소수의 선진 자본주의 국가들에서의 가능한 한 동시적인 사회주의의 승리에 대한 마르크스주의의 명제를 논증하였고, 이로부터 사회주의가 모든 나라에서 동시에 승리할 수 있는 것은 아니라는 결론을 내렸다. 그러나 새로운 역사적 조건 아래에서는 다수 자본주의 국가들에서의 사회주의 혁명의 동시적인 승리가 이미 더 이상—마르크스와 엥겔스가 살던 시기에 그러했던 것처럼—사회주의 세계혁명의 성공적인 발전을 위한 필연적이고 유일하게 가능한 전제가 아니다(B. W. Raskin, "K. Marx und F. Engels über die perspektivische Entwicklung der Weltrevolution", *Woprossy istorii KPSS*, 6/1969, pp. 57~58, 러시아어판).
** 생산력과 생산관계 사이의 모순을 말한다.

적으로만 가능한"것과 꼭 마찬가지로 "공산주의와 그것의 행동도 오로지 '세계사적' 형태로만 존재할 수 있다."[92]

마르크스와 꼭 마찬가지로 레닌도 공산주의 혁명을 오로지 세계사적 과정으로만 간주하였는데, 이 과정에 소요되는 기간은 구체적이고 역사적인 조건에 의해서 결정되는 것이었다.[93]

마지막으로 공산주의가 필요로 하는 소비재의 풍부한 공급은 생산력 수준이 고도로 발전했을 경우에만 가능하다. 일반적으로 "인간이란 먹고 마시고 잠자고 입는 것을 충분한 질과 양으로 조달할 수 없는 한 …… 자유로워질 수 없다." 생산력의 이런 발전이 없다면 "오로지 빈곤만이 일반화될 뿐이고 따라서 **궁핍**과 함께 필수품을 얻기 위한 투쟁이 다시 시작되고 과거의 온갖 **해악**들이 모두 되살아날 것이다 ……."[94]

자본주의사회에서의 계급투쟁의 조건 때문에 프롤레타리아는 낡은 사회적 형태를 없애는 과제를 제기하면서 동시에 정치권력을 장악해야만 한다. 하지만 공산주의 혁명의 필요성은 단지 프롤레타리아가 부르주아 사회의 지배계급을 무너뜨리고 자신의 정치적 지배권을 확립할 필요성 때문만이 아니다.• 대중들에 대한 공산주의 의식의 고취, 대중들의 인간적 변혁은 오로지 실천적 운동, 즉 **혁명**을 통해서만 이루어질 수 있고 "**혁명의 동력을 이루는** 계급은 오로지 혁명을 통해서만 …… 낡은 해악들을 모두 제거하고 새로운 사회를 건설할 수 있는 상태로 …… 될 수 있다."[95] 기존의 사회적 관계에 대한 "정신적 비판"이 아니라 그것의 실천적 파괴,

---

• 마르크스와 엥겔스는 프롤레타리아가 정치권력을 장악해야 한다는 결론을 다음과 같은 사실로부터 논증하였다. 즉 자본주의사회의 적대적인 구조는 적대적인 계급 구조 때문이고, 이 계급 구조에서 부르주아의 지위는 생산관계의 특징을 반영하는 정치적, 이데올로기적 상부구조에 의해 지탱되고 있기 때문이라는 것이다. 나중에 마르크스가 자신의 경제 이론을 완성함으로써 국가가 '부르주아사회의 총화'(K. Marx, *Grundrisse der Kritik der Politischen Ökonomie*, pp. 28~29)를 이룬다는 인식에 도달하게 되면 프롤레타리아 독재의 필요성에 대한 이 결론도 경제학적인 논거를 획득하게 된다.

즉 "비판이 아니라 혁명이 역사를 이끌어가는 동력(이다)."[96]

공산주의 혁명은 생산관계 그 자체의 변혁을 수행하며 그것은 사적 소유를 폐기한다. 이 폐기의 필요성은 자본주의사회의 적대적인 모순 때문이다. "따라서 이제 각 개개인은 기존의 생산력 모두를 취득해야 하는 상태로 되는데 이는 단지 스스로를 확증하기 위해서일 뿐만 아니라 전반적으로 자신의 존재를 보장받기 위해서이기도 하다."[97] 그러나 그것이 전부는 아니다. 생산력의 사회적 성격은 생산력의 일반적 취득, 즉 사회적 소유를 요구한다. 공산주의 혁명은 사적 소유와 함께 '소외'(즉 자신의 생산물에 의한 자신의 노예화)도 폐기한다. 공산주의는 "인간들 사이의 상호작용에 의해 만들어졌지만 지금까지는 철저히 인간들에게서 독립하여 독자적인 힘으로 나타나고 인간들 위에 군림하던 이들 힘에 대한 통제와 의식적인 지배"[98]를 의미한다.

공산주의 혁명은 각 개인들에게 강제된 사회적 분업(즉 사회적 행동의 강제적인 분할)과 특히 무엇보다도 도시와 농촌의 대립을 제거해 버린다. 사회적 소유를 통해서 비로소 각 개인의 인간적 자유가 가능해진다. 임노동의 폐기와 함께 비로소 프롤레타리아의 인간성이 보장될 수 있다.[99]

『도이치 이데올로기』를 통해서 발전된 과학적 공산주의 이론은 마르크스와 엥겔스가 살던 당시와 그 이전에 지배적이었던 유토피아적인 견해들과 결정적인 차이점을 보여준다. 이 이론은 본질과 존재에서 동일한 개념들을 보았던(포이어바흐는 『미래의 철학』에서 다음과 같이 말하고 있다. **"나의 본질인 것이 나의 존재이다."**) 포이어바흐와 결정적인 차이점도 보여준다. 엥겔스는 포이어바흐의 이 구절을 "현존하는 것들에 대한 아름다운 찬사"라고 표현하였다. "따라서 수백만 명의 프롤레타리아가 자신의 생활 상태 속에서 아무런 만족감도 느끼지 못할 때, 그래서 그들의 '존재'가 그들의 '본질'과 전혀 일치하지 않는다면 이것은 앞에서 언급한 구절에 따를 때 사람들이 가만히 참아내야만 하는 어쩔 수 없는 불행일 것이다. 그러나 이들 수백만 명의 프롤레타리아 혹은 공산주의자들은 전혀 그렇게 생각하지 않으며 이 구절은 이들이 자신들의 '존재'와 '본질'을 실천을 통해(즉 혁명을 통해) 일치시킴으로써 비로소 입증될 것이다."[100]

이런 종류의 유토피아적인 관점들과는 달리 마르크스와 엥겔스의 출발점은 "현실적인 해방*을 현실의 세계가 아닌 곳에서 현실적인 수단이 아닌 것을 통해서 관철하는 것은 불가능"하며, 문제의 핵심은 "현존하는 세계를 변혁하고, 현존하는 것들을 실천적으로 공격하고 변화시키는 것"이다. "우리에게 공산주의는 만들어내야 할 **상태**가 아니라 현실이 지향해야 할 **이념**이다. 우리가 말하는 공산주의는 현재의 상태를 지양하는 **현실의 운동**이다."[101]

『도이치 이데올로기』에서 이미 유물론적 역사관과 과학적 공산주의 이론의 핵심 명제들이 얼마나 많이 정식화되었는지를 보면 참으로 매우 놀랍다. 나중에 마르크스주의 경제 이론이 만들어지는 과정에서 완전히 새로운 명제들이 여기에 추가되고 앞서 이미 정식화되었던 명제들은 이론적으로 증명되었다.

그런데 유물론적 역사관과 과학적 공산주의 이론의 검증과 증명을 위한 방법들은 어떻게 되었을까? 이 증명을 위한 첫 번째 단계를 마르크스와 엥겔스는 이미 『도이치 이데올로기』에서 언급하고 있다. "경험적 고찰은 각 개별 경우마다 사회적·정치적 요소들이 경제적 요소들과 어떤 관련을 맺고 있는지 어떤 추상화나 신비화도 없이 경험적인 형태로 증명되어야만 한다."[102] 그렇기 때문에 마르크스와 엥겔스는 유물론적 역

• 자본주의의 억압으로부터 인간을 실질적으로 해방하기 위한 조건을 정식화하면서 마르크스와 엥겔스는 공업, 상업, 농업의 상태와 같은 역사적인 관계 외에 '교환 상태'도 지적하였는데, 이것은 당시에 사용하던 용어법에 따르면 생산관계의 상태를 가리키는 말이었다. 공산주의의 물적 조건에 일정한 생산력 수준 외에 생산관계의 일정한 형태도 포함된다는 생각은 나중에 1857~58년 『자본』의 첫 번째 초안에서 더욱 발전되었다. 1860년대에 마르크스는 자본주의에 이미 존재하고 있는 "보다 높은 수준의 개조를 위한 요소들"도 발견하였다(MEW Bd. 25, p. 827).

사관을 완성하자마자 곧바로 자신들이 살고 있던 그 시기의 유럽의 발전 단계에 대한 구체적인 분석을 통해 "내적인 인과관계를 입증하는 것, 즉 필자의 개념으로는 정치적인 사건들을 궁극적인 경제적 원인들의 작용으로 소급하여 설명하는 것"[103]을 과제로 설정하였다.

1848~49년 혁명이 실패한 후에 런던에 도착한 마르크스는 곧바로 새로운 기관지를 창간하려 노력하였는데, 그것은 『노이에 라이니셰 차이퉁』을 계승하는 것을 의미하였다. 이 기관지로 승인된 것은 『노이에 라이니셰 차이퉁. 정치 경제 평론』(*Neue Rheinische Zeitung. Politisch-ökonomische Revue*)이었는데 마르크스는 이 잡지의 특별한 장점으로 "정치 운동 전체의 토대를 이루는 **경제적** 관계에 대한 세부적이고 과학적인 분석에 착수하는 것"을 손꼽았다.[104] 『정치 경제 평론』에서 마르크스는 역사적 사건의 분석에 유물론적 역사관을 적용한 탁월한 사례들을 기고하였다. 이 잡지의 창간호는 이미 마르크스의 유명한 저작 『프랑스의 계급투쟁 1848~50』의 출판으로 시작했는데, 마르크스는 이 글에서 엥겔스와 함께 집필한 세 편의 탁월한 '국제 평론들'에서 했던 것과 꼭 마찬가지로 1848~49년 혁명의 실패 원인을 찾아내고 미래의 새로운 혁명의 불가피성을 지적하였다. 유물론적 역사관의 원리들에 맞추어 마르크스와 엥겔스는 혁명이 부르주아사회의 생산력과 생산관계의 모순이 만들어낸 결과물이라는 것을 논증하였다. "그런 혁명은 오로지 이들 **두 요소**, 즉 **근대적 생산력**과 **부르주아적 생산 형태**가 서로 **모순**에 빠진 시기에만 가능하다." 이 모순의 가장 뚜렷한 사례는 마르크스와 엥겔스가 살던 당시에는 경제 위기였다. 그렇기 때문에 다음과 같은 결론을 이끌어냈다. "**새로운 혁명은 오로지 새로운 위기의 결과로서만 가능하다. 그런데 혁명은 위기와 마찬가지로 확실한 것이기도 하다.**"[105]

이 결론은 혁명이 운동 지도자들 사이의 경쟁 때문에 실패하였다고 주장한 소부르주아적 사회주의자들의 견해에 비해 커다란 진보를 이룩한 것이었다. 프루동의 경우에서 볼 수 있듯이, 다른 사람들은 자본의 성장을 억지로 막는 경제정책을 통해 개혁적인 경로를 통해 사회를 사회주의적으로 변화시킬 수 있다고 생각하였다. 그러나 우리가 이미 보았듯이 마르크스와 엥겔스는 혁명의 객관적 성격을 강조하였지만 그럼에도 불구하고 아직은 이 혁명이 경제 위기에 직접적으로 의존한다고 해석하고 있었다. 그 이유는 무엇보다도 이들이 1840년대와 1850년대의 저작들에서는 아직 전반적으로 부르주아 고전 경제학의 이론을 따를 수밖에 없었던 사정에서 찾아야 할 것이다. 사회주의 혁명이 자본주의의 경제적 모순의 발전으로부터 만들어진 필연적인 결과라는 결론은 부르주아사회의 경제적인 운동 법칙에 대한 세부적인 연구를 필요로 하였다.

우리가 이미 언급하였듯이, 『도이치 이데올로기』에서는 유물론적 역사관과 과학적 공산주의 이론이 발전되었을 뿐만 아니라 마르크스가 나중에 『자본』을 집필하는 과정에서 갖가지 이론의 논증에 사용한 방법론적 토대도 함께 만들어졌다. 그것은 곧 『도이치 이데올로기』에 포함되어 있는 사회적 생산에서의 생산력과 생산관계의 변증법적 통일에 대한 분석을 가리키는 것으로, 이것은 유물론적 역사관의 핵심을 이루는 부분이다. 우리는 사회적 생산의 범주를 이렇게 '나누는 것'이 마르크스주의 이론에서의 방법론의 일반적 원칙——이 원칙에 따르면 모든 사회적 현상에서 소재적 내용과 그것의 사회적 형태를 구분해야 한다——에 기초한 것이라고 말할 수 있다. 경쟁을 자본주의 경제의 메커니즘으로 비판하는 것과 관련하여 엥겔스는 자신의 『국민경제학 비판 개요』에서 가치, 지대, 이윤 등과 같은 일련의 경제적 범주들을 사적 소유와 그것과 결부된 경쟁이 모두 존재하지 않는 조건(즉 공산주의사회)에 맞추어 변경하는 것에 관한 연구를 하였다. 이를 통하여 그는 경제적 과정의 소재적 내용과 사회적 형태를 구분하기 시작하였다. 프리드리히 리스트(Friedrich List)의 견해에 반대하는 마르크스의 짤막한 초고(1845년 출판)를 살펴보면, 그도 이 시기에 공업의 '인간적인 본질'과 그것의 자본주의적인 '더러운 외피'를 구분하였다는 것을 알 수 있다(*Beiträge zur Geschichte der Arbeiterbewegung*,

3/1972, p. 425 이하).

이 구별은 경제학에서 유물론적 변증법의 본질적 요소이자 경제 현상의 구체적인 분석을 위한 전제 조건이기도 하다. 보다 중요한 경제적 범주의 연구에서 경쟁을 배제하는 것은 본질적으로 이들 범주를 생산력의 발전에 의존하는 그것의 소재적 내용의 관점에서 연구한다는 것을 의미한다. 그러나 새로운 사회구성체로의 이행 과정에서 생산력이 보존되는 정도에 따라 그에 상응하는 경제적 범주의 소재적 내용도 그대로 남게 된다. 결국 자본주의에서 진행되는 경제적 과정의 소재적 내용에 대한 연구는 공산주의사회에서의 이 과정을 예측하는 데 중요한 디딤돌이 된다.

사회적 현상에 대한 이런 고찰은 이들 현상을 그 역사적 측면에서, 즉 발전 과정을 통해서 볼 수 있도록 만들어주는데, 여기에서 사회현상은 바로 이런 발전의 원천(즉 현상의 소재적 내용과 사회적 형태 사이의 모순)을 가리키고 있다. 『도이치 이데올로기』에서 마르크스와 엥겔스는 사회적 생산을 거시적으로 분석하고 있다. 그것은 곧 생산의 소재적 내용을 생산력이, 그것의 사회적 형태를 생산관계가 이룬다는 것을 보여준다. 과학적 공산주의 이론은 사회적 생산구조에 대한 이런 '거시적 분석'을 통해 직접적으로 얻게 된 결론이었다.

그다음에는 당연히 유물론적 역사관은 물론 곧바로 그에 뒤이은 과학적 공산주의 이론을 논증해야 하는 과제가 등장하였다. 이 과제는 오로지 자본주의 생산의 '미시적 분석'을 통해서만, 즉 자본주의적 생산관계(자본주의 사회의 생산력과 변증법적 통일 속에서만 고찰되는)의 체계에 대한 세부적인(추상에서 구체로의 과정을 통해 진행되는) 연구에 의해서만 해결될 수 있었다. 마르크스는 오로지 자본주의적 생산의 '미시적 분석', 즉 자본주의적 생산의 내부에서 수행되는 과정에 대한 연구를 통해서만 자본주의적 생산의 기능적 작동 체계와 부르주아사회의 경제적 운동 법칙, 그리고 그것의 발전 경향을 논증할 수 있었는데, 이들 요소는 과학적 공산주의 이론의 경제적 논증에서도 역시 결정적으로 중요한 요소들이었다. 다음에서 우리는 마르크스가 이 연구, 즉 네 권(제4권)의『자본』에서 완결되는 경제 이론의 창출 과정에서 유물론적 역사관의 완성 과정에서와 동일한 방법론적 개념으로부터 출발하였다는 것을 입증하려고 한다. 추상에서 구체로의 이행 과정에서 마르크스는 모든 경제적 범주를 생산력의 발전을 갖가지 수준으로 반영하는 소재적 내용과 사회적 형태(생산관계의 갖가지 측면을 나타내는)의 변증법적 통일로 간주하였다.*

이 방법론은『철학의 빈곤』과『임노동과 자본』에서 이미 명확하게 드러났던 것이다. 기계나 자본 등과 같은 것을 무엇보다도 일정량의 물건 혹은 화폐액으로 간주하던 부르주아 경제학자들과는 달리 마르크스는 "기계의 자본주의적 사용"과 사회적 생산관계로서의 자본에 대해서 말하였다.[106] 추상에서 구체로의 이행의 전체 기간 동안 마르크스는 이들 이행의 모든 단계에서 과학적 공산주의 이론의 경제적 논증을 제시하였다. 이행의 전체 과정은 과학적 공산주의 이론에 대한 하나의 포괄적인 경제적 논증을 제공하고 있다.

그래서 자본주의적 생산양식에 대한 근본적인 연구는 1840년대 말 마르크스주의 이론의 계속적인 발전과 논증에 당장 필요한 과제로 떠올랐다. 그와 함께 그것을 위한 방법론적 전제도 필요하게 되었다. 그러나『자

---

* 바가투리야는 생산력과 생산관계의 변증법 ─ 유물론적 역사관의 출발점을 이루는 ─ 이 마르크스가 발견한 인간 활동의 이중성(자연에 대한 인간의 관계와 인간들 상호 간의 관계, 즉 인간들 간의 교환)으로부터 비롯된다고 논증하였다. 이런 이중성의 또 다른 결과는 모든 경제적 범주의 소재적 내용과 사회적 형태 사이의 관계이다(*Marx als Historiker*, p. 141).
  퓨스너(J. Pewsner)는 '생산력'과 '사용가치' 사이의 관련에 대한 연구에서 "사용가치의 발전은 생산력의 증가와 같은 것이며, 구체적 노동에 의한 생산수단 및 소비 수단의 끊임없는 새로운 창출과 같다"고 확정지었다(J. Pewsner, *Die Methodologie des Kapitals von K. Marx und der heutige Kapitalismus*, Moskau, 1969, p. 66, 러시아어판).

본』의 전사로부터『자본』의 역사로, 즉 마르크스 경제 이론의 본격적인 형성 과정으로 넘어가기 전에 우리는 거기에서 부르주아 경제학의 역사에 대한 마르크스의 연구가 차지하는 특수한 역할을 우선 살펴보아야 한다.

마르크스 경제 이론의 출발점이자 완결점인 부르주아 경제학의 역사에 대한 비판적 분석

마르크스 경제학 연구의 역사적 관점. 자본주의 경제에 대한 인식의 원천. 마르크스 경제 이론의 원천. 마르크스의 부르주아 경제학자들에 대한 비판의 구조. 스미스와 리카도의 이론과 방법의 비판적 극복. 『자본』의 전체 구조에서 역사적 부분의 위상. 추상에서 구체로의 이행 방법에 대한 유물론적 해석. 연구 방법과 서술 방법. 경제 이론의 역사적 논증. 『자본』제4권으로서의 『잉여가치론』. 부르주아 경제학 발전의 주요 법칙. 자본주의사회의 경제적 발전과 그것의 적대적 모순의 반영. 경제적 관점의 계급적 뿌리. 부르주아 고전 경제학 연구 방법의 미비점. 고전학파의 속류화와 해체.

경제학의 역사, 즉 경제 연구의 역사적 관점은 마르크스 경제 이론의 완성 과정에서 중요한 역할을 수행하였다. 그것은 마르크스의 이론 전체를 관통하고 있는 역사적 고찰 방식을 보여주고 있기도 하다.

부르주아 경제학의 역사는 『자본』에서 세 가지 방식으로 나타나고 있다. 첫째는 『자본』 제4권——『잉여가치론』——으로 완결된 형태로 책의 내용을 이루고 있으며, 그것은 부르주아 경제학의 역사를 별도로 다룬 이론서이다. 둘째는 세 권의 『자본』 곳곳에서 나타나고 있는 것으로, 그것들은 모두 갖가지 문제에 대한 부르주아 경제학자들의 관점을 역사적으로 분석하여 요약한 것들이다. 셋째는 마르크스가 주로 『자본』 제1권에서 각주로 단 내용으로서, 엥겔스의 표현에 따르면 "본문에 대하여 경제학의 역사로부터 차용한 주석들을 붙인 것으로, 경제 이론의 개별 항목들에 대하여 그것의 중요한 발전 과정을 시기별로, 그리고 그 창시자별로 정리한 것이다.”

엥겔스는 계속해서 이렇게 말한다. “그것은 학문의 역사가 지금까지 편파적이고 거의 고의적인 무지함에 의해서만 기술되어 온 그런 학문의 경우 특히 매우 필요한 것이다.”[107] 엥겔스가 이런 얘기를 한 데에는 온갖 이유가 있었다. 진정한 의미에서 마르크스의 선배에 해당하는 부르주아 경제학에는 연구의 역사적인 관점이 거의 전적으로 결여되어 있었는데 그것은 부르주아 학문들의 몰역사성이 가져온 결과였다. 물론 다른 부르주아 경제학자들의 역사 연구와 관련하여 맥컬럭, 블랑키, 로셔 등의 저작들과 쿠스토디 등에서 출판한 이탈리아 경제학자들의 숱한 전집 등에 대하여 마르크스는 잘 알고 있었다. 하지만 마르크스 이전에는 역사적인 관점을 이론의 유기적인 구성 요소로 삼았던 경제학자는 한 사람도 없었다.[108]

경제학에 대한 진정한 과학적 역사를 최초로 만들어낸 것이 마르크스의 업적이라는 데에는 의심의 여지가 없다. 거기에서 마르크스의 창의적인 방법의 본질적인 특성은 그에게서 경제학의 역사를 만들어나가는 과정이 항상 자신의 이론을 창출하는 것과 병행하면서 이루어지고 과학적 연구의 통일적인 과정을 이루었다는 점에 있다. 사실 마르크스는 자신의 가치론을, 프루동의 소부르주아적 공상적 가치론을 분석하는 과정에서 만들어냈다. 경제학에서 혁명적 전환을 의미하는 잉여가치론은 리카도 이론의 비판적 연구를 통해서 만들어진 것이었다. 잉여가치론이 완성되었다는 것을 보여주는 지대론과 평균이윤 및 생산가격에 대한 이론은 『자본』의 역사적인 부분인 제4권을 작업하는 동안에 만들어졌다. 그렇기 때문에 경제학의 역사는 상당 부분 마르크스 경제 이론의 이면을 이루고 있으며 마르크스 경제학 연구의 모든 단계에서 항상 함께하는 것이었고 또한 이 연구의 출발점이자 동시에 결과물이기도 하였다.

마르크스의 이론은 그것이 만들어져가는 전체 기간 동안 역사학, 철학, 경제학에 대한 핵심적인 인식들이 하나의 종합을 이루면서 계속 발전해 나간 결과물이었다. 마르크스 경제 이론의 과학적 원천은 부르주아 고전 경제학이었다. 우리가 이미 언급했듯이 마르크스는 경제 이론의 인식에 결코 곧바로 도달한 것이 아니었다. 1840년대 전반기까지만 하더라도 마르크스와 엥겔스는 부르주아 고전 경제학의 노동가치론을 아직 거부하고 있었다. 1840년대 후반에 이르러서야 비로소 그들은 부르주아 고전 경제학(특히 노동가치론)이 당시의 경제생활에 대한 과학적 해석이라는 점을 인식하기에 이르렀다. 1851년 4월 2일자 엥겔스에게 보낸 편지에서 마르크스는 영국의 부르주아 경제학자 스미스와 리카도의 위상을 부르주아 경제학의 정점으로 규정하였다. 마르크스 자신의 경제 이론에서 이런 인식이 얼마나 중요한 의미를 갖는지는 다음의 사례를 통해서 알 수 있다. 『도이치 이데올로기』에서 마르크스와 엥겔스는 마르크스주의 역사관을 서술하면서 자신들의 저작이 왜 일차적으로 포이어바흐를 겨냥하고 있는지를 설명하는데, 이런 인식이 꼭 필요한 것이라고 간주하고 있다. "우리들의 이 논평은 바로 **포이어바흐**를 향한 것인데 왜냐하면 포이어바흐가 적어도 하나의 진보를 이룩한(그리고 물질적 존재에 대하여 심층적인 연구를 할 수 있도록 만든) 유일한 사람이기 때문이다."[109] 스미스와 리카도를 부르주아 경제학의 정점이라고 확정한 것은 마르크스에게서 자신의 연구의 출발점을 결정한 것과 마찬가지 의미를 갖는 것이었다. 마르크스는 1857~63년 동안에(이 시기는 그가 자신의 경제 이론을 완성해 나간 시기였다) 고전파의 경제 이론을 극복함으로써 비로소 부르주아 경제학을 진정한 의미에서 과학적으로 평가하는 것은 물론 스미스와 리카도의 노동가치론을 마르크스 경제 이론의 원천으로 삼는 계기로 만들 수 있었고, 또 실제로 그렇게 만들었다.

   부르주아 경제학의 역사는 필연적으로 마르크스 경제 이론의 출발점을 이루었다. 마르크스는 당시 자본주의사회의 경제적 관계를 자신의 역사적인 관점에서 연구하였고 그것의 발전 경향을 추적하였다. 그는 자본주의의 경제적 운동 법칙을 논증하는 것을 과제로 설정하였다. 이에 대하여 레닌은 『자본』이 "자본주의의 역사와 그 역사를 압축한 **개념들**의 분석을 담고 있다"[110]고 말하였다. 부르주아 경제학의 역사 속에서 마르크스는 부르주아사회의 역사가 반영되어 있는 것을 보았다. 과학적 이론은 상당 부분 현실의 정확한 거울이기 때문에 이 이론의 역사는 이 현실의 발전과 그 역사를 반영하는 거울이기도 하다. 매우 흥미로운 것은 이와 관련하여 마르크스가 쿠겔만에게 보낸 편지(1868년 7월 11일자)에서 밝히고 있는 다음과 같은 생각이다. "**이론의 역사**는 가치관계에 대한 인식이, 분명한 형태이든 불분명한 형태이든, 즉 환상으로 은폐되어 있든 과학적으로 정리되어 있든, **언제나 똑같다**는 것을 입증하고 있다. 생각하는 과정 그 자체는 현실적 관계들로부터 비롯되기 때문에, 즉 그 자체 하나의 **자연 과정**이기 때문에, 현실을 파악하는 생각은 언제나 똑같을 수밖에 없고, 단지 그 생각의 발전 수준과 그 생각을 수행하는 사람 자신의 성숙 수준에 따라 정도의 차이만 있을 뿐이다."[111]

경제 이론의 역사에 대한 연구, 즉 경제사상의 발전 과정의 재생산은 경제 현실 그 자체의 발전 과정을 재생산할 수 있도록 만들어준다. 엥겔스는 이렇게 말한다. "경제학의 문헌사적 발전 과정은 비판과 결합할 수 있는 자연스러운 실마리를 제공했고, 이 과정에서 각 경제적 범주들은 논리적인 발전 과정(**현실의** 발전 과정을 그대로 따르고 있는)과 똑같은 순서로 나타났다."[112] 부르주아 경제학의 역사는 자본주의 경제의 역사를 이해하는 데 중요한 원천을 이룬다.

마르크스주의 경제 이론의 형성사는 경제 이론을 구성하는 각 개별 항목의 완성 과정에 앞서 항상 부르주아 경제학의 역사에 대한 상세한 분석이 먼저 이루어졌다는 사실을 분명하게 보여준다. 자본주의적 착취 메커니즘에 대한 마르크스의 연구가 심화될수록 마르크스의 분석 대상이 된 부르주아 경제학자들의 범위도 확대되어 나갔고, 그에 따라 그의 분석도 더욱 세부적이고 본질적인 것으로 다가갔으며 그것은 특히 스미스와 리카도를 비롯한 부르주아 고전 경제학의 대표자들을 분석할 때 더욱 그러하였다.

독자적인 경제 이론을 만들려는 마르크스의 첫 번째 시도는(『1844년 경제학 철학 초고』) 파리에서 부르주아 경제학을 공부하는 과정에서 이루어졌다. 『철학의 빈곤』과 『임노동과 자본』의 출판은 마르크스가 브뤼셀과 맨체스터에서 수행한 부르주아 경제학 저작들에 대한 훨씬 세부적인 공부가 진행된 다음에 이루어진 것이었다. 마르크스가 처음으로 자신의 가치론과 잉여가치론을 서술한 『경제학 비판』(1857~58) 초고는 그가 1850년대 내내 부르주아 경제학자들의 저작에서 발췌한 자료들로 가득 채워진 방대한 양의 노트에 기초하여 만들어진 것이다. 평균이윤과 생산가격, 그리고 지대이론에 대한 이론을 마르크스는 『자본』의 역사적인 부분, 즉 『잉여가치론』을 작업하는 과정에서 만들어냈다. 부르주아 경제학자들의 저작에 대한 마르크스의 역사적 비판적 분석이 점점 더 핵심적인 부분에 다가갔다는 사실은 그가 리카도의 『경제학과 과세의 원리』를 1851년과 1862년에 어떻게 분석해 들어갔는가를 살펴보기만 해도 충분히 알아차릴 수 있다.[113] 마르크스는 자신의 경제학 연구에 경제학 비판이라는 이름을 붙였다. 그가 여기에서 생각한 비판이라는 것은 부르주아사회에 대한 비판이었으며 이 사회가 공산주의사회로 전화하고 그에 따라 부르주아 경제학도 이론적으로 극복되어야 한다는 것을 논증한다는 의미였다. 그것은 진정한 의미에서 건설적이고 창조적인 비판이었다.

마르크스는 『잉여가치론』을 통해 자신이 역사적인 연구 부분을 수행해 나가면서 의도했던 목표들을 결정하였다. 그의 역사적 비판적 분석은 "경제학자가 한편으로는 역사적으로 결정된 사회 형태——그것을 통해 경제학의 법칙이 처음으로 언급되고 계속 발전시켜 나갈——에 대하여, 그리고 다른 한편으로는 경제학자 자신에 대하여 어떤 형태로 비판하는지"를 보여주려 하였다. 마르크스 역사 이론의 출발점을 이룬 것은 바로 부르주아 고전 경제학이었다. 그가 분석 대상으로 삼았던 몇몇 "18~19세기 사회주의 및 공산주의 저자는 크게 보아 스스로 부르주아 경제학의 관점에 서서, 혹은 자신만의 독자적인 관점에서 부르주아 경제학에 맞서 싸웠다."[114] 부르주아 경제학의 분석에 대한 이들 두 관점 가운데 첫 번째 관점은 바로 마르크스 자신의 비판적 방법에서 비롯된 것이었고 우리들이 보기에 모든 과학적 비판에 똑같이 적용되는 것이다. 마르크스는 부르주아 경제학자들을 비판하면서 그들이 순전히 부르주아적 관점에서 만들어나간 이론적 내용이 논리적으로 모순된다는 점만을 비판하였다. 그래서 그는 리카도에 대하여 가해진 비판, 즉 그가 생산을 위한 생산에 노동자들의 이해를 희생했다는 비판에 대하여 리카도를 옹호하였다. 마르크스는 리카도의 입장이 부르주아적 관점에서 **"과학적으로 충실한 것일 뿐만 아니라 과학적으로 필요한 것이기도 하다"**[115]고 강조하였다. 이런 맥락에서 마르크스는 경제학자들의 상호 간의 비판에 큰 관심을 기울였는데 그것은 이들 비판을 통해서 방금 언급한 논리적인 모순들이 드러나고 경제학이 과학으로 점차 발전해 나갔기— 물론 부르주아 경제학으로 가능한 범위 내에서이기는 하지만— 때문이다. 마르크스의 부르주아 경제학에 대한 두 번째 관점은 부르주아 경제학 내에서 고전파가 처음 탄생하여 점차 그 정점(리카도)에 도달한 다음 다시 내적 분열로 치닫는 과정을 모두 파악할 수 있도록 만들어주었다.

1851년 초 마르크스는 리카도의 이론을 비판적으로 연구하는 데 몰두하였다. 그에 관한 증거로는 리카도의 저작 『경제학과 과세의 원리』에 대한 상세한 요약 노트— 앞에서 이미 언급한 것으로 1851년 4월에 작성하였고 갖가지 비판적 주석들이 포함되어 있다— 와 1851년 1월 7일과 2월 3일에 마르크스가 엥겔스에게 보낸 두 통의 편지— 리카도의 차액지대론에 대한 비판적 주석이 담겨 있다— 이다. 그런데 자본주의의 근본문제에 대한 경제학의 해법을 통해, 다시 말해 자본주의에 내재하는 법칙(무엇보다도 가치법칙)의 토대 위에서 자본주의적 착취 메커니즘을 설명함으로써 리카도의 이론을 비판적으로 극복하려는 그의 이런 노력은 아직 성공을 거둘 수 없었다. 왜냐하면 잉여가치 문제의 해법은 물론 다른 온갖 경제 이론의 문제도 모두 리카도 가치론에 대한 비판과 마르크스 가치론의 완성을 전제로 하는 것이었기 때문이다. 엥겔스는 이렇게 썼다. "잉여가치가 무엇인지 알기 위해서 그*는 가치가 무엇인지를 알아야만 했다. 비판은 무엇보다 리카도의 가치론 그 자체를 극복해야만 했다."[116] 마르크스는 이 비판을 1857년에 『경제학 비판』(1857~58) 초고에서 「화폐에 관한 장」의 작업을 통해서 수행하였다. 여기에서 마르크스 비판의 대상이 된 것은 프루동의 소부르주아적인 '노동화폐' 이론이었다. 1840년대 후반(『철학의 빈곤』에서) 마르크스는 이미 프루동의 이론이 리카도의 이론에 비해 후퇴한 것이라고 쓴 바 있었다. 그리고 이제 1850년대 후반에 그가 자신의 이론을 프루동에 대한 비판으로 시작한 것은 단지 그 비판을 온갖 가능한 사이비 사회주의적 관점에 반대하는 투쟁에 대한 의미만으로 수행한 것이 아니었다. 프루동은 자신의 '노동화폐' 이론 속에서 리카도의 가치론을 전혀 터무니없는 방향으로 발전시켜 나갔다. 그렇기 때문에 프루동의 견해에 대한 연구는 리카도 이론의 결함을 보다 명확하게 인식할 수 있도록 만들어주었다.

고전학파로 대표되는 부르주아 경제학의 가장 핵심적인 공적은 "내적 관련을 파악하려는" 열망이었다. 즉 고전학파는 "현상 형태의 다양한 차이 속에서 내적 관련을 파악"[117]하려 했던 것이다. 마르크스는 이들이 파악한 내적 관련을 노동가치론에서 찾았다. 인간의 노동이 가치의 원천이라는 사실의 단적인 언명은 경제학 역사에서 완전히 획기적인 새로운 시대를 열었다. 이를 통해서 경제학의 역사에서 유물론적 전통의 출발점이 만들어졌고 그것은 나중에 마르크스의 이론을 통해서 활짝 꽃을 피웠다.** 우리는 이 견해를 모두 그대로 따를 수는 없다. 단지 우리는 부르주아 고

- * 마르크스를 말한다.
- ** 라핀은 초기 마르크스에 대한 매우 흥미롭고 심층적인 저작에서 마르크스가 1840년대에 유물론을 경제학에 도입하는 과제를 이미 인식하고 있었다고 주장하였다(N. I. Lapin, *Der junge Marx*, Moskau, 1968, p. 276, 러시아어판).

전 경제학의 노동가치론이 유물론의 핵심적인 부분이라고 생각한다. 마르크스는 노동가치론의 내용을 변증법적 유물론의 방법으로 더욱 풍부하게 만들었는데 이 방법은 사회현상에 대한 역사적 고찰의 필요성을 유기적으로 포함하고 있다. 하지만 노동이 가치의 원천이라는 언명이 자본주의에서 이 노동의 특수한 사회적 성질에 대한 인식과 동일한 의미를 갖는 것은 아직 아니다. 이런 인식에 도달하는 길은 모든 부르주아 경제학자들에게 예외없이 자본주의 생산양식을 영속적이고 '자연스러운' 생산 형태로 간주하는 그들의 변호론적 관점 때문에 가로막혀 있었다. 반면 마르크스는 1840년대 중반 엥겔스와 함께 유물론적 역사관을 완성함으로써 이미 방법론적으로 이런 인식의 발판을 만들어놓았다. 그는 사회적 생산의 범주들을 '해체하여' 그것을 생산력과 생산관계의 변증법적 통일로 나타냈다. 우리가 이미 보았듯이, 이 '해체'는 방법론적 개념 전체—이 개념에 따르면 모든 사회현상과 이들 현상을 표현하는 모든 범주는 소재적 내용과 사회적 형태의 변증법적이며 모순적인 통일을 이루게 된다—를 구체적인 내용으로 전환하는 것이었다. 바로 이런 전환을 통해 마르크스는 1850년대 후반 가치를 창출하는 사회적 노동의 특수성을 파악할 수 있었다. 즉 그는 노동 그 자체와 노동 생산물 속에서 노동과 노동 생산물의 소재적 내용을 이루는 것(다시 말해 구체적 노동과 그 노동의 생산물인 사용가치)과 노동과 노동 생산물의 사회적 형태를 이루는 것(다시 말해 추상적 노동과 그 노동의 결과물인 가치)을 서로 구별하였던 것이다.

부르주아 경제학자들은 경제적 범주들의 소재적 내용과 사회적 형태를 유사한 형태로라도 정확하게 의식하면서 구별할 수 없었다. 마르크스는 "그들에게는 자본의 소재적 요소와 …… 자본의 사회적 형태 규정이 한데 뒤섞여 있었다"[118]고 쓰고 있다. 『자본』에서 고전 경제학에 대한 심층적인 분석을 통해서, 마르크스는 부르주아 경제학자들이 바로 이런 노동의 두 측면과 상품의 두 요소를 한데 혼합하고 노동과 노동 생산물을 분해하지 못함으로써 자본주의적 착취 메커니즘을 설명하는 데 실패하였다고 결론 내리고 있다. 리카도는 노동자의 임금과 그의 노동 생산물 사이의 불일치를 밝혀내 노동자의 성과물 가운데 지불받지 못한 부분이 자본가가 획득하는 이윤의 원천이라는 점을 전혀 알아낼 수 없었다. 그것은 매우 중요한 점이었는데 하지만 그것만으로 부르주아적 생산의 내재적인 작동 메커니즘을 밝혀내기에는 아직 충분하지 않았다. 그리고 리카도는 방금 언급한 바로 그 노동가치론의 불충분성 때문에 그 다음 단계로도 나아갈 수 없었다. 반면 마르크스의 잉여가치론은 그의 가치론의 직접적인 결과물, 즉 그것의 논리적인 귀결이었고, 그것은 그다음 단계, 즉 자본주의의 특수한 상품인 노동력에 대한 이론으로 가치론을 확장하였다. 이 상품의 발견, 즉 부르주아 경제학자들의 도그마의 극복이기도 한 명제, 다시 말해 노동자의 노동이 상품이라는 사실을 마르크스는 자신의 가치론 명제들로부터 도출해 냈다. 실제로 진정한 의미의 노동과정(즉 노동력, 노동 대상, 노동 수단의 소비 과정)은 자본주의적 생산과정의 이중성(그것의 소재적 내용과 그것의 사회적 형태)의 관점에서 보면 생산력의 기능 과정으로 나타나고 그것은 사회적 생산의 소재적 내용을 특징짓는다. 이윤을 뽑아내는 이 과정을 위해서 자본가는 노동자와 계약을 맺는다. 그렇기 때문에 노동은 이 거래의 대상이 되는 상품의 가치가 아니다. 그것은 단지 이 상품의 한 가지 측면, 즉 소재적 측면의 성격만을 띠고 있다. 이 사실을 밝혀냄으로써 비로소 마르크스는 가치법칙의 토대 위에서 노동자가 만들어낸 생산물이 자본주의사회에서 자본가의 소유가 되는 모순적인 현상을 설명할 수 있었다. 그는 자본주의적 생산과정의 이 결과가 노동, 즉 노동자가 자본가에게 판매한 상품의 사용가치가 자본가에게 귀속됨으로써 만들어진 것이라는 점을 입증하였다. 그럼으로써 자본가는 잉여가치가 들어 있는 잉여 생산물을 포함한 이 노동의 생산물도 함께 소유한다.

그런데 노동자가 자본가에게 판매한 상품이라는 것은 도대체 무엇일까? 마르크스는 노동이 이 상품의 **한 가지** 측면, 즉 사용가치일 뿐이라는 것을 밝혀낸 다음 그다음 단계로 나아가서 이 사용가치(즉 이 상품)가 노동자로부터 분리되어 따로 존재하는 것이 아니라 노동자의 능력(노동자의 잠재적인 에너지)으로, 즉 노동과정 속에서 실현되는 노동자의 노동력으로 존재한다는 점을 확인하였다. 그럼으로써 노동자는 자본가에게 자신의 노동을 판매하는 것이 아니라 자신의 노동능력, 즉 노동력을 판매하는 것이다. 이 분석을 마친 다음 이제 마르크스에게 필요한 것은 이 상품의 가치가 노동자 자신의 생산에 들어가는 노동량에 의해 결정된다는 것, 그리고 노동자가 자신의 가족과 함께 소비하는 생활수단의 가치가 다음의 사실을 보여주는 것, 즉 노동자가 노동과정에서 새롭게 생산한 생산물의 가치가 자신의 노동의 높은 생산성 때문에 자신의 노동력 가치보다 더 크다는 사실을 보여주는 것뿐이었다. 이 차이가 바로 잉여가치를 이룬다.

이리하여 마르크스는 부르주아사회의 경제학의 핵심 문제를 풀었다. 그 문제는 리카도가 지나쳐 버렸고(바로 이 때문에 그는 자신의 많은 적들에게 공격을 받았다) 스미스가 풀고자 노력했으나 실패하였고 결국 부르주아 고전 경제학 전체를 와해시킨 바로 그 문제였다. 마르크스가 이 문제를 풀 수 있었던 것은 오로지 그가 자신의 연구 과정에서 부르주아 경제학의 고전파가 획득한 성과—그들은 자신들이 이룩한 이 성과를 종종 의식하지 못하였다—로부터 떨어져 나왔기 때문이었다. 마르크스의 업적은 그가 이 성과를 인식하고 파악한 다음 경제 이론을 더욱 발전시킨 데 있었다. 경제학의 역사에 대한 비판적 분석을 통해 마르크스는 자신의 위대한 발견(즉 잉여가치의 창출)으로의 길을 단축하였다. 뿐만 아니라 이 분석은 그로 하여금 부르주아 경제학의 최고의 대변자들이 할 수 있었던 것보다 자본주의적 관계의 본질에 더 깊이 파고들어 갈 수 있도록 만들어주었다. 이들 대변자가 이룩한 성과는 적지 않은 것이었다.

첫째, 부르주아 고전 경제학은 자본주의사회에서 노동과 노동 생산물의 이중성의 개념에 거의 가까이 다가갔다. 마르크스는 이렇게 썼다. "상품을 노동의 이중적 형태로 분석하는 것은 …… 한 세기 반을 넘는 고전 경제학의 연구가 이룩한 결정적인 성과이다 ……."[119]

마르크스는 리카도의 이론 속에서 노동의 이중성이 실질적으로 분리되어 있는 것을 반복해서 확인하였다.[120] 마르크스의 그런 표현은 노동의 이중성을 발견한 업적이 리카도의 것이라는 것을 의미하지는 않는다. 마르크스는 리카도에게서 구별되고 있지만, 리카도 스스로는 구별하지 못했던 것을 자신의 언어로 표현해야만 하였다. 리카도의 이론 속에는 추상적 노동과 구체적 노동이 서로 구분되지 못한 채 완전히 뒤섞여 있어서 나중에 속류 경제학은 사용가치와 가치를 동일시할 정도였다. 그럼에도 불구하고 고전학파는 비록 스스로 의식하지는 못했지만 부르주아사회에서 노동의 이중성에 대한 단서를 찾아냈다. 그리고 마르크스의 가치론은 바로 이 길을 곧장 이어나간 것이었다.

둘째, 부르주아 경제학의 고전파는 자본주의적 착취의 성질에 관한 문제를 제기하고 이 문제의 해답을 찾기 위한 첫 번째 걸음을 내디뎠다. 고전파, 특히 리카도는 잉여가치(이윤의 형태를 띠고 있는)를 잉여노동──고전파는 이를 통해 잉여가치의 원천을 노동자계급의 착취로부터, 즉 지불되지 않은 노동을 자본가들이 획득하는 것에서 설명하였다──에서 찾는데 성공하였다. 잉여가치의 원천을 가치법칙의 토대 위에서 설명하려는 과정에서 부르주아 경제학자들은 자본과 노동 간의 교환을 연구하였다. 그런데 바로 이 교환은 자본주의사회의 토대를 이루는 생산관계, 즉 '활동들의 교환'이라는 기본 형태를 이루는 것이었다. 마르크스는 "대상화된 노동과 살아 있는 노동은 자본주의 생산의 토대를 이루는 두 개의 요소이다"라고 썼다.[121] 그러나 노동과 자본 사이의 교환은 자본주의의 토대를 이루는 생산관계의 가장 일반화된 표현이다. 그것을 사용하여 자본주의적 착취 과정을 설명할 수 있으려면 그것을 보다 발전시키고 구체화해야 한다. "노동에서 자본으로 곧바로 넘어가는 것은 다양한 인종으로부터 곧바로 은행가나 증기기관의 성질로 넘어가는 것과 마찬가지로 불가능하다."[122] 노동과 자본 사이의 교환에서 필요한 이 중간고리는 노동력 상품의 구매와 판매로 이루어져 있다. 부르주아 경제학자들은 이 중간고리를 발견하지 못했지만 그들이 잉여가치의 원천에 대한 문제를 해명하는 데 기여한 것은 마르크스에게서 자신의 잉여가치 이론을 완성해 나가는 직접적인 출발점이 되었다.

셋째, 리카도는 가치법칙을 경제학의 범주들에 일관된 논리로 적용함으로써 부르주아사회의 계급들 사이의 경제적 대립을 그려낼 수 있었는데, 미국의 속류 경제학자 케리는 바로 이 점 때문에 리카도를 공산주의자로 몰았다. 마르크스는 부르주아사회의 모순 없는 조화로움을 열렬히 찬양하던 이 예언자의 말을 다음과 같이 인용하고 있다. "리카도의 이론 체계는 불화로 이루어진 체계이다. …… 그것은 국가와 **계급들 사이의 적대적 성격**을 만들어내는 방향으로 나아가고 있다."[123] 마르크스는 노동자와 자본가의 계급적 이해의 대립으로부터 도출된 상대적 임금에 대한 리카도의 분석을 높이 평가하였고, 보다 심층적인 과학적 분석의 토대로 계속 발전시켰다.

부르주아 경제학에 대한 역사적 비판적 분석을 하면서 마르크스는 이런저런 문제에서 논리적인 목표에 이르기까지 항상 부르주아 경제학자의 입장을 취하였다. 그렇게 함으로써 그는 부르주아 고전학파에게서 갇힌 채로 머물러 있던 성과들을 얻어낼 수 있었다. 즉 마르크스는 부르주아 고전 경제학의 특징을 요약하면서 이들이 "노동하지 않는 사람들이 상품의 가치에 개입하는 명목이 되는 …… 수입의 모든 형태를 이윤이라는 하나의 형태로 환원하였다"[124]고 지적하였다. 여기에서 부르주아 고전학파는 잉여가치의 범주를 순수한 형태로 도출해 낼 수 없었고 잉여가치를 이윤과 동일시하는 상태에 머물러 있었다.

그런데 마르크스의 비판적 분석은 어떤 내용으로 이루어져 있는가? 무엇보다도 마르크스는 리카도는 물론 다른 고전 경제학자들에게도 잉여가치 이론이 있었다는 것을 입증하였다.(만일 그렇지 않다면『자본』제4권의 제목이 『잉여가치론』으로 되어 있는 것을 어떻게 설명할 수 있겠는가?) "리카도의 비판을 통해서 우리는 이제 리카도가 스스로 구분하지 못했던 것을 구분해 내야만 한다. …… 물론 그에게는 자신의 **잉여가치 이론**이 존재하였다. 비록 그가 이들 잉여가치의 특수한 형태들(이윤, 지대, 이자)을 **잉여가치** 그 자체와 구별하지 못하긴 했지만 말이다."[125] 다른 곳에서 마르크스는 리카도가 자신의 연구에서 자본의 불변적 부분을 배제하고 그 결과 그에게서 이윤이 가변자본의 산물로 나타날 경우 그것이 사실상 잉여가치를 얘기하는 것임을 설명하였다.[126]

또한 마르크스는 부르주아 고전 경제학이 잉여가치를 근본적으로 미지불노동의 결과물로 생각했다는 것을 입증하였다. 그는 고전파들에게서 이윤은 "잉여가치로 분해되는데 그것은 모든 상품의 가치가 노동으로─즉 상품 속에 포함된 노동 가운데 지불되는 양은 임금으로, 그것을 넘어서는 잉여는 미지불노동으로─ 분해되기 때문이다"[127]라고 썼다. 그러나 잉여가치를 결정하기 위해서는 먼저 '노동의 가치'(부르주아 경제학자들이 표현한 것처럼)가 결정되어야만 한다. 왜냐하면 잉여가치는 '노동의 가치'를 넘는 초과분이기 때문이다. 리카도는 '노동의 가치'가 노동자가 소비하는 생활수단의 가치에 따라 결정된다고 말하고, 이로부터 수요와 공급의 법칙에 의해 '노동의 가격'은 이들 생활수단으로 환산된다고 설명하였다. "그는 여기에서 전체 체계의 토대 위에서 **가치**가 **수요와 공급**에 의해서 결정된다"[128]고 하였고, 따라서 그는 사실상 노동가치론으로부터 다시 이탈하고 말았다.

앞서 이미 언급했듯이, 마르크스는 노동과 자본 사이의 교환이 노동력 상품의 판매와 구매를 거쳐서 이루어진다는 것을 밝힘으로써 리카도 이론의 이 모순을 극복하였다. 마르크스는 이 핵심 문제에서 리카도의 이론을 더욱 발전시키고 노동력 상품에 대한 자신의 이론을 다음과 같이 요약하였다. "그*는 **노동**이라는 말 대신에 노동**능력**이라고 해야만 했다. 그리고 그와 함께 **자본**도 대상화된 힘으로 노동자와 대립하는 물질적 노동

조건이라고 표현해야만 했다. 그리고 자본은 곧바로 **일정한 사회적 관계**로 표현되어야 했다. 리카도에게 자본은 단지 '직접적 노동'과 구별되는 '축적된 노동'일 뿐이었다. 그리고 그것은 노동과 자본의 관계가 …… 더 이상 발전해 나갈 수 없는 **노동과정**에서 단순히 물질적인 하나의 요소일 뿐이었다."[129]

마르크스의 이론은 연구 방법에서도 부르주아 고전 경제학 이론을 곧바로 발전시키고 향상시켰다. 고전학파가 사용한 분석은 예를 들어 잉여가치의 다양한 형태를 그것의 내적 통일성으로 환원할 수 있는 것이었다. 마르크스는 부르주아 고전학파가 이 방법을 사용하는 데 있어 나타나는 온갖 모순을 알아차리지 못한 채, 즉 경제 이론의 내적 통일성을 발견하는 데 있어 중간고리들이 없다는 점을 알아차리지 못한 채(그래서 예를 들어 그들은 잉여가치를 이윤과 동일시하였다) 이 방법을 "비판과 인식의 출발점을 이루는" 분석에 사용하였다고 밝혀냈다. "…… 그러나 이 분석은 다양한 단계를 거쳐서 형성되어 가는 현실 과정을 그 원천으로부터 서술하고 파악하기 위한 필수적인 전제이다."[130]

그러나 마르크스 이론 전체에 걸쳐 관통하고 있는 역사적 고찰 방식은 부르주아 경제학이 고집하는 몰역사적 고찰 방식과 직접적인 반대를 이룬다. 그런데 마르크스는 여기에 덧붙여 — 이것은 램지(Ramsay), 앙투안 엘리제 셰르불리에(Antoine-Elisée Cherbuliez), 존스(Jones) 등의 저작에 대한 그의 분석으로부터 얻어진 것이다 — 고전 경제학이 "그들 자신의 분석을 통해 스스로" 자본주의가 사회적 생산의 자연적 형태라는 개념을 폐기하는 "방향으로 가는 길을 열었다"[131]고 단언하였다.

지금까지의 모든 얘기에서 우리는 마르크스의 이론이 부르주아 고전학파의 이론과 방법이 직접적으로 발전해 나간 필연적인 결과라는 것을 알 수 있다. 다른 한편 마르크스의 이론과 방법은 고전학파의 이론 및 방

• 리카도—옮긴이 주.

법과 근본적으로 구별되고 경제학의 발전에 있어 하나의 질적 도약을 보여준다. 그것은 또한 "현존하는 것들에 대한 긍정적인 이해와 함께 그것의 부정에 대한 이해도 동시에 포함하는"[132] 마르크스의 변증법 개념과도 부합한다. 자신의 직접적 선배인 부르주아 고전학파에 대한 '긍정적인 이해'와 그들에 대한 '부정'의 필요성(즉 이들의 이론과 방법을 질적으로 새로운 토대 위에서 발전시킬 필요성)의 통일을 보여주는 이런 방법을 통해서만 마르크스는 노동계급의 경제학을 만들어낼 수 있었다.

이런 맥락에서 매우 흥미로운 것은 『자본』 제4권에 포함되어 있는 '경제학자들에 대항하는' 프롤레타리아적인 '반대 이론들'(리카도 이론의 토대 위에서)—리카도의 이론을 부르주아 경제학에 대한 투쟁의 수단으로 사용하려는 일군의 경제학자들의 저작—에 대한 분석이다. 이들은 엥겔스의 표현을 빌리면 "프롤레타리아의 이해를 위해 리카도의 가치론과 잉여가치론을 자본주의적 생산에 대항하는 수단으로 사용하는, 즉 부르주아 자신의 무기로 부르주아와 투쟁하는" 일군의 경제학자들이었다. "오언의 공산주의는 전체적으로 경제학적 논쟁의 장에서는 리카도의 입장에 서 있었다."[133] 리카도-사회주의자들은 노동가치론에서 출발하여 "**노동**이야말로 **가장 중요한 것**이며 자본은 …… 노동자에 대한 사기 이외의 **아무것도 아니다**"[134]라는 결론에 도달하였다. 리카도는 필요노동 시간의 단축이 단지 자본가를 위한 노동으로 간주되는 잉여노동의 증가를 위한 수단에 지나지 않는다고 보았지만 리카도-사회주의자들은 잉여노동 일반의 철폐를 요구하였다.

프루동주의자들과 마찬가지로 리카도-사회주의자들은 리카도 이론의 부르주아적 토대를 극복하지 못했을 뿐만 아니라 근본적으로 이 이론에 머물러 있었다. 그리하여 이들은 불가피하게 부르주아적 한계에 봉착하고 리카도 이론에서 도출한 그들의 사회주의적 결론은 공상적 성격을 띨 수밖에 없었다. 마르크스에 따르면 그들은 "자본주의적 생산 그 자체의 모든 경제적 전제를 영속적인 형태로 받아들이고 자본만을 제거하려

하였다. …… 그것은 그들의 토대이자 동시에 필연적인 귀결이었다."[135] 그들의 방법론적 원리에 비추어보면 그들이 부르주아 경제학자들과 꼭 마찬가지로 자본주의적 생산양식의 발전이 만들어내는 '대립적 형태'를 '자본주의적 생산양식의 모습 그 자체'와 혼동하고 있는 것이 전혀 이상한 일이 아니다.[136] 새롭고 진정으로 과학적인 노동자계급의 경제학 — 이것은 경제학에서 하나의 혁명적 전환을 의미하는 것이 될 수 있다 — 을 만들어내기 위해서는 고전학파의 성과에 의지하여 고전 경제학이 만들어낸 이론의 모순과 부르주아적 한계를 극복하고, 이 이론을 단순히 이런저런 방식으로 적용하는 대신에 그것을 질적으로 더욱 발전시켜야만 했다. 그러기 위해서는 계급투쟁에서 노동자계급의 입장으로 완전히 넘어가는 것이 중요했다.

1877년 11월 3일이라고 적은 편지(지크문트 쇼트에게 보내는)에서 마르크스는 『자본』의 작업이 "솔직히 말해 대중에게 제출된 것과는 반대의 순서로(제3부, 즉 역사적인 부분에서 시작하는 순서로)"[137] 시작되었다고 밝혔다. 실제로 『잉여가치론』의 초고는 1862~63년에 만들어졌고 그것은 나중에 『자본』 제1~3권의 토대가 되는 모든 초고보다 시기가 앞섰다. 이것이 왜 그런지는 우리가 지금까지 이미 얘기했던 것들로 충분하고 더 이상의 설명은 필요 없다. 이제부터 이야기하고자 하는 것은 저작 전체의 구조 속에서 『자본』의 역사적인 부분이 차지하는 위치가 무엇인지에 대한 것이다.

1857~58년 초고 '서설'에서 마르크스는 자신의 과학적 방법을 "추상에서 구체로 나아가는 방법"이라고 표현하였는데, 그 방법이란 추상적인 개념으로부터 출발하여 논리적으로 일관된 길을 따라 구체적인 것을 정신적으로 재생산하는 방향으로 나아가는 방법을 가리키는 것이었다. 이런 방법의 해석에서 유물론적 성격을 마르크스는 다음과 같이 얘기하였다. 즉 추상에서 구체로 나아가기 위한 전제는 정반대의 길 — 말하자면 표상으로 주어진 구체로부터 단순화된 추상적 정의로 나아가는 과정 —

을 사용하는 데에 있다고 말했다. 그래서 이때 구체는 단지 연구의 결과물일 뿐만 아니라 출발점으로 나타난다.

연구 방법과 연구 결과의 서술 방법(연구 대상의 객관적 구조를 논리적으로 재생산하는) 사이에서 필연적으로 나타나는 차이로부터 과학의 발전에 대한 역사적 비판적 분석(극히 본질적인 계기 가운데 하나에 대한 이론의 역사적 재생산)은, 마르크스가 말했던 이른바 소재에 대한 세밀한 분석을 통해서 이루어진다는 결론을 얻을 수 있다. 이 분석은 또한 이론을 '선험적인 구성'[138]으로 간주하는 관념론적 해석을 피할 수 있는 가능성을 제공한다. 부르주아 경제학의 역사를 통해서 마르크스는 자본주의 역사가 상당 부분 반영되어 있는 것을 발견하였다. 물론 경제학의 발전 과정이 정확하게 경제 현실의 발전 과정과 그대로 일치하는 것은 아니다. 경제학에는 마르크스가 다음과 같이 언급할 수밖에 없었던 특수성이 존재한다. 즉 마르크스는 "다른 건축 기술자들과는 달리 과학°은 단지 이루어질 수 없는 구름 위의 누각을 꿈꿀 뿐만 아니라 아직 기초를 쌓기도 전에 먼저 각 방을 만들어나가기도 한다."[139] 그러나 과학이 오락가락하는 형태를 보이면서 모순에 가득 찬 발전을 보인다고 해서 경제학의 역사가 사회의 경제적 발전을 상당 부분 반영하지 않는 것은 아니다. 경제의 역사는 단지 경제학의 역사에 대한 특수한 비판적 분석을 요구할 뿐이다.

또한 추상에서 구체로의 이행에 대한 유물론적 해석은 이 과정이 실질적인 역사의 진행 과정을 반영하는 것이라는 점에 있다. 마르크스는 "가장 단순한 것에서 복잡한 것으로 이행하는 추상적 사고의 진행 과정은 현실의 역사적 과정"과 일치한다고 했다.[140] 이 말이 의미하는 것은 추상에서 구체로의 이행 과정이, 이 과정이 맞는지의 여부가 역사의 진행 과정—따라서 역사학에 의해 역사적 진행 과정이 이행 과정의 매 단계마

• 경제학을 지칭한다—옮긴이 주.

다 반영되는 것 — 에 의해 확인된다는 것을 전제로 한다는 것이다. 이런 확인의 가능성과 필요성은 연구의 구조와 서술의 구조가 단지 '형식적'으로만, 즉 외견상으로만 서로 구분되기 때문이기도 하다. 내용적으로 이들 둘은 서로 동일한데, 왜냐하면 연구의 구조는 현실의 구조를 재생산하는 것이고 현실의 구조는 다시 서술의 구조를 재생산하기 때문이다. 그래서 『자본』 제4권에서 재생산되고 있는 경제학의 역사는 본질적으로 마르크스 잉여가치론의 발전을 그대로 반영한다. 이런 의미에서 『자본』 제4권의 소재는 마르크스 경제 이론의 역사적인 성립 과정에서 하나의 본질적인 계기를 이룬다.

『자본』 제1권에서 제3권으로 나아가면서 자본주의적 생산관계는 "사회의 표면에서 여러 자본 상호 간의 행동(즉 경쟁)을 통해서, 그리고 생산 담당자들 자신의 일상적인 의식을 통해서 나타나는 형태에 점차"[141] 가까이 다가가고 있다. 따라서 『자본』의 역사적인 부분은 부르주아사회의 표면으로 이행하는 과정을 완결하는 것이기도 한데, 그것은 이 역사적인 부분이 자본주의적 생산관계가 이 사회의 변론자들인 부르주아 경제학자들의 머릿속에 반영된 것을 비판적으로 재생산하고 있기 때문이다. 물론 부르주아 경제학의 개별 대표자들은 자본주의의 현실을 제각기 다른 형태로 재현해 냈다. 속류 경제학자들은 — 의식적으로나 무의식적으로 — 현상의 표면에서 더 이상 나아가지 않은 반면 고전 경제학자들은 경제적 과정의 내부로 깊이 파고들어 가 현상들의 내적 관련을 추적하였는데, 마르크스는 이들의 바로 이런 점을 높이 평가하였다.

이처럼 경제학의 역사에 대한 비판적 분석은 마르크스에게서 자신의 경제 이론을 완성하기 위한 출발점이면서 동시에 마르크스가 『자본』 제1~3권에서 구축한 이론적인 구조물의 완결을 위해서 반드시 필요한 부분이기도 하였다.

자신의 경제학 저작의 구조에 대하여 오랜 기간 고민하면서 마르크스는 항상 두 가지 핵심 주제를 구별하였다. 즉 대상이 서술되는 이론적인 부분과 '보다 역사적인'[142] 부분이 바로 그것이다. 1858년 2월 22일 페르디난트 라살(Ferdinand Lassalle)에게 보내는 편지에서 마르크스는 자신의 저작에 대한 이론적인 부분의 구상에 대하여 그것이 모두 여섯 권의 책으로 이루어질 것이라고 알리면서 다음과 같이 덧붙이고 있다. "물론 나는 그런 다음 그리고 언젠가는 다른 경제학자들에 대한 비판적인 고찰, 특히 리카도에 대한 비판을 하지 않을 수 없다. …… 하지만 전체적으로 볼 때 경제학과 사회주의의 역사와 그 비판은 별도의 작업 대상이 되어야 할 것이다. 마지막으로 경제적인 범주와 관계들의 발전에 대한 짧막한 **역사적인 개요**가 세 번째 작업이 될 것이다."[143] 이처럼 마르크스는 이 시기에도 자신의 저작을 이론적인 부분과 역사적인 부분으로 나누고 다시 이론적인 부분을 경제학의 역사와 경제적 범주와 관계의 역사로 나눌 계획이었다.

1859년 2월 1일 마르크스는 『경제학 비판』 초판에 대한 자신의 구상을 바이데마이어에게 알리는 편지에서 각 장과 절의 말미에 역사적인 보론을 넣겠다고 밝혔다. 즉 「상품」 장에는 "상품에 대한 분석의 역사"를, 「가치의 척도」 절에는 "화폐 척도에 대한 이론"을, 「귀금속」 절에는 "유통수단과 화폐에 대한 이론"을 각각의 보론으로 넣을 생각이었던 것이다.[144] 곧바로 출판된 최초의 『경제학 비판』도 그래서 바로 이런 구조로 이루어져 있었다.

역사적 비판적 소재를 자신의 경제학 저작의 각 이론적인 부분에 나누어 배치하겠다는 생각을 마르크스는 1861~63년 초고를 집필하는 전체 기간 동안 계속 가지고 있었고, 우리는 이것을 나중에 『자본』의 제1권과 제3권 부분에 대한 1863년 1월의 집필 계획 초안에서 확인할 수 있다.[145] 1861~63년 초고의 역사적인 부분(『잉여가치론』)도 마르크스는 원래 "자본의 생산과정" 부분을 마무리하는 역사적인 보론으로 계획하고 있었다. 그러나 『잉여가치론』에 대한 작업을 하는 과정에서 마르크스는 경제학 전체 저작을 네 권으로 나누고(처음의 세 권은 『자본』의 이론적인 부분으로 이루어지고 제4권은 역사적인 부분을 이루는 형태로) 전체 저작의 제목을 『자본』으로, 부제목으로 '경제학 비판'을 붙이겠다고 생각하였다(나중에 마르크스는 부제목을 "Zur Kritik der Politischen Ökonomie"에서 "Kritik der Politischen Ökonomie"로 바꾸었다). 1863년 8월 15일 엥겔스에게 보내는 편지에서 마르크스는 처음으로 『잉여가치론』을 『자본』의 역사적인 부분이라고 지칭하였다.[146] 이때부터 『잉여가치론』의 초고는 마르크스에게서 (그리고 그의 사후 엥겔스에게서) 최초의(그리고 유일한) 『자본』 제4권의 원고를 이루게 되었다.

　『잉여가치론』의 구조와 내용을 살펴보기 전에 우리는 먼저 이것의 구조가 이런저런 방식으로 『자본』 제4권을 이루고 있는 일련의 요소를 찾아보아야만 한다. 마르크스는 『잉여가치론』이 오로지 잉여가치 범주——경제학 문헌에서 자본주의적 생산양식의 핵심 범주이기는 하지만——하나만을 해석하는 역사적 비판적 분석이 되어야 한다고 생각하였다. 그러나 마르크스는 『잉여가치론』을 집필하면서 잉여가치의 전화된 형태인 이윤 지대 등에 대한 이론도 함께 끼워 넣었다. 그가 이렇게 한 까닭은 마르크스가 자신의 경제 저작을 4부작의 구조로 만들 생각을 하게 되었기 때문으로 볼 수밖에 없다. 왜냐하면 부르주아 경제학은 잉여가치를 그것의 순수한 형태로 알고 있지 않고 단지 그것의 전화된 형태로만 다루고 있기 때문이다. 그렇기 때문에 『잉여가치론』은 잉여가치론의 역사를 잉여가치론의 전화된 형태를 통해서, 즉 보다 넓은 의미에서 다루었고, 그렇기 때문에 『잉여가치론』은 『자본』의 완결본으로서 그 소재의 내용과 고찰 범위에 있어 전반적으로 제1~3권과 일치한다. 1863년에 마르크스가 쓴 보충본——이 시기에 마르크스는 이미 『잉여가치론』을 『자본』의 역사적인 부분으로 간주하고 있었다——과 앞서 이미 언급한 바 있는 『경제학 비판』의 제1권에 실려 있는 역사적 보론을 떠올리면 이런 일치의 정도는 더욱 커진다. 이 보론은 『자본』 제4권의 본문에서 『자본』 제1권 초판에서 다루어지는 이론적 소재와 꼭 마찬가지로 받아들여지고 있다.

거기에다『잉여가치론』의 구조는『자본』의 이 역사적인 부분—논리적으로 자본주의 생산양식의 분석에 대한 완결 부분을 이루는— 이 필연적으로 전체 연구의 출발점을 이루고 있다는 점 때문에 더욱 복잡해진다.『잉여가치론』이『자본』의 나머지 세 권보다 더 일찍(즉 마르크스가 자신의 경제 이론 가운데 많은 부분을 아직 채 완성하지 못한 시기에) 만들어진 것은 결코 우연이 아니다.『잉여가치론』의 구조적인 특수성은 역사적 비판적 분석이 마르크스의 이론적 연구와 밀접하게 결합되어 있다는 점에 있다. 이런 의미에서 마르크스가 처음의 세 권에서는 단지 대상에 대한 실증적인 서술만을 제시한 반면 제4권의 대상은 오로지 부르주아 경제학에 대한 비판뿐이라고 주장하는 것은 틀린 이야기이다. 마르크스는 결코『자본』을 이론적인 세 권과 비판적인 한 권으로 엄격하게 분리하지 않았다.『자본』의 부제목인 '경제학 비판'은 네 권 모두에게 똑같이 부여되었다.『자본』제1권의 주석에서 마르크스는 이렇게 쓰고 있다. "가치 크기에 대한 리카도 분석의 미흡함에 대해서는 …… 이 책의 제3권과 제4권에서 보게 될 것이다."[147] 이것만 보더라도 이미 부르주아 경제학 비판이 비록 똑같은 비중은 아니더라도『자본』네 권 모두의 대상이라는 사실이 분명하게 드러난다.

『자본』의 처음 세 권과 제4권 사이의 주된 관계는 논리적인 것과 역사적인 것 사이의 관계이다. 만일『자본』의 처음 세 권에서 자본주의 생산양식 이론과 비판이(우리가 이미 보았듯이, 마르크스의 이론에서 비판은 이론적인 분석의 뒷면에 지나지 않는다) 주로 논리적인 형태로 주어지고 있다면, 이 이론과 제4권에서의 비판은 무엇보다도 역사적인 틀 속에서 이루어지고 있다. 왜냐하면 경제학의 역사는 다름 아닌 자본주의 역사의 반영에 지나지 않기 때문이다. 마르크스에게서『자본』의 역사적인 부분은『자본』의 이론적인 부분을 "역사적인 형태로 여러 번 반복하는"것이었다.[148] 그런데 부르주아 경제학 비판의 역사적인 측면은 많은 이론적인 소재를 제공하였다. 그래서 마르크스가 바로『자본』의 역사적인 부분을 작업하는 과정에서 자신의 경제 이론의 핵심적인 부분을 완성한 것은 전혀 우연이 아니다.

마르크스가 『자본』 제4권에서 부르주아 경제학의 진화 과정—고전학파의 탄생으로부터 시작하여 그것의 완전한 해체와 이후 부르주아적 질서를 옹호하기 위한 아첨으로 변모하기까지—으로부터 그려내고 있는 상은 매우 심오한 과학적 성격을 띠고 있다. 비판이 과학적 성격을 띠기 위해서는 적어도 두 가지 조건이 필요하다. 첫째는 연구된 이론의 계급적 뿌리를 찾아내고 이 이론이 옹호하려는 계급적 이해(이론의 배후에 숨겨진)를 밝혀내야 한다. 둘째는 부르주아 이론의 인식론적 뿌리를 추적하여 이런저런 부르주아 경제학자들이 사용한 연구 방법의 장점과 단점(그래서 이론의 결함이나 단점으로 이어진)을 파악하는 것이 필요하다. 부르주아 경제학에 대한 마르크스의 비판은 바로 이런 두 가지 특징을 모두 가지고 있다.

1830년대 계급투쟁이 첨예화되면서 "부르주아 경제학의 과학적 조종"이 울렸다(속류 경제학이 부르주아 경제학의 '무덤'이 되었다는 말)[149]고 한 마르크스의 이 유명한 말은 그가 부르주아 경제학에 대해서 그 의미를 깡그리 무시한 것으로 이해해서는 안 된다.

첫째, 이 말은 단지 부르주아 경제학의 발전이 보인 기본 경향을 나낸 말일 뿐 그것의 모든 흐름이 이런 경향을 보였다는 것은 아니다. 마르크스는 스스로 부르주아 경제학자들 가운데 일군의 학자들을 지적하면서 이들의 저작이 경제학의 발전에서 리카도에 비해 일정한 진보를 이룩했다고 말하였다. 거기에 해당하는 사람들이 램지, 셰르불리에, 존스 등이다.

둘째, 마르크스의 이 말은 계급투쟁의 격화와 함께 경제 이론의 발전이 사실상 노동자계급의 경제학인 마르크스 경제학의 과제로 되었다는 의미이다. 이에 대해 레닌은 다음과 같이 지적하고 있다. "우리가 어떤 다른 경제학, 즉 비마르크스주의 경제학에 대해서 마르크스를 빌려서 얘기할 수 있는 경우는 단지 속물적인 경제학(아무리 고상한 체한다 하더라도 속물적인 본성을 가진)을 비판할 때뿐이다."[150] 게다가 마르크스는 물론 엥겔스도 부르주아 경제학자들의 저작을 비판적으로 사용하기 위한(특히 개별 주제들에서) 모범 사례들을 제시하기도 하였다. 1851년 4월 2일 엥겔스에게 보낸 편지에서 마르크스는 부르주아 경제학이 스미스와 리카도 이후 "개별 연구들에서는 많은 경우 종종 매우 훌륭한 업적을 이룩한 것도 있긴 했지만"[151] 이론적인 측면에서는 아무런 진보도 더 이상 이루지 못하였다고 밝히고 있다. 그런데 이뿐만 아니다. 마르크스는 부르주아 경제학자들의 견해와 이론들이 객관적인 경제적 현실, 즉 부르주아사회의 생산관계 및 계급 관계의 이런저런 측면을 반영(때로는 전혀 현실과 동떨어지고 때로는 현실을 완전히 왜곡하고 때로는 어느 정도 현실을 잘 설명하기도 하면서)한다고 논증하였다. 그러나 그것은 또한 자본주의적 현실을 과학적으로 인식하는 것이 부르주아 이론에 대한 하나의 건설적인 비판—즉 부르주아 이론이 가지고 있는 긍정적인 부분도 함께 이용하는—을 요구한다는 것을 의미한다.

『자본』 제4권에서 경제학의 역사는 엥겔스의 표현에 따르면 "경제학의 핵심 문제(잉여가치론)에 대한 상세한 비판적인 역사"[152]를 이루고 있다. 마르크스는 잉여가치의 범주를 부르주아 경제학의 모든 학파와 모든 경제학자를 평가하는 기준으로 삼았다. 이를 수행하는 과정에서 서술(경제학의 모순적인 발전을 표현한)의 연대기적 순서는 약간 흐트러졌다. 잉여가치론은 크게 두 개의 핵심 주제로 요약되는데, 그것은 부르주아 경제학이 제기하기는 하였으나 풀지는 못한 두 개의 문제이다. 이들 두 개의 문제에 대한 마르크스의 해법은 질적으로도 새로운 것이었고 그것은 마르크스 경제학을 부르주아 경제학과 구별짓는 것이기도 하다. 엥겔스는 그것을 『자본』 제2권의 서문에서 다음과 같이 정리하고 있다.

자본과 노동 사이의 교환을 가치법칙의 토대 위에서 해명하는 것, 즉 잉여가치의 해명.

평균이윤과 생산가격을 가치법칙의 토대 위에서 해명하는 것.

부르주아 경제학의 내적인 발전은 마르크스가 논증한 바와 같이 어쨌거나 이들 언급된 문제를 해명해 보려는 노력과 관련되어 있다.『자본』제4권의 제1부는 첫 번째 문제와 관련된 부르주아 경제학자들을 다루고 있다. 여기에서 가장 중요한 위치를 차지하는 것은 스미스이다. 제4권의 두 번째 부분은 본질적으로 잉여가치론의 두 번째 문제와 관련된 부르주아 이론들을 다루고 있다. 여기에서는 리카도 이론이 핵심을 이루고 있다. 제4권의 마지막 부분을 이루는 세 번째 부분은 고전학파의 해체 과정을 서술하고 있는데, 이 해체는 이 학파가 앞에서 언급한 두 개의 문제를 해결할 능력이 없어서 초래한 결과였다.

이것이『자본』의 역사적 부분의 구조에 대한 일반적인 모습이다. 마르크스가 여기에서 서술한 경제학의 역사는 본질적으로 마르크스 잉여가치론의 발전 과정을 그대로 반영한다. 실제로『잉여가치론』의 제1부에서 이루어지고 있는 역사적 비판적 분석은『자본』제1권의 가치 및 잉여가치 분석과 일치한다. 마르크스는 제4권 제1부의 마지막 부분에서 자본주의 생산양식을 종합적으로 서술하려 한 부르주아 경제학자들의 시도를 고찰하고 있는데, 이것은『자본』제2권의 자본주의 재생산 과정에 대한 분석과 그대로 일치한다. 제4권 제2부에서는 잉여가치와 이윤의 구별, 일반 이윤율의 형성, 가치와 생산가격 사이의 관계, 지대 문제의 해명 등이 주요 대상이 되고 있다. 이것은『자본』제3권에서 다루어지고 있는 문제들과 일치한다. 그리고 마지막으로 제4권의 마지막 부분에서 이루어지고 있는 부르주아 경제학의 속류화 과정에 대한 연구는『자본』제3권의 속류 경제학자들에 대한 비판과 일치한다.『자본』의 이론적인 구조와 역사적인 구조가 일치하고 있는 것(본질적으로 주어진 형태를 띠면서)은 경제학의 역사가 자본주의 생산양식의 역사를 재생산하는 것인 반면 경제학의 이론적인 범주들은 이런 역사를 요약하는 것이기 때문이다. 여기에서 우리는『자본』의 역사적인 구조와 이론적인 구조가 완전히 일치할 수 없게 만드는 두 가지 요인을 지적해 두어야만 하겠다. 첫째는『자본』제4권에서 다루고 있는 역사적 소재의 형태에 관한 것으로 마르크스는 제4권에서 각 단계마다 구체적인 범주로부터 추상적인 범주로 이행하고 있다. 마르크스는 자신의 연구에서 이런저런 부르주아 경제학자의 견해에서 출발할 수밖에 없었지만 이들 가운데 어느 누구도 예를 들어 잉여가치를 순수한 형태로 추론해 낼 수 없었다. 그래서 마르크스에게『자본』제4권 전체 연구의 모든 단계에서 구체에서 추상으로의 운동은 추상에서 구체로의 운동과 결합되어 있었다. 둘째 만일 우리가『자본』제4권의 구조를 면밀하게 살펴본다면 우리는 단지 본질적인 측면에 있어서만 처음 세 권의 구조와 일치한다는 것을 알 수 있다. 그 이유는『잉여가치론』의 초고가 상당 부분 1차 초고의 형태를 띠고 있기 때문이라기보다는 오히려 마르크스가 이런저런 부르주아 경제학자들의 견해를 분석할 때 항상 이들 견해의 종합적인 모습을 문제로 삼았고(스미스와 리카도는 여기에서 예외였던 것으로 보인다) 이것이 제4권의 구조에 약간의 왜곡을 가져온 때문으로 보인다. 하지만 이들 두 요인도『자본』의 역사적인 부분의 내적 구조가 본질적으로 그것의 이론적인 부분의 구조와 일치한다는 점에는 아무런 영향을 끼치지 못한다. 그렇지만 부르주아 경제학의 내적인 역사 발전 과정을 반영하는『잉여가치론』의 구조는 역사적으로 볼 때 마르크스 경제 이론의 발전을 재생산하는 것이기 때문에 이것은 곧 제4권의 소재가 마르크스 경제 이론의 역사적 성립 과정에서 하나의 본질적인 계기를 보여준다는 것을 의미한다.

부르주아 경제학의 역사에 대한 비판적인 분석을 하면서 마르크스는 이 과학의 발전에서 나타나는 여러 법칙을 발견하였다.

먼저 마르크스는 경제학의 발전이 본질적으로 사회의 경제적 발전을 반영한다는 것을 입증하였다. 모든 부르주아 경제학자의 경제적 견해는 궁극적으로 그들이 살던 시대의 경제적 현실에 의존한다. 마르크스는 이 점을 부르주아 경제하에 존재했던 모든 중요한 이론의 사례를 통해 입증하였다. 여기에서 몇 가지 예를 들어보기로 하자.

마르크스는『자본』제4권에서 중상주의자들 — 당시까지만 하더라도 아직 걸음마를 배우고 있던 자본주의의 이데올로기를 대변했던 사람들 — 의 견해가 의존해 있던 현실의 경제 현상들을 드러냈다. 그들에게서 생산적인 것으로 간주되던 노동은 해외시장을 겨냥한 생산 영역의 것이었다. 따라서 그들의 핵심 개념도 '양도로부터 발생하는 이윤'이었다. 중상주의의 번성기(16~17세기)에는 새로운 금광과 은광의 발견으로 외국으로 생산물을 수출하여 생산에 들인 비용보다 더 많은 금과 은을 벌어들일 수 있던 생산 부문들에서 매우 높은 이윤이 얻어졌다. 반면 국내시장을 대상으로 한 생산 부문의 상품들은 과거의 금과 은의 가치에 맞추어 더 오랜 노동시간으로 평가받았고, 따라서 이들 생산 부문은 수출을 겨냥한 생산 부문에 비해 비생산적인 것으로 나타났다. 마르크스는 바로 이런 경험적인 사실이 중상주의자들로 하여금 비록 전적으로 의식적인 형태는 아니었지만 이윤의 원천을 해외무역에서 찾도록 만들었다고 논증하였다. 그는 또한 금과 은의 순수한 유입은 수출 상품의 가격이 그 상품을 생산한 노동자들의 임금보다 더 급속하게 상승하기 때문이라는 점을 보여주었다. 물론 이윤율이 이런 식으로 상승하는 것은 "노동자들이 더욱 생산적으로 되기 때문이 아니라 …… 노동자들의 상태가 더욱 나빠지기 때문이다."[153] 중상주의자들의 이론은 과학적이지는 않았지만 그들은 이미 부르주아사회에서 생산적인 노동에 대한 올바른 시각을 가지고 있었다. 즉 그것은 자신에게 들어가는 비용보다 더 많은 가치를 창출하는 노동이라는 것이다. 이런 점에서 중상주의자들은 중농주의자들의 직접적인 선배들이었다.

중농주의에 대하여 마르크스는 그것이 봉건사회의 품속에서 자신의 길을 닦아나가고 있던 초기 자본주의사회의 표현이었다고 말하였다. 그 시기는 토지 소유가 노동으로부터 분리되어 농민이 임노동자로 되던 경제 발전의 시기였다. 그렇기 때문에 중농주의는 농업 발전이 앞섰던 나라인 바로 프랑스에서 등장하였다. 그 자본주의적 내용에도 불구하고 중농주의 이론을 둘러싸고 있던 봉건제적 외피도 초기 자본주의의 특수한 조건 때문이었다. 중농주의자들은 농업 노동에서 유일하게 생산적인 노동을 보았고 지대에서 잉여노동의 유일한 형태를 보았다. 이를 토대로 그들은 초기 자본주의 산업을 조세로부터 해방하고 토지 소유에 대하여 과세할 것을 주장하였다. 이것은 궁극적으로 토지 소유의 몰수를 지향하는 것이었는데 그런 몰수는 나중에 프랑스의 부르주아혁명을 통해서 실현되어야 할 터였다.

중농주의자들과는 달리 스미스와 리카도는(특히 리카도는 전적으로) 발전된 자본주의사회의 대표자들이었다. 스미스의 이론은 시기적으로 자본주의에 내재하는 계급 갈등이 아직 충분히 드러나지 않은 매뉴팩처 자본주의의 마지막 시기와 일치하였다. 그래서 스미스는 순진하게도 토지 소유자와 노동자들의 계급 이해가 사회 전체의 이해와 조화를 이룰 것이라고 생각하였다. 스미스 이론에 담겨 있는 중농주의적 요소들을 마르크스는 "스미스가 …… 아직 대공업이 나타나기 이전의 시기, 따라서 중농주의적 견해가 타당한 시기에 살았기 때문"이며 "리카도는 …… 근대 공업의 관점에서 답변하였다"[154]라고 설명하였다.

부르주아 경제학의 역사에 대한 마르크스의 분석에서 갖가지 이론이 성립한 구체적인 역사적 조건에 대한 연구는 중요한 비중을 차지한다. 이것은 리카도의 지대론이 발전하기 위한 역사적인 조건에 대한 연구만 떠올려도 쉽게 알 수 있는데, 이 연구는 『자본』 제4권에 포함되어 있다.[155] 마르크스는 제임스 앤더슨(James Anderson), 리카도, 로트베르투스의 견해에 이들이 처했던 역사적인 조건이 어떤 영향을 끼쳤는지를 밝혀냈다. 앤더슨이 농업 생산성의 증가로부터 출발한 반면, 리카도는 토지에서의 수확체감의 '법칙'을 지대론과 연관지었던 것은 모두 18~19세기 영국 자본주의 발전의 역사적 특수성을 통해서도 설명된다.

　부르주아 경제학자들의 이론에 대한 비판적인 분석을 통해서 마르크스는 이들 이론의 내적 모순의 배후에는 항상 자본주의적 현실의 내적 모순이 자리를 잡고 있다고 밝혔다. 부르주아 경제학의 매우 중요한 이 발전 법칙은 가치와 잉여가치에 대한 스미스의 해석을 설명해 준다. 상품 가치에 대한 그의 이중적인 규정은 '노동의 가치'와 노동 생산물의 가치를 동일시하는 데에 기초해 있다. 스미스는 상품 속에 체화되어 대상화된 노동을 노동자가 자본가에게 판매한 노동력과 혼동하였다. 그 과정에서 그는 생산자가 자신의 노동 생산물의 소유자인 단순 상품생산의 관계로부터 출발하였다. 이런 조건에서는 상품의 교환이 등가물끼리의 교환이며, 즉 살아 있는 노동과 대상화된 노동이 같은 양으로 교환되며 그 교환에서는 상품의 가치가 일치한다.

　노동수단이 노동자로부터 분리되어 자본가계급의 소유가 되는 반면 노동자는 단지 자신의 노동력만을 갖는 자본주의에서는 노동 생산물의 가치가 '노동의 가치'보다 더 크다. 달리 말해 일정량의 대상화된 노동이 일정량의 살아 있는 노동과 교환된다. 이것은 자본주의적 착취의 내용이기도 하다. 여기에서 우리는 등가교환과 명백히 위배되는, 따라서 가치법칙과도 명백히 위배되는 현상을 보게 된다. 마르크스는 이렇게 쓰고 있다. "등가물끼리의 교환은 …… 완전히 뒤집어져 단지 외견상의 교환으로만 되고 말 것이다."[156] 이로부터 스미스는 다음과 같은 결론을 끄집어 냈다. 즉 자본주의적 생산양식의 조건에서 사회적 부(따라서 생산물의 가치)는 노동자가 이 생산물에 소비한 노동량에 의해 결정되는 것이 아니라 자본가가 이 생산물과의 교환을 통해 손에 넣을 수 있는 타인의 노동량에 의해 결정된다는 것이다. 달리 말해서 스미스는 자본과 임노동 사이의 교환에서는 가치법칙이 작용하지 않는다는 결론에 도달했던 것이다. 즉 상품의 가치는 그것의 생산에 소비된 노동량에 의해 결정되는 것이 아니라 '노동의 가치'에 의해 결정된다는 것이었다. 잘 알려진 바와 같이 마르크스는 이와 전혀 다른 결론에 도달하였지만,[157] 그럼에도 불구하고 스미스가 자본주의적 생산양식의 출현과 함께 나타난 생산관계의 본질적인 변화를 감지했다는 것은 스미스의 업적이었다. 이 점은 스미스의 이론에도 잘 표현되어 있다. 스미스의 모순적인 이론은 이 문제와 관련해서는 리카도— 그는 자본주의적 현실의 이런 모순을 감지하지 못하였고, 따라서 스미스에게서는 단지 결함만을 발견할 수 있을 뿐이라고 생각했다— 의 이론보다 훨씬 더 유익한 부분을 포함하고 있었다.

　마르크스는 모든 경제 이론의 배후에는 항상 일정한 계급 이해가 존재한다는 것을 논증하였다. 그리고 바로 이로부터 마르크스주의와 실천 현장으로부터, 그리고 역사의 진행 과정 그 자체로부터 오랜 기간 배척되어온 숱한 소부르주아 이론의 놀라운 생명력도 설명된다. 소부르주아에 해당하는 계급이나 비슷한 사회계층이 존재하는 한 이 이론은(그때그때 적당히 변형된 형태로) 끊임없이 새롭게 출현하였다(예를 들어 신프루동주의의 경우처럼). 따라서 모든 부르주아 경제학의 배후를 연구할 필요성은 그것들이 과학적이냐 아니냐에 대한 연구와 똑같은 비중을 갖게 된다.

　부르주아 경제학의 계급적 본질은 이들이 자본주의사회에서 생산적 노동이 무엇인가에 대한 물음에 답하는 것에서 매우 명확하게 나타난다. 부르주아가 아직 한 나라 안에서 지배적인 세력이 아니고 그래서 그들이 하나의 혁명적 계급이었을 때, 이들의 이데올로기를 대변하는 사람들은 토지 소유자, 성직자, 관료, 군인, 군주 등을 모두 비생산적 계급으로 분류하고 이들 기생적인 집단을 가능한 한 최소화해야 한다고 요구하였다. 그러나 부르주아가 스스로 국가기구를 장악하고 나자, 그리고 진정한 의미의 생산자인 노동자계급이 그들을 비생산적 계급이라고 선언하고 나서자, 부르주아 경제학자들은 그들이 이전에 스스로 배척했던 것들을 경제학적으로 지지하기 위하여 모든 노력을 경주하였다. 그들은 "모든 활동 영역*이 그 자체 물질적 부의 생산과 관련이 있다는 것을, 즉 이들 모든 영역이 '물질적 부를 위한 수단'이라고"(서술함으로써) 이들 영역을 찬양하고 정당화하였다. 이 모든 것은 결국 토머스 맬서스(Thomas Malthus) 같은 사람들이 말했듯이 **'비생산적** 노동'과 단순한 기생계급들의 필요성과 유용성을 변호하는 것으로 귀결되었다.[158]

매우 흥미로운 점은 요컨대 마르크스가 부르주아 경제학자 혹은 리카도를 공격한 소부르주아 경제학자들의 견해가 갖는 계급적 배경을 어떻게 밝혀냈는가 하는 것이다. 리카도의 계급적 입장은 대규모 산업 부르주아의 이해와 일치하였다. 리카도의 '생산을 위한 생산'이라는 개념은 당시로서는 극히 진보적인 견해였다. 그것은 사회적 생산력의 발전에서 자본주의의 진보적인 역사적 역할을 반영하는 것이었다. 시스몽디, 로트베르투스, 맬서스, 케리 그리고 기타 소부르주아 혹은 속류 경제학자들에 의한 리카도 이론의 비판도 바로 이런 계급적 입장을 통해서 설명된다. 시스몽디에 대해서 마르크스는 다음과 같이 지적하였다. "그는 끊임없이 다음과 같이 동요하고 있다. 즉 생산력을 생산관계에 맞추기 위해서 생산력을 국가가 억압해야 하는 것일까, 아니면 생산관계를 생산력에 맞추기 위해 생산관계를 억압해야 하는 것일까?"[159] 마르크스가 리카도에 대한 감상적인 비판자로 묘사했던 시스몽디는 자본주의의 모순 앞에서 그 돌파구를 과거, 즉 중세로 도로 돌아가는 것에서 찾았다. 이런 종류의 소부르주아적인 비판은 반동적인 성격을 띤다. 왜냐하면 그것은 경제 발전 과정을 거꾸로 돌리려는 것이고 이미 시효가 끝난 생산관계에 의지하고 있기 때문이다. 리카도를 비판하면서 시효가 끝난 생산관계에 의지하고 있는 경우는 로트베르투스에게서도 볼 수 있는데 마르크스는 그의 입장을 '포메른 지방**의 토지 소유자'로 지칭하였다. 로트베르투스는 순진하게도 포메른 지방과 잉글랜드 지방의 생산관계를, 즉 전 자본주의적인 생산

- 앞에서 말한 기생계급들의 활동을 말한다——옮긴이 주.
- ** 독일에서 농노제가 되살아났던 낙후된 농업 지역인 동엘베 지역을 말한다——옮긴이 주.

관계와 자본주의적 생산관계를 동일시하였다.

맬서스의 리카도 비판은 극히 반동적이었다. 맬서스는 지배계급 가운데 가장 반동적인 계층의 이해를 변호하였다. 마르크스는 그에 대하여 다음과 같이 썼다. "맬서스는 부르주아적 생산을, 그것이 혁명적이지 않는한, 아무런 역사적인 발전 계기도 만들어내지 않고 단지 '낡은' 사회를 위한 보다 확대되고 보다 안락한 물적 토대만 창출하도록 만들려고 하였다."[160] 리카도의 이론에 대한 맬서스의 비판은 우편향된 비판이었다. 그는 이 이론의 모순을 해결하려는 과제를 설정하지 않았고 리카도의 이론인 노동가치론의 토대를 와해시키려고 하였다. "즉 맬[서스]는 리카도를 넘어서는 대신 경제학을 리카도 이전으로, 즉 스미스와 중농주의자들의 이전으로 되돌리려고 노력하였다."[161] 『자본』 제4권의 맬서스 견해에 대한 분석은 반동적인 계급적 입장은 필연적으로 이론의 후퇴와 일치한다는 것을 확실하게 보여주고 있다.

『잉여가치론』에서 마르크스는 '무이자 신용'●에 도달하려는 소부르주아적인 사회주의의 요구에 대하여 깊이 연구하였다. 그는 이런 종류의 요구—"자본주의적 생산의 관점에서 이자 낳는 자본에 대항하는"—가 공상적인 것이라는 점을 입증하였다. 만일 사적 토지 소유를 자본가계급의 일반적 소유로 만들어버림으로써 이들 토지의 사적 소유를 철폐하려는 급진적인 리카도주의자들의 요구가 "자본의 본질로부터 우러나온 진정한 요구이자 이상"이라면, "이자와 이자 낳는 자본의 폐지는 …… 자본과 자본주의적 생산 그 자체의 폐지가 될 것이다." 계속해서 마르크스는 이런 종류의 사회주의가 극히 부르주아적인 본질을 가지고 있다는 것을 폭로하였다. 즉 그것은 다름 아닌 "사회주의로 위장하여 부르주아적 신

● 프루동이 구상한 인민은행은 모든 부르주아의 공동 소유로서 이들 부르주아를 위해 무상으로 서비스를 제공한다. 그중 한 가지가 약간의 화폐 재원을 형성하여 일시적으로 화폐를 필요로 하는 부르주아에게 이자를 받지 않고 화폐를 제공하는 일인데 이것을 무이자 신용이라고 한다─옮긴이 주.

용의 발전을 촉진하는 것"[162]이라고 했다. 그는 이런 개념이 이자에 반대하는 17세기 부르주아 경제학자들의 주장과 놀라우리만치 일치한다는 것을 파악하였고, 소부르주아적인 사회주의는 그것이 전파된 나라의 부르주아적 관계가 아직 미성숙 상태라는 것을 보여주는 것이라고 결론지었다.

속류 경제학은 말할 것도 없고 고전 경제학의 부르주아적 한계는 이들이 사용한 연구 방법의 불충분성에 상당 부분 원인이 있다. 그리고 그들의 경제 이론이 갖는 온갖 결함도— 인식론적 관점에서— 여기에서 비롯되었다. 이들의 이론은 노동가치론을 토대로 하고 있다는 점에서 이미 확인할 수 있듯이 유물론적이다. 나중에 속류 경제학이 노동가치론을 포기하면서 이들은 유물론으로부터도 벗어났다. 그러나 부르주아 경제학의 고전학파가 대변하던 유물론은 심각한 두 가지 결함에 시달렸다. 첫째, 그것은 형이상학적인 유물론이었는데 왜냐하면 그 유물론은 "특정한 사회 발전 단계에서 작용하는 물질적인 법칙을 모든 사회 형태에 똑같이 작용하는 추상적인 법칙으로 파악하였기"[163] 때문이다. 둘째, 고전학파의 유물론은 표면적이고 제한적인 유형의 유물론이었다. 마르크스는 그것을 '조악한 경험주의'라고 지칭하였다. 이것은 경제적 연구의 방법에서 매우 부정적으로 작용하였다. 고전학파의 분석은 종종 경제의 표면적인 현상을 넘어서지 못하였다. 즉 그들은 잉여가치를 이윤 형태로 잘못 연구하였는데 왜냐하면 잉여가치가 자본주의의 현실에서는 바로 이 이윤 형태로 나타나기 때문이다. 여기에 대하여 마르크스는 고전학파의 결함이 "조악한 연구 방법과 경험적으로 주어진 소재에 대한 관심"[164]으로 이루어져 있다고 썼다.

부르주아 경제학의 고전학파는 자본주의 생산양식의 내부를 파헤쳐서 경제법칙의 작용을 순수한 형태로 탐구하고 이런 탐구를 통해서 부르주아사회의 표면에서 일어나고 있는 현상을 추상화하려고 노력하였다. 그러나 형이상학자이자 경험론자였던 고전학파는 과학적인 추상화를 필요한 수준에 맞추어 사용하는 것을 이해하지 못하였다. 그들의 추상화는 불완전한 것이었는데, 그것은 무엇보다도 사회적 생산의 자본주의적 형태가 영속적인 것이라는 그들의 전반적으로 몰역사적인 개념에서 나온 것이었기 때문이다. 그래서 고전학파는 부르주아 생산양식의 가장 추상적이고 일반적인 형태(노동 생산물의 가치 형태)를 도출해 낼 수 없었다. 그들이 이것을 할 수 없었던 까닭은 자본주의가 사회적 생산의 일정한 역사적 유형으로 바로 이 형태를 취하고 있기 때문이었다.[165] 또한 고전학파의 불완전한 과학적 추상화는 그들 경험론의 결과물이기도 했다. 그것은 고전학파가 잉여가치 범주를 순수한 형태로 추상화하지 못하였다는 사실, 즉 잉여가치를 이윤·지대 등과 같은 구체적인 현상 형태로부터 추상화하지 못하였다는 사실에서 드러난다. 리카도조차도 자신의 이론 속에서 잉여가치와 이윤의 혼동을 극복할 수 없었다. 즉 그는 "상품의 가치를 다루면서 이윤, 즉 경쟁을 통해서 그에게 드러난 하나의 사실"[166]로부터 벗어날 수 없었다. 고전학파는 과학적 추상화의 불완전성 때문에 자신들의 추상화가 형식적인 것으로 되는 것을 피할 수 없었다. 그들에게서는 경제학 범주의 현상 형태가 곧 이들 범주의 직접적인 표현이었다. 그들은 이들 현상 형태의 발전의 배후를 알아차리지 못하였다. 마르크스가 리카도 방법의 성격을 밝혀내는 과정은 이 점과 관련하여 우리에게 상당한 흥미를 불러일으킨다. 부르주아 체제의 생리학적 토대로서 가치법칙에 대한 의문, 현상과 그 형태들(본질이 모습을 드러내는)의 본질에 대한 의문, 리카도의 이론이 포함하고 있는 자본주의사회의 실질적인 운동과 외견상의 운동에 대한 의문 등은 리카도의 이론을 부르주아 경제학의 최정점으로 만든 것들이었다. 그러나 가치법칙의 보편타당성을 입증하려고 노력하면서, 즉 나머지 모든 경제적 범주(예를 들어 평균이윤과 생산가격)가 가치론과 모순되지 않는다는 것을 입증하려고 노력하면서 리카도는 이들 범주를 처음부터 주어진 것으로 상정하고 이들 범주의 발전을 가치로부터 도출해 내는 대신 이들 범주를 가치와 기계적으로 동일시하였다. 이처럼 생산가격을 가치로부터 도출해 내는 데 실패함으로써 리카 도는 직접적 생산과정과 관련된 범주 대신에 자본의 유통 과정으로부터 발생한 표면적인 범주들을 연구하게 되었다. 즉 불완전한 추상화는 형식적 추상화로 이어지고 그것은 다시 이론의 조악한 결함으로 이어지는 것이다.

마르크스는 『자본』 제4권에서 리카도의 지대 이론이 노동가치론의 관점에서 지대를 설명해야 하는 필요성 때문에 부딪친 난점에 대하여 분석하고 방법론적으로 매우 중요한 얘기를 하고 있다. "리카도는 난점이 **원칙적으로** 존재하지 않는다고 상정함으로써 **난점**을 해소하였는데 이것이 사실상 난점을 원칙적으로 해소하는 **유일한 방법**이다. 여기에는 두 가지 경우가 있을 수 있다. 하나는 원리와 어긋나는 모순이 하나의 허상, 즉 사물 그 자체의 발전으로부터 만들어진 허상이라는 것을 보여주는 것이다. 다른 하나는 리카도가 했던 것처럼 **어떤 지점에서** 난점을 **부정해 버리고** 그런 다음 이 지점을 출발점으로 삼아 난점의 존재를 다른 지점에서 설명할 수 있도록 하는 것이다."[167] 마르크스는 여기에서 현상을 그 본질로부터 도출해 내는 과학적 추상화라는 자신의 방법과 고전학파의 형식적 추상화를 구별하고 있다. 마르크스의 이론에서 생산가격은 외견상 가치와 모순된다. 그런데 이 모순이 여기에서 형식적으로 해결되기 위해서는 가치와 생산가격을 동일시하는 방법——그것은 곧 연구의 출발점에서 이미 모순을 그냥 '내던져 버리는' 것을 의미할 것이다——이 아니라 가치로부터 생산가격을 도출하는 방법을 통해서만 가능할 것이다. 지대의 존재도 얼핏보면 가치법칙과 모순된다. 리카도는 최열등지의 생산물 가격을 가치와 같은 것으로 설정하였다. 그런 식으로 그는 이 문제의 핵심적인 난점을 무시해 버리고 그런 다음 우등지에서의 지대를 도출한다. 그러나 여기에서 절대지대의 문제는 여전히 해결되지 않은 채로 남아 있는데, 왜냐하면 리카도 이론의 출발점에서 이미 절대지대는 존재하지 않는 것으로 가정하고 있기 때문이다. 리카도는 여기에서 사실상 사적인 토지 소유를 배제하고 있는데 그것은 자본주의적 생산양식의 필요조건을 이루는 것이다.[168] 마르크스의 지대론은 가치론의 다음 발전 단계를 나타낸다. 마르크스는 먼저 가치의 시장가격과 생산가격으로의 전화를, 그런 다음 잉여가치의 평균이윤으로의 전화를 다룬다. 그리고 이제 지대론에서 그는 초과이윤의 지대로의 전화를 다룬다. 가치법칙의 '외견상의 모순'은 항상 '사물 그 자체의 발전을 통해서' 스스로 설명된다.

부르주아 경제학의 발전 과정에서 하나의 중요한 법칙을 이루는 것은 마르크스가 밝혔듯이 이들이 끊임없이 속류화되는 경향으로, 이 과정은 결국 이들의 완전한 해체로 이어졌다. 이 과정은 부르주아사회의 적대적인 모순에서 비롯된 것이다. 이 사회구성체의 적대적 성질을 이론적으로 극복하려는 부르주아 경제학자들의 노력은 경제학을 속류화하는 방향으로 이끌 수밖에 없었다. 『자본』의 네 권 전체에 걸쳐 마르크스는 부르주아 경제학의 속류화와 해체의 근원을 철저히 추적하고 끊임없이 속류의 뿌리가 고전 경제학의 이론적 모순에 있다는 점을 찾아냈다. 즉 중농주의자들은 잉여가치(따라서 축적의 원천)가 오로지 농업에서만 발생한다고 주장하였고 산업 이윤과 이자를 오로지 자본가들의 개별적 소비를 위한 이윤으로만 간주하였다. 이것은 봉건영주들에 반대하여 아직 유아기에 머물러 있던 자본주의적 생산을 변호했던 중농주의자들의 이론적 견해가, 당시로서는 비록 진보적인 것이긴 했지만, 지나치게 협소했던 것에서 비롯된 결과였다. 스미스와 같은 후세의 경제학자들에게서 중농주의자들의 이런 생각은 흔히 말하는 '절욕설'(節慾說)이라는 형태로 나타났다. 절욕설이란 "자본의 축적이 자본가들의 개인적인 근검절약, 그리고 절제 덕택이라는"[169] 것을 의미한다. 이미 중농주의자들이 대변했던 이런 견해로부터 산업 이윤이 '감독 및 관리 노동'에 대한 대가로 자본가들에게 지불되는 '임금'이라는 생각이 만들어졌다. 이 명제는 널리 퍼진 속류 경제학의 교의가 되었다. 마르크스는 이 속류적인 명제를 철저히 분석하여 다음과 같은 결론에 도달하였다. "만일 변호론자들의 이 말을 그대로 따라서 상업자본가의 이윤을 **관리 감독의 임금**에만 한정한다면 타인의 잉여노동을 획득하여 이 잉여노동을 자본으로 전화하는 자본주의적 생산은 내일 당장 종말을 고하게 될 것이다."[170] 고전 경제학과 속류 경제학의 차이는 고전학파(특히 스미스)가 두 개의 이윤 이론(하나는 과학적인 것이고 다른 하나는 비과학적인 것)을 가지고 있는 데 반해 속류 경제학자들은 이윤을 '감독 임금' 혹은 자본가들의 '관심'의 성과물로 간주하는 비과학적 해석으로 빠져나간 점에 있다.

고전학파의 형식적 추상화와 '조악한 경험론'은 마르크스의 표현대로 "부인할 수 없는 경험적 현상들로부터 단순한 형식적 추상화를 통해 곧바로 일반적 법칙을 도출해 내거나 그 법칙을 정당화하는 잘못된 형이상학(즉 궤변)의 외피를 두르고 있었다."[171]

자본주의적 생산양식의 목적이 잉여가치이긴 하지만, 이 말이 곧 잉여가치를 자본가의 '이해'로, 즉 잉여가치를 추구하는 자본가의 '노력'으로 설명하는 말은 아니다. 잉여가치는 자본주의적 생산의 객관적 결과물, 즉 노동력 상품의 생산적 소비의 결과물이다. 스미스는 처음에 자본주의적 착취를 경제적으로 설명하고 그런 다음에는 자본가가 "만일 이 노동자의 작업 성과물을 판매하여 자신의 재원을 보전하는 데 필요한 것 이상의 어떤 것을 기대할 수 없을 경우에 그는 노동자를 고용할 이유가 없을 것"이라고 썼다. 마르크스가 "하나마나 한 횡설수설"[172]이라고 표현했던 이 주관적인 견해는 속류 경제학자들에게 좋은 단서가 되었다. 고전학파의 자연 발생적 유물론은 속류 경제학자들에게서 그들의 비논리성과 불합리성 때문에 완전히 통속적인 주관적 관념론으로 되고 말았다.

스미스는 추가적으로 생산적 노동의 성격을 상품생산 노동으로 규정하였는데 이것은 생산적 노동에 대한 속류 경제학의 이론의 발전을 매우 촉진하였다. 지불된 노동을 모두 생산적 노동으로 설명하는 이 이론은 유용하지 않은 노동은 지불되지도 않을 것이라고 주장한다. 이런 고찰 방식에서는 스미스가 한 번도 생산적 노동으로 인정하지 않았던 집단들(하인, 관리인 등과 같은)까지도 생산적 노동의 범주에 포함된다. 마르크스는 속류 경제학자들에게서 한편으로는 '물질적 생산을 떠받드는 태도'와 다른 한편으로는 물질적 생산 영역의 개념에 비물질적 생산의 모든 가능한 유형(심지어 어떤 생산도 수행하지 않는 영역까지)을 포함하려는 노력을 함께 밝혀냈다.[173]

고전학파의 형식적 추상화와 그로부터 도출된 스미스와 리카도의 교의, 즉 가치와 생산가격을 동일시하는 견해는 노동가치론을 포기하는 속류 경제학(맬서스, 토런스 등)으로 가는 문을 열었다. 그래서 마르크스는 맬서스가 "스미스의 강력한 부분 위에 리카도가 세운 이론을 스미스의 취약한 부분에 의지하여 만든 이론으로 반대하려 하였다"라고 지적하였다.[174]

고전 경제학자들의 이론은 노동자계급에 대항하고 자본가들을 옹호하는 내용의 변호론적 성격을 띠고 있다. 리카도주의자들의 견해에 따르면 "노동자는 자신의 생산물 가운데 가능한 한 많은 부분을 자본가에게 무상으로 제공해야 하는데, 이는 자본가들이 이런 식으로 늘어난 순수입을 다시 자본으로 재전화할 수 있도록 하기 위한 것이다." 맬서스주의자들은 노동자들에 대한 리카도주의자들의 이런 입장과 동일한 입장에 서서, 부르주아사회의 다양한 기생계급을 정당화하기 위하여 생산을 위한 생산이라는 이런 변호론적인 선전을 이용하였다. "산업자본가들이 판매되지 않은 채 자신들의 수중에 남겨진 나머지를 자신들의 '주주'(비록 그들이 내켜하지는 않지만)•들에게 판매하여 이윤으로 만들 수 있도록 이들 산업자본가에게서 가능한 한 많은 부분을 무상으로 지대나 조세로 취해야만 한다."[175]

리카도의 추종자들은 리카도 이론의 내적 모순을 어떤 방식으로든 해결해 보려고 했지만 결과적으로는 이 이론의 해체에 기여했을 뿐이었

• 즉 비생산적 집단을 가리킨다.

다. 마르크스는 리카도의 첫째 제자였던 제임스 밀(James Mill)의 경우—그는 리카도의 이론을 모순 없이 체계적인 형태로 제시하고자 노력하였다—를 통해 이를 명확하게 보여주었다. "스승•의 경우 모순의 '똥통' 한가운데서, 즉 모순에 가득 찬 현상들로부터 새로운 것과 의미 있는 것들이 발전되어 나왔다. 이론의 기초를 이루는 모순 그 자체는 바로 그 이론을 구출해 낼 생생한 증거들이 쌓여 있는 보고(實庫)였다. 하지만 제자의 경우는 이와 달랐다. 제자의 소재는 이제 더 이상 현실이 아니라 스승이 이미 승화시켜 놓은 새로운 이론적 형태였다. 한편으로 **이론적 모순은 새로운 이론의 적이** 되었고 다른 한편으로 **현실과 이 이론의 모순적인 관계**는 종종 제자로 하여금 이론을 **부정하고** 현실에 대해서는 **입을 다물어버리도록** 만들었다. 이 과정에서 그는 스스로 모순 속으로 빠져들어 갔고 이 모순을 해결하려는 그의 노력은 그가 교의로 대변하는 그 **이론의 해체의** 시작을 보여주었다."[176] 여기에서 마르크스는 모방의 흉내와 경직되고 교의적인 태도, 이론의 계속적인 발전을 기피하고 이론과 결합된 모순을 은폐하려는 노력 등이 모두 과학의 죽음이라는 것을 확실하게 밝혀냈다.

고전학파와는 반대로 속류 경제학은 자본주의 현실의 표면에 나타난 현상을 재생산하였고 이 과정에서 자본주의 현실을 왜곡된 형태로 재현하였다. 그들의 직접적 과제는 부르주아사회의 모순을 은폐하는 것이었다. 속류 경제학자들은 "대립들의 **통일적** 요소를 부각하였고 이들 **대립을**" 현실과 이론 모두에서 "**부인하였다.**"[177] 그들은 공급과 수요의 통일, 생산과 소비의 통일, 구매와 판매의 통일 등을 강조하고 최종적으로는 사용가치와 교환가치를 같은 것으로 만들고 말았다. 마르크스는 그것을 리카도 학파가 "해체된 것을 알려주는 가장 극단적으로 추악한 표현"[178]이라고 지칭하였다. 그리하여 고전학파의 위대한 이론적 업적은 가치와 사용가치의 '분열'이라는 형태로 소멸하고 말았다.

• 리카도를 가리킨다.

부르주아 경제학의 속류화, 즉 고전학파의 해체는 이처럼 고전학파의 발전이 가져온 논리적인 귀결이었고, 그것은 궁극적으로 부르주아사회의 적대적인 모순에 기인한 것이었다.

제4장

『자본』의 첫 번째 초안
(1857~59)

『경제학 비판』에서 가치론의 작업. 프루동주의에 대한 비판. 자본주의 분석의 출발점인 가치관계. 자본주의 생산과정의 소재적 내용과 사회적 형태. 잉여가치가 존재하기 위한 조건. 마르크스의 연구 방법인 "대상에 대한 역사적 고찰." 사회주의 혁명의 필연성과 가능성에 대한 경제적 근거. 자본주의의 발전을 통해 이루어지는 미래 사회의 물질적 조건의 성립. 잠재적인 자유 시간으로서의 잉여노동. 공산주의사회의 특징.

　　마르크스가 자본주의 경제와 부르주아 경제학에 대한 오랜 연구를 토대로 삼아 1857년 10월부터 1858년 5월까지 집필한 『경제학 비판』의 초고와, 이 초고를 토대로 만들어진 『경제학 비판』의 제1권(1859년에 출판)은 모두 마르크스 경제 이론의 기본 명제들이 처음으로 전개된 『자본』의 첫 번째 초안이다. 또한 이들 『자본』의 첫 번째 초안은 과학적 공산주의 이론의 경제적 근거를 위해서 결정적으로 중요한 사항을 포함하고 있기도 하다. 우리는 이런 관점에서 마르크스의 경제학 연구의 전체 기간을 포괄하고 있는 마르크스의 이들 저작의 내용을 고찰해 보고자 한다.

　　『경제학 비판』 초고에서 마르크스는 자신의 가치론을 처음으로 상세하게 다듬었는데, 이것은 그가 사이비 사회주의의 색채를 띤 '가짜 형제' 프루동의 견해에 대한 과학적 비판을 할 수 있도록 만들어주었다. 마르크스는 프루동과의 차별성을 과학적 사회주의의 중요한 과제로 제기하였다. "사회적 생산의 실질적인 역사적 발전을 이해할 수 있게 해주는 비판적·유물론적 사회주의로 향하는 길로 나아가기 위해서는, 프루동이 무의식중에 스스로 그 화신이 되어버렸던 그 경제학적 이데올로기와 단연코 결별하는 것"[179]이 필요하였다. 프루동과의 논쟁에서 문제가 된 쟁점은 추상적 이론의 문제가 아니라 부르주아적 질서의 혁명적 타도의 필요성이었다. 그것은 곧 자본주의의 적대적 모순이 화폐의 개혁을 통해 제거되리라는 프루동의 명제를 반대하는 것을 의미하였다.

마르크스는 부르주아사회의 개혁을 지향하는 프루동의 이론에 대한 비판을 이미 『철학의 빈곤』에서 제시한 바 있지만 거기에서 마르크스는 아직 리카도의 경제 이론에 의지해 있었다. 자신의 경제 이론을 작업하고 있던 시기인 1850년대 말 마르크스는 자본주의적 모순의 적대적인 성격은 "조용한 형태 변화를 통해서는 결코 해소될 수 없다"[180]는 점을 밝혔고, 부르주아사회의 '결함'을 교정함으로써 그것을 유지하려 한 프루동주의자들의 노력은 노동자계급을 해체하고 그들의 관심을 혁명에서 멀어지게 만드는 하나의 해로운 공상(Utopie)일 뿐이라고 주장하였다.• 『경제학 비판』 제1권과 나중에 『자본』 제1권에서도 마르크스는 프루동주의에 대한 자신의 비판을 간략하게 요약하면서 그것의 현실성을 강조하고 있다.[181] 『자본』을 프랑스어로 번역하고 있던 1870년대 초 마르크스는 그에 대한 필요성을 다음과 같이 설명하였다. "나는 프랑스 사람들이

• 『자본』의 첫 번째 초안 연구에 집중한 로스돌스키(R. Rosdolski)의 『마르크스 '자본'의 성립사』(Frankfurt/Wien, 1968)에서는 프루동주의에 대한 마르크스의 비판이 오늘날에도 여전히 역사적 의미를 갖는다고 주장하고 있다. 그것은 잘못된 얘기이다. 이 말은 오늘날 매우 널리 확산되어 있는 신프루동주의자들의 다양한 흐름과 관련해서 로스돌스키의 이야기가 잘못되었다는 것이 아니다. 이 말은 자본주의에서 사회주의로 비혁명적 방식으로 이행할 수 있는 가능성과 관련하여 소부르주아적 사회주의의 개량주의적 환상에 대한 세부적인 비판은 자본주의의 혁명적 와해의 경제적 근거와 관련하여 그 의미를 갖는다는 점에서 그의 얘기가 잘못되었다는 것이다.

프루동과 그의 관념적인 소부르주아적 성격이 숨기고 있는 잘못된 견해들로부터 해방되는 것이 매우 중요하다고 생각한다. 최근의 겐프(Genf)• 대회는 물론 내가 국제노동자협회 평의회 회원으로서 파리 지부와 가졌던 접촉에서도 나는 끊임없이 프루동주의의 극히 잘못된 논리적 오류들을 접하고 있다."[182] 나중에 엥겔스는 마르크스의 저작『프랑스 내전』 서문에서 파리코뮌의 경제적 실패에 대한 책임을 프루동주의자들 때문으로 돌렸다. "그래서 코뮌은 사회주의 프루동학파의 무덤이기도 하였다."[183]

　　프루동 이론에 대한 비판 속에서 마르크스는 자신의 가치론의 핵심 요소들을 제시하였다. 그는 사적 소유의 틀 내에서 사회적 생산과 사회적 분업의 발달을 통해 생산물은 상품으로, 상품은 교환가치로, 교환가치는 화폐로 된다는 것을 밝혀냈다. 마르크스는 이런 분석을, 우리가 이미 언급한 방법론적 기본 사상으로부터 출발하여 수행하였는데, 그 사상은 모든 경제 현상에서 사회적 형태와 소재적 내용을 구별하고, 따라서 상품의 사용가치와 가치, 구체적 노동과 추상적 노동, 사적 노동과 사회적 노동 등을 구별하는데 반드시 필요한 것이었다. 이 과정에서 마르크스는 사회적 현상의 연구에 있어서는 그것의 사회적 형태가 배제되어서는 안 된다는 점을 보여주었다. 경제 현상의 표현인 경제적 범주들은 오로지 생산관계, 즉 경제 현상의 사회적 형태로부터만 도출되는 것이지, 이 현상의 소재적 내용으로부터는 결코 도출되지 않는다. 이런 방법론적 기본 사상은 부르주아 경제학자들과 마찬가지로 사용가치와 가치를 등치시키는 프루동주의자들의 방법론과 완전히 대립되는 것이다. 상품생산의 '주요 결함', 즉 상품의 실현 문제, 상품의 화폐로의 전화 문제 등을 해결하기 위한 노력에서 프루동주의자들은 이 문제가 상품의 본질적인 특수성에서 비롯되었다는 것을 이해하지 못하였다. 즉 그들은 이 문제가 상품의 이중

• 제네바의 독일어식 표현이다──옮긴이 주.

성, 상품생산 노동의 이중성, 그리고 구체적 노동(사적 소유관계하에서의 사적 노동)의 생산물인 사용가치 등을 추상적이고 사회적인 노동의 생산물인 상품 및 화폐와 곧바로 관련시킬 수 없는 점 등으로부터 비롯되었다는 것을 이해하지 못한 것이다.

마르크스는 『경제학 비판』에서 이렇게 쓰고 있다. "**프루동**과 …… 그의 학파는 **화폐**를 땅 아래로 끌어내리고 **상품**을 하늘 위로 올려 보내는 것을 사회주의의 핵심이라고 설파하는 생각을 계속 품고 있었다 ……."[184] 프루동의 '노동화폐'라는 개념은 그가 로버트 오언(Robert Owen), 존 프랜시스 브레이(John Francis Bray) 등과 같은 유토피아 사회주의자들에게서 차용한 것인데, 이 개념은 불가능한 것을 가능하게 만들려는 것이었다. 즉 모든 상품을 임의의 다른 상품과 직접 교환할 수 있도록 만들고자 하는 것이었다(그리고 이들은 사적 소유가 유지된 상태에서 부르주아사회의 모든 것을 노동화폐의 전제조건으로 인정하였는 데 반해 오언은 자본주의적 생산의 폐기와 공산주의적 관계를 그 전제로 간주하였다).[185] 프루동주의자들은 이런 방식으로, 예를 들어 경제 위기와 같은 자본주의적 생산의 '결함'을 제거하려 하였다. 마르크스는 자신의 분석을 통해서 이런 '결함'이 현실적으로는 사적 소유관계 아래에서의 상품생산이 갖는 모순적인 성격의 필연적 결과이며, 상품이 "일반적으로 직접 교환될 수 있는 형태(상품의 가치형태, 즉 그것의 가장 발전된 형태가 화폐로 나타나는 바로 그 형태)가 상품이 직접 교환될 수 없는 형태와 불가분의 것이라는 점 …… (마치 자석의 (+)극과 (-)극 사이의 관계와 마찬가지로)"[186]을 밝혀냈다.

상품의 분석에 대한 마르크스의 첫 번째 작업은 생산·분배·유통의 조건 사이의 필연적인 내적 관련을 해명하고 상품생산의 조건으로부터 화폐를 도출해 내는 것이었다. "진정한 의문은 다음과 같은 것이다. 즉 부르주아 교환 체계 그 자체가 특수한 교환수단을 필요하게 만든 것이 아닐까? 바로 그 체계가 모든 가치에 대한 특수한 등가물을 필연적으로 만들어낸 것이 아닐까?"[187] 마르크스는 이 의문을 『철학의 빈곤』에서 처음으로 제기하였고, 11년 후에 『경제학 비판』 초고에서 이 의문을 풀었다.

마르크스는 일단 필요노동 시간이 상품가치의 진정한 기준이라는 기본개념을 먼저 정식화하였다. "생산을 통해 체화된 노동시간이 아니라 현재 필요한 노동시간이 가치를 결정한다."[188] 사회적으로 필요한 노동시간은 상품의 "경제적인 질적 성격", 즉 그것의 "교환 가능성"을 결정짓는다. "모든 상품은 가치로서 질적인 측면에서 동일하며 단지 양적으로만 서로 구별된다."[189] 이런 질적 동일성을 통해야만 비로소 상품은 일정한 비율로 서로 교환될 수 있다. 그러나 중요한 것은 상품이 교환될 수 있다는 힘에 있는 것이 아니라 이런 교환의 객관적 필연성이다. 상품의 가치를 그것의 생산에 필요한 노동시간으로 결정하는 것은 생산관계의 기본 요소인 가치와, 그때그때의 생산력 수준 사이에 존재하는 내적 관련의 표현이다. 생산력 작용의 성과물, 즉 구체적 노동의 결과물—마르크스는 이것을 "일정한 노동, 그러나 물론 다른 노동과 구별되는 일정한 노동의 일정한 결과물 ……"[190]이라고 표현하였다—은 일정한 사용가치로서 사적 소유라는 해당 체계의 범위 내에서 상품가치의 소재적 담지자를 이루는데, 이는 마치 이 사용가치를 만들어낸 구체적인 사적 노동이 추상적인 사회적 노동(사회의 총노동 가운데 일부)의 소재적 담지자인 것과 마찬가지이다. 계속해서 마르크스는 생산수단의 사적 소유에 기초한 상품경제의 이 적대적인 모순을 "각 개인은 오로지 사회를 위해서 그리고 사회 내에서만 생산을 수행할 뿐이고 …… 그들의 생산은 **직접적으로** 사회적 생산인 것은 아니다"[191]라고 정의하였다. 상품의 실현, 즉 상품의 화폐로의 전화는 이 상품을 생산한 노동의 사회적 성질을 나타내고 구체적인 사적 노동을 추상적인 사회적 노동으로 환원한다. 가치론에서 이것은 상품의 화폐로의 전화에 대한 원칙적인 필연성(즉 교환의 원칙적인 필연성)을 확정짓는 형태로 표현된다. 상품의 사용가치와 가치 사이의 모순, 즉 이 상품을 만들어낸 사적 노동과 사회적 노동 사이의 이 내적 모순은 교환을 통해서 모습을 드러낸다. 교환가치가 가치의 필연적인 현상 형태이며 상품의 가치가 특정 상품(즉 화폐)의 모습으로 독자적인 존재를 획득해야 한다는 마르크스의 결론은 프루동주의자들의 시도, 즉 '노동화폐'의 도움으로 상품과 화폐를 동일시함으로써 화폐로의 전화라는 실현 과정을 거치지 않고 상품이 모든 상품과 직접 교환될 수 있도록 만들려던 시도가 왜 불가능한지를 입증하였다. 마르크스는 화폐('노동화폐'가 아니라 현실의 화폐)가 상품의 사용가치와 가치 사이의 모순의 해결을 보여주는 동시에 상품생산의 온갖 모순을 심화시키기도 한다는 것을 밝혀냈다. "따라서 우리는 화폐가 상품을 부정함으로써 자신의 목적을 달성하는 것, 수단에서 목적으로 화하는 것, 화폐가 상품을 자신에게서 분리함으로써 상품의 교환가치를 실현하는 것, 화폐가 교환을 분할함으로써 교환을 용이하게 만드는 것, 화폐가 상품을 일반화함으로써 직접적 상품교환의 난점을 극복하는 것, 생산자들이 교환에 의존하는 정도에 따라 교환이 생산자로부터 독립되어 나가는 것 등이 모두 화폐에 내재되어 있다는 것을 보았다."[192] 경제 위기의 가능성도 바로 이들 모순 속에 놓여 있다.

마르크스가 『경제학 비판』 초고에서 완성한 가치론, 즉 상품이 부르주아사회의 '경제적 세포 형태'를 이룬다는 발견*은 그가 자본주의적 관계의 본격적인 분석으로 넘어갈 수 있도록 만들어주었다. 왜냐하면 마르크스의 자본주의 분석에서 가치관계는 출발점을 이루고 있기 때문이다. 그

• 마르크스는 자신의 연구에서 자본주의의 '경제적 세포 형태'를 구체에서 추상으로의 이행 과정에서 발견하였다. 그런 다음 그는 이를 토대로 추상에서 구체로의 이행 과정에서 가치론과 화폐 이론을 만들었다. 마르크스는 이에 대하여 자본주의 생산양식의 이론을 만들기 전에 "몇몇 추상적이고 일반적으로 규정된 관계들"을 도출해 내야만 했다고 쓰고 있다(K. Marx, *Grundrisse der Kritik der Politischen Ökonomie*, p. 21). 그래서 『자본』의 첫 번째 초안에서 마르크스는 노동·가치 등과 같은 경제학의 기본개념들을 새롭게 생각해 내야만 했다. 필자의 견해로는 여기에서 언급된 마르크스 경제 연구의 방법론은 출발점의 문제, 즉 사회주의사회의 '경제적 세포 형태'의 문제를 둘러싼 논의에서도 매우 중요한 것이다.

렇기 때문에 이론에서는 물론 자본주의 현실에서도 가치의 개념은 자본의 개념에 선행한다.[193] 그에 따라 가치론은 마르크스의 경제 이론에서 핵심적인 역할을 수행한다. 또한 바로 그렇기 때문에 가치론은 나중에 끊임없이 새롭게 더욱 발전하고 그때마다 새로운 성과를 얻었다.『경제학비판』 초고에서 볼 수 있듯이 노동과 자본의 교환에 대한 분석에 가치론을 사용함으로써 마르크스는 자본주의적 착취 메커니즘을 설명하고 자신의 잉여가치론을 만들어낼 수 있었다.

자본주의적 생산관계의 내용은 노동과 자본, 노동자와 자본가 사이의 활동의 교환이라는 관계이다. 이 관계를 분석하는 데서 난점은 가상이 본질과 극심한 모순을 보이고 있다는 점이다. (이 점에 대하여 마르크스는 "만일 현상 형태와 사물의 본질이 직접적으로 합쳐져 있다면 모든 과학은 쓸모없게 될 것이다"[194]라고 적절히 지적하고 있다.) 노동자와 자본가 사이에서는 부등가교환이 이루어지고 따라서 이 부등가교환은 등가물끼리의 교환이라는 토대 위에서, 즉 가치법칙의 틀 안에서 설명되어야 할 것이다.[195] 자본주의적 착취에 대한 마르크스의 분석도 자본주의적 생산과정의 소재적 내용과 사회적 형태 사이의 구별에서 출발하고 있다.

마르크스는 노동과 자본 사이의 관계가 질적으로 서로 다른 두 개의 과정을 포함하고 있다고 얘기하였다. 1. 자본주의적인 사회적 형태로부터 비롯된 노동자와 자본가 사이의 고유한 교환. 자본가는 "자본을 보전하고 더욱 증대시키는 생산력을 구매한다 ……." 2. 자본주의적 생산의 소재적 내용에서 비롯된 고유한 노동과정으로 여기에서 바로 이 자본의 보전과 증대가 이루어진다. "**자본과 노동 사이의 교환에서 첫 번째 행위는 교환이며, 그것은 전적으로 일상적인 유통에서 일어나는 일이다. 두 번째 행위는 교환과는 질적으로 다른 하나의 과정이다.**"[196] 노동과 자본 사이의 관계에서 소재적 내용과 사회적 형태의 엄격한 분리는 곧바로 노동자와 자본가 사이에서 이루어지는 거래의 대상이 노동이 아닐 수 있다는 가능성을 제시해 준다. 왜냐하면 노동은 생산과정의 소재적 내용으로 교환의 두 번째 단계에서 이루어지는 것이기 때문이다. 생산수단을 소유하지 못한 노동자는 자신의 노동의 소유자가 아닌 것은 물론 이 노동의 생산물의 소유자도 될 수 없다. 그는 단지 자신의 노동력의 소유자일 뿐이다. 그리고 그가 자본가에게 판매하는 것은 바로 이 노동력이다. 노동자는 자본가에게 노동을 판매하는 것이 아니라 자신의 노동능력, 즉 노동력을 판매한다.

마르크스는 노동력 상품에 대한 전반적인 분석을 그가 앞서 이미 작업해 놓은 가치론을 토대로 수행하였다. 자본가는 노동자에게 체화되어 있는 대상화된 노동량, 즉 노동자 자신의 생산에 소요되는 노동량에 의해 결정된 가치로 노동력을 구매한다. 왜냐하면 노동자가 판매하는 상품의 사용가치는 노동자 자신으로부터 분리될 수 없기 때문이다. 자본가는 노동과정에서 일정한 가치를 창출할 수 있는— 자본을 보전할 뿐만 아니라 증대시킬 수 있는— 노동자의 능력으로 이루어진 노동력 상품의 사용가치를 손에 넣는다. 이 사용가치는 살아 있는 노동(마르크스의 표현에 따른다면 "가치의 **살아 있는 원천**"[197]이기도 하다)과정을 통해서 실현된다.

마르크스는 잉여가치를 생산과정에서 살아 있는 노동이 창출하는 가치와 자본가가 노동자에게 임금으로 지불하는 가치 사이의 차이로 규정한다. 자본주의 생산양식은 잉여가치의 존립을 위한 조건을 만들어낸다. 자본주의적인 사회적 생산 형태, 즉 자본주의적 생산관계는 필연적으로 노동자의 노동과 이 노동의 생산물(이 생산물의 가치)이 모두 자본가에게 귀속되도록 만든다. 가치법칙, 즉 등가물끼리의 교환은 철저하게 살아 있는 노동이 창출한 가치가 노동력의 가치보다 더 큰 방향으로 관철된다. 마르크스가 밝혀냈듯이, 이들 두 가치의 크기는 서로 아무런 관련 없이 완전히 독립적으로 결정된다. 노동자는 "미리 결정된 가치를 받고 그 대가로 가치를 만드는 활동을(이 활동의 결과물과는 무관하게) 제공한다."[198] 자본주의적 생산과정의 소재적 내용은 잉여가치의 가능성을 현실로 만든다. 자본주의적 생산양식은 생산력의 일정한 발전 단계, 즉 사회적 노동의 생산력이라는 특징이 있고 이것은 잉여가치가 두 가지 형태(즉 절대적 잉여가치와 상대적 잉여가치의 형태)를 취하도록 만든다. "물론 자본은 절대적 잉여가치와 상대적 잉여가치를 결합하려는 경향이 있다. 즉 **노동일을 최대한으로 확대하기 위해 최대한 많은 수의 동일한 노동일을 고용하려는 경향과 함께, 한편으로는 필요노동 시간을 최소한으로, 다른 한편으로는 필요한 노동자의 숫자를 최소한으로 줄이려는 경향**이 바로 그것이다."[199]

마르크스가『경제학 비판』초고에서 제시한 잉여가치론의 토대는 마르크스로 하여금 자본주의사회의 경제법칙을 정식화할 수 있도록 만들어주었고, 이것은 다시 과학적 공산주의의 이론을 확립하는 데에도 결정적인 작용을 하였다.

그런데 부르주아사회의 운동을 서술할 수 있는 가능성은 마르크스의 이론을 관통하고 있는 역사적 고찰 방식(즉 논리적인 분석과 역사적인 분석이 결합되어 있는 마르크스의 연구 방법)으로부터 곧바로 얻어진다. 마르크스는 이렇게 쓰고 있다. 즉 우리의 방법은 "역사적 고찰 방식이 들어가야 하는 지점들, 혹은 생산과정의 역사적 모습을 그대로 보여주고 있는 부르주아 경제학이 이전의 역사적 생산양식에 대하여 스스로 퇴거를 명하고 있는 지점들을 ……" 보여준다. "그와 꼭 마찬가지로 이 올바른 고찰 방식은 다른 한편 생산관계의 현재의 형태가 폐기되는 지점, 따라서 미래의 전조를 보여주면서 생성되어 가는 운동을 암시해 주는 지점들로 우리를 이끌어주기도 한다."[200] 이리하여 마르크스의 경제학 연구 방법은 그 자체로서『자본』의 틀(즉 자본주의 생산양식에 대한 분석의 틀)을 넘어서야 할 필요성을 제기하고 있다. 이는 곧 경제학을 보다 넓은 의미로 확대함으로써 그것이 전 자본주의적 사회구성체는 물론 공산주의사회의 과학적 예언도 함께 포괄하도록 하는 것을 의미한다. 마르크스는 이 작업을『경제학 비판』초고에서 매우 상세히 수행하였다. 이 초고에서 큰 분량을 차지하고 있는 "자본주의 생산에 선행하는 형태들"에 대해서는 여기에서 다루지 않으려 하는데 그것은 우리의 관심이 일차적으로 마르크스가 잉여가치론으로부터 추론해 낸 사회주의 혁명과 공산주의사회와 관련된 그의 결론에 있기 때문이다.

마르크스는 노동자가 창출한 잉여가치를 자본가가 획득하는 것이 자본주의 생산양식의 내적인 법칙, 특히 잉여가치 법칙과 전적으로 일치한다는 것을 논증하였다. 따라서 자본주의적 착취는 자본주의 생산관계 그자체의 본질로부터 발생하는 것으로 나타난다. 그리하여 여기에서 곧바로 자본주의적 착취로부터 노동자계급이 해방되는 것은 자본주의적 질서의 틀 내에서는 불가능하다는 결론이 나온다. 바꾸어 말하자면 그로부터 사회주의 혁명의 필연성이 도출되는 것이다.

그 밖에 자본주의적 생산양식이 노동자계급에 대한 착취를 최대화하려는 경향(특히 생산력의 발전을 거쳐서)이 있다는 것도 잉여가치론으로부터 나온다. "따라서 치부에 대한 무한한 충동으로 그것*은 노동 생산력의 무한한 증대를 추구하고 생산력에 활력을 불어넣는다."[201] 자본에 있어 객관적으로 내재하는 최대한의 잉여가치를 향한 충동은 처음에는 가능한 한 많은 노동을 창출하는 경향으로, 그리고 두 번째는 필요노동의 지출을 최소한으로 줄이는 경향으로 실현된다. "그러므로 노동인구를 늘리는 것과 그중 일부를 끊임없이 과잉인구로 …… 만드는 것은 모두 똑같이 자본의 경향이다."[202] 절대적 잉여가치와 상대적 잉여가치의 두 범주는 자본의 이런 객관적인 경향이 다른 형태로 표현된 것이다. 절대적 잉여가치의 존재, 즉 필요노동 시간을 넘어서는 노동일의 확대는 우리가 이미 보았듯이 노동 생산성의 일정한 상태를 전제로 한 것이다. 상대적 잉여가치의 증대, 즉 자본주의의 발전과 함께 진행되는 필요노동 시간의 단축은 노동 생산성의 상승 경향을 나타내는데 "이 형태를 통해서 자본에 기초한 생산양식의 산업별로 각기 상이한 역사적 성격이 곧바로 나타난다."[203] 그러나 자본에 의한 노동 착취의 증가를 수반하는 생산력의 강력한 발전은 미래 사회인 공산주의사회의 물질적 요소가 갖추어지고 집적

• 자본―편집자 주.

된다는 것을 의미하기도 한다. 동시에 이 물질적 요소는 사회주의 혁명의 가능성에 대한 조건을 이루는 것이기도 하다. "그러나 **교환가치**에 기초한 부르주아사회의 내부에서는 교환관계와 생산관계가 그것을 날려버릴 수 있는 만큼의 폭탄을 만들어낸다. …… 그러나 다른 한편 만일 우리가 현재의 사회 내에서 계급 없는 사회를 위한 물질적 생산 조건과 그에 상응하는 교환관계(은폐되어 있는)를 찾아내지 못한다면 모든 변혁을 위한 시도는 돈키호테와 같은 것이 되고 말 것이다."[204]

자본주의적 생산양식 아래에서 미래 사회를 위한 물질적 전제는 잉여노동의 발생으로 요약되는데, 마르크스의 생각에 따르면 이것은 자본의 위대한 역사적 측면을 나타낸다. 이 범주의 사회적 형태는 강제로 이루어지는 노동자의 노동으로, 즉 자본가에 의한 잉여가치의 획득으로, 노동자계급의 착취로 나타난다. 반면 그것의 소재적 내용은 노동자의 단순한 생존에 필요한 것을 넘어서는 시간의 형태를 띠고 잠재적인 여가시간의 발생이라는 형태로 나타난다. 자본주의에서 생산력의 발전은 "절대적 욕망을 채우는 데 필요한 노동시간을 **자유로운** 여가시간으로 만들고(생산력 발전의 수준에 따라 정도의 차이는 있겠지만) 그에 따라 만일 **잉여노동**이 수행될 경우에는 잉여 생산물이 창출될 수 있는"[205] 상태를 만들어낸다. 자본주의적 생산양식은 이 잉여 생산물을 잉여노동으로 전화시키지만 그러나 이 생산양식은 잉여노동을 다른 방식으로 사용할 수 있는 가능성을 처음으로 만들어낸다. 마르크스는 이렇게 쓰고 있다. "자본의 역사적 소명이 달성되는 것은, 한편으로 욕망이 충분히 발전하여 필요노동을 넘어서는 잉여노동이 일반적인 욕망이 되어 개별적 욕망으로부터도 나타날 경우—다른 한편으로 자본의 엄격한 규율에 의해 이루어지는 일반적인 근면(이를 통해서 종족의 보존과 계승이 이루어진다)이 새로운 종족의 일반적 소유 이상으로 발전할 경우—그리고 마지막으로 무제한적인 치부욕에 사로잡힌 자본이 바로 이런 치부욕을 달성할 수 있는 조건하에서 노동 생산력에 끊임없이 박차를 가함으로써 이 노동 생산력이 충분히 발전하여 일반적인 부의 소유와 보전에 사회 전체의 노동시간 가운데 극히 적은 일부분만이 소요되고 사회 전반의 노동이 과학적인 체계화에 의해 그 노동 체제의 재생산, 그것도 갈수록 규모가 커지는 재생산의 과정으로 만들어낼 정도가 되었을 경우, 그리하여 인간이 이 체제 속에서 수행하는 노동이 자신을 위한 물질적 생산의 성격을 멈추게 되는 바로 그런 경우이다."[206] 달리 말해 자본은 "모든 면에서 자신이 생산자이면서 동시에 소비자이기도 한 풍요로운 개인의 발전을 위한 물질적 요소를 …… 창출하고 …… 개인의 생산력이 총체적이고 보편적인 형태로 발전할 수 있는 완벽한 물질적 조건"을 창출한다.[207]

여기에서 특별히 강조하고 있는 자본주의의 진보적인 성격(전 자본주의 사회구성체에 비하여)은 마르크스가 부르주아사회의 경제적 운동 법칙을 분석하면서 도출해 낸 매우 중요한 성과이다. 자본주의에 이르러서야 비로소 생산력은 공산주의로 이행하고 사회의 모든 구성원이 다방면으로 발전하는 데 필요한 만큼 충분히 발전할 수 있었다. 이 점에서 마르크스 이론은 마르크스 이전 사회주의의 공상적 견해와 마르크스가 살던 시기의 소부르주아적인 이론과 근본적으로 구별된다. 엥겔스는 "직접적인 위협에 의해서 현재의 사회적 상태가 극히 일면적으로만 발전할 경우에도 진보가 이루어진다는 것을 밝혀낸 것은 보통의 사회주의자들과 비교하여 순전히 마르크스의 업적으로 인정되어야 한다. 대규모 공장제로부터 발생한 빈부의 격차 등에 대하여 그가 곳곳에서 서술하고 있는 부분들이 바로 그런 경우에 해당한다"라고 썼다.[208]

그러나 자본주의가 노동 전체를 사회화하는 자신의 역사적 사명을 완수하고 나면 자본주의는 인류의 계속적인 발전에 방해물이 된다. 마르크스는 "무엇보다도 한계는 생산 일반이 아니라 자본에 기초한 생산에 내재한다 ……"라고 강조한다. 자본은 "생산력 발전을 위한 **절대적** 형태"가 아니다. "그것은 생산력 발전과 절대적으로 일치하는 부의 형태라는 의미에서 절대적 형태이다 ……."[209] 마르크스는 자본주의적 생산양식의

122

생산력 발전이 부딪치는 객관적인 한계로 네 개의 요소를 들었다. 그것은 첫째 노동력의 가치가 필요노동에 한정되는 것, 둘째 잉여노동 시간이 잉여가치에 한정되는 것, 셋째 상품을 실현하기 위한(즉 상품을 화폐로 만들기 위한) 필요성, 넷째 사용가치의 생산이 교환가치에 의해 제한되는 것 등이다. 이들 네 개의 요소가 모두 자본주의적 생산양식의 특징을 이루고 이들 특징이 생산력의 발전과 일치하는 것이 아니라 일정 단계에 이르면 생산력 발전과 적대적인 모순 관계에 빠진다는 것은 쉽게 알 수 있다. 마르크스는 과잉생산의 특징을 방금 언급한 요소들에 대한 "갑작스러운 **기억**"이라고 표현하였다. "그러므로 자본이 발전할수록 생산의 한계도— 그에 따라 소비의 한계도— 그만큼 함께 커진다는 것은 분명하다(생산과 교환을 가로막는 장애 요인으로 나타나는 다른 모순들은 무시한다 하더라도)."[210]

그런데 자본주의는 언제까지 계속 발전할 수 있을까? 마르크스는 이렇게 말한다. 토대가 최고 수준에 도달하는 지점은 "토대가 **생산력의 최고의 발전 수준**과 일치하고 따라서 개인의 발전이 가장 풍성하게 이루어지는° 형태를 취하는 바로 그런 지점이다."[211] 여기에서 마르크스가 말하는 것은 모든 사회구성체, 특히 공산주의로 대체되는 자본주의적 토대에 그대로 적용되는 것이다.

부르주아사회가 발전해 나감에 따라 지배적인 생산 형태로서의 자본은 점차 해체되어 나간다.°° 생산력의 발전은 생산과정이 과학의 기술적 적용으로, 그리고 직접적인 노동이 질적인 면에서나 양적인 면에서 모두

- 해당 토대의 관계가 지배하는 조건에서 이루어지는 것을 말한다.
- 1881년 마르크스는 프롤레타리아혁명의 전제 조건을 서술하면서 "지배적인 사회체제는 불가피하게, 그리고 지속적으로 우리의 눈앞에서 점차 해체되어 가지만" 다른 한편 "그와 함께 생산수단은 대규모의 실질적인 발전을 이룩해 나가는데, 이런 발전을 통해서 현실적인 프롤레타리아혁명의 발발을 위한 계기는 물론 바로 그 혁명 다음에 곧바로 이어지는 교환 양식을 위한 조건도 모두 주어진다는 것이 보장된다"(MEW Bd. 35, Berlin: Dietz Verlag, 1967, p. 161)라고 지적하였다.

생산과정에서 단지 하나의 부차적인(반드시 필요한 것이기 하지만) 계기가 되도록 만든다. 그럼으로써 가치법칙에 기초해 있는, 즉 유일한 가치 결정 요소인 노동시간에 기초해 있는 자본주의 생산양식의 토대는 허물어진다. "노동은 이제 더 이상 생산과정에 포함된 요소로 나타나지 않고 따라서 인간은 생산과정 그 자체에 대한 감시자이자 통제자로 행세하게 된다. …… 인간은 생산과정을 수행하는 주된 담당자가 아니라 생산과정과 어깨를 나란히 하는 존재가 된다."[212] 생산의 토대는 점차 "사회적 개인들의 발전"으로, 즉 "이들 개인이 사회적 현존재가 됨으로써 이들 개인이 자연을 이해하고 지배하는 형태"로 나아간다.

"**오늘날 부의 토대가 되고 있는 타인의 노동시간에 대한 도둑질**은 이 새로 개발된 토대(대공업이 스스로 만들어낸)에 비하면 매우 나쁜 토대라는 것이 드러난다. 직접적 형태의 노동이 더 이상 부의 거대한 원천이기를 중단하면 곧바로 노동시간이 그 부의 척도가 되는 것, 따라서 교환가치가 사용가치의 [척도]가 되는 것도 중단된다. (그리고 중단되어야 한다.) **대중의 잉여노동**은 사회 전반의 부의 발전을 위한 조건이기를 중단하고 또한 인간의 지적 능력의 발전을 위해 **소수가 노동하지 않는 것**도 중단된다. 그럼으로써 교환가치에 토대를 둔 생산은 붕괴한다 ……."[213]

적대적 모순은 자본이 노동시간을 최소한으로 줄이려고 하는 동시에 부의 유일한 원천이자 척도로서 노동시간을 취하려는 데에 있다. "따라서 한 측면에서 자본은 과학과 자연, 그리고 사회적 결합과 사회적 교환의 모든 힘을 동원하여 부의 창출을 거기에 사용된 노동시간으로부터 독립(상대적으로)시키려고 한다. 한편 또 다른 측면에서 자본은 이렇게 창출된 거대한 사회적 힘을 노동시간으로 측정하고, 이미 창출된 가치를 가치로 보존하기 위해 필요한 최대한도로까지 이들 힘을 밀어붙인다."[214]

자본주의에서 생산력의 발전은 또한 직접적 노동이 사적 노동의 성격—사회적 노동의 일부로서 교환을 거치고 나서야 비로소 모습을 드러내는—을 상실하도록 만든다. 대공업의 관계 아래에서 "**개인의 노동은 지**

양된 개별 노동, 즉 사회적 노동으로서 직접적 현존재의 형태를 취한다. 그리하여 이 생산양식의 다른 토대는 폐기된다."[215] 따라서 부르주아사회에서는 그 사회의 경제적 토대가 해체되기 위한 물질적 조건이 생겨난다. 이들 조건은 공산주의사회의 발전을 위한 출발점을 이루는 것이기도 하다. 이런 맥락에서 마르크스는 『경제학 비판』 초고에서 공산주의사회에 대하여 상세하게 다루었다. 필요노동 시간을 최소한으로 줄이려고 노력하는 과정에서 자본은 잉여노동 시간을 늘리려는 모든 방법을 강구하고 필요노동 시간을 점차 잉여노동 시간에 종속시키려고 노력한다. "그럼에도 불구하고 사회적 노동시간을 최소한으로 줄이는 것은 사회적 여가시간의 창출에 도움이 되는 수단이 되고, 따라서 모든 사람에게서 자신의 발전을 위한 여가시간을 만드는 데 도움이 된다."[216]

여가시간은 잉여노동 시간의 소재적 내용이고 이 잉여노동 시간은 자본가가 잉여가치의 적대적인 사회적 형태로 만들려고 노력하는 바로 그것이다. 공산주의는 필요노동과 잉여노동의 관계를 최초로 폐기하며 "잉여 생산물 그 자체가 필요 생산물이 되도록" 작용한다. "결국 물질적 생산은 모든 사람에게 잉여 시간을 다른 활동에 사용하도록 만들어준다."[217] (공산주의사회에서 잉여노동을 필요노동으로 전화시킨다는 이 생각을 마르크스는 나중에 세 권의 『자본』에서 더욱 발전시켜 나갔다.)

일하는 사람들이 자신들의 잉여노동을 취득한다면 이것은 곧 여가시간이 그 적대적 성격을 폐기한다는 것을 의미한다. 그리하여 "한편으로 필요노동 시간은 자신의 기준을 사회적 개인의 필요에 맞추고 다른 한편 사회적 생산력의 발전은 매우 급속하게 이루어져서 모든 사람의 **여가시간**을 증가시킨다. (물론 생산은 오로지 모든 사람의 부를 겨냥하고 있지만) 왜냐하면 실질적인 부는 모든 개인의 발전된 생산력이고 그럴 경우 부의 척도는 이제 더 이상 노동시간이 아니라 여가시간이 될 것이기 때문이다."[218] 그리하여 마르크스에 따르면 잉여노동 시간 범주의 소재적 내용(여가시간)은 공산주의적 생산의 목표로 나타난다.

자본주의 생산양식의 토대를 이루고 있지만 부르주아사회가 발전해 나가는 과정에서 이미 공동화되어 버리는 가치법칙 대신 공산주의에서는 가치법칙의 소재적 내용을 이루는 시간 경제의 법칙(Gesetz der Ökonomie der Zeit)이 등장한다. 마르크스는 공산주의에서도 시간의 정의는 '본질적으로' 변하지 않는다고 말한다. "개인의 경우와 마찬가지로 그것*의 전면적인 발전과 후생, 그리고 활동은 모두 시간의 절약에 달려 있다. …… 즉 각 생산 부문별로 노동시간을 계획적으로 배분하는 것과 같은 시간의 경제는 공동 생산이라는 토대에서의 일차적인 경제법칙을 이룬다. 게다가 그것은 훨씬 더 높은 수준의 법칙으로 발전해 나간다. 그러나 이것은 교환가치가 …… 노동시간에 의해 …… 측정되는 것과는 근본적으로 다르다."[219] 이처럼 상품화폐 관계의 소재적 내용을 나타내는 시간 경제의 법칙은 공산주의적 생산을 움직여 나가는 조절자가 된다.** 자본주의에서 가치관계는 이 법칙의 작용을 왜곡한다. 왜냐하면 자본주의에서는 사회적 생산이 노동시간에 대한 사회의 계획적이고 의식적인 통제에 의해 규제되지 않고 생산자들의 배후에서 가치로부터 이탈된 상품가격의 매개를 통해 자의적으로 이루어지기 때문이다. 공산주의에 이르러서야 비로소 시간 경제의 법칙의 작용으로부터 최대한의 효과를 이끌어낼 수 있는 가능성이 열린다. 공산주의사회는 이 문제에 직접적인 이해를 가지고 있는데, 왜냐하면 오로지 시간의 최대한의 절약만이 우리가 이미 언급했던 공산주의적 생산의 객관적 목표가 실현될 수 있도록 도움을 주기 때문이다. "개인의 자유로운 발전 …… 모든 개인에게 주어진 여가 시간과 수단에 의해 개인이 받는 인위적이고 과학적인 교육."[220]

공산주의는 생산과정에서 노동의 성격을 근본적으로 변화시킨다. **외적**

- 사회를 말한다―편집자 주.
- ** 바로 이런 의미에서 마르크스는 나중에 공산주의에서의 '가치의 결정' 문제에 대해서도 언급하고 있다(MEW Bd. 25, p. 859).

강제 노동이었던 노동은 기분 좋은 활동으로 된다. 하지만 그것이 "푸리에 (Fourier)가 매우 경박하고 순진하게 이해했던 그런 유형의 단순한 놀이나 오락"을 의미하는 것은 아니며 "진정으로 자유로운 노동(예를 들어 조립과 같은)은 또한 극히 진지하고 극도의 긴장을 요하는 것이기도 하다"라고 마르크스는 말하였다.[221] 우리가 이미 보았듯이 자본주의는 노동이 "진정으로 자유로워질" 수 있는 모든 전제 조건을 만들어낸다. 왜냐하면 그것은 노동을 고도로 사회적인 노동으로, 그리고 과학적인 노동으로, 자연력을 지배하는 활동으로 만들기 때문이다.

공산주의사회에서 노동의 성격 변화는 일차적으로 노동시간의 절약이 가져온 성과물인 개인의 발전과 자유시간의 증가가 "그 자체 다시 노동 생산력에 대하여 생산력의 증가"[222]로 작용하는 데에서 비롯된다. 그래서 공산주의에서는 여가시간과 노동시간 사이에 자본주의에서와 같은 대립적인 관계가 전혀 존재하지 않는다. 오히려 그 반대로 양자는 서로에게 유익한 자극이 된다. 공산주의는 "결코 **즐거움을 거부하는 것**이 아니라, 힘(즉 생산능력, 따라서 즐거움의 수단과 능력)의 개발"[223]을 의미한다고 마르크스는 강조한다.

공산주의사회의 생산관계에 대하여 마르크스는 거기에 내재하는 공동체적 성격을 강조한다. 이 '공동체적 성격'은 생산의 토대를 이루고 따라서 노동과정에 참여하는 개인들은 자신이 생산한 생산물을 서로 교환할 수 없다. "그의 생산물은 **교환가치가 아니다.**" 개인이 자신의 노동으로 구매하는 것은 일정량의 개별 생산물이 아니라 "사회적 생산에 대한 일정한 지분"이다. 마르크스의 추론은 이렇게 이어진다. "교환가치의 교환에서 필연적으로 발생하는 분업 대신에 사회적 소비에 대한 개인의 지분을 결정하는 노동 조직이 생겨날 것이다."[224] 마르크스는 또한 그런 공산주의적 노동 조직이 해결해야 하는 일정 과제도 함께 제시하였다. 첫째, 실제로 지출되는 노동시간을 결정해야 한다. 둘째, "산업의 평균적인 생산수단을 가지고" 생산물을 생산하는 데 소요되는 노동시간을 조사해야 한다. 셋째, 생산자들은 "자신들의 노동 생산성이 동일하게 되는(즉 노동수단의 배분도 균등하게 이루어지는)" 그런 조건에 놓여 있어야만 한다. 넷째, "각 생산 영역에서 사용되어야 하는 노동량이 결정되어야" 할 것이다. 요컨대 공산주의적 노동 조직을 통해 "일반적 생산이 보장되어야 하고 …… 교환하는 사람들의 필요가 모두 충족되는 그런 관계 속에서 ……."[225]

❧ ❧ ❧

우리는 과학적 공산주의 이론의 핵심 요소들(특히 마르크스가 이미 『자본』의 첫 번째 초안에서 그려내고자 했던 모습)을 최대한 간략하게, 그리고 가능한 한 마르크스 자신의 언어로 그려보고자 노력하였다(게다가 마르크스는 당시까지 아직 공산주의사회로의 여러 발전 단계에 대한 독창적인 결론에 도달해 있지 않아서 여기에서 다루어진 서술에서는 항상 공산주의사회가 전체적인 모습으로만 나타나 있다).

인용된 자료들을 통해서 드러난 사실은 1857~58년 『경제학 비판』 초고에서 발전된 마르크스의 경제 이론은 1840년대에 만들어진 과학적 공산주의의 주요 명제들을 전적으로 확증한 것은 물론 그것들을 본질적으로 심화시키고 보완하였다는 것이다. 그것은 특히 자본주의가 자신에게 내재하는 적대적 모순에도 불구하고 생산력 발전을 향한 강력한 내적 가능성을 가지고 있다는 인식의 경우 더욱 그러했다. 이 결론에 근거하여 1859년 마르크스는 사회구성체의 생명력에 대한 그의 유명한 명제도 만들어냈는데, 그 명제란 곧 한 사회구성체의 생명력은 그것이 생산력의 발전을 이룩할 수 있는 가능성에서 비롯된다는 것이다. 공산주의의 유물론적 전제에 대한 과학적 공산주의의 그 유명한 명제(부르주아사회의 품속에서 그 전제들이 자라난다는)도 본질에서 더욱 발전되었다. 그것은 특히 자본주의적 생산양식의 토대(즉 노동시간이 사회적 부의 유일한 척도이자 원천이라는 것, 그리고 직접적 노동의 사적인 성격)의 붕괴와 관련된 전제들에서 더욱 그러했다. 마지막으로 공산주의사회에 대한 과학적인 전망에서도 중요한 성과가 만들어졌다.

마르크스는 "부르주아 경제학 체계가 점차 발전해 나감에 따라 그 경제학 자신의 부정도 함께 발전해 가는데, 이것은 곧 부르주아 경제학의 궁극적인 결과물이기도 하다"[226]라고 했다. 마르크스가 자신의 경제 이론을 발전시켜 나가고 심화시켜 나가는 정도에 따라 과학적 공산주의 이론의 핵심 요소도 더욱더 발전을 더해 갔다.

제5장

『자본』의 두 번째 초안
(1861~63)

1861~63년 초고. 『자본』 제4권. 마르크스의 발견에 대한 연대기. 과학적 공산주의 이론의 계속적인 발전. 부르주아 경제학의 '최저임금' 개념에 대한 비판적 분석. 부르주아사회의 노동계급 상태에 대한 연구. 리카도 사회주의자. 자본주의에 대한 역사적 이해의 요소들. 부르주아사회에서 노동계급의 빈곤에 대한 질적인 측면. 자본주의에서 기생계급인 토지 소유자들을 청산하는 문제. 자본주의의 적대적 모순. 자본주의의 독점과 그것의 구체적인 현상 형태에 대한 일반이론. "잘못된 사회적 가치"와 독점가격.

『경제학 비판』 저작의 제1권에 따르면, 마르크스는 곧바로 자본 문제를 다룰 제2권을 출판할 생각이었다. 이를 위해서 그는 자신의 1857~58년 초고를 다시 한 번 검토하고 자본에 관한 장에 대하여 상세한 계획안을 수립하였다.[227] 그 계획안에는 전체 내용을 세 개 부분으로 나누는 것(자본의 생산과정, 자본의 유통과정, 자본과 이윤)이 포함되어 있었는데 이것은 『경제학 비판』 초고를 작업하는 과정에서 이미 얘기되었던 것으로 나중에 『자본』의 구조를 이루는 토대가 되었다. 언급된 세 개의 편에 마르크스는 다시 '혼합' 편을 추가하였는데, 여기에는 주로 경제 이론의 역사에 대한 자료들이 포함되어 있었다.

마르크스는 이 계획안을 1861년 8월 자본에 관한 장을 집필하면서 지침으로 사용하였다. 1861년 8월부터 1863년 7월까지 마르크스는 인쇄 전지 약 200매 분량의 새로운 초고를 작성했는데, 이들 초고는 모두 스물

세 권의 노트에 일련번호로 쪽수가 매겨져 있었고 『경제학 비판』 저작의 초판과 같은 제목이 달려 있었으며, 수제목으로 「제3장: 자본 일반」이 붙어 있었다. 이 초고는 『자본』의 첫 번째 초안과 구별하여 체계적인 형태를 갖춘 두 번째 초안을 이룬다. 그렇지만 이것은 또한 『자본』 네 권 전체에 대한 미완성의 초안이라는 형태를 보여주기도 한다.

초고 가운데 마르크스가 1861년 8월부터 12월까지 집필한 처음 다섯 권의 노트는 『경제학 비판』의 제2판에 대한 그의 작업을 반영하고 있다. 여기에서 다루어지고 있는 문제들은 나중에 『자본』 제1권에서 설명하고 있는 것들로서, 즉 화폐의 자본으로의 전화, 절대적 잉여가치와 상대적 잉여가치에 대한 것이다. 기계에 대한 편에서 마르크스는 잉여가치론을 더 다듬어야 한다는 결론에 도달하였다. 1862년 1월 그는 자신의 경제 이론에 대한 서술을 잠시 중단하였는데, 이는 1861~63년 초고 가운데 부르주아 경제학의 역사에 관한 비판적인 분석이 담긴 부분의 세부적인 내용 대부분(제6~15노트와 제18노트)을 집필하기 위한 것이었다. 초고 가운데 이 역사적 비판적 부분에 대하여 마르크스는 따로 『잉여가치론』이라는 제목을 붙였다. 처음에 그는 이 부분을 「자본의 생산과정」 편에 역사적 보론으로 덧붙일 생각이었는데, 이는 마치 『경제학 비판』 제1판에서 상품과 화폐에 관한 장에 역사적 보론을 붙인 것과 같은 방식이었다. 그러나 이 저작——그것은 부르주아 경제학 전체에 대한 거대한 비판적 분석으로 마르크스의 경제학 연구에서 하나의 새로운 단계를 의미하였다——은 사실상 『자본』 제4권에 대한 유일한 초안을 이루었다.

부르주아 경제학에 대한 마르크스의 역사적 비판적 연구는 경제 이론에 대한 매우 밀도 있는 후속 작업을 수반하는 것이었다. 1863년 8월 15일 엥겔스에게 보내는 편지에서 마르크스는 1861~63년 초고에 대한 자신의 작업을 알리면서 자신이 "모든 것을 뒤집어 엎어야만 했으며 **역사적인 부분**은 부분적으로 지금까지 전혀 몰랐던 자료들로부터도 만들어내야만 했다"[228]라고 썼다. 여기에서 마르크스가 모든 것을 "뒤집어 엎어야만 했다"라고 쓰면서 자신이 경제학에서 이룩한 변혁에 대하여 언급하고 있는 부분은, 그가 평균이윤과 생산가격, 절대지대, 자본주의적 재생산, 경제 위기, 생산적 노동과 비생산적 노동 등의 이론에 대하여 수행한 것을 가리키는 것으로, 그는 이것을 『잉여가치론』에 대한 작업을 수행하는 과정에서 이루어냈다.

그는 1861~63년 초고의 이 핵심적인 편에 대한 작업을 마친 다음 다시『자본』의 앞부분 세 권과 관련된 문제들에 몰두하였다. 제16노트와 제17노트에서 그는 제3권의 문제들을 다루었고 제19노트와 제20노트에서는 기계의 자본주의적 사용에 대한 연구를 이어갔고 제22노트에서는 『자본』 제2권의 특수한 문제들을 다루었다.

여기 이 책 제5장에서는『잉여가치론』을 다루려 한다. 왜냐하면 1861~63년 초고에서 이 부분은 일차적으로 완전히 새로운 내용을 포함하고 있으며, 그 새로운 내용은『자본』의 역사는 물론 마르크스의 과학적 공산주의 이론의 역사에서도 그런 성격을 띠는 것이기 때문이다. 이런 주장이 아무런 근거도 없는 것이 아니라는 것을 보여주기 위해서 우리는『잉여가치론』에 대한 마르크스 작업의 경과와 간단한 연대표를 제시하고, 이를 통해『자본』 제4권의 이 초안이 포함하고 있는 이론적인 자산을 분명하게 드러내 보이고자 한다.

『잉여가치론』에 대한 마르크스의 작업 연대표(1862년 1월~1863년 7월)

1862년 1월	『잉여가치론』의 작업을 시작하다.
1~2월	처음으로 이른바 '스미스의 교의'를 비판하고 자신의 재생산 이론의 출발 명제(그는 나중에『자본』 제2권에서 이것을 상세히 서술한다)를 만들다.
3~4월	자본주의사회에서 생산적 노동과 비생산적 노동에 대한 자신의 이론을 발전시키다.
6월	로트베르투스의 '신지대론'을 비판하고 이런 맥락에서 리카도의 지대론을 비판하다.
6~8월	평균이윤과 생산가격 이론, 자본주의적 지대 이론(차액지대와 절대지대)을 만들다.

9월	리카도의 축적 이론에 대한 비판과 연관지어 마르크스가 자본주의적 축적과 경제 위기에 대한 자신의 독자적인 이론을 발전시키다.
1863년 1월	『잉여가치론』의 주요 텍스트 작업을 마치다.
3~7월	『잉여가치론』의 주요 텍스트에 대한 비판적인 개요와 주석, 보론을 집필하다.

『자본』 제4권에서는 부르주아 경제학의 역사에 대한 분석과 경제 이론의 계속적인 작업과 함께 자본주의의 적대적 모순, 부르주아사회에서 노동자계급의 상태 및 투쟁과 관련한 포괄적인 문제들이 함께 다루어졌다.

중농주의의 견해에 대한 연구를 하면서 마르크스는 '임금의 최저한도'라는 부르주아 경제학 개념의 뿌리를 발견하였는데, 이 개념은 노동력의 가치를 역사 발전 단계와는 무관하게 불변의 크기로 다루는 것이었다. 그러나 이 가치를 임금의 최저한도에 대한 고정된 크기로(은폐된 형태로 주어지는) 인식한다 하더라도 잉여가치를 노동자가 자신의 노동력가치 이상으로 창출한 잉여로 인식하는 것은 필요하였다. 부르주아 경제학자들이 노동력가치를 몰역사적인 형태로 파악하는 것에 대한 비판을 통해서 마르크스는 나중에 자본가계급에 대한 노동자계급의 경제투쟁의 기본 원칙을 만들어낼 수 있었다.

임금의 최저한도의 고정된 크기는 임금 인상이 상품가치의 인상에 전혀 영향을 끼치지 않고 단지 이윤율을 하락시킬 뿐이라는 점을 인식하기 위해서도 필요하다. 과학적 공산주의 이론에 극히 중요한 이 사실을 밝혀낸 것은 리카도의 위대한 과학적 업적이었지만 그것을 다방면으로 확립한 것은 마르크스가 처음이었다. 즉 마르크스는 평균이윤과 생산가격에 대한 자신의 이론을 완성해 나가면서 리카도가 스스로 확인한 사실 가운데 '예외'로 둔 것들이 실제로는 생산가격에 해당하는 것일 뿐 상품가치에는 해당되지 않는 것이었기 때문에 단지 외견상 예외로 보이는 것에 지나지 않는다는 것을 논증하였다. 이를 통해 부르주아사회에 널리 퍼져 있는 편견, 즉 임금 인상이 상품 가격을 높이는 원인이라는 바로 그 편견이 아무런 근거가 없다는 점이 이론적으로 밝혀졌다. 부르주아 경제학이 신봉하는 이 교의의 기원은 임금을 상품가치의 구성 요소로 간주하는 스미스의 이론에서 찾을 수 있다. 이 잘못된 개념에서 다음과 같은 잘못된 결론이 도출되었다. 즉 임금 인상을 위한 노동자들의 투쟁은 아무런 의미가 없는데, 왜냐하면 자본가들이 이 임금 인상분을 자신들이 판매하는 생산물의 가격 인상으로 전가해 버리기 때문이라는 것이다. 1865년 마르크스는 제1인터내셔널 총평의회의 두 차례 회의에서 행한 특별 보고를 통해 이 문제를 둘러싼 온갖 관점을 노동자계급의 투쟁이라는 관점에서 상세하게 다루었다.

마르크스는 리카도 이론 가운데 상대임금에 대한 분석(이에 따르면 임금은 생산물의 총가치 가운데 노동자들이 취득하는 일정 부분으로 나타난다)도 매우 높이 평가하였는데, 그 이유는 이 리카도의 이론에서 노동자들이 '사회적 관계' 속에서 나타나고 노동자계급이 부르주아사회의 다른 계급과 대립하고 있기 때문이었다. "계급들 상호 간의 지위는 임금의 절대 액수보다는 임금의 상대적인 비율에 의해 결정된다."[229] 마르크스는 부르주아사회의 구조 속에서 노동자계급이 차지하는 위치에 대한 해명에 매우 깊은 주의를 기울였다. 그는 특히 자본주의사회에서 생산적 노동과 비생산적 노동의 문제에 대한 연구에서 풍부한 자료들을 손에 넣었다.

이 문제와 밀접하게 관련된 것이 부르주아사회의 기생계급에 대한 문제이다. 자본주의는 자신의 발전 과정을 통해 다양한 기생계급을 재생산해 낸다. 이로부터(그리고 또한 자본가계급 자신이 '진정한 의미의 생산적 노동자'라는 관점에서 볼 때 '비생산적'인 계급으로 간주된다는 이유로부터도) 속류 경제학자들이 물질적 생산 영역에 직접 속하지 않는 모든 계급을 물질적 부의 생산자로 내세우려고 노력하는 이유가 설명된다.[230] 노동 생산성의 증가는 법칙에 따라 물질적 생산 영역에서 고용된 사람들의 숫자를 상대적으로 감소시킨다. 균등한 분배가 이루어지는 공산주의사회에서는 "모든 사람이 비생산적인 노동과 여가에 더 많은 시간을 얻게 될 것이다. 그러나 자본주의적 생산에서는 모든 것이 반대로 나타나고 또 실제로 반대이기도 하다."[231] 자본주의에서 노동 생산성 증가의 결과는 비생산 영역의 증가, 생산적 계급 가운데 일부의 프롤레타리아화(자본의 집중에 따른 결과로서), 그리고 프롤레타리아 가운데 매우 적은 부분의 중간계급으로의 이동 등이다.

생산적 노동과 비생산적 노동의 문제와 관련하여 마르크스는 부르주아사회의 상부구조, 즉 이른바 "이데올로기 계층", "지배계급 가운데 이데올로기적 구성 부분"(이들 계층은 모두 물질적 생산의 적대 관계가 만들어내는 것들이다)을 분석하였다. 이른바 이들 "현재의 사회구성체에 대한 자유로운 정신적 생산"에 대하여 마르크스는 "예를 들어 자본주의적 생산은 가령 예술이나 문학 등과 같은 정신적 생산 영역에 대하여 적대적이다"라고 지적하였다. "정신적으로든 물질적으로든 스스로 아무것도 생산하지 않는" 비생산적 계층들은 자신들의 현존재를 "사회적 관계의 결함", 즉 '사회적 해악'에 의지한다.[232]

자본주의적 생산양식은 정신노동과 육체노동 사이에 균열을 만들어내고, 이 균열을 사람들 사이로 이전한다. 물질적 생산에서 이들 두 종류의 노동은 직접적 생산과정에서 일정 시간에 걸쳐 상호 반복적으로 결합한다. 물질적 생산물은 정신노동자와 육체노동자의 공동 작업의 산물이며 "이런 점은 …… 이들 노동자 개개인이 당면하는 관계가 임노동자와 자본 간의 관계라는 사실에 아무런 영향도 끼치지 않는다." 게다가 정신노동자도 역시 "경쟁 때문에 매우 열악한 임금을 받는다."[233] 마르크스는 바로 여기에서 정신노동을 수행하는 프롤레타리아와 육체노동을 수행하는 프롤레타리아가 서로 비슷해지는 물질적 기초를 발견한다. 이들 두 노동자는 모두 자본가를 위해 잉여가치를 창출하는 생산적 노동자이며, 두 노동자는 모두 자본주의적 착취의 대상이 된다.

마르크스는 자본주의에서 노동자계급의 상태에 관한 풍부한 자료들을 여러 부르주아 경제학자들의 계급적 지위를 분석하여 얻었다. 그래서 그는 다음과 같은 리카도의 얘기를 과학적으로 편견이 없는 것으로 보았다. 즉 리카도는 "프롤레타리아를 기계 혹은 역축 혹은 상품과 동일시했는데 …… 왜냐하면 프롤레타리아는 부르주아적 생산에서 사실상 단순한 상품에 지나지 않기 때문이다"라고 했던 것이다. 리카도의 이론에서 얻어지는 결론, 즉 "생산적 노동자가 된다는 것은 재수 없는 일이다"[234]라는 말은 전적으로 맞는 말이다. 마르크스가 '리카도에 대한 감성적인 반대자'라고 지칭했던 시스몽디는 생산을 위한 생산에 반대하는 입장을 취하면서, 자본주의에서 생산력의 발전은 오로지 이런 형태—"기계와 다름없는 개인의 대다수와 인간 계급 전체를 희생하는"—로만 가능하고, 공산주의가 되고서야 이런 생산력의 발전이 비로소 "개인의 발전과 함께 이루어질 수 있다"는 점을 깨닫지 못하였다. 리카도가 축적된 노동이 노동자를 고용한다고 썼던 구절에 대하여 마르크스는 리카도가 "비록 깨닫고 있지는 못했지만 자본의 본질에 대하여 말한 것"이라고 지적하였다.[235]

리카도의 축적 이론에 대한 비판적 분석에서 마르크스는 자본주의 경제공황에 대한 자신의 이론을 발전시켰다. 리카도의 이론이 과잉생산을 부인하고 있는 것은 주로 "사회의 현실적인 구조가 결코 노동자와 산업자본가 계급으로만 이루어져 있지 않다는 사실, 즉 생산자와 소비자가 일치하지 않는다는 사실"을 이해하지 못한 데에서 비롯된 것이다. 계속해서 마르크스는 부르주아 경제학, 특히 속류 경제학이 자본주의적 생산의 모순을 배제하면서 그것이 소비를 위한 생산이라고 강변하는 것은 물론, 가치로의 전화를 무시하고 재생산과정의 여러 계기의 통일성을 강조함으로써 이들 계기 사이의 대립과 자본주의적 생산의 불비례를 간과하려 했다는 점을 밝혀냈다. 부르주아 경제학자들은 자본주의적 생산양식을 단순 상품생산 혹은 사실상 공산주의적 생산과 동일시하였다. 즉 그들은 자본주의를 "**사회적** 생산으로, 그리하여 사회가 하나의 계획과 같은 것에 의거하여 자신의 생산수단과 생산력을 자신의 다양한 욕망을 충족시키

는 데 필요한 수준과 양에 맞추어 배분하는 것"으로 간주하였다.[236]

이런 견해와는 달리 마르크스는 자본주의적 생산의 목표와 핵심 경향을 잘 그려냈는데, 즉 그는 이런 경향의 소재적 내용과 그것의 적대적인 사회적 형태를 엄격하게 구분하였다. "최소한의 선대 자본을 가지고 최대한의 잉여가치(혹은 잉여 생산물)를 산출하는 것이 자본주의적 생산의 끊임없는 목표이며, 이 결과가 노동자들의 과도노동에 의해 이루어지지 않는 한 가능한 한 최소한의 비용(동력과 지출의 절약)으로 주어진 생산물을 창출하려고 하는 것이 자본의 경향이다. 즉 인류에게 자신의 힘으로 자신을 부양하고 최소한의 수단을 사용하여 생산적 목표를 달성하도록 가르치는 것이 자본의 경제적 경향이다.

노동자 자신은 이런 개념에서 그들이 자본주의적 생산에서 존재하는 형태 그대로, 즉 단지 생산수단일 뿐 자기 목적이나 생산의 목적이 아닌 형태로 나타난다."[237]

자본의 유기적 구성의 증가와 결합되어 있는 자본주의적 생산의 발전은 노동과 자본 사이의 대립과 소외의 증가를 가져온다. 그것의 현상 형태는 기계의 자본주의적 사용의 결과로 인한 끊임없는 상대적 과잉인구이다(이것은 리카도도 처음에는 부인했지만 결국 인정한 사실이다). 마르크스는 "끊임없이 부르주아사회의 밑바닥을 기어다니는 다수의 반실업자와 완전실업자"에 대하여 말하였다. 이와 관련하여 그는 "생산의 총결과물" 가운데 "노동자가 자신의 수입을 얻어내는" 재원의 비중이 상대적으로 (절대적으로는 아니다!) 감소한다는 것을 확인하였다. 그러나 임노동의 규모가 절대적으로 증가하면, 그것은 "기계의 사용에 의해 임금노예가 영속화"되는 결과를 가져온다.[238]

노동자계급의 다양한 계층 사이의 불평등 상태(노동자 가운데 일부가 굶주릴 때 노동자의 다른 일부는 더 잘 먹고 잘 입을 수 있다), 그리고 "비생산적 노동자"의 증가…… "노동자와 자본가 사이의 중산층"의 증가 등은 모두 자본주의적 축적의 본질적 경향에 속한다. 리카도의 저작에서 언급하고 있는 가사 노동자에 대한 수요의 증가를 얘기하면서 마르크스는 비꼬듯이 다음과 같이 말하였다. "노동자 가운데 일부가 하인으로 되는 이런 진보적인 변화는 멋들어진 전망이다.""직접적인 노동에 의존하지 않고 살아가는 계급이 증가하고, 이들의 생활이 과거에 비해 더욱 나아지고, 또한 비생산적 노동자의 숫자도 함께 증가한다." 그리하여 "노동자들과 그들 위에 군림하는 사람들과의" 괴리는 경제적·사회적·정치적으로 더욱 벌어진다. 마르크스는 "한쪽 끝의 노동자와 다른 쪽 끝의 자본가와 토지소유자 사이에 존재하는 중간계급이 계속 증가하는" 현상을 언급하고 있는데, "이들 중간계급은 대부분 직접적인 소득에 의존해서 살아가고, 자신들의 아래에 있는 노동자들에게는 짐을 지우고 그들보다 위에 있는 소수의 상층계급에게는 안전과 세력을 강화해 주는 역할을 수행한다."[239] 상층부 지배계급의 사회적 안정성은 하층계급에서 중간계급을 거쳐 밀치고 올라오는, 극히 유능한 신참자들이 이들 계급에 계속 충원됨으로써 더욱 강화된다. "지배계급이 피지배계급 가운데 가장 유능한 사람들을 계속적으로 받아들일수록 이들의 지배는 더욱 견고하고 위협적인 것으로 되어간다."[240]

　과학적 공산주의 이론에서 특히 흥미로운 부분은 부르주아 경제학에 대한 반대자들(레이븐스톤, 호지스킨, 브레이 등)의 견해를 『자본』 제4권에서 분석한 부분인데, 이들은 자신의 이론을 만드는 대신 "이미 밝혀진 자본주의적 생산의 비밀"을 가지고 산업 프롤레타리아의 관점에서 부르주아 경제학과 싸우려 하였다. 이들 리카도-사회주의자들은 부르주아 고전 경제학의 경제 이론과 이들의 방법론적 전제들을 그대로 받아들였다. 그래서 그들은 자본주의에서 사회적 발전의 '적대적인 형태'를 자본주의의 내용 그 자체와 혼동하였다. "한편으로 그들은 대립이 낳은 열매 때문에 그 대립을 영속화하려 한다. 다른 한편으로 그들은 적대적인 형태로부터 얻어진 열매를 희생해서 그 대립을 해소하기로 결정한다." 그들은 너무나도 당연한 듯이 리카도의 노동가치론으로부터 "**노동**이 **전부**다"라는 결론을 이끌어내고 또한 그로부터 자본을 폐기해야 할 필요성을 도출하지만, 그러면서 이들은 다시 "자본주의적 생산 그 자체의 모든 경제적 전제를 연속적인 형태로 받아들인다."[241]

리카도-사회주의자들은 리카도의 이론을 일관된 논리로 더욱 발전시켜(부르주아 경제학자들이 했던 것보다 항상 더욱 일관된 형태로) 자본주의에서 노동자계급의 상태에 대한 분석으로부터 중요한 결론에 도달하였다. 이들은 임금이 생산된 생활수단의 양에 의존한다는 부르주아 경제학의 주장을 반박하고 외국무역을 통해 생활필수품이 사치재로 바뀐다는 것을 밝혀낼 수 있었다. 마르크스는 이들의 주장을 자본의 유기적 구성의 상승이라는 자신의 명제로 보완하여 다음과 같은 결론에 도달하였다. "잉여 생산물 가운데 오로지 자본으로만 사용할 수 있는 형태로 이미 직접 생산된 부분과 외국과의 교환을 통해 이런 형태를 취하게 되는 부분은 직접적으로 노동과 교환되어야 하는 부분보다 더욱 급속하게 증가한다."[242]

리카도-사회주의자들은 또한 여가 시간이야말로 인간 사회의 참된 부를 나타낸다는 주요한 인식에도 도달하였는데, 왜냐하면 여가 시간은 인간의 능력이 발전할 수 있는 여지를 제공하기 때문이다. 마르크스는 이들의 이런 생각을 요약하여 보다 정확한 형태로 이렇게 쓰고 있다. "교환가치가 폐기되더라도 **노동시간**은 여전히 부를 창출하는 실체이자 그 부를 생산하는 데 소요되는 **비용**의 크기이다. 그러나 여가 시간, 즉 **처분 가능한 시간**은 부 그 자체이다. 이 여가 시간은 한편으로는 생산물을 향유하는 데에 사용되고 다른 한편으로는 외부의 목적(자연적 필요나 사회적 의무 때문에 수행해야 하는) 때문에 강요되는 노동과는 다른 자유로운 활동에 사용된다." 이 경우 노동시간은 여가 시간의 기초로서, 마르크스의 표현에 따른다면, "노동시간과는 전혀 다른 자유로운 성격"을 취하게 된다. 그리고 이에 덧붙여서 그는 "여가 시간을 갖는 사람의 **노동시간**은 노동하는 동물의 노동시간보다 훨씬 높은 질적 성격을 가질 것이 분명하다."[243] 공산주의사회의 부와 공산주의적 생산의 목표에 대한 마르크스의 생각들은 그가 1857~58년에 도달하였던 결론을 보완해 주고 있다.

리카도-사회주의자들의 견해가 갖는 한계는 무엇보다도 이들이 자신들의 사회주의적 결론을 부르주아 경제학의 토대 위에 구축하고 있다는 점에서 설명된다.* 참된 과학적 사회주의 이론은 오로지 노동자계급의 경제학이라는 올바른 토대 위에서만 성립할 수 있을 것이다.

여러 경제학파 가운데 마르크스가 특히 주목한 몇몇 부르주아 경제학자는 자본주의적 생산양식을 역사적인 관점에서 분석하는 요소들을 내포하고 있는 사람들이었다(램지, 세르불리에, 존스). 이들 학자는 자본주의를 분석하면서 어느 정도 일관된 형태의 역사적 고찰 방식을 사용함으로써 이 사회구성체가 갖는 전반적인 적대적 모순을 발견할 수 있었다. 그래서 램지의 경우에는 고정자본과 유동자본의 관계에 대한 연구로부터, 사회적 부가 증가하고 자본의 재생산과 축적 규모가 증가함에 따라 노동자계급의 상태는 상대적으로 더욱 악화된다는 결론을 도출하였다. 마르크스는 램지의 이 결론이 나중의 속류 경제학자들이 주장했던 스미스의 명제(자본의 축적은 곧 노동에 대한 수요가 증가하고 임금이 상승한다는 말과 동일한 말이라는 명제)와는 근본적으로 다르다고 질타하였다.

마르크스는 이 생각을 더욱 발전시켜 자본축적이 노동자들의 상태에 미치는 세 가지 영향에 대하여 얘기하였다. "1. 노동조건이 노동자들에게 타인의 소유로서, 즉 자본으로서 영구히 지속되고 노동자들의 지위는 임노동자로서 영구히 지속된다." 2. "자본축적은 …… 자본가들과 그들

• 지대를 국유화하자고 요구한 소부르주아적 사회주의자들과 몇몇 급진적인 부르주아 경제학자에 대하여 마르크스는 1881년 다음과 같이 썼다. "이들 모든 사회주의자에게 …… 공통된 점은 이들이 **임노동**과 **자본주의적 생산**을 **존속시키려고** 했다는 것인데, 왜냐하면 이들은 지대가 국가에 대한 조세로 전화하면 자본주의적 생산의 **모든 폐해**가 저절로 사라질 것이 틀림없다고 하면서 자신은 물론 세상도 모두 속이려고 했기 때문이다. 이들의 모든 얘기는 오로지 사회주의라는 장식을 달고서 **자본가의 지배 체제를 구축**하고 사실상 현재의 토대보다 **더욱 강고한 토대를 새롭게 구축하려**는 시도에 불과하다"(MEW Bd. 35, p. 200).

의 협력자들의 부를 상대적으로 증가시킴으로써 노동자들의 지위를 **상대적으로** 악화시킨다." 그리고 자본가들은 "총생산물 가운데 임금으로 돌아가는 부분을 줄임으로써" "잉여노동에 의존하여 살아가는 노동자들의 계급의 숫자와 범위"를 증가시킨다. 3. "노동조건은 그 규모가 갈수록 더욱 커지고 개별 노동자들에 대하여 점점 더 상대하기 어려운 거대한 사회적 힘으로 되어가기" 때문에 "소규모 산업에서처럼 노동자들 자신이 통제할 수 있는 범위를 벗어나게 된다."[244] 그래서 우리는 마르크스가 여기에서 자본주의에서의 노동자계급의 빈곤화 이론을 정식화하고 있는 것을 보게 된다. 그는 여기에서 빈곤화 과정의 질적 측면, 즉 노동자들이 자본주의사회에서 처해 있는 전체적인 조건들을 강조하고 있는 것이다.

로트베르투스의 이론에 대한 비판과 관련하여 마르크스는 사회적 노동생산성의 상승이 임금에 끼치는 영향을 분석하고 이들 두 요소의 절대치 사이에 반비례 관계가 존재한다는 주장을 반박하였다. "오히려 그 정반대이다. 한 나라가 다른 나라에 비해 세계시장에서 생산성이 높아질수록 그 나라의 임금은 다른 나라에 비해 높아진다. 영국의 임금은 명목적으로나 실질적으로 모두 대륙에 비하여 더 높다. 노동자들은 더 많은 고기를 먹고 더 많은 욕망을 충족시킨다. …… 그러나 이들의 생활이 자신들의 생산성에 비례하여 높은 것은 아니다." 따라서 노동 생산성의 증가는 노동자계급의 절대적 빈곤의 요인이 아니라 상대적 빈곤의 요인이다. 여기에서 마르크스는 산업 프롤레타리아에 비해 농업 프롤레타리아의 생활수준이 더 낮다는 점을 다시 지적하고 있다. 차지 농업가의 이윤도 마찬가지로 사회적 평균에 비하여 더 낮다. 차지 농업가의 이윤 가운데 결손 부분(농업 노동자의 임금 가운데 결손 부분도 마찬가지이다)을 이루는 것은 지대의 추가적인 원천을 이룬다.[245]

자본주의 생산양식에 대한 램지의 역사적 고찰에서 얻어지는 또 하나의 중요한 결과물은 자본주의 생산양식이 이자와 지대 없이는(따라서 그것들의 당사자들 없이는) 운영될 수 없다는 결론이었다. 마르크스는 이 점에 대하여 이런 '부르주아적 이상'의 실현은 부르주아사회의 모순을 "자본과 임노동 사이의 단순한 대립"으로 집약하여 준다고— "이런 단순한 압축은 곧 이 생산양식의 해체를 촉진하는 것이기도 하다"—고 지적하였다.[246]

사적 토지 소유와 기생적인 토지 소유자 계급을 폐기할 필요성에 대한 인식은 이미 중농주의자들에게로까지 거슬러 올라간다. 하지만 현실의 부르주아들은 이런 급진적인 생각을 결코 할 수 없었다. 리카도의 차액지대 법칙이 작용하기 위한 조건에 대한 연구를 통해서 마르크스는 자본주의에서 토지의 국유화는 결코 사적 토지 소유의 폐기를 의미하지 않는다고 밝혔다. 게다가 그것은 가능한 일도 아닐 것이다. "만일 토지 소유가 **인민의 소유**로 되면 자본주의적 생산의 토대, 즉 노동조건이 독립하여 노동자에게 대립하는 그 토대가 멈춰 버릴 것이다." 그렇기 때문에 (이론적으로는) 단지 지대의 한 형태(절대지대)만 철폐될 뿐이며 차액지대는 오로지 공산주의에서만 폐기될 수 있을 것이다. "단지 공산주의에서는 **비옥도가 각기 다른 여러 토지의 경작에 사회적 노동이 사용될 뿐이고** 이들 사용된 노동은 제각기 생산량이 다르다 할지라도 똑같은 생산성으로 평가받을 것이다. 부르주아적 생산의 경우처럼 열등지에 들어간 노동량 때문에 우등지가 더 많은 노동을 지불받게 되는 경우는 결코 발생하지 않을 것이다. 오히려 최우등지인 토지 IV에서 절약된 노동은 토지 III의 개량에, 토지 III에서 절약된 노동은 토지 II의 개량에, 마지막으로 토지 II에서 절약된 노동은 최열등지인 토지 I의 개량에 이용될 것이다. 따라서 토지 소유자들이 차지하던 모든 자본은 경작 노동을 균등화하고 농업에 사용되는 노동을 경감하는 데 사용될 것이다."[247] '왜곡된 사회적 가치'(우리는 이 문제를 나중에 다시 다루게 될 것이다)의 형태를 띤 차액지대는 상품화폐 관계 및 자본주의적 관계의 폐기와 함께 사라질 것이다. 반면 절대지대는, 그것에 기초한 토지 소유 계급과 꼭 마찬가지로 자본주의적 생산양식의 관점에서도 쓸모없는 것이다.

자본주의에 대한 역사적 고찰 방식이 가장 뚜렷하게 드러나는 것은 리처드 존스(Richard Jones)의 경우인데 우리는 그의 사례를 통해서 (마르크스가 얘기했듯이) "진정한 과학으로서의 경제학이 부르주아적 생산관계를 단지 **역사적인** 것으로(즉 그것의 토대를 이루는 적대 관계가 해소되는 보다 높은 생산관계로 나아가는) 파악함으로써 어떻게 끝나게 되는지"를 보게 된다. …… "그러나 부르주아적 생산양식과 그에 상응하는 생산관계 및 분배 관계가 **역사적인** 것으로 인식되는 순간부터 부르주아적 생산양식을 '생산의 자연법칙으로 간주하는 미망은 중단되고 하나의 새로운 사회, 새로운 사회구성체(자본주의적 생산양식은 바로 이 사회구성체를 위한 하나의 과도적인 것에 불과하다)에 대한 전망이 열린다." 부르주아 고전 경제학의 분석을 정리하면서 마르크스는 특히 자본주의의 적대적 모순을 은폐하기 위해 온갖 수단을 다해 노력했던 속류 경제학자들과는 달리 고전 경제학자들은 자신들의 분석을 통해 자본주의적 관계의 과도기적인 역사적 성격을 이해할 수 있는 길을 열어놓았다고 지적하였다. 그리고 이들 관계에 내재하는 적대적 모순은 부분적으로 이미 리카도의 경제학에 정리되어 있었다.[248]

　자본주의 생산양식이 폐기되면 그와 함께 노동자계급의 상대적 빈곤화도 중단된다. 총생산물 가운데 노동자계급의 재생산에 사용될 재원의 비중은 더 이상 감소하지 않고 증가하기 시작한다.* "노동자들이 만일 권력을 쟁취하여 자신들을 위해 생산을 수행할 수 있게 된다면 이들 노동자는 그다지 큰 힘을 들이지 않고도 곧바로 자신의 필요 수준에 맞는 자

---

* 엥겔스는 『공산주의의 원리』에서 자본주의에서 공산주의로의 이행기적 필요성을 정리하면서, "기존의 생산력이 **단번에** 공동체의 건설에 필요한 만큼 그렇게 다양화될 수 없는 것과 마찬가지로" 사적 소유도 곧바로 철폐되는 것은 아니라고 말하고 있다. "…… 즉 프롤레타리아혁명은 현재의 사회를 매우 조금씩만 변화시켜 나가고, 사적 소유는 이런 변화를 위해 필요한 만큼의 생산수단이 생산되고 난 다음에야 비로소 철폐될 수 있다"(MEW Bd. 4, p. 372).

본을 만들어낼 것이다. …… 물론 이것은 자본주의적 생산이 이미 노동 생산성을 이런 혁명이 발발할 수 있을 정도의 수준으로까지 발전시켜 놓았다는 것을 전제로 하고 있다."[249] 이 점과 관련하여 시스몽디의 개념이 갖는 반동적인 성격이 드러나는데, 즉 그는 부르주아사회의 모든 해악을 생산력의 지나치게 급속한 발전 속에서 보았고 그에 따라 부르주아적(혹은 소부르주아적) 관계와 일치하는 형태의 생산력 발전을 지향하였다. 그러나 다른 한편 시스몽디(리카도, 제임스 밀 등과 같은 부르주아 경제학자들과 마찬가지로)는 자본주의의 다양한 적대적 모순도 밝혀냈다. 즉 예를 들어 생산을 위한 생산과 분배— 생산이 생산을 위한 것이지 생산자를 위한 것이 아니기 때문에 생산력의 절대적 발전을 배제하는 분배—사이의 모순이 바로 그런 것이다. 그는 이로 인해 공황이 발발하고 그래서 자본주의는 역사적으로 과도적인 성격을 갖는다고 설명한다.

또한 제임스 밀은 이윤율을 최대화하려는 요구가 부르주아적 생산의 '필연적인 법칙'이라고 확정지었는데, "그것은 직접적 노동과 무관한 사회 계급들에게 중요한 것이기 때문이다. 그리고 바로 이 때문에 임금은 상대적으로 작아야 한다. 노동자 대중은 자신들의 시간에 대한 주인과 자신들의 욕망에 대한 노예가 되지 말아야 할 필요가 있는데, 왜냐하면 인간(사회)의 능력이 이들 노동자계급을 오로지 토대로만 사용하는 계급들 속에서만 자유롭게 발전할 수 있기 때문이다. 노동자계급은 인간의 능력을 발전시킬 수 없는 사람을 대표하고 다른 계급은 발전시킬 수 있는 사람을 대표한다."[250]

마르크스는 『잉여가치론』에서 자신의 지대론을 완성하면서 부르주아 사회의 자본주의적 독점에 대한 이론을 만들어냈다. 우리가 독점 이전의 자본주의를 '자유경쟁' 자본주의라고 부를 때, 이 말은 그 경쟁이 독점의 외부에 존재한다는 의미가 아니다. 왜냐하면 자본주의 생산양식의 존재는 그 자체 전체 지배계급인 자본가계급이 결정적인 생산수단을 독점적으로 소유한다는 사실에 기초해 있기 때문이다. 즉 "오로지 자본의 **독**

점만이 자본가가 노동자로부터 잉여노동을 수탈할 수 있도록 만들어주기"[251] 때문이다.

마르크스가 논증했듯이, 시장가치와 생산가격은 자본주의적 경쟁(개별 산업 부문 내에서, 그리고 각 산업 부문들 사이에서)을 기초로 하여 형성된다. 그러나 경쟁은, 생산수단에 대한 자본주의적 소유 독점(자본주의적 경제 독점)이라는 관계하에서, 시장에서 동일한 시간으로 평가받는 동일한 생산물이 동일한 시장가치와 동일한 생산가격, 그에 따라 동일한 시장가격을 갖도록 작용한다. 생산가격은 총자본가계급에 평균이윤을 보장해 준다. "자본가들은 수탈된 타인의 노동을 우애와 적대감이 뒤섞인 형태로 배분함으로써 서로 똑같은 양의 미지불노동을 평균적으로 획득한다."[252] 그리하여 자본가계급은 노동자계급의 착취에 있어 마치 한 덩어리처럼 움직인다. 시장가치와 생산가격의 수준은 자본가들 가운데 초과이윤을 목표로 하는 시장 지배적인 집단에 의해서 결정된다. 자유경쟁의 조건에서는 이런 초과이윤이 일시적인 것에 불과하다. 자본가계급 가운데 '뒤처진' 집단들이 다양한 기술혁신을 통해 경쟁의 열위를 극복하고 자신들의 생산 조건을 개선하여 앞선 집단들을 따라잡는 순간 초과이윤은 곧바로 사라진다. 그러나 초과이윤의 성격이 일시적이라는 이 말은 그것이 아예 사라진다는 의미가 아니다. 그것은 단지 한 자본가에게서 다른 자본가에게로 옮아갈 뿐이다. 이 초과이윤을 얻기 위한 투쟁은 한 산업 부문 내부의 경쟁을 유발하는 주된 요인을 이룬다.

자본주의적 생산양식의 조건하에서 상품의 시장가치는 필연적으로 그 속에 포함된 노동시간으로부터 분리되어 자신의 개별가치와 차이가 난다. 그에 따라 어떤 산업 부문의 생산물들은 거기에 실제로 사용된 노동시간에 따라 판매되는 것이 아니라 그보다 비싸게 판매된다. 사회적 가치 가운데 일부는 자본가들의 초과이윤을 지불하는 데 사용된다. 시장가치의 모순적인 성격에 대해서 마르크스는 나중에(『자본』 제3권에 속하는 1865년 초고에서) 시장가치를 '왜곡된 사회적 가치'라고 하였다. "이것은 시장가치가 자본주의적 생산양식의 토대 위에서 경쟁을 매개로 시장 가치가 관철되는 것으로 그것이 만들어내는 것은 곧 왜곡된 사회적 가치 이다."[253] (『잉여가치론』에는 '왜곡된 사회적 가치'라는 개념이 보이지 않지만 마르크스는 이 저작에서 자본주의에 내재하는 사회적 가치와 개별적 가치 사이의 균열을 상세하게 분석하였다.)

지금까지 얘기한 것들이 자본주의적 독점의 현상 형태이다. 그것들은 첫째 자본가계급 전체가 생산수단을 자본주의적 방식으로 독점적으로 소유하고 있다는 것을 보여주고, 둘째 이 계급 내부에서 시장 지배적인 자본가 집단이 독점적 지위를 누리고 있다는 것을 보여준다. 자본주의적 농업이라는 특수한 조건에서는 핵심적인 생산 조건인 토지를 소유한 사람들이 독점적 지위를 누리게 되고, 이들 토지 소유자들 위에 다시 농업 부문의 모든 자본가계급은 물론 이들 가운데 우등지를 경작하는 집단들이 자리를 잡는다. 마르크스는 "독점은 산업의 모든 영역에서 나타나고 이들 영역에서 자리를 잡고, 그리하여 초과이윤과는 구별되는 지대라는 형태를 만들어낸다"[254]라고 말하였다. 자본주의적 농업에서는 자본주의적 독점이 두 가지 형태를 모두 취하고 일시적인 성격을 띠지 않는다는 바로 그 점 때문에 자본주의적 독점을 일반적인 형태로 분석하기 위해서는 이 농업의 독점이 적절한 연구 대상이 된다.

독점의 중요한 현상 형태 가운데 한 가지(즉 독점적 지배의 한 표현)는 독점가격으로, 그것은 평균이윤을 넘어서는 일정한 독점적 초과이윤을 포함하는 것이다. 농업 부문에서 이런 독점적 초과이윤은 여러 종류의 지대 형태(이것들은 모두 독점적 초과이윤의 특수한 형태를 나타낸다)를 취하는 반면 여러 종류의 지대를 포함하는 농업 생산물의 가격은 독점가격이다. 마르크스는 농업 생산물의 가격이 무엇보다도 토지에 대한 사적 소유와 거기에서 비롯된 절대지대에 근거하여 만들어진 독점가격이라는 점을 밝혔다. "그것은 사실상 토지의 독점을 통해서만 강요되는 가격이며 공업 생산물의 가격과는 구별되는 독점가격이다." 레닌도 역시 이 점을 지적하였다. "절대지대는 토지에 대한 사적 소유에서 비롯된다. 이 지대 속에는 독점의 요소, 즉 독점가격의 요소가 포함되어 있다."[255]

토지에 대한 사적 소유 독점 때문에 농업 생산물은(공업생산물과는 달리) 사회적 생산가격이 아닌 자신의 시장가치로 판매된다. 토지에 대한 사적 소유 독점은 농업 생산물의 가치가 생산가격으로 전화하는 것을 막고, 그 결과 농업 생산물의 가격은 독점가격의 높은 수준에 머물게 된다. 특별 잉여가치(초과이윤)의 형태를 띠는 절대지대의 특수성에 대하여 마르크스는 다음과 같이 설명한다. 마르크스는 "게다가 지대 그 자체가 어떻게 설명되든 농업에서는 공업과 구별되는 **중요한 차이점**이 남는데 그것은, 즉 공업에서는 평균에 비해 더욱 저렴한 생산으로부터 초과 잉여가치가 발생하지만 농업에서는 보다 비싼 생산으로부터 초과 잉여가치가 발생한다는 것이다." 그렇기 때문에 토지의 국유화를 통해 토지에 대한 사적 소유 독점과 절대지대를 폐기하면 농업 생산물의 가격은 하락할 것이다. 그리고 이때 공업 생산물의 생산가격은 평균이윤율의 상승 때문에 상승할 것이다(평균이윤율이 상승하는 까닭은 토지에 대한 사적 소유 독점의 폐기와 함께 농업 자본가의 이윤이 잉여가치의 일반적 분배에 참여할 것이기 때문이다. 그런데 농업 자본의 이윤율은 그것의 유기적 구성이 낮아서 평균이윤율보다 더 높을 것이기 때문에 농업 자본가의 이윤이 이윤율 균등화에 참여하게 되면 평균이윤율은 상승할 것이다). "절대지대의 폐기는 농산물의 가격을 하락시킬 것이고 이 과정을 통해서 평균이윤이 상승하는 만큼 공산품의 가격을 상승시킬 것이다."[256] 물론 토지에 대한 사적 소유 독점을 철폐하고 절대지대를 폐기함으로써 농업 생산물의 가격이 생산가격 수준으로 하락한다고 해서 그것이 곧바로 농산물 가격의 독점적 성격이 사라진다는 것을 의미하지는 않는다. 왜냐하면 토지에 대한 자본주의적 경영의 사적인 독점과 이런 독점의 결과물인 차액지대는 여전히 남아 있을 것이기 때문이다. 그러므로 농산물의 가격은 그것이 차액지대만을 만들어낼 경우에도 여전히 독점가격으로 남아 있을 것이다. "이 경우에도 역시 지대를 낳는 생산물의 가격은 **독점가격**이다. …… **차액지대**에 대해서는 그것이 '더 큰 가치'— 만일 이때 '더 큰 가치'라는 것을, 상대적으로 더 비옥한 토지나 광산에서 생산된 생산물의 시장가치가 그것의 실질가치 혹은 개별가치를 넘어서는 초과분으로 이해한다면— 의 결과물이라고 얘기할 수 있을 것이다."[257]

차액지대는 토지 사용에 대한 자본주의적 독점과 그로부터 비롯된 농업 자본가들 사이의 경쟁의 결과물이다. 이런 경쟁을 보여주는 것은 통일된 시장가치와 통일된 사회적 생산가격, 그리고 통일된 시장가격의 형성이다. 농업 부문의 자본주의적 경쟁의 특수한 조건 때문에 최열등지의 개별 생산가격이 기준 생산가격이 된다. 이런 조건 때문에 '왜곡된 사회적 가치'는 최대화된다. 즉 토지 사용의 자본주의적 독점 때문에 시장가치와 사회적 생산가격이 인위적으로 부풀려져서 "사회가 …… 토지 생산물에 대해서 지나치게 많이 지불하게 되는"[258] 것이다. '왜곡된 사회적 가치'는 독점가격을 나타내고 그것은 곧 토지 사용에 대한 자본주의적 독점의 실현을 의미한다.

자본주의적 생산양식하에서 농산물 가격의 독점적 성격을 폐기하는 것은 불가능하다. 이런 조건에서는 국유화도 가격 형성 메커니즘을 전혀 변화시킬 수 없다. 국유화는 토지 소유자가 차액지대만을 취하도록 만들거나 부르주아 국가가 차액지대를 양도받을 수 있도록 만들 뿐이다. 이 경우 농산물의 가격은 변하지 않는다.

자본주의적 독점에 대한 마르크스 이론에서 핵심적인 문제는 독점가격과 가치 사이의 관계이다. 독점가격은 자본주의적 착취 메커니즘의 중요한 구성 요소이므로 그것은 가치법칙의 토대 위에서 설명되어야 한다.

독점가격의 분석에서 마르크스는 독점적 시장가격과 독점가격(시장가치 혹은 사회적 생산가격과 동일한)을 구별해야 하는 것은 시장가격과 생산가격 및 시장가치를 서로 구별해야 하는 것과 마찬가지라고 논증하였다. 첫 번째 경우에서 말하는 것은 독점적 시장가치와 독점적 생산가격이라고 할 수 있다. 마르크스는 독점적 시장가격을 고유한 의미의 독점가격으로 손꼽았는데, 이것은 곧 "**수요 측의 지불 능력** …… 상태에 의해서만 제약을 받는"[259] 가격이라고 정의하였다. 가치로부터 임의로 이탈해 있는 독점가격과는 달리 농산물의 독점가격은 절대지대를 공제할 경우 그 시장가치(독점적 시장가치)와 동일하며 단지 사회적 생산가격만을 초과한다. 사회적 생산가격은 만일 그것이 최열등지의 생산가격에 의해 결정되고, 따라서 차액지대를 만들어낼 경우 독점적 생산가격이 된다. 그래서 가격형성의 혁명, 즉 산업자본주의의 발전과 함께 이루어지는 가치에서 생산가격으로의 전화가 농업 부문에서는 토지에 대한 사적 소유 독점 때문에 이루어지지 않는다. 가격의 직접적인 토대, 즉 가격 변동의 중심은 농업 부문의 경우 그대로 가치, 즉 독점적 시장가치로 남게 된다. "독점으로부터 지대를 도출하려는 사람들이 빠져 있는 오류는, 토지 소유자가 **상품가격을 그 가치보다 높게** 만들 수 있도록 하는 것이 바로 독점이라고 이들이 생각하는 데 있다. 그러나 독점은 이와 반대로 **상품의 가치를 그 평균가격**[•] **이상으로** 만드는 데에 있으며 독점을 통해 상품은 가치 **이상으로** 판매되는 것이 아니라 가치**대로** 판매된다."[260]

토지에 대한 사적 소유 독점은 자본이 농업에 자유롭게 침투하는 것을 가로막는 장애물이다. 그러나 마르크스가 얘기했듯이 절대적인 독점이란 존재하지 않는다. 마르크스는 토지에 대한 사적 소유 독점이 깨지는 대표적인 사례로 자본가들의 '토지 소유'를 들었는데, 그것은 곧 토지 소유자와 자본가적 차지농이 하나로 통합되는 것을 의미한다. 이것이 의미하는 바는 "자본가로서의 그에게는 토지 소유가 아무런 장애 요인이 되지 않으며 어떤 모순도 불러일으키지 않는데, 왜냐하면 그는 토지 소유를 자신의 권력으로 사용함으로써(자본가로서가 아니라 토지 소유자로서) …… **이 경우** 토지 소유와 자본의 대립을 **소멸시켜** 버리기 때문이다."[261] 이런 유

• 즉 생산가격을 말한다.

형의 자본가는 평균이윤을 누리게 될 터인데 왜냐하면 그는 어떤 지대도 지불할 필요가 없기 때문이다. 이런 경우 농산물 가격은 생산가격 수준으로 하락할 수도 있을 것이다. 일반적으로 토지 소유자가 자신의 경제적 요구를 어느 정도까지 실현할 수 있을지, 즉 그가 차지 농업가에게 절대지대를 모두 요구할 수 있을지, 아니면 그중 일부만을 요구해야 할지의 여부는 토지 소유자와 자본가 사이의 경쟁이 어느 정도인지에 달려 있다. 마르크스는 또 하나의 사례로, "**토지의 공급**이 적당한 가격에 충분히 이루어져서 토지 소유가 자본이나 노동의 보전과 아무런 갈등도 불러일으키지 않을 경우에는"[262] 절대지대가 존재하지 않을 것이라고 말했다. 이런 경우 토지 소유는 비록 법적으로는 존재하더라도 경제적으로는 존재하지 않게 될 것이다.

방금 들었던 예를 통해 마르크스는 농업 부문과 다른 생산 부문과의 경쟁을 얘기하면서 이 경쟁의 결과가 토지에 대한 사적 소유 독점을 깨뜨리는 것이 될 수 있다는 점을 분명히 하였다. 농업자본가들 사이의 경쟁도 토지이용에 대한 자본주의적 독점을 깨뜨리는 결과를 가져올 수 있다. 마르크스가 자신의 차액지대 이론에서 최열등지의 생산가격이 농업 부문의 생산가격을 결정하게 된다고 말했을 때, 그는 이미 토지의 자본주의적 이용에 대한 독점이 100퍼센트 작용한다는 것을 전제로 하고 있었다. 달리 말해 모든 토지의 생산물이 수요를 충족시킨다는 것을 전제로 하고 있었다. 차액지대를 이론적으로 규정할 수 있으려면 이처럼 시장 조건으로부터 이탈할 필요가 있는데, 이는 차액지대가 오로지 이런 조건에서만 완전히 실현될 수 있기 때문이다. 하지만 마르크스는『잉여가치론』에서 농업 생산물의 시장가치의 운동 법칙도 정리하였는데, 그것은 곧 수요와 공급의 변동을 고려한 것이었다. 이 법칙에 따르면 시장가치는 넓은 범위에 걸쳐— 최열등지 생산물의 개별 가치에서부터 최우등지 생산물의 개별 가치에 이르기까지— 변동한다. 마르크스는 자본주의 생산 부문으로서의 농업은 자신의 생산물을 생산가격이 아니라 가치대로 판매할 수 있는 특권이 있다는 점을 밝혔다. 그러나 이 특권은 **"동일한 생산 부문 내부에서 서로 다른 가치로 생산된 생산물에 대해서 적용되는 것이 결코 아니다."**[263] 농업 부문 내부에서 가격의 결정은 총생산물 가운데 우등지의 생산물이 시장에 나오는 비중에 따라 이루어진다. 열등한 토지들이 시장가치와 자신들의 생산물의 개별 생산가격 사이의 차이 가운데 일부(즉 절대지대와 차액지대의 총액 가운데 일부)를 실현할 수 있을지의 여부는, 그리고 혹은 또 최우등지와의 경쟁이 너무 치열해서 열등지에서는 결코 평균이윤을 실현할 수 없을 정도가 될 것인지의 여부는 최우등지의 수확 능력에 의존한다. 그래서 마르크스는 최우등지가 시장에서 일정한 역할을 수행한다는 것을 입증하였는데, 물론 이때 그는 최우등지의 생산물이 초과 공급을 이루어 가격을 하락시킬 수 있을 정도라는 것을 전제로 하고 있었다. 농업 부문 내부의 경쟁 때문에 지대가 자본가적 차지농의 이윤에서 공제된 부분만을 이루는 한편, 이 차지농은 다시 농업 노동자들의 임금을 낮추어 경쟁에서 살아남으려고 하는 경우가 있을 수도 있다.

자본주의 독점 이론은 자본가와 토지 소유자 계급이 부르주아사회 내에서 자신들의 독점적인 권력과 노동자계급에 대한 착취, 그리고 그들의 모든 사업 활동 등을 안전하게 지키기 위하여 사용하는 경제적 수단들을 더할 나위 없이 명확하게 인식시켜 준다. 이 이론은 또한 오로지 자본주의 생산양식의 완전한 청산만이, 온갖 유형의 자본주의적 독점과 그로부터 발생하는 노동자계급(그리고 공업 및 농업 부문에서 생업 활동을 수행하는 다른 모든 사람)의 모든 착취 형태를 종식시킬 수 있다는 점을 보여준다. 이런 자본주의적 독점에는 평균이윤을 목표로 하는 자본가계급의 독점, 초과이윤을 실현하는 대자본가의 독점, 절대지대를 획득하는 토지 소유자의 독점, 그리고 마지막으로 절대지대 외에 차액지대를 다시 목표로 하는 최우등지 소유자의 독점(혹은 토지가 국유화되어 있을 경우 자본주의 국가의 독점) 등이 모두 해당된다. 생시몽과 푸리에의 추종자들이 꾸었던 '참된 사회적 가치'[264]라는 꿈은 공산주의사회에서만 비로소 실현될 수 있는 것이다.

✤ ✤ ✤

이런 방식으로 마르크스는 1857~58년(『자본』의 첫 번째 초안에서)에 완성한 잉여가치론에서 출발하여 자본주의사회의 계급투쟁 이론에 대한 핵심 사상을 만들어냈다. 그는 부르주아 경제학에 대한 자신의 비판을 수행하면서 임금 범주를 연구하였고, 거기에서 얻어진 인식을 가지고 자본가계급과 노동자계급 사이의 투쟁에 대한 경제적인 논거를 확립할 수 있었다. 마르크스는 자본주의에서 생산적 노동과 비생산적 노동에 대한 이론을 최초로 상세하게 완성하였다. 마르크스는 노동자계급의 지위를 물질적 생산의 주요 담당자로 규정한 다음 임노동 전체에서 이 물질적 생산의 영역이 상대적으로 축소되는 경향을 연구하였다. 이 경향은 본질적으로 매우 진보적인 것이고 생산력 발전의 결과를 반영하는 것이긴 하지만 그럼에도 불구하고 자본주의에서는 노동자계급의 상태를 악화시키고 육체노동과 정신노동 사이의 균열을 심화시키는 방향으로 나아간다. 그와 함께 임노동의 범위는 점차 확대되어 정신노동 가운데 많은 유형이 물질적 생산 영역으로 변하고, 이런 맥락에서 생산적 노동의 범위는 더욱 확대되는데, 이것은 다시 정신적인 활동과 육체적인 활동에 종사하는 프롤레타리아가 같아질 수 있는 물질적 토대가 된다. 공황 이론을 서술하면서 마르크스는 공황의 추상적 가능성이 공황의 '현실'(이 현실은 자본주의적 생산양식의 발전과 함께 나타난다)로 이행하는 경향을 분석하였다. 마르크스는 자본주의적 축적 이론에 대한 일련의 기본명제들을 정식화하였는데 이들 명제 가운데에는 자본축적의 결과 부르주아사회에서 노동자계급이 빈곤해지는 객관적인 경향도 포함되어 있다. 지대의 구체적인 사례를 통해서 그는 자본주의적 독점 이론을 발전시켰다. 이것은 사회주의 혁명(즉 온갖 종류의 자본주의적 착취로부터 노동자계급이 완전히 해방될 수 있는 유일한 수단)의 필연성에 대한 경제적 근거를 정립하는 데 결정적인 계기가 되었다. 『자본』의 두 번째 초안에서 우리는 미래 사회의 전망에 대한 추가적인 함의를 볼 수 있다. 즉 거기에는 공산주의적 생산의 목표인 여가 시간에 대한 추가적인 분석이 포함되어 있다.

『자본』의 세 번째 초안
(1863~65)

1863~65년 초고 가운데 그대로 존속된 부분, "제6장." 노동에 대한 자본의 형식적·실질적 포섭. 자본의 실질적 지배가 노동을 거쳐 노동자 상태로 이행하는 것이 미치는 이중적 영향. 노동에 대한 자본의 실질적 포섭의 발전에 따른 새로운 사회구성체의 물질적 토대의 성립.『자본』제3권. 자본주의적 관계의 변형된 형태들. 자본주의의 비용가격과 노동자의 착취. 노동자계급과의 투쟁에서 자본가들의 "프리메이슨 비밀결사." 이윤율의 경향적 저하와 부르주아사회의 모순. 생산과정을 통제하기 위한 자본가의 노력. 공산주의사회의 생산관계. 자본에 의한 상업의 노동자 착취. 감독 노동과 관리 노동. 노동자들의 협동조합 공장. 주식자본. 신용제도. 공황. 지대의 추가적인 원천이 되는 농업 노동자들의 임금. 공산주의에서의 생산적 노동. 공산주의사회에서의 필요노동과 잉여노동. "필연의 나라"와 "자유의 나라." 공산주의로의 이행기에 있어 "가치"와 "임금" 범주의 전화.

1861~63년 초고를 작업하면서 마르크스는 이미 원래 자신이 계획했던 여섯 권의 책 가운데 제1권인『자본』과, 그 책의 제1편에 해당하는 「자본 일반」에 몰두할 생각이었다. 1862년 12월 28일 루트비히 쿠겔만 (Ludwig Kugelmann)에게 보낸 편지에서 마르크스는 제1노트의 후속 작업, 즉 "별도로 '자본'이라는 제목과 '경제학 비판'이라는 부제목을 붙인" 작업 결과를 출판하겠다는 생각을 알리고 있다. "그것은 사실상 제1부의 제3편을 이루는 부분, 즉 '자본 일반'만을 포함한다. 즉 거기에는 자본가들 사이의 경쟁과 신용 제도는 포함되지 않는다. 영국 사람들이 '경제학 원리'라고 부르는 것이 이 책에는 포함되어 있다. 이 책은 정수만을 간추린 것이며(제1부와 함께) 그 이후의 전개 과정은(어느 정도 각기 상이한 국가 형태와 제각각의 사회적 경제구조들과의 관계는 제외하고) 다른 사람들도 이미 주어져 있는 자료들에 기초하여 쉽게 서술할 수 있을 것이

다."[265] 1861~63년 초고를 완성한 다음에 마르크스는 1863년 8월 새로운 초고(1863~65년 초고) 작업에 착수하였는데, 그는 이 초고를 책의 출판을 위한 마지막 원고로 여겼다. 『자본』의 세 번째 초안을 이루는 이 초고는 『자본』을 세 부분으로 구성한다는 계획에 따라 만들어졌고 그에 따라 세 부분은 각기 별도로 쪽수가 매겨졌다. 1863년 1월에 이미 마르크스는 1861~63년 초고의 제18노트에서 『자본』의 제1부와 제3부에 대한 계획을 세웠다.[266] "자본의 생산과정" 부분(나중에 『자본』 제1권이 되었다)을 마르크스는 다음과 같은 아홉 개 장으로 나눌 생각이었다. 1. 서론, 상품, 화폐. 2. 화폐의 자본으로의 전화. 3. 절대적 잉여가치. 4. 상대적 잉여가치. 5. 절대적 잉여가치와 상대적 잉여가치의 결합. 6. 잉여가치의 자본으로의 재전화. 7. 생산과정의 결과. 8. 잉여가치론. 9. 생산적 노동과 비생산적 노동에 관한 이론.

1863년에도 마르크스는 이 계획을 그대로 간직하였다. 이 계획안에서 앞부분 다섯 개의 장은 제1권의 실제 구조와 전적으로 일치한다(제1권의 초판은 여섯 개의 장으로 이루어졌고, 나중에 그것은 제5장을 두 개의 편으로 구성하는 형태로 바뀌었다). 1863년 8월 15일 마르크스는 엥겔스에게 다음과 같이 쓰고 있다. "내 작업(출판을 위한 초고)에서 한 가지 점은 진척이 있었네. 마지막 원고를 손질하는 과정에서 원고의 내용은 내가 보기에 상당히 **대중적인** 형태를 취하게 되었다는 것이네(물론 G─W, W─G 등과 같은 몇몇 불가피한 표기를 제외하고는). 다른 한편 나는 온종일 집필에 몰두하고 있음에도 불구하고, 오래전부터 시험대에 올라 있던 내 조급한 성격으로는 도저히 감내하기 어려울 만큼 진도가 잘 나가지 않고 있다네."[267] 안타깝게도 초고 가운데 마르크스가 여기에서 쓰고 있는 부분은 오늘날 우리에게 거의 전해지지 않고 우리는 단지 이 편지를 통해서 그것을 짐작할 수 있을 뿐이다. 『자본』 제1권에 대한 이 전체 초고 가운데 우리에게 오늘날 전해지고 있는 것은 제6장뿐인데 거기에는 "직접적 생산과정의 결과"라는 부제목이 달려 있다. 이 부분은 『자본』 제1권의 마지막 초안에 포함되지 않았고 1933년에야 비로소 원어와 러시아어 번역본이 『마르크스 엥겔스 아카이브』(Marx-Engels-Archiv) 제2권과 제7권으로 각각 출판되었다. 앞서 언급한 『자본』 제1권의 계획안에서 이 장의 주제는 제7번으로 편제되어 있다. 이것이 제7번으로 된 까닭은 마르크스가 이 장을 집필할 당시 그는 아직(방금 얘기한 계획안에서 보듯이) 제1노트의 내용을 『자본』 제1권 속에 그대로 포함할 생각을 하지 않았기 때문으로 추정된다. 그는 이것을 나중에 결정하였다. 그래서 장의 번호가 하나 차이가 나게 되어 제7장은 제6장으로 되었던 것이다. 마르크스는 이 장을 제1권의 마지막 장으로 집필하였다. 그것은 이 장이 『자본』의 생산과정 분석에서 추출된 결론을 정리하고 제2권으로 넘어가는 부분이라는 것을 의미한다. 이 장에서 우리는 제1권의 최종본에서 별로 상세히 다루지 않은 부분을 많이 볼 수 있다. 즉 자본에 의한 노동의 형식적 포섭과 실질적 포섭, 단순 상품생산과 자본주의적 생산의 관계, 잉여가치 생산으로서의 자본주의적 생산의 일반적 성격 등에 관한 상세한 서술이 바로 그것이다. 그 밖에 1863~65년 초고에는 『자본』 제2권의 8개 초안* 가운데 첫 번째 초안이 포함되어 있었는데 이 초안은 나중에 엥겔스가 "제2권에 대한 최초의 독립적인 집필이면서 동시에 약간 산만한 형태의 초안"[268]이라고 말했던 것이기도 하다.

1863~65년 초고에서 매우 중요한 부분은 『자본』 제3권의 유일한 초안으로, 이 초안에 기초하여 엥겔스는 추가적인 삽입과 보완, 그리고 자신의 독자적인 축약과 보충 등의 작업을 수행한 다음 1894년 제3권을 출판하였다.

우리에게 남겨져 있는 『자본』의 세 번째 초안과 관련된 초고들 가운데

• 『자본』 제2권에 대한 이들 초안은 1974년 러시아어로 처음 출판되었다(러시아어판 전집('제2소치네니야'라고 불리는 전집을 가리키는 것으로 보인다―옮긴이) 제49권에 포함되어 있다). 제49권에는 '제6장'도 포함되어 있는데, 이것은 마르크스 초고를 그대로 재현한 것이다.

여기에서 우리가 살펴보고자 하는 것은 '제6장'과 『자본』 제3권에 포함된 내용들이다. 그리고 우리는 엥겔스가 편집한 『자본』 제3권이 앞에서 언급한 마르크스 초고의 내용을 잘 복원한 것이라는 사실을 전제로 하고자 한다. 또한 우리는 엥겔스가 편집한 『자본』 제1권의 제4판도 마르크스가 작업한 다음 엥겔스가 편집한 제1권의 독일어판과 프랑스어판의 내용을 잘 복원한 것이며, 엥겔스가 편집한 『자본』 제2권도 마르크스의 해당 초고의 내용을 잘 복원한 것으로 간주하고자 한다.

마르크스가 "직접적 생산의 결과"라는 제목을 붙여놓은 제6장의 핵심 내용은 자본주의 생산양식의 발전에서 중요한 두 국면을 이루고 있는 자본에 의한 노동의 형식적 포섭과 실질적 포섭에 대한 분석이다.

자본에 의한 노동의 형식적 포섭은 낡은 생산의 토대 위에서 자본주의적 생산관계가 지배적인 상태를 가리킨다. 이런 단계에서 자본주의의 물질적인 표현은 절대적 잉여가치이다. 자본주의적 관계의 지배는 장시간 노동과 노동강도의 강화, 생산의 증가와 사회적 노동 생산력의 발전을 촉진한다. 그것은 또한 자본의 노동에 대한 실질적 포섭을 물질적으로 나타내는 상대적 잉여가치의 생산도 발전시킨다. "**형식적 포섭**의 일반적 특징은 **노동과정이**(기술적으로 그것이 어떤 방식으로 운영되든 상관없이) **자본에 의해 직접 예속되는** 데에 있다. 그러나 이를 토대로 기술적으로나 다른 여타의 측면에서 특수한 생산양식, 즉 **노동과정의 실질적인 성질과 실질적인 조건을 모두 변화시키는** 생산양식, 다시 말해 **자본주의적 생산양식**이 등장한다. 이 생산양식이 등장하면서 곧바로 자본에 의한 노동의 **실질적 포섭**이 발생한다."[269] 자본에 의한 노동의 형식적 포섭에서 실질적 포섭으로의 이행은 가치법칙의 메커니즘에 의해, 즉 사회적 가치와 개별적 가치의 차이라는 형태를 띤 특별 잉여가치를 획득하려는 자본가들의 노력에 의해 더욱 촉진된다.

마르크스는 자본에 의한 노동의 실질적 포섭으로의 이행이 노동자계급에게 끼치는 두 가지 영향을 설명하였다. 착취가 증가함에 따라 노동자계급의 성장도 함께 이루어진다. 이제 자본 관계는 보다 높은 사회적 단계로의 고양으로 나타난다. 첫째, 개별 노동자들에게서 자신들의 임금이 노동력 가치를 중심으로 변동하는 것이 원칙적으로 가능해지며 실제로도 그렇게 진행된다(이와는 달리 노예의 임금 최저한도는 그의 노동과는 무관하게 하나의 일정한 크기로 나타난다). 이런 변동은 마르크스가 얘기하고 있듯이 '노동자의 **개별성**'을 위한 여지(일정한 범위 내에서)를 만들어내고, 노동자들에게 '자신의 노동력 발전'을 촉진하는 것은 물론, "보다 고도의 작업 영역에서 자신만의 특수한 힘이나 재능 등을 발휘하는 것을 가능하게 만드는데, 이는 마치 노동자가 스스로 자본가 혹은 타인의 노동에 대한 착취자가 될 수 있는 추상적 가능성이 존재하는 것과 꼭 마찬가지이다." 마르크스는 바로 이런 맥락에서 노동조합(특히 영국의 노동조합)의 경제적 과제가 노동력의 가격(임금)이 자신의 가치 이하로 하락하는 것을 막는 데에 있다는 점을 지적하였다. 둘째, 자본주의적 관계는 노동자들이 자신의 노동 내용, 즉 자신의 특수한 활동 유형과 전혀 아무런 관계가 없도록 만드는 것을 전제로 하고 있다. "그러므로 분업이 노동능력을 완전히 단순화하지 않는 한, **원칙적으로** 자유로운 노동자는 자신의 노동능력이나 노동 활동의 모든 변용(…… 보다 높은 임금을 약속하는)을 받아들일 준비가 되어 있다. …… 변화된 이들 모든 관계는— 이들 관계가 노동자들 자신으로 하여금 완전히 새로운 역사적 행동을 할 수 있도록 하는 문제는 차치하더라도— 자유로운 노동자의 활동이 노예의 활동에 비해 더 강도가 높고 더 오래 지속되며 더 많이 움직이고 더 숙련된 형태가 되도록 만든다."[270]

자본에 의한 노동의 형식적·실질적 포섭의 관점에서 마르크스는 '제6장'에서 자본주의사회의 생산적 노동과 비생산적 노동의 문제도 고찰하였다. 즉 그는 무엇보다도 비물질적 생산 영역(예를 들어 예술이나 의학 분야)이 자본에 의한 노동의 형식적 포섭으로 넘어가는 하나의 이행기적 형태를 보여주는 것일 뿐이라고 얘기하였는데, 왜냐하면 "이들 생산 영역에서는 자본주의적 생산양식이 단지 제한적인 형태로만 나타나고 사태의 본질상 이런 생산영역은 단지 몇몇 영역에 그칠 뿐이기"[271] 때문이다.

지본주의적 생산의 목표(따라서 자본주의에서 생산적 노동의 목표)는 생산자의 생존에 있는 것이 아니라 잉여가치의 생산에 있다. 그러므로 부르주아사회의 관점에서 잉여노동을 전혀 창출하지 않는 필요노동은 전부 쓸모없는 것이다. 따라서 순생산물을 포함하지 않고 단지 노동자를 재생산할 뿐인 총생산물은 물론 그것을 생산하는 노동자도 모두 쓸모없는 것이다. "생산의 일정한 발전 단계에서 순생산물을 생산하는 데에 필요한 노동자들은, 순생산물의 생산이 더 이상 필요 없는 보다 발전된 단계의 생산에서는 쓸모없게 될 것이다. 혹은 또 달리 말해서 자본에게 이윤을 안겨주는 숫자만큼만 필요할 것이다."[272] 마르크스는 이 명제를 이전의 생산양식에서 있었던 견해와 근본적으로 구별하였는데 이 과거의 견해란 예를 들어 관청에서 노동자들에게서 빵을 빼앗아가는 발명을 금지하거나 정부가 많은 사람들의 생업의 토대가 되는 국민적 산업을 외국과의 경쟁으로부터 보호했던 것과 같은 것을 가리킨다. 스미스도 이와 마찬가지 견해를 내놓았는데, 즉 그는 농업 부문에 투하된 자본이 보다 많은 사람을 고용하기 때문에 이 부문의 자본 투자를 생산적 투자라고 믿었던 것이다. "보다 발전된 자본주의적 생산양식에서는 이 모든 것이 낡고, 잘못되고, 틀린 견해들이다. 순생산물에 대한 총생산물의 비율(가변자본 부분에 관한 한)이 크다는 것은 곧 노동 생산성이 낮다는 것이고 따라서 자본의 생산성도 낮은 것이다."[273] 순생산물이 자본주의적 생산양식의 궁극적이자 무한한 목표로 나타난다는 것은 "노동자를 전혀 고려하지 않은 채 **자본의 증식**과, 따라서 잉여가치의 창출만이 자본주의를 이끌어가는 정신이라는 것을 조악하지만 정확하게 표현해 주는 것이다."[274]

마르크스는 자본에 의한 노동의 형식적 포섭과 실질적 포섭에 대한 연구에서 결론을 이끌어내면서, 만일 생산력과 사회적 필요가 일정한 수준으로 발전하여 과거 생산관계의 틀을 넘어서고 자본주의적 관계로의 이행을 요구하게 되면, 자본에 의한 노동의 형식적 포섭이 성립할 수 있는 전제가 마련된 것이며, 이런 형식적 포섭의 토대 위에서 노동에 대한 자본의 실질적 지배가 발전해 나간다고 분명하게 밝혔다. "그럼으로써 완전한 경제적 혁명이 일어나는데"[275] 이 혁명은 한편으로는 이런 지배를 공고히 하고 "다른 한편으로는 …… 새로운 …… 생산양식을 위한 실질적인 조건과 새로 형성된 사회적 생활 과정(따라서 새로운 사회구성체)의 물질적 토대를 창출한다."[276] 마르크스는 자본주의 생산양식의 분석에서 이런 진행 과정이 부르주아 경제학자들 — 이들은 자본 관계 내부에서 벌어지는 일들은 잘 알고 있었지만, 이 자본 관계 자체가 어떻게 만들어지고 "동시에 그 자본 관계 내부에서 자신이 해체될 수 있는 물질적 조건이 어떻게 만들어지는지, 또한 그럼으로써 자신이 경제 발전(즉 사회적 부의 생산)에 **필요한 형태라는 역사적 정당성**이 어떻게 제거되는지"[277]를 인식하지 못하였다 — 의 견해와는 근본적으로 다르다는 점을 강조하였다.

마르크스는『자본』제3권에서 경제적인 현상을 "사회의 표면에서 나타나는"[278] 형태로, 즉 사물의 실제 상태가 왜곡되고 은폐된 형태로 고찰하였다. 제3권에서 전체로서의 자본주의적 생산과정에 대한 고찰은 비용가격의 분석과 함께 시작한다. 이 범주의 소재적인 내용을 통해서 "상품의 비용가격은 단지 자본가의 장부에만 존재하는 가상적인 항목이 아닌"[279] 것으로 규정된다. 실제로 사회주의 경제에 객관적으로 내재하는 자급 비용 범주는 비용가격으로 대표된다. 반면 자본주의에서 이 범주는 노동자가 생산과정에 투입된 후 기능하는 자본의 구성 부분을 이루는 것을 나타낸다. 이런 고찰 방식에서는 잉여가치가 투하된 총자본의 생산물로 나타나고, 이윤이라는 형태를 취하는데 이 형태는 잉여가치의 원천이 미지불된 노동이라는 사실을 은폐한다. 또한 이윤율은 양적으로도 언제나 잉여가치율보다 작다. 비용가격 범주는 상품의 시장가격의 하한선으로 나타나며 그렇기 때문에 자본가의 입장에서는 상품의 내적 가치로 보인다. 따라서 부르주아 경제학에서 잉여가치는 실현 과정에서 나타나는 판매 가격과 가치 사이의 차액, 다시 말해 "양도로부터 얻어지는 이윤"이 된다. 비용가격이 상품의 실질적인 가치를 이룬다는 프루동의 견해도 바로 여기에서 유래된 것이다. "실제로 그의 인민은행 이론은 이처럼 상품의 가치를 비용가격으로 환원한 것에 기초해 있다."[280]

비용가격을 다방면으로 고찰함으로써 마르크스는 자본주의적 생산양식이 노동일을 연장하고 노동강도를 높이는 경향을 결정하는 일련의 본질적인 계기를 발견할 수 있었다. 거기에서 비롯된 불변자본 사용의 절약은 초과노동에 대한 임금이 할증될 경우에도 좀 더 이익이 되도록 만들어준다. 이런 경향은 기계의 도덕적 마모를 통해서 더욱 촉진된다. "자신의 모순되고 대립적인 성질에 따라 자본주의적 생산양식은 불변자본의 사용을 절약하는 대가로(즉 이윤율을 높이는 대가로) 노동자의 생명과 건강을 갉아내리고 그의 생존 조건조차도 영락의 상태로 몰아간다."[281] 여기에서 문제로 삼고 있는 것은 단지 노동력의 가치가 비용가격의 구성 요소라는 점만이 아니다. 생산과정의 조건은 노동자들의 생활 조건까지도 광범위하게 포함하고 있는 것이다. 그렇기 때문에 비용가격의 절약은 노동자들의 생활 조건의 절약이기도 한 것이다.

자본주의적 생산양식은 최초로 생산 조건에 대한 절약을 실현하는데 이 절약은 노동과정의 사회적 성격에서 비롯된 것으로 "사회적(사회화된) 노동의 직접적 조건, 혹은 생산과정 내부에서의 직접적인 협업"의 결과물이다. 이 경우에는 자본주의적 노동규율이 관철되는데(예를 들어 성과급과 같은 적절한 임금체계의 사용을 통해서) 이런 규율은 "노동자가 자신의 계산에 따라 노동하는 사회에서는 불필요한 것"이며 강제적인 형태를 띨 경우에는 "생산수단이 단지 생산 그 자체에서 요구되는 방식으로만 소모되도록" 만든다. 자본주의의 적대적 성질은 노동의 직접적인 사회적 성격(본래적인 생산과정의 틀 속에 주어져 있는)이 노동자의 생명과 건강을 낭비하게 만드는 원인이라는 점으로 나타난다. "사실 인간 사회가 의식적으로 재구성되기 직전까지의 역사적 시기에는 인류 전체의 발전이 안정적으로 이루어지기 위해서 개인의 발전을 엄청나게 희생해야만 한다."[282]

자본주의적 생산관계의 또 다른 신비화는 가치의 생산가격으로의 전화와 이윤의 평균이윤으로의 전화와 관련하여 나타난다. 즉 "가치 결정의 토대 그 자체가 시야에서 사라지고" 이윤은 자신의 원천으로부터 완전히 분리된다. 평균이윤과 생산가격이라는 범주는 총자본(즉 자본가계급)에 의한 노동자계급의 착취라는 객관적 사실을 나타낸다. 1862년 자신이 이미 완전히 정식화한 생각을 더욱 진전시키면서 마르크스는 이렇게 쓰고 있다. "따라서 여기에서 우리는 자본가들이 그들 간의 경쟁에서는 서로 으르렁대면서도 왜 노동자계급 전체에 대해서는 참된 동지로서 서로 단결하는지 그 이유를 수학적으로 엄밀하게 입증한 셈이다."[283] 모든 개별 자본가는(사회적 생산에서 각 생산 부문별 자본도 마찬가지로) 공통적으로 "자신이 직접 고용한 노동자들"에 대한 착취에도 관심을 기울이지만(왜냐하면 그는 이 착취를 통하여 초과이윤을 얻을 수 있는 가능성이 있기 때문이다) 노동자계급 전체에 대한 착취에도 똑같이 관심을 기울인다(왜냐하면 이 착취를 통해 평균이윤이 보장되기 때문이다).

1862년에 만든 평균이윤과 생산가격에 대한 이론을 서술하면서 마르크스는 임금의 변동에 따른 생산가격의 변동을 새롭게 분석하였는데, 이것은 얼핏 보아 가치론과 모순되는 것처럼 보이는 경우로 임금의 상승이 가격의 상승을 유발한다는 속류 경제학의 견해를 그대로 확인하여 주는 것처럼 보이는 경우이기도 하다. 마르크스는 생산가격의 총액, 즉 모든 자본의 생산물은(따라서 가치총액도) 임금이 어떻게 변하더라도 변하지 않는다는 것을 입증하였다. 단지 자본의 유기적 구성이 평균보다 높거나 낮은 자본의 생산가격만 임금의 변동과 반대 방향으로 변할 뿐이다.

이윤율 저하 경향에 대한 법칙을 연구하면서 마르크스는 이 법칙이 단지 불변자본에 대한 가변자본의 상대적 감소와 결부된 것일 뿐으로, 이 경우 두 자본은 모두 절대적으로 증가한다는 것을 가정하고 있다. 달리 말해 이 법칙은 사회적 자본에 의해 착취당하는 노동의 절대량이(따라서 자본이 획득하는 잉여노동의 절대량도) 증가하는 것을 결코 배제하는 것이 아니다. 이윤율의 하락이 부르주아적 생산의 종말을 의미하는 것으로 이해했던 부르주아 경제학자들과는 달리 마르크스는 이윤율의 경향적 저하 법칙을 이중적인 법칙으로 간주하였는데, 즉 이윤율의 하락이 이윤량의 절대적인 증가와 동시에 이루어질 수 있다는 것이었다. "이것은 단지 **가능한** 경우에 그치지 않는다. 이것은 자본주의적 생산에 근거할 경우에는 **반드시** — 일시적으로 벗어나는 경우를 제외한다면 — 나타나는 현상이다."[284] 자본의 유기적 구성의 증가로 인한 필연적인 결과는 노동인구의 과잉 상태가 증가하는 것이다. 마르크스는 이 현상을 나중에 『자본』제1권에서 상세하게 입증하였다. 그는 이 현상을 이윤율의 경향적 저하법칙의 결론으로부터 얻어냈다.

이 법칙에 저항하거나 이 법칙의 작용을 완화하기 위해 노력하면서 자본가들은 온갖 수단을 모두 동원하여 무엇보다도 노동일을 연장하고 노동강도를 높이며 착취를 강화하려고 노력한다. 그러나 잉여가치율을 높이는 작용을 하는 바로 그 요소(노동 생산성의 증가)가 동시에 이윤율을 하락시키는 작용도 한다. "잉여가치율의 상승과 이윤율의 하락, 양자는 모두 노동 생산성의 증가가 자본주의적으로 나타난 특수한 형태에 지나지 않는다." 자본주의의 심층부에서 진행되는 과정은 더욱더 은폐된다. 부르주아사회의 표면에서 보면 잉여가치율의 상승은 이윤율의 하락과 일치한다. 이윤율의 경향적 저하 법칙의 이중적 성격은 결코 우연이 아니다. 그것은 무엇보다도 자본주의적 생산양식의 적대적 모순, 즉 무엇보다도 생산의 사회적 성격과 그 성과물의 획득 형태에서 사적 자본주의의 성격 사이의 모순을 보여준다.

이윤율은 자본주의적 생산의 자극제이다. 그렇기 때문에 그것이 경향적으로 저하한다는 것은 자본주의에서 생산력의 발전이 일정한 한계 — "자본주의적 생산양식이 역사적으로 일시적인 생산양식일 뿐임을 증명하는" — 를 갖는다는 것을 의미한다. 마르크스는 자본주의에서 이윤율의 경향적 저하가 공황(즉 기존 자본의 주기적인 가치 하락)을 통해서 저지된다는 것을 입증하였다. 또한 자본주의적 생산관계에서는 생산의 확대나 축소가 사회적 필요의 충족과는 무관하게 이윤의 실현에 의존하기 때문에 사태가 달리 전개될 수도 있다. 자본주의의 기본 모순에 대한 상세한 분석으로부터 마르크스는 "노동자를 매일 12~15시간씩 고용할 필요가 없게 되면" 노동력은 이미 과잉 상태가 된다는 결론에 도달하였다. "만일 노동자 수의 절대적 감소를 가져오는 생산력의 발전, 다시 말해 나라 전체로 볼 때 총생산에 소요되는 시간을 감소시키는 생산력의 발전이 실제로 이루어지면, 그것은 인구의 대다수를 실업 상태로 만들어버림으로써 혁명을 불러올 것이다."[285]

자본주의사회에 지배적인 생산의 무정부성은 결국 자본가들로 하여금 생산과정을 통제하려는 노력으로 몰아간다. 마르크스는 원료 생산의 통제를 위한 자본가들의 동맹의 형성을 지적하고, 이런 형태의 모든 "원료 생산에 대한 포괄적이고 사전적인 통제는 …… 자본주의적 생산 법칙과 전적으로 배치되는 것이기 때문에 언제나 순진한 희망사항으로만 머물거나 직접적인 큰 위험이나 곤란이 닥쳤을 경우에만 예외적으로 공동 보조를 맞추는 데에 한정된다"[286]고 강조하고 있다. 1865년에 만들어진 마르크스의 이 명제에 대한 주석에서 엥겔스도 생산을 '전체 생산 영역' 단위에서 통제하려는 자본가들의 노력이 이후에 더욱 증가하였다고 밝히고 있다. 이때 엥겔스가 가리킨 것은 카르텔과 트러스트의 형성이었다. 그는 이렇게 말한다. "물론 두말할 필요도 없이 이런 현상은 비교적 경기가 좋을 경우에만 있을 수 있다. 불황이 닥치면 이런 현상은 단번에 사라지며, 생산의 통제는 아무리 그것이 필요할 경우에도, 자본가계급으로서는 수행할 수 있는 과제가 아니라는 사실이 그대로 입증될 것이다." 하지만 『자본』 제3권의 또 다른 주석— 이것은 상당히 오랜 후에 엥겔스가 쓴 것이 분명하다(제3권의 출판 준비에는 거의 10년이 소요되었다)— 에서 그는 "국내시장의 경쟁은 카르텔과 트러스트의 등장과 함께 후퇴하였다"고 밝히면서 "이처럼 과거 형태의 공황이 반복되는 것을 가로막는 이들

모든 요소는 훨씬 강력한 미래 공황의 맹아를 자신 속에 품고 있다"287라
고 덧붙이고 있다.

마르크스는 이런 맥락에서 자본주의가 그 '물질적 조건'을 만들어주는
공산주의사회의 생산관계를 연구하였다. 이런 조건을 만들어내는 것, 즉
생산력(사회적 노동)의 발전에 "자본의 역사적 사명과 역사적 정당성"이
존재한다. 그러나 "자본 전체로 이루어지는 일반적인 사회적 힘과 이런
사회적 생산 조건에 대해 지배권을 행사하는 개별 자본가들의 개인적인
힘 사이의 모순은 점점 더 커지는데, 그것은 결국 이런 모순이 해소되는
방향으로 나아가게 된다." 공산주의 생산관계의 특징은 무엇보다도 '총
생산의 관련 구조'288가 생산자들에게 하나의 법칙으로 작용하는 데 있는
데, 이 법칙이란 생산자들이 집단적 이성을 가지고 인식한 법칙이며, 따
라서 그들 자신이 이 법칙을 지배하고 생산과정을 전반적으로 자신들의
통제하에 두게 되는 법칙이다. 즉 공산주의적 생산은 엄밀한 법칙성이 있
는 것이 특징인데, 이 법칙성이란 생산이 생산자들에 의해 인식되고 있으
며 이런 상태가 결코 중단되지 않는다는 것을 가리킨다. 생산자들은 자신
들의 사회구성체의 객관적인 법칙을 잘 인식하게 되며, 따라서 사회구성
체를 인식된 법칙과 일치시켜 운영해 나갈 수 있게 된다. 또한 공산주의
에서는 생산의 확대와 축소가 사회적 욕망(즉 사회적으로 보다 발전된 사람
들의 욕망)에 대한 생산의 관계에 의해 결정된다. 공산주의사회는 자본주
의가 파괴한 생산과 소비의 직접적인 관련을 복원한다. 그 밖에 공산주의
는 생산과정의 사회적 내용으로부터 만들어지지만 이 과정의 자본주
의적 형태 때문에 왜곡되어 버린 다른 모든 요소를 전부 회복시킨다. 예를
들어 "생산자들이 자신들의 생산을 미리 세워둔 계획에 따라서 통제하는
사회에서는" 노동 생산성이 "상품에 포함되는 총노동량의 감소"라는 지
표에 의해 측정될 것이다. 그러나 자본가들에게 노동 생산성의 증가는 오
로지 살아 있는 노동에게 지불된 부분의 감소가 과거 노동에 대해 지불
된 부분의 증가에 비해 더 클 경우에만 의미를 가질 것이다. "따라서 자본

의 입장에서는"— 공산주의사회와는 달리—"노동 생산력 증대의 법칙이 무조건 타당한 것은 아니다."[289]

자본의 일반적 형태에 대한 분석에서 상품자본과 상업자본의 분석으로 넘어감으로써 마르크스는 노동자계급의 일부인 상업 부문에 고용된 노동자들의 상태를 연구할 수 있게 되었다. 마르크스는 자본주의적 생산양식의 발전과 함께 '상업 노동자들'이 노동자계급 가운데 특권적이고 보다 높은 임금을 받던 계층에서 저임금노동자 계층으로 바뀌었다는 것을 밝혀냈다. 그는 상업 부문의 노동자들이 이처럼 영락하게 된 이유를 다음과 같이 들고 있다. 첫째 이들의 노동력이 보다 편협해지는 방향으로 분업이 발달한 결과 이들의 가치가 하락하였기 때문이다. 둘째 글자 교육 등과 같은 기본교육의 전반적인 확대가 상업 노동자 교육의 비용을 낮추고, 하층계급으로부터 상업 노동자로의 유입이 증가하여 상업 노동자들 사이의 경쟁이 치열해졌기 때문이다. 여기에서 마르크스가 언급하고 있는 경향은 명백히 일반적인 의미를 띠는데, 왜냐하면 자본주의가 발전함에 따라 '특별한 훈련이 필요한 노동력'의 생산비가 하락하기 때문이다. 이에 덧붙여 엥겔스는 1865년 마르크스가 쓴 '상업 프롤레타리아의 운명'이 그대로 확인되었다고 얘기하고 있다.[290]

이윤이 이자와 기업가 수익으로 분할되는 현상은 기업가 수익이 노동의 감독에 대한 임금이라는 잘못된 생각을 만들어낸다. 이와 관련하여 마르크스는 '감독과 지휘의 노동'의 소재적 내용과 사회적 형태를 분석하고 있다. 그 소재적 내용에 따라 "이것은 모든 결합적 생산방식에서는 반드시 수행되어야 하는 하나의 생산적 노동이다." 왜냐하면 "많은 개인이 서로 협력하는 모든 노동에서는 그 과정의 연관과 통일성이 필연적으로 하나의 통솔 의지로 나타나는데, 이 의지란 곧 작업장에서의 한 부분 노동이 아니라 그 작업장의 총체적 활동에 해당하는 기능을 의미하기" 때문이다. 이런 종류의 노동은 적대적인 형태를 띠고 "직접적 생산자로서의 노동자와 생산수단 소유자 사이의" 대립으로부터 발생한다. 즉 자본주의에서는 "정부의 감독과 전면적인 간섭을 담당하는 노동은, 모든 공동체의 본성에서 나오는 공동 사업의 수행은 물론 국민 대중과 행정부의 대립 관계에서 나오는 특수한 기능까지를 모두" 포괄한다. 여기에서 마르크스는 영국의 노동자 협동조합 공장의 얘기로 다시 한 번 돌아가고 있는데(그는 1862년 『자본』 제4권에서 이 공장을 처음으로 언급하였다), 이들 공장은 자본가가 사회적 생산의 기능인으로 전혀 무용지물이라는 것을 나타내는 증거를 보여주고 있다.

"협동조합 공장에서는 관리인이 노동자들과 대립하여 자본을 대표하는 것이 아니라 노동자들에게 임금을 지불받음으로써 감독 노동의 대립적 성격이 사라져버린다. 그 결과 여기에서는 이 범주의 소재적 내용만이 남는다. 그러나 그것의 사회적 형태는 자본주의에서 이미 본질적으로 변화되었다.• 마르크스는 노동자들의 협동조합 공장들이 고정자본의 사용을 통한 규모의 경제로부터 보다 높은 수익성을 실현하는 점에도 주목하였다.²⁹¹

"자본주의적 생산양식 그 자체 내부에서 사적 소유로서의 자본을 지양하는" 또 하나의 형태는 주식자본으로 그것은 "직접적으로 사적 자본과 대립하는 사회적 자본(직접적으로 결합된 개인들의 자본)의 형태"를 취하고 있으며 "그런 자본의 기업들은 사회적 기업으로서 사적 기업과 대립하여 나타난다." 주식회사는 "자본주의적 생산이 고도로 발전한 결과 만들어진 것이며 …… 자본이 직접적인 사회적 소유로 …… 재전화하기 위한 필연적인 통과점이다." 극히 중요한 점은 '결합된 생산자들의 기능'이 여기에서는 그것의 자본주의적 형태와는 무관하게 단적인 형태의 '사회적

• 협동조합 운동의 보다 확대된 발전, 즉 사회 전체의 생산을 협동조합의 길로 이행시키고 "기존의 생산 체제 속에 협동조합을 이식하도록" 요구하는 1880년대 독일 사민당 강령의 테두리 내에서 엥겔스는 "…… 완전한 공산주의 경제로의 이행에 있어 우리는 그 중간 단계로 협동조합적 경영 형태를 확대해야만 하고 이 점에서 마르크스와 나는 아무런 의심도 하지 않았다"(MEW Bd. 36, p. 427).

기능'으로 나타나기 시작한다는 점이다. 마르크스와 그에 뒤이은 엥겔스도 독점화 경향과 국가독점자본주의로의 경향을 지적하고 있는데, 이 경향은 바로 기업의 주식회사 형태로부터 비롯된 것이다.[292]

노동자들의 협동조합 공장과 꼭 마찬가지로 주식회사도 신용의 토대 위에서 등장하는데, 이 신용 제도는 한편으로 새로운 생산양식으로의 이행기적 형태를 이루기 위해 필요한 생산의 사회적 형태를 발전시키고, 다른 한편으로 사적 자본주의의 취득 형태로부터 비롯된 적대적 모순을 발전시킨다. 자본주의적 생산관계를 '최초로 타파한 형태'인 '노동자들의 협동조합 공장'은 그 내부에서 자본과 노동 간의 대립을 지양하는데, 즉 이 대립을 "노동자들이 연합체로서 그들 자신의 자본가가 되는 형태, 즉 생산수단을 그들 자신의 노동의 증식을 위해 사용하는 형태"로 지양한다. 이 점은 자본주의 생산양식의 품속에 존재하는 이런 종류의 새로운 생산양식의 물질적 요소•가 갖는 한계이기도 하다. 즉 주식회사도 "협동조합 기업이 어느 정도 전국적 규모로 점차 확대되어 나가는 데에" 기여하고 동시에 자본주의가 공산주의로 이행하는 형태를 이루기도 하는데 이 과정에서 주식회사는 이 이행을 "소수에 의한 사회적 소유의 획득"으로서 수행하고 그럼으로써 사적 자본주의의 취득이 갖는 적대적 성격을 한층 더 심화시킨다.[293]

현실자본과 화폐자본의 관계, 가공자본의 성장 등과 같은 화폐자본에 대한 보다 깊은 연구를 통해 마르크스는 공황 이론, 특히 자본주의의 금융공황 이론에 대한 새로운 소재를 얻게 되었다. 마르크스는 공황의 발발과 진행에 영향을 끼치고 공황의 형성을 이런저런 방식으로 복잡하게 만드는 갖가지 요인을 지적하였다. 즉 노동자와 산업자본가 이외의 다른 계급들의 존재, 재생산과정이 정상적으로 진행되는 것에 영향을 끼치는 가격 변동, 가공의 기업과 투기적인 거래액, 재생산과정의 불비례 등이 바

• 협동조합과 주식회사를 가리키는 것으로 보인다―옮긴이 주.

로 그런 것들이다. 그러나 이런 모든 본질적인 요인을 제외하더라도 "모든 현실적 공황의 궁극적인 원인은 항상 자본주의적 생산의 추동력에 대비되는 대중의 빈곤과 소비의 제약에 있으며, 이 추동력은 사회의 절대적 소비 능력만이 생산력의 한계를 이루는 것처럼 그렇게 생산력을 발전시킨다"는 점은 그대로 남는다.[294]

마르크스는 은행 제도의 발전을 추적하면서 이 제도가 "자본주의적 생산양식이 만들어낸 가장 인위적이고 가장 완성된 산물"이며 "자본의 사적 성격을 지양하고, 따라서 잠재적으로(그러나 단지 잠재적으로만) 자본 그 자체의 지양을 포함한다"라고 밝혔다. 은행 제도는 신용 제도를 촉진하고 그에 따라 "자본주의적 생산양식으로부터 결합 노동의 생산양식으로 이행하는 데에 신용 제도는 강력한 지렛대로 사용될 것이다. …… 하지만 그것은 생산양식 자체의 다른 큰 유기적인 변혁과의 관련 속에서 단지 하나의 요소로만 사용될 것이다." 이것이 자본주의에서, 그리고 자본주의에서 사회주의로의 이행기에, 은행 제도와 신용 제도가 차지하는 현실적인 지위이다. 이와 관련하여 마르크스는 프루동의 '무이자 신용' 개념으로 돌아가서 "사회주의적 의미에서 신용과 은행 제도의 놀라운 힘에 대한 갖가지 환상은, 자본주의적 생산양식과 그것의 여러 형태 가운데 하나인 신용 제도에 대하여 완전히 무지한 데서 나온 것"이라는 점을 밝혔다. 이자 낳는 자본의 토대 위에 서 있는 신용은 객관적으로 자본주의적 생산에 내재하는 것으로 "생산수단이 더 이상 자본으로 전화하지 않게 되면(그 속에는 사적 토지 소유의 폐지도 포함되어 있다) 신용 그 자체도 아무런 의미를 갖지 못한다."[295]

대부자본에 대한 연구와 관련하여 마르크스는 "생산과정 그 자체에서 직접적으로 이루어지는 본원적인 착취와 나란히 이루어지는" 노동자계급에 대한 '부차적인 착취'에 대해서 얘기한다. 대부자본은 노동자들에게 생활수단을 공급하는 소매상인들과 마찬가지로 노동자들에게 사기를 치는데, 그것도 "매우 극심한 정도로" 사기를 친다.[296]

마르크스는 지대 이론의 '서론'에서 이미 "훨씬 더 일반적이고 중요한 사실"로서, "본래적인 농업 노동자의 임금이 그 정상 수준 이하로 인하됨으로써, 임금의 일부가 노동자로부터 빼돌려져서 차지료의 한 구성 부분으로 들어가고, 그리하여 지대라는 외피를 쓰고 그것이 노동자 대신 토지 소유주에게 흘러들어 가는 현상"을 지적하고 있다.[297] 농업 노동자의 임금에서 공제된 부분은 끊임없이 만들어지는 확고한 지대의 원천이다. 지대는 명백하게 자본주의 내부에서 자본주의적 경쟁이 만들어내는 '왜곡된 사회적 가치'라는 또 다른 하나의 변칙이 드러난 현상 형태이다. 대토지 소유 계급도 자본주의에 의존하고 있는데, 즉 이들이 '존립할 수 있는 토대'는 자본주의적인 사회 형태와 토지에 대한 사적 소유가 폐기되면 그와 함께 붕괴한다. 사회는 농업 생산물을 그 속에 실제로 포함되어 있는 노동시간과 교환하여 손에 넣는다. 마르크스의 차액지대 이론에 대한 연구를 요약하면서 엥겔스는 토지에 대한 모든 자본 투하는 지대의 증가와, 따라서 "사회가 토지 소유주들에게 초과이윤의 형태로 가져다 바치는" 공물의 크기도 증가하는 것을 의미한다고 말하였다. 이 법칙은 또한 "대토지 소유 계급의 놀라운 생명력"은 물론 "대토지 소유주들의 이러한 생명력이 점차 고갈되어 가는 이유"도 함께 설명해 준다. 후자의 경우는 새로운 토지에 개간에 의한 경쟁의 증가와 값싼 농가 곡물의 유입, 그리고 이에 따른 차액지대의 감소 등의 작용에 의해 이루어진다. 공산주의적 관계의 관점에서 보면 토지 소유주나 토지에 대한 사적 소유는 모두 얼토당토 않은 것들이다. "한 사회 전체나 한 나라, 또는 동시대의 모든 사회를 합친다 해서 이것들이 토지의 소유주는 아니다. 이것들은 토지의 점유자이자 그것의 수익자에 지나지 않으며, 스스로 좋은 아버지로서 후손들에게 그 토지를 더 개량된 상태로 물려주어야만 한다."[298]

　『자본』 제3권의 마지막 장에서는 자본주의적 생산양식의 연구에 대한 최종 결론이 도출되고 있다. 마르크스는 자본주의적 생산양식의 특징을 "사회적 생산과정 일반의"— 인간의 물질적 존재 조건과 그 생산관계의 생산과정 및 재생산과정을 나타내는——"역사적으로 규정된 한 형태"라고 규정한다.[299] 자본주의적 생산의 사회경제적 형태는 노동자의 잉여 생산물을 자본이 (무상으로) 획득하는 것을 특징으로 한다. 자본주의사회의 임노동은 비록 그것이 자유로운 계약 관계라는 형태로 은폐되어 있기는 하지만, 본질적으로 강제된 노동이다. 자본주의에서 잉여노동은 잉여가치를 담고 있는 잉여 생산물로 표현된다.

잉여노동 범주를 소재적 내용과 사회적 형태의 통일체로 고찰하면서 마르크스는 "잉여노동 일반은 주어진 욕망의 크기를 상회하는 노동으로서 항상 존재하지 않으면 안 된다. 노예제도 등에서와 마찬가지로 자본주의 제도에서도 그것은 단지 적대적인 형태를 취할 뿐이며 사회의 한 부류가 완전히 무위도식하는 것에 의해 보전된다"(이 명제에 따르면 공산주의 사회에서도 "주어진 욕망의 크기를 상회하는 노동"이 생산적 노동이며 단지 그것이 이 경우에는 잉여가치로 실현되지 않을 뿐이다*)라고 했다.

『자본』 제4권에서 마르크스는 이 문제를 보다 깊이 다루었다. 만일 "자본이 존재하지 않는다면 노동자는 자신의 잉여노동, 즉 자신이 만든 가치의 초과분, 다시 말해 그가 소비한 가치의 초과분을 자신이 스스로 갖게 될 것이다. 그래서 오로지 이 노동에 대해서만 그것이 진실로 생산적

---

* 쿨리코프(Kulikow)는 사회주의사회의 생산적 노동의 문제를 분석하면서, "비물질적 생산 영역의 자본주의 기업들의 임금과 이윤이 물질적 생산 영역에서 창출된 본원적 소득에서 분배를 받는 파생적인 소득이라는 생각은, 자본주의의 생산적 노동에 대한 마르크스 이론과 일치하지 않는다"고 밝혔다(K. Marx und die sozialistische Wirtschaft, Moskau, 1968, p. 139, 러시아어판; A. Kogan, "Das Problem der Unterscheidung von produktiver und unproduktiver Arbeit in K. Marx, Kapital", Ekonomitscheskije nauki, Moskau, 5/1968, 러시아어판). 마르크스가 자신의 재생산 이론에서 비물질적 생산 영역의 생산물을 제외한 것은 이 생산 영역이 자본주의적 생산관계 체제에는 거의 개입하지 않기 때문이다. 그렇기 때문에 사회주의에서 비물질적 생산 영역(예를 들어 서비스 부문)의 발전과 관련하여 이 결론의 의미를 보다 깊이 분석할 필요는 없다.

인 노동이라고, 즉 새로운 가치를 창출하는 노동이라고 말할 수 있을 것이다."[300] 마르크스는 이어서 공산주의에서도 "일정량의 잉여노동은 재해에 대한 보험으로 필요하고, 또한 욕망이 커지고 인구 증가에 상응하는 재생산과정의 필연적인 누진적 확장을 위해 필요한데, 이 확장은 자본주의적 관점에서는 축적이라고 불리는 것이다"라고 언급했다.

자본주의는 공산주의의 직접적인 전제 조건이다. "자본의 문명적인 측면 가운데 하나는, 자본이 이 잉여노동을 생산력과 사회적 관계의 발전을 위해서, 그리고 더 고도의 새로운 형성을 위한 요소의 창출을 위해서, 이전의 노예제나 농노제 등의 형태에서보다 더 유리한 방식과 조건 속에서 강요한다는 점이다. 이리하여 자본은 한편으로는 사회의 한 부류가 다른 부류를 희생하면서 수행하는 사회 발전(그것의 물질적인 이익과 지적인 이익을 모두 포함하여)의 강제와 독점이 없어지게 되는 단계를 이끌어내며, 또 다른 한편으로는 사회의 더 발전된 형태 속에서 이 잉여노동이 물질적 노동 일반에 소비되는 시간을 크게 감축할 수 있도록 하는 물질적 수단과 맹아적 조건을 창출한다." 자본주의는 이런 노동시간의 단축에 필요한 노동 생산성을 만들어낸다.

마르크스는 여기에서 자신이 1857~58년에 정식화하였던 공산주의 생산양식의 목표에 대한 생각을 더욱 발전시키고 있다. "자유의 나라는 궁핍과 외적인 합목적성 때문에 강제로 수행되는 노동이 멈출 때 비로소 시작된다. 즉 그것은 사태의 본질상 본래적인 물질적 생산 영역 너머에 존재한다." 물질적 생산 영역은 '자연적 필연성의 나라'인데, 왜냐하면 인간은 "어떠한 사회 형태 속에서도, 즉 모든 가능한 생산양식 아래서도" 자신의 생활을 유지하고 재생산하기 위해 자연과 격투를 벌이지 않으면 안 되기 때문이다. 욕망의 커짐과 함께 물질적 생산 영역도 확장되지만 동시에 이 욕망을 충족시키는 데 사용되는 생산력도 증가한다. "이 영역에서의 자유는 오직 다음과 같은 것에서만 있을 수 있다. 즉 사회화된 인간(연합된 생산자들)이 마치 어떤 맹목적인 힘에 의해 지배당하는 것처럼 자신과 자연 간의 물질대사에 의해 지배당하는 대신에, 이 물질대사를 합리적으로 규제하고 공동의 통제 아래 두는 것, 요컨대 최소한의 힘만 소비하여 인간적 본성에 가장 가치 있고 가장 적합한 조건에서 이 물질대사를 수행하는 것이다. 그러나 이것은 여전히 필연성의 나라에 머무는 것일 뿐이다. 이 나라의 저편에서 비로소 자기 목적으로 간주되는 인간의 힘의 발전(즉 참된 자유의 나라)이 시작되는데, 그러나 그것은 오직 저 필연성의 나라를 기초로 하여 그 위에서만 꽃을 피울 수 있다. 노동일의 단축이야말로 바로 그것을 위한 근본 조건이다."[301] 따라서 마르크스의 생각에 따르면 공산주의사회구성체는 첫째 물질적 생산 영역에서 노동의 성격이 근본적으로 바뀌게 된다. 둘째 그 노동의 성격은 이 영역에서 오로지 인간의 전면적인 발전— 이것이야말로 사회와 사회적 생산의 진정한 목표이다—을 위해 필요한 토대일 뿐이다.

공산주의사회에서 가치와 임금 같은 중요한 범주의 지위를 결정하려 할 경우 마르크스는 이들 범주에 대하여 소재적 내용과 사회적 형태 사이의 구별이라는 관점을 그대로 적용하였다. 마르크스는 "자본주의 생산 양식이 폐기된 후에도 사회적 생산이 유지되는 한, 가치 규정은 노동시간의 규제와 서로 다른 생산 집단 사이에서의 사회적 노동의 배분, 그리고 그것에 관한 부기 등이 이전보다도 훨씬 중요해진다는 의미에서 여전히 유력하게 작용한다"라고 쓰고 있다.[302]

공산주의사회와 관련하여 마르크스가 수행한 임금의 상세한 분석은 그가 자신의 이론을 공산주의사회구성체에 대한 과학적 예측에 적용할 경우 그가 걸어갔던 길을 명확하게 보여준다. "임금을 그 일반적 기초로 (즉 노동자 자신의 노동 생산물 가운데 노동자의 개인적 소비에 들어가는 부분으로) 환원해 보자. 그리하여 이 몫을 자본주의적 한계에서 해방하여 한편에서는 사회의 현존 생산력이 허용하는 범위까지, 그리고 다른 한편으로는 개성의 충분한 발전이 필요로 하는 소비 범위까지 확대해 보기로 하자. 그리고 또 잉여노동과 잉여 생산물을 주어진 사회적 생산 조건에서,

한편으로는 보험과 예비 재원의 형성을 위해 필요한 정도까지, 다른 한편으로는 사회적 욕망의 크기에 의해 정해진 만큼의 재생산의 부단한 확장을 위해 필요한 한도까지 축소해 보기로 하자. 마지막으로 제1의 필요노동과 제2의 잉여노동 가운데 사회 구성원 중 노동능력이 있는 사람이, 아직 그것이 없는 사람과 이미 그것이 없는 사람을 위해 항시 수행해야 하는 노동량을 포함시켜 보자. 즉 임금에서도 잉여가치에서도, 필요노동에서도 잉여노동에서도, 특수한 자본주의적 성격을 벗겨 버리자. 그러면 거기에 남는 것은 이미 이들 형태가 아니라 모든 사회적 생산양식에 공통적인 이들 형태의 기초뿐이다."[303]

즉 마르크스는 공산주의사회에서의 임금 수준을 모든 경제 발전 단계에서 다음과 같은 요소들의 최적의 비율로부터 도출하였다. 즉 한편으로는 노동자들이 도달한 노동 생산력의 수준, 다른 한편으로는 각자의 개성을 가능한 한 충분히 발전시킬 수 있기 위해 필요한 수준, 사회적 욕망에 상응하는 확대재생산이 연속될 수 있도록 보장해 주기 위해 필요한 수준, 보험과 예비 재원을 형성하고 노동능력이 없는 사회 구성원들을 부양하는 데 필요한 수준 등이 바로 그런 요소들이다. 그러므로 자본주의 경제에서 공산주의사회로 이행하면서 임금 범주는 근본적인 변화를 겪는다. 그것은 이제 더 이상 가치와 노동력의 가격이라는 불합리한 형태가 아니다. 왜냐하면 공산주의사회에서 이제 노동력은 상품이 아니고 어떤 가치도 갖지 않으며, 노동자의 욕망을 충족시키고 자신의 개성을 발전시키는 형태로 되기 때문이다.*

---

* 엥겔스는 이렇게 말했다. "인간의 노동력을 **상품**이라는 지위로부터 해방하고자 하는 사회주의를 위해서는 노동력이 가치를 갖지 않으며, 또한 가질 수도 없다는 인식이 매우 중요하다. 이런 인식과 함께 소박한 노동자 사회주의로부터 발원하여 카를 오이겐 뒤링(Karl Eugen Dühring)에게 계승되었던 갖가지 노력, 즉 앞으로 생활수단을 일종의 보다 발전된 형태의 임금으로 분배하는 것을 규제하려 했던 갖가지 노력이 생겨난다. 그리고 여기에서 한걸음 더 나아가, 분배가 순수하게 경제

『자본』제3권의 마지막 장에서 마르크스는 자본주의적 생산관계의 '신비적인 성격'—필연적으로 자본주의의 물화(物化, Versachlichung)로 이어지는—을 요약하고 있다. 상품과 화폐 범주는 이런 방식의 물신화가 이루어진 첫 번째 형태이다. 자본주의에서는 "이 마법에 걸린 전도된 세계가 더 한층 발전한다." 첫째, 상대적 잉여가치가 발전함에 따라 생산력은 자본의 생산력이 된다. 둘째, 유통 과정이 잉여가치의 원천으로 나타난다. 셋째, 직접적 생산과정과 유통 과정의 통일로 나타나는 실제의 생산과정에서는 각 생산관계가 서로 무관한 것으로 되어버리고 "가치의 구성 부분들은 서로 무관한 형태들로 굳어진다." 이윤, 이윤율, 평균이윤, 생산가격 등의 범주는 모두 잉여가치의 진정한 본성, 즉 자본의 현실적 메커니즘을 은폐하고 가격은 상품의 가치로부터 분리된다. 이윤이 이자와 기업가 수익으로 분할되는 것은 이윤을 그것의 본래 원천으로부터 더욱 멀리 떼어놓는다. 자본과 함께 토지 소유도 잉여가치의 독립적 원천으로 나타난다. 그리하여 "자본주의적 생산양식의 신비화, 사회적 관계의 물화, 물질적 생산관계와 그것의 역사적·사회적 규정성의 결합이 완성된다." 이 모든 것은 속류 경제학의 그 유명한 정식, 즉 "자본—이자, 토지—지대, 노동—임금"으로 표현되는데, 마르크스는 이 정식이 "지배계급의 수입원에 대한 자연적 필연성과 영속적인 정당성을 선언하고 그것을 하나의 교의로 끌어올림"으로써 "지배계급의 이익과도 일치"한다고 얘기하였다.[304]

<hr />

적인 관점에서만 지배될 경우, 분배는 생산의 이해에 의해서 규제되고, 생산은 최대한 모든 사회 구성원들에게 자신들의 능력을 다방면으로 개발하고 유지하고 발휘하도록 만드는 분배 방식에 의해 촉진된다는 인식이 만들어진다"(MEW Bd. 20, p. 186).

＊　＊　＊

『자본』의 세 번째 초안에서 마르크스는 자본주의사회의 구조 속에서 노동자계급의 상태에 대한 분석에서 중요한 진전을 보았다. 즉 그는 처음으로 노동에 대한 자본의 형식적 포섭이 실질적 포섭으로 이행함으로써 이것이 노동자계급의 경제적 상태에 끼치는 영향과 그로 인한 자본주의적 발전 경향, 즉 노동일의 연장, 노동자들의 건강과 생명의 훼손 등을 설명하였다. 마르크스는 이런 맥락에서 노동자계급의 경제투쟁에서 노동조합의 과제를 정식화하였다.

이 시기 마르크스의 분석에서 중요한 지위를 차지한 것은 공산주의사회에서도 주어진 사회적 필요의 양을 넘어서는 노동인 잉여노동이 필요하다는 것을 입증하는 것이었다. 이를 통해 그는 공산주의적 생산의 성격에 대한 유토피아적 견해, 예를 들어 프루동의 견해 같은 것에 반대하였다. 또한 마르크스는 엄밀하게 말해서 공산주의사회에서는 노동을 필요노동과 잉여노동으로 나눌 수 없다는 것을 입증하였는데, 왜냐하면 공산주의적 생산관계에서는 모든 노동이 필요노동으로 나타나기 때문이다.

『자본』의 세 번째 초안에서는 또한 공산주의사회에 대한 경제적 전망도 포함되어 있는데, 즉 가치와 임금의 소재적 내용에 대한 분석, 노동자들의 협동조합 공장—미래 사회에 대한 중요한 물질적 존재일 뿐만 아니라 자본주의 노동 규율에 대한 실질적인 반대명제이기도 한—에 대한 고찰이 바로 그것이다. 마르크스는 『자본』의 두 번째 초안 단계에서 평균이윤과 생산가격 이론을 만들면서 이미 계급투쟁 이론에서 중요한 진전을 이루었다. 마르크스는 이 이론을 더욱 발전시킴으로써 노동자계급이 계급투쟁에서 자본가계급의 '프리메이슨 비밀결사'에 대항하여 단결을 할 필요성을 제시하였고, 이윤율 저하 경향이 노동자계급의 상태에 끼치는 영향을 설명하였다.

第7章

『자본』제1권과 제2권
(1867~79)

자본주의의 '경제적 세포 형태'의 분석에서 공산주의사회의 두 가지 단계의 특징. 자본주의적 착취 메커니즘에 대한 연구. 표준 노동일을 위한 노동자계급의 투쟁 필요성. 노동운동의 객관적 조건. 자본주의 생산의 세 가지 발전 단계에서 노동에 대한 자본의 착취. 정신적 노동과 육체적 노동 사이의 대립의 발전. 대공업 단계에서 노동에 대한 자본의 실질적 포섭의 완성. 자본주의와 공산주의사회에서의 기계의 사용. 자본주의적 관계의 뒤틀린 성격. 계급투쟁의 도구인 기계. 공산주의사회의 '전인적으로 발전하는 개인.' 마르크스주의의 이론적 원천인 로버트 오언의 견해. 자본주의에서의 생산적 노동. 노동력 가격 변동의 범위. 공산주의사회에서의 노동일의 길이. 임금 형태의 분석. 노동자계급의 상태라는 관점에서 본 재생산과정. 자본주의적 축적의 일반 법칙과 노동자의 저항. '수탈자에 대한 수탈'의 필연성. 자본주의 유통 과정의 분석. 자본이 노동자를 생산적으로 소비하기 위해 필요한 조건인 노동자의 개인적 소비. 공황 이론의 완성. 연속적인 재생산과정의 중단. 유통비의 분석. 공산주의에서의 회계 처리. 상품 재고. 고정자본과 유동자본 범주의 물신적 성격. 공산주의사회에서의 장기 투자. 부르주아사회에서 물가 상승으로 인한 임금 상승. 노동조합에 대한 자본가들의 대항. 공산주의사회의 재생산과정. 노동력의 가격을 그 가치 이하로 떨어뜨리기 위한 자본가들의 노력.

　1861~63년 초고 작업을 마무리한 직후, 마르크스는 출판을 위한 준비에 착수하였다. 엥겔스의 조언에 따라 그는 곧바로 작업 전체를 출판하는 것이 아니라 먼저 『자본』제1권을 출판하기로 결정하였다. 1866년 2월 13일 엥겔스에게 보낸 편지에서 마르크스는 "비록 완성되기는 했지만 현재의 초고는 매우 방대한 분량인 데다 나를 제외하고는 아무도(자네까지도) 편집할 수 없는 상태라네"라고 말하였다. "새해 첫날부터 나는 옮겨 쓰는 작업과 **윤문 작업**을 시작하였고 작업은 매우 신속하게 진행되고 있네. 왜냐하면 오랜 진통 끝에 출산한 아기를 씻기는 것은 당연히 즐거운 일이기 때문일세."[305] 1866년 11월 중순 마르크스는 이미 초고의 제1부를 함부르크에 있는 출판업자 마이스너에게 보냈고 1867년 3월 27일 엥겔스에게 자신이 제1권의 작업을 마쳤다고 알렸다. 1867년 9월『자본』

제1권의 초판 1,000권이 출판되었다.

우리는 지금까지 과학적 공산주의 이론이 확립되어 가는 과정을 마르크스가 자신의 경제 이론을 완성해 나가는 과정에 맞추어 설명하고자 노력하였다. 우리가 이제부터 분석하게 될 『자본』 제1권과 제2권의 내용들은 마르크스의 경제 이론 가운데 마르크스의 서술 과정(즉 추상에서 구체로의 발전 과정)에서 중요한 부분을 고찰할 수 있도록 해줄 것이다. 이 분석 과정에서 우리는 마르크스가 추상에서 구체로의 발전 과정의 각 단계마다에서 완성하고 정립해 나간 과학적 공산주의 이론의 요소들을 찾아낼 것이다.

『자본』 제1권에서 추상에서 구체로의 발전 과정이 시작하는 출발점은 부르주아사회의 '경제적 세포 형태'의 기본 요소인 상품이다. 마르크스가 노동 생산물의 상품 형태를 자본주의의 가장 단순한 형태, 즉 '경제적 세포 형태'로 찾아낸 것은 1850년대 후반 그가 『경제학 비판』(『자본』의 첫 번째 초안) 초고를 작업하고 있을 때였다. 이 작업을 하면서 마르크스는 사회적 생산 전체의 분석에서 자신이 사용한 것과 동일한 방법론적 전제에서 출발하였다. 즉 경제적 범주로서 상품은 그에게 소재적 내용(사용가치)과 사회적 형태(가치)의 변증법적 통일체로 간주되었던 것이다. 경제적 분석에서 경제 현상의 소재적 내용은 그것의 사회적 형태와 마찬가지로 반드시 없어서는 안 된다. 나중에 마르크스는 이와 관련하여 다음과 같이 얘기하였다. "나에게서 중심 주제는 '가치'나 '교환가치'가 아니라 …… **상품**이다."[306]

부르주아사회의 '경제적 세포 형태'를 분석함으로써 마르크스는 부르주아 경제학의 몰역사성에 대하여 근본적인 비판을 이루어낼 수 있었다. 그는 부르주아 경제학자들이 이런 분석을 수행할 능력이 없고 바로 그 때문에 이들이 자본주의를 사회적 생산의 영원한 자연적 형태로 간주하게 된다는 것을 논증하였다. 반면 상품을 사용가치와 가치의 변증법적 통일체로 분석함으로써 그는 필연적으로 부르주아 생산양식이 역사적인 한계를 가지고 있다는 것, 즉 이 생산양식의 가장 일반적 형태에 해당하는 상품의 사회적 형태(즉 상품가치의 형태)도 똑같이 역사적으로 소멸할 운명을 가지고 있다는 결론에 도달하였다. 이런 맥락에서 마르크스는 전 자본주의 사회구성체는 물론 공산주의사회에 대해서도 그 특징을 규정하였고 그런 과정에서 상품 형태를 취하는 사회적 관계의 역사적 한계를 밝혀냈다.

공산주의사회의 특징을 설명하면서 마르크스는 생산수단에 대한 사회적 소유와 그에 따른 노동과 노동 생산물의 사회적이고 계획적인 성격을 언급하였다. 사회적 생산물 가운데 일부는 생산수단으로 사용되고 다른 일부는 생활수단의 형태로 개인적 소비 용도로 분배된다. "이 분배의 방식은 사회적 생산조직의 특성과 생산자들의 역사적 발전 수준에 따라 변화할 것이다." 마르크스는 이런 발전 수준 혹은 발전 단계에서는 (상품 생산과 유사한 개념으로) 노동 성과에 따라 분배가 이루어진다고 말했는데, 그것은 곧 "각 생산자에게 돌아가는 생활수단의 몫이 각자의 노동시간에 의해 결정되는" 것을 의미한다. 그는 이런 관계에서는 노동시간이 이중의 역할을 수행한다고 말하였다. 즉 1. "사회적으로 계획된 노동시간의 배분은 다양한 욕망과 각종 작업 간의 적절한 비율을 규제한다." 2. "노동시간은 또한 공동 노동에 대한 개별적 참여를 재는 척도로 이용되고, 그리하여 공동 생산물 중 개별적으로 소비되는 부분 가운데 각 생산자들의 몫을 재는 척도로도 이용된다." 그런 다음 그는 이렇게 끝을 맺는다. "여기에서는 사람들이 자신의 노동이나 노동 생산물에 대해서 맺는 사회적 관계가 생산에서나 분배에서나 한결같이 간단명료하다."

마르크스는 이어지는 몇몇 문장에서 이처럼 '단순하고 투명한' 생산관계는 자신의 물질적 토대를 가지고 있다고 강조하고 있다. "사회적 생활과정(즉 물질적 생산과정)의 모습은 그것이 자유롭게 사회화한 인간의 산물로서 인간의 의식적이고 계획적인 통제 아래 놓일 때 비로소 그 신비의 베일을 벗는다. 그러나 그렇게 되려면 사회의 물질적 기초(즉 일련의 물질적 존재 조건)가 필요한데, 이 물질적 존재 조건은 그 자체 또한 장구하고 고통에 찬 발전사의 한 자연발생적 산물이기도 하다."[307]

이처럼 마르크스는 추상에서 구체로의 발전 과정의 첫 번째 단계(즉 자본주의의 '경제적 세포 형태'를 분석하는 단계)에서 이미 공산주의사회의 성격에 대하여 비록 불가피하게 추상적이긴 하지만 매우 정확하고 상세하게 규정하였다. 이 단계에서 이미 명확하게 규정하던 부르주아사회—이 사회는 노동에 기초한 사회이며 그 자체 직접적으로 사회적인 것이 아니라 화폐로의 전화를 통해서만 비로소 자신의 사회적 성격을 드러낸다—의 역사적 성격(일시적인 것에 지나지 않는다는)을 통해 마르크스는 부르주아사회가 자신의 반대편 극인 공산주의사회로 전화하면서 만들어지는 결과물인 직접적 사회적 노동에 대한 문제를 제기할 수 있게 되었다. 이 전화 과정 그 자체는 여기에서 아직 서술되고 있지 않고 우리는 단지 그것이 "장구하고 고통에 찬" 과정이라는 언급만을 여기에서 볼 수 있을 뿐이다.

여기에서 특별히 언급하고 있는 미래 사회 그 자체에 대해서 마르크스는 그것을 하나의 발전하고 있는 사회로 간주하고 있다. 그래서 그는 두 개의 발전 단계를 얘기하고 있으며, 그 발전 단계의 특징으로 사회조직과 생산조직의 유형과 생산자들의 발전 수준, 그리고 그것의 결과물인 개인별 소비재의 분배 방식을 들고 있다.* 물론 마르크스가 생각한 공산주의사회는 첫 번째 단계는 물론 두 번째 단계에서도 모두 상품 형태가 존재하지 않는 것이었다. 노동 성과에 따른 분배는 상품생산과 유사한 형태를

---

* 1890년 엥겔스가 쓴 바에 따르면, '분배 방식'은 본질적으로 "**얼마를** 분배할 것인지"에 따라 결정되고 "…… 그 분배의 크기는 생산과 사회조직의 발전에 따라 …… 함께 달라져야 한다. 즉 분배 방식도 그에 따라 달라져야 하는 것이다. 그러나 1. **처음 시작할 때는** 당연히 어떤 분배 방식을 도입할 것인지 우선 찾아내기 위해 노력할 수 있을 뿐이고 2. 그다음에는 그것이 계속 발전해 나가는 **일반적 경향**을 찾아내기 위해 노력할 수 있을 뿐이다"(MEW Bd. 37, p. 436).

182

따긴 하지만 이 경우의 노동 생산물은 상품으로 되지 않는다.

두 개의 발전 단계를 갖는 공산주의사회의 개념을 마르크스는 나중에 1875년의 『고타강령 비판』에서 상세히 다루었다. 이 저작에서 마르크스는 공산주의사회의 첫 번째 단계에 대하여 말하면서, 이 단계에서 개인의 노동은 어떤 우회로도 거치지 않고 곧바로 총노동의 한 구성 부분으로 된다는 점을 지적하고 있다. 여기에서도 마르크스는 노동 성과에 따른 분배에 대해서 상품 교환을 규제하는 원리와 비슷한 원리를 얘기하지만 이 분배 그 자체는 이제 더 이상 상품 교환이 아니라고 말한다.[308]

오늘날의 연구자들 사이에는 이 문제를 해석하는 데 두 가지 종류의 오류가 보인다고 생각한다. 첫째 이들은 마르크스가 미래 사회에는 상품화폐 경제의 범주인 가치가 더 이상 존재하지 않는다고 생각하였고, 따라서 사회주의적 생산 범주로서의 가치에 대한 문제는 다루어지지 않은 채로 남겨져 있다는 것이다. 하지만 내가 보기에 마르크스가 여기에서 말하고 있는 내용에 따르면 발전된 공산주의사회──마르크스와 엥겔스가 공산주의사회의 일반적 특징에 대해서 말할 때는 항상 바로 이 사회를 염두에 둔 것이었다──에서는 가치 범주가 어떤 형태로든 더 이상 존재하지 않는다. 단지 그것의 소재적 내용만이 생산에서 사용된 노동량을 측정하기 위해 필요한 형태로 남아 있을 뿐이다.

두 번째 오류는 이들이 상품생산에 대한 반대 개념으로 현물 관계를 미래 사회의 특징으로 설명하고 있다는 점에 있다. 그러나 직접적인 사회적 노동비용을 노동 단위를 사용하여 측정하는 것은 결코 현물 관계로 되돌아가는 것을 의미하지 않는다. 그것은 상품생산이 가치 형태를 나타내는 것보다 훨씬 더 복잡한 형태의 사회적 관계로 이행하는 것을 의미한다. 그리고 이 형태는 한층 발전된 생산수단에 대한 사회적 소유에 기초해 있으며 생산의 보다 높은 사회화 단계를 전제로 하고 있다.

마르크스가 『자본』 제1권에서 얘기하고 있는 공산주의사회의 특징에 대한 결론에서 유의해야 할 점은 그가 이때(또한 가장 일반화된 형태로) 말하고 있는 것이 사회적 재생산과정, 즉 사회적 생산의 두 부문, 다시 말해 생산재의 생산과 소비재(생활수단)의 생산에 대한 것이라는 사실이다.

추상에서 구체로의 이행 과정을 통해 경제 이론을 계속 발전시킨 결과, 마르크스는 자본주의의 적대적 모순을 해명하는 데서 부르주아사회에서의 노동자계급의 상태와 투쟁으로부터 제기되는 갖가지 의문에 대한 해답을 얻을 수 있었다. 이들 모든 의문은 과학적 공산주의 이론의 중요한 구성 부분을 이룬다.

마르크스의 화폐 이론이 만들어지는 과정에서 얻어진 가장 중요한 성과로는 자본주의적 생산양식의 관계로부터 경제 위기가 발생할 수 있는 가능성을 이론적으로 정립한 것이었다. 이미 '경제적 세포 형태' 속에 포함된 사용가치와 교환가치의 대립― 이 대립은 다시 사적(구체적) 노동과 사회적(추상적) 노동의 대립으로부터 비롯된 것이다― 은 상품과 화폐의 대립을 통해서 자신의 명확한 표현, 즉 자신의 운동 형태를 드러낸다. 즉 상품의 두 요소 사이의 모순이 만들어낸 화폐는 이 모순을 지양하는 것이 아니라 보다 발전된 토대 위에서 그것을 재생산하고 이 모순을 위한 운동 형태를 창출한다.

"이것은 현실의 모순을 해결하는 일반적인 방법이다."[309] 마르크스 경제 이론에서 추상에서 구체로의 전개 과정은 자본주의의 적대적 모순이 발전해 나가는 과정을 반영하고, 이 모순의 가장 일반적인 형태는 자본주의 생산양식의 생산력과 생산관계 사이의 모순으로 요약된다. 화폐 범주는 서로 결합되어 있는 두 계기(즉 사용가치와 가치)가 외견상 분리된 것을 나타낸다. 경제 위기는 지금까지 얘기된 대립의 통일이 폭력적인 형태로 나타나는 모습이다.

추상에서 구체로의 전개 과정에서 지금 여기에서 얘기하고 있는 단계에서는 단지 공황의 가능성만 얘기되고 있을 뿐이다(마르크스는 공황이 유통수단과 지불수단으로서의 화폐의 기능에서 비롯될 수 있다고 논증하고 있다). "그러나 이 가능성이 실제 현실로 발전하려면 단순 상품유통 수준에서는 아직 존재하지 않는 좀 더 광범위한 사회적 관계가 갖추어질 필요가 있다."[310] 추상적인 수준에서 공황 이론을 만들어나가는 과정에서 마르크스는 자본주의에서 경제 위기가 원칙적으로 있을 수 없다는 부르주아 경제학자들의 주장이 근거가 없다는 인식에 도달하였다. 그는 부르주아 경제학자들의 이런 주장이 부르주아 생산양식의 모순을 은폐하려는 변호론적 이유와 노력에서 비롯된 것이기도 하지만, 동시에 순전히 방법론적 원인에서 비롯된 것이기도 하다는 점을 논증하였다. 즉 부르주아 경제학이 노동 생산물의 직접적인 교환과 상품유통을 동일시하는 것, 바꾸어 말해서 노동 생산물인 상품의 소재적 내용과 그 사회적 형태를 동일시하는 것에서 비롯된 것임을 논증하였던 것이다. 그렇기 때문에 예를 들어 장 바티스트 세(Jean Baptiste Say)에게서 상품 교환은 곧 사용가치의 교환이다. 마르크스는 부르주아 경제학, 특히 속류 경제학의 특징이 특수한 자본주의적 관계의 분석을 모든 생산양식에 적용되는 상품유통의 일반적 범주에 대한 논의로 대체해 버리는 점에 있다고 지적하였다.

마르크스는 자본주의적 착취 메커니즘을 다음과 같이 서술하고 있다. "화폐의 자본으로의 전화는 상품 교환에 내재하는 여러 법칙의 기초 위에서 전개되어야 하며, 따라서 등가물끼리의 교환이 출발점으로 간주된다. …… 상품가치와 상품 가격이 같을 때도 자본 형성은 가능해야 한다. 자본 형성은 상품 가격의 상품가치로부터의 괴리를 통해서는 설명될 수 없다. 가격이 실제로 가치에서 괴리되었다면 먼저 가격을 가치로 환원한 다음, 즉 위의 상태를 우연적인 것으로 배제한 다음 상품 교환에 기초한 자본 형성의 현상을 순수하게 파악해야 하며, 그럼으로써 그 고찰에서 본래의 과정과는 관계없는 교란적이고 부수적인 요인에 현혹되지 않도록 해야 한다."[311]

이것은 경제학의 문제를 전혀 다른 관점에서 파악한 것이었다. 즉 그것은 자본주의적 착취를 자본주의 생산양식의 내재적인 법칙으로 설명하였고, 잉여가치를 자본주의에서 가치법칙의 작용이 훼손된 것으로 파악하거나(스미스가 했던 방식) 시장가격이 가치로부터 벗어난 것으로 파악하는(중상주의에서 시작하여 맬서스, 토런스, 존 스튜어트 밀 등의 많은 부르주아 경제학자들이 생각한 방식) 대신 자본주의의 가치관계의 분석으로부터 도출하였던 것이었다. 이런 새로운 관점은 사회주의 혁명의 필연성을 입증해야 하는 과학적 공산주의 이론에는 매우 중요한 일이었다. 왜냐하면 그것은 자본주의사회의 한계 내에서 노동자계급의 상태를 근본적으로 변화시킬 수 있다는 기존의 모든 환상과 완전히 결별하는 것을 의미했기 때문이다.

마르크스의 잉여가치론은 노동력 상품의 분석(즉 노동력 상품의 사용가치와 가치의 분석)에 기초해 있다. 이 분석은 무엇보다도 노동력 상품의 사용가치와 가치 사이의 차이로부터 출발하여 노동자가 노동과정에서 창출하였지만 자본가에게 귀속되는 가치와 노동력 자신의 가치로 사용되는 가치를 서로 엄격하게 구분할 수 있도록 만들어주었다. 이들 두 가치의 크기 사이의 차이가 잉여가치를 이룬다.

마르크스는 노동력의 가치를 노동자계급의 욕망을 충족시키는 데에 사용되는 생활수단의 가치로 규정한 곳에서 "이른바 필수적인 욕망의 범위와 그런 욕망의 충족 방식은 하나의 역사적 산물이고 따라서 대개 그 나라의 문화적 수준에 의해— 특히 자유로운 노동자계급이 어떤 조건 아래에서 형성되었는지, 즉 어떤 습관이나 생활 요구를 가지고 형성되었는지에 의해— 정해질 것이다. 그러므로 노동력의 가치를 결정하는 데에는 다른 상품의 경우와 달리 역사적·도덕적 요소가 포함된다." 이 개념은 또한 최저임금 이론에 대한 결정적인 비판을 포함하고 있는데, 이 최저임금 이론이란 부르주아 경제학의 출발점을 이루는 것으로서 이들이 주장하는, 이른바 '임금철칙'의 기초가 되고 임금 인상을 위한 노동자계급의 투쟁을 부인하도록 만드는 것이다. 이런 변호론적 관점에 반대하여 마르크스는 "만일 노동력의 가격이 이 최저한도까지 하락한다면 노동력의 가격은 그 가치 이하로 하락한 것이다. 왜냐하면 이것으로는 노동력이 비정상적으로 쇠약해진 형태로만 유지되고 전개되기 때문이다."[312]

노동력의 사용가치와 가치의 구별, 그리고 이 상품의 판매와 그것을 생산과정에서 사용하는 것 사이의 시간적인 분리를 통해서 노동자들은 항상 자본가들에게 신용 대부를 해주고 자신들의 노동력의 사용가치를 자본가들에게 미리 제공한다는 결론이 얻어진다.[313]

노동력 상품의 분석을 통해서 마르크스는 노동자들이 창출한 생산물이 자본가들의 소유가 되는 상황을 갖가지 측면에서 논증할 수 있었다. 이런 논증은 노동자의 소유로 되는 노동력 상품의 가치와 자본가의 소유로 되는 그것의 사용가치를 구별하는 것을 통해서도 이루어질 수 있었다. 노동 생산물은 노동력의 사용가치가 실현됨으로써 얻어진 산물이며 따라서 자본가의 소유로도 된다. 그런데 노동 생산물의 가치는 잉여가치도 포함하고 있다. 노동 생산성의 수준과 노동일의 길이는 노동자가 노동일 가운데 일부분(필요노동 시간, 즉 필요노동)만을 사용하여 자신의 노동력 가치에 해당하는 등가를 재생산할 수 있을 정도가 되어 있다. 노동자는 노동일 가운데 나머지 부분(잉여노동 시간, 즉 잉여노동) 동안 잉여가치를 생산하는데 그 잉여가치는 노동 생산물 전체와 함께 자본가의 소유가 된다. 그래서 자본주의적 착취 메커니즘은 가치법칙에 근거하여 설명 가능하다. "문제의 조건은 모두 해결되고 상품 교환의 법칙은 조금도 침해되지 않았다."[314] 실제 자본주의적 현실의 표면에서는 잉여가치가 선대된 자본의 산물로 나타난다. 그렇기 때문에 잉여가치가 노동자의 잉여노동으로부터 나온다는 사실—그렇다 하더라도 잉여가치가 자본가에게 귀속된다는 사실에는 아무런 변화가 없지만—을 입증하는 것은 매우 중요하다. 이 사실을 밝혀냄으로써 마르크스는 부르주아 경제학에 대항하여 이른바 프롤레타리아의 편을 들고 있다고 알려진 개념(호지스킨 등과 같은)—물론 이들은 리카도 이론의 입장에 서 있었다—에 대하여 상세한 비판을 가할 수 있었다.

마르크스는 잉여가치율(가변자본 혹은 필요노동에 대한 잉여가치 혹은 잉여

노동 시간의 비율)의 개념이 "자본에 의한 노동력의 착취도 혹은 자본가에 의한 노동자의 착취도"[315]를 정확하게 표현하는 것이라고 말하였다. 그러나 잉여가치율은 착취의 절대적인 크기(이것은 예를 들어 노동일의 길이에 따라 함께 변동한다)를 나타내지는 못한다.

필요노동은 "노동이 지닌 사회적 형태와는 무관"하다. 만일 노동자가 자본가를 위해서 노동하는 것이 아니라 "자기 자신을 위하여 독립적으로 노동한다 해도, 다른 조건이 변하지 않는다면, 자신의 노동력 가치를 생산하고 또 그럼으로써 자신을 유지하고 계속해서 재생산하는 데 필요한 생활수단을 얻기 위해서는 여전히 평균적으로 하루에 그만큼의 노동을 해야 할 것이다."[316] 나중에 마르크스는 공산주의사회와 관련하여 필요노동의 문제로 반복해서 되돌아오곤 한다.

자신의 이론적 발전 단계 가운데 이 단계에서 도달한 결론을 통해서 마르크스는 표준 노동일을 위한 노동자들의 투쟁 근거를 상세하게 정립할 수 있었다. 노동의 이중성에 대한 자신의 이론과, 그로부터 비롯된 불변자본과 가변자본의 서로 다른 역할(상품가치의 형성 과정에서 이들 두 자본이 제각기 수행하는)에 근거하여 마르크스는 몇몇 부르주아 경제학자의 교의—이 교의에 따르면 이윤은 마지막 노동시간의 결과물을 이루어야 한다(이른바 "시니어의 마지막 한 시간")—가 얼마나 근거가 없는 것인지를 입증하였다. 이 교의는 10시간 노동일을 위한 노동자들의 투쟁에 반대하기 위한 것이었다.

마르크스는 계속해서 노동일의 길이를 엄격하게 고정하는 것은 불가능하다는 점을 입증하였다. 노동일의 최저한도(자본주의에서는 생각할 수 없는)는 필요노동 시간에 의해 결정된다. 노동일의 최대한도는 두 가지 요소에 의해 결정되는데, 즉 '노동력의 물리적 한계'와 '도덕적 한계'이다. "노동자는 정신적·사회적 욕망을 충족시키기 위한 시간을 필요로 하며 이들 욕망의 크기와 종류는 일반적으로 문화 수준에 의해 정해진다." 그리고 노동일의 최대한도의 결정이 갖는 이런 이중성 때문에 노동일의 크기를 엄격하게 정하는 것은 불가능하다. 노동일은 물리적인 최대한도와 사회적인 최대한도 사이에서 변동한다(마치 시장가격이 가치를 중심으로 변동하는 것과 마찬가지이다). 그 크기를 결정하는 것은 상품 교환의 법칙이다. 노동자가 자신의 상품가치와 동일한 가격(사회적 최대한도)을 요구하는 것은 판매자로서의 그의 권리이다. 반면 자본가가 구매된 상품을 최대한 사용하려는 것(물리적 최대한도)은 구매자로서의 그의 권리이다. "동등한 권리와 권리 사이에서는 힘이 사태를 결정짓는다. 이리하여 자본주의 생산의 역사에서 노동일의 표준화는 노동일의 한계를 둘러싼 투쟁 — 총자본가(즉 자본가계급)와 총노동자(노동자계급) 사이의 투쟁 — 으로 나타나게 된다."[317] 여기에서 마르크스는 노동자계급의 경제투쟁에서 가장 중요한 방향(노동일의 단축을 위한 투쟁)의 필연성을 근거로 제시하고 있다.

『자본』에서 노동일의 한계를 다룬 장 가운데 일부는 노동자와 자본가가 직접 서로 대화를 하는 형태를 취하고 있는데, 마르크스가 밝히고 있듯이 그것은 1860~61년 노동일을 9시간으로 단축하라고 요구하는 런던 건축 노동자들의 파업 도중에 노동자들의 위원회가 발표한 성명서에 따른 것으로 그것은 앞에서 언급한 "노동자들의 변론과 거의 일치하는"[318] 것이었다. 나중에 『자본』 제1권이 출판되고 난 다음 마르크스는 뉴욕과 런던의 제1인터내셔널 분파들을 통해서 이 대화의 본문이 그대로 담긴 전단을 유포하였다.

자본유통의 일반적 정식을 분석하면서 마르크스는 이미 "자본의 운동은 무한히 계속된다"는 결론에 도달하였다. 노동자계급에 대한 착취에서 이것은 지칠 줄 모르는 잉여노동에 대한 열망으로, 즉 노동일을 무한히 연장하고자 하는 자본들의 노력으로 나타난다. 그러나 마르크스의 이론에서 극히 본질적인 부분은 자본가 혹은 자본가계급 전체가 나쁜 의도를 가지고 노동자에 대한 최대한의 착취를 위해 노력하는 것은 아니라는 것이다. 『자본』 제1권 서문에서 마르크스는 이렇게 쓰고 있다. "나는 자본가와 토지 소유자를 결코 장밋빛으로 묘사하지는 않을 것이다. 그러나 여기에서 이 사람들을 문제로 삼는 것은 단지 그들이 갖가지 경제적 범주들의 인격체라는 점에서만, 즉 특정한 계급 관계와 계급 이해의 담당자라는 점에서만 그러하다." 그는 자본주의에 내재하는 추동력이 하루 24시간을 모두 잉여노동으로 취득하려는 데에 있으며 이런 추동력은 모든 자본가에 대하여 "외부에서 가해지는 강제 법칙"과도 같은 것임을 밝혀냈다. 자본주의 생산양식의 이런 객관적인 경향은 노동력을 너무 서둘러 고갈시키고 절멸시키는 사태에 몰아가고 "국민의 생명력의 근원"을 침략하는 결과가 되었다.[319] 마르크스는 방대한 분량의 문헌적 자료들을 동원하여 이 사실을 입증하였다.

자본의 이런 행동은 영속적인 상대적 과잉인구 ─ 주어진 시점에서 자본의 가치 증식 욕구에 비하여 ─ 의 도움을 받고 있다(뒤에서 마르크스는 자본주의적 생산양식의 발전이 필연적으로 영속적인 상대적 과잉인구를 만들어낸다고 밝히고 있다). 그렇기 때문에 자본은 "인류가 장차 멸망할 것이라든지 결국은 인구가 끊임없이 감소할 것이라든지 하는 정도의 예상에 대해서는 (지구가 태양에 부딪힐지 모른다는 예상이나 마찬가지로) 자신의 실제 행동에서 눈도 깜빡하지 않는다." 사회 전체(특히 노동자계급)의 저항에 부딪치고 나서야 비로소 노동력을 무한정 수탈하려는 자본의 노력은 한계에 봉착하고 자본주의 국가는 노동일의 법적 규제에 착수하지 않을 수 없게 된다. 마르크스는 영국의 공장법이 "오랜 기간에 걸친 계급투쟁의 결과"라는 인식에 도달하였다.[320]

노동일의 단축을 위한 노동자계급의 투쟁에 대한 논의를 마르크스는 도덕적 요소도 포함하고 있는 노동력의 가치를 결정하는 내용에 대한 자신의 논의로부터 출발하고 있다. 이 논의에 따르면 노동자는 "교육이나 지적 발달, 또는 사회적 기능의 수행이나 사교를 위한 시간은 물론 육체적·정신적 생명력의 자유로운 활동을 위한 시간과 일요일의 안식 시간"을 필요로 하고, 따라서 이들 시간은 노동자에게 반드시 보장되어야 한다. 대공업 부문들에서 노동일에 대한 법적 규제("공장 노동자들의 육체적·정신적 갱생을 가져온 1853~60년의 놀라운 발전")가 이루어지고 나서야 비로소 부르주아 경제학자들은 서둘러 "노동일에 대한 법적 규제의 불가피성을 통찰하는 것이 그들 '과학'의 특징적인 개혁이라고 선언하였다."[321] (우리는 앞서 이미 부르주아 경제학이 나소 윌리엄 시니어의 입을 빌려 노동일의 단축을 위한 투쟁이 잘못된 것임을 이론적으로 '입증하려' 노력했던 것을 보았다. 유어도 이와 똑같은 변론을 한 적이 있다.) 마르크스는 국제노동자협회의 취임 연설에서 이렇게 말하였다. "10시간 노동법은 단순히 하나의 위대한 실천적 업적이었을 뿐만 아니라 하나의 원칙의 승리였다. 중산층 경제학은 처음으로 백주 대낮에 노동자 경제학에 무릎을 꿇었다."[322]

노동자계급의 노동보호입법을 위한 투쟁의 역사를 일반화하는 과정에서 마르크스는 몇 가지 중요한 인식에 도달하였다. 첫째 그는 자본주의적 생산양식이 처음에는 아무런 제약 없는 노동일의 연장을 낳았지만, 그런 다음에는 "반대로 휴식 시간을 포함한 노동일을 법적으로 제한하고 규제하고 통일하는 사회적 통제"를 가져왔다. 둘째 "자본주의적 생산의 일정한 성숙 단계에서는 개별 노동자(즉 자기 노동력의 '자유로운' 판매자로서의 노동자)가 저항을 하지 못하고 단지 굴복하고 있을 뿐이라는 사실이, 몇몇 생산양식에서의 노동일 규제에 대한 역사와 그런 규제를 둘러싸고 지금도 계속되는 투쟁을 통해 명백히 드러나고 있다. 따라서 표준 노동일의 탄생은 자본가계급과 노동자계급 사이의 오랜 동안의 다소 은폐된 내전의 산물이다." 셋째 영국의 노동자계급은 노동일의 제한을 위한 투쟁에서 국제 노동자계급의 첨병이었고 영국 노동자계급의 이론가들은 "자본의 이론에 대한 최초의 도전자들"이었다. "1810년 로버트 오언이 이론적으로 노동일을 제한할 필요성을 주장하고 실제로 자신의 뉴래너크 공장에 10시간 노동일을 도입했을 때, 그것은 그가 제기한 다른 프로그램(즉 '생산노동과 아동의 결합'이나 그가 창설한 노동자 협동조합 사업)과 똑같이 공산주의적 이상론이라는 비웃음을 받았다. 오늘날에는 그의 첫 번째 이상론은 공장법으로 실현되었고, 두 번째 이상론은 모든 '공장법' 안에 공식적인 문구로 기록되어 있으며, 세 번째 이상은 이미 반동적인 사기극의 가면으로 이용되고 있다." 우리는 마르크스가 『자본』에서 위대한 유토피아 사회주의자들을 높이 평가했다는 사실을 알아차릴 수 있는 가능성을 뒤에서 살펴볼 것이다. 이들은 노동운동이 갖는 본질적이고 핵심적인 경향을 표현함으로써 많은 점에서 앞으로 다가올 시대를 이미 앞질러 얘기하고 있었다. 마르크스는 1848년 2월 혁명을 통해서 12시간 노동일을 위해 투쟁한 프랑스 노동자들과 국제노동자협회와 공동으로 10시간 노동일을 위해 앞장선 미국 노동자들이 영국 노동자들의 뒤를 따르고 있다는 사실을 밝혀냈다. 그는 미국에서 내전이 끝나고 흑인 노예들에 대한 해방이 이루어지고 나서야 비로소 자립적인 노동운동이 가능하게 되었다는 점을 강조하였다. "흑인의 노동이 낙인찍힌 곳에서는 백인의 노동도 해방될 수 없다." 네 번째로 마르크스는 생산관계 그 자체로부터 비롯된 노동운동의 객관적 조건에 대한 일반적 결론에 도달하였다. 노동운동과 그 성과(즉 노동일에 대한 법적 제한)는 자본주의에 대한 미래의 혁명적 변혁을 향한 길에서 결정적인 단계를 이루었다. 마르크스가 인용한 1859년의 공장 감독관 보고서에서는 이것을 다음과 같이 표현하고 있다. "그들은 (공장법을 통해) 자신의 시간에 대한 주인이 됨으로써 궁극적으로 정치적 권력의 획득을 향한 도덕적 에너지를 얻게 되었다."[323]

자본주의적 착취 메커니즘을 밝혀낸 다음 마르크스는 잉여가치의 움직임을 규제하는 법칙을 해명하기 위하여 나아갔다. 잉여가치율, 잉여가치량, 고용된 노동자 수 사이의 관계를 분석하여 그는 다음과 같은 결론을 얻었다. "가변자본의 감소는 노동력 착취도의 비례적인 증가로 상쇄되고 또 사용 노동자 수의 감소는 노동일의 비례적 연장으로 상쇄될 수 있다. 따라서 일정한 범위 내에서는 자본이 짜낼 수 있는 노동의 공급이 노동자의 공급에 의존하지 않게 된다."[324] 그가 여기에서 "일정한 범위 내에서"라고 말한 까닭은 평균적인 노동일은 언제나 적어도 24시간 이내에서만 가능하기 때문이다. 그리고 그것은 또한 노동자 수를 최대한 줄이려고 하는 자본의 객관적 경향이(이어서 마르크스는 이 경향의 객관적 필연성을 밝히고 있다) 최대한의 잉여가치를 만들어내려는 자본의 경향과 모순되기 때문이기도 하다.

그러나 자본은 (일정한 범위 내에서) 단지 임노동으로부터 자립하는 것에 그치지 않는다. 마르크스는 자본이 생산과정 내에서 '노동에 대한 지휘권'으로 발전하여 "노동자계급이 자신들의 생활을 영위하는 데 필요한 좁은 범위의 욕망보다 더 많은 노동을 수행하도록 강요하는 하나의 강제 관계"로까지 발전한다고 밝혔다. 자본은 "직접적 강제 노동에 기반하는 그 이전의 모든 생산 제도에 비해 그 정력이나 무절제함, 그리고 그 효과에서 이들을 훨씬 능가한다." 자본주의적 생산양식은 노동력과 생산수단 사이의 관계를 사실상 와해시킨다. 우리가 생산과정의 소재적 내용을 얘기할 때 그것은 노동자가 노동과정에서 생산수단을 사용하는 것을 의미한다. 그러나 이 과정의 사회적 형태를 얘기할 경우 그것은 "생산수단이 노동자를 사용하는 것"을 의미하게 된다. 생산수단은 "타인의 노동을 흡수하기 위한 수단"이 된다. "용광로나 작업장이 야간에는 문을 닫고 살아 있는 노동을 흡수하지 않는다면, 그것은 자본가에게 '순손실'이다. 바로 그 때문에 용광로나 작업장은 노동력의 '야간 노동에 대한 청구권'을 갖고자 한다."[325] 이런 방식으로 보다 착취를 강화하는 경향이 자본주의적 생산관계 그 자체로부터 만들어진다.

마르크스는 자본가들이 착취를 강화하는 방법을 연구하였다(노동일이 주어져 있을 경우 자본가는 필요노동 시간을 단축하여 잉여가치율을 높이는 방법을 사용할 수밖에 없다). 이 과정에서 마르크스는 가치론의 조건에 맞추어—물론 잉여노동을 확대하는 이 방법이 "임금의 실제 운동에서 중요한 역할"을 하긴 하지만—임금이 노동력 가치 이하로 하락하는 경우를 배제하였다. 그럼에도 불구하고 자본가는 그가 모든 상품의 가치를 하락시키는 것과 똑같은 방법을 사용하여, 즉 노동 생산성을 향상시키는 방법으로("노동과정의 온갖 기술적·사회적 조건", 다시 말해 "생산양식 그 자체"의 변혁을 통해서) 노동력의 가치를 떨어뜨릴 수 있다. "따라서 상품의 가격을 떨어뜨리고, 그럼으로써 노동 자체의 가격을 떨어뜨리기 위해 노동 생산력을 증대시키는 것은 자본의 내재적 충동이자 끊임없이 지속되는 경향이다."[326]

이처럼 마르크스는 자본주의 생산양식의 모순적인 경향을 추적하였는데, 이것은 궁극적으로 이런 경향을 불러일으키는 경제 현상의 소재적 내용과 사회적 형태 사이의 모순을 추적하는 것이었다. 여기에서 자본주의 생산의 소재적 내용은 노동 생산성의 발전, 즉 상품 가격의 하락으로 나타난다. 그리고 바로 이 점이 자본주의적 생산양식의 진보적인 측면이다. 그러나 자본주의 생산의 사회적 형태에 대해서 마르크스는 이렇게 말한다. "노동 생산력의 발전을 통한 노동의 절약은 노동일의 단축을 목적으로 하는 것이 결코 아니다. …… 노동 생산력의 발전은 자본주의적 생산 내부에서 노동자가 노동일 가운데 자신을 위해 노동해야 하는 부분을 줄이고, 바로 그럼으로써 노동일의 다른 부분, 즉 그가 자본가를 위해 무상으로 노동하게 되는 부분을 늘리는 것을 목적으로 한다."[327]

마르크스는 자본주의 생산의 첫 번째 단계인 자본주의적 단순협업에 대한 연구를 통해서 이미 자본이 다수의 노동자를 동시에 투입하는 객관적 경향을 가지고 있다는 사실을 밝혀냈다. 이 협업을 통해서 자본이 무상으로 취득하는 사회적 노동의 생산력이 발생한다. 그러나 "다른 사람과의 계획적인 협력을 통해서 노동자는 자신의 개인적인 한계를 벗어나 자신의 유적(類的) 능력을 발휘한다." 마르크스는 계급투쟁이 강화되는 경향에 대해서도 지적한다. "한꺼번에 고용된 노동자 수가 증가함에 따라 그들의 저항도 커지며, 또한 이 저항을 억압하기 위한 자본의 압력도 필연적으로 커진다." 자본의 압력은 특히 전제적인 형태의 자본주의적 관리로 나타난다. 자본주의적 생산과정의 지휘는 그 소재적 내용에서 한 생산물의 생산을 위한 사회적 노동과정의 지휘가 되며 이런 특성 때문에 그 지휘는 자본가를 축출할 수도 있다. 마르크스는 1844년 협동조합을 결성한 로치데일(맨체스터의 공업지구) 노동자들의 발의에 대하여 영국의 부르주아 주간지 『스펙테이터』가 보도한 다음의 내용을 인용하고 있다. "이들의 실험은 노동자들의 협동조합이 매점과 공장, 그리고 거의 모든 형태의 산업을 성공적으로 관리할 수 있음을 보여주었으며, 또한 노동자들의 상태를 크게 개선하기도 했지만, 고용주를 위해서는 어떠한 자리도 남겨놓지 않았다." 또한 마르크스는 "이 얼마나 경악스러운 일인가!"라고 덧붙이고 있다.[328] 그러나 그 사회적 형태에서 자본주의적 관리는 노동의 착취에 대한 관리이다. 그리고 바로 이런 목적을 위해 자본은 노동자에 대한 감독을 떠맡을 사무직 노동자들의 무리를 만들어낸다.

자본주의 생산의 규모가 점차 확대되어 감에 따라 노동자들이 생산수단을 합목적적으로 사용하는 데에 관한 자본의 통제는 더욱더 중요해진다. 당시에도 이미 자본이 사용하고 있던 수단으로는 노동자들을 경영에 참여시키는 방법이 있었다. 마르크스는 1857년에 이미 노동자계급에 대한 순전한 사기에 불과한 '노동자들에 대한 성과 배분'을 사회적 선동의 한 형태라고 비판한 바 있었다.[329] 마르크스가 살던 당시에도 이미 자본주의의 현실은 이런 평가가 얼마나 옳은 것인지를 잘 보여주고 있었던 것이다. 앞에서 언급한 『스펙테이터』는 철사를 제조하던 맨체스터의 한 기업에서 자본가와 노동자가 공동으로 출자하여 일종의 협동조합이 설립된 후 "최초의 성과는 물자의 낭비가 놀랄 만큼 감소하였다는 것이다. 이는 노동자들이 그들 자신의 재산을 자본가의 재산보다 더 낭비할 이유를 찾지 못했기 때문이다."[330]

자본주의의 매뉴팩처 단계에서는 분업이 증가하면서 '부분 노동자'라는 개념이 등장한다. 무엇보다도 먼저 명백한 것은 "일생 동안 똑같은 하나의 단순 작업에 종사하는 노동자는 자신의 신체 모두를 이 작업에 맞추어 자동적이고 일면적인 기관으로 전환한다"는 사실이다. 그것이 만들어내는 결과는 노동 생산성의 증가이며 동시에 "부분 노동자를 자본의 통제 아래 무조건 예속시키는 것"이 된다. 매뉴팩처는 미숙련노동자를 만들어내며 "일체의 발달이 배제된 전문성을 만들기 시작한다." 그럼으로써 노동력의 가치는 하락하고 잉여노동의 영역은 확대된다.

매뉴팩처에서의 전제적인 분업은 자본주의사회의 무정부적인 분업 관계하에서 존재한다. 사회적 분업의 이런 무정부성에 대한 공격을 부르주아사회의 변론자들은 "개별 자본가의 불가침적인 소유권이자 자유, 그리고 자율적인 '독창성'에 대한 침해"라고 비난하였는데, 이 무정부성을 마르크스는 공산주의사회의 "사회적 노동의 일반적 조직" 및 "사회적 생산과정에 대한 의식적인 사회적 통제와 규제"와 대비하였다.[331]

자본주의 생산양식의 세 단계(단순협업, 매뉴팩처, 대공업)는 생산의 정신적 잠재력인 과학이 생산에서 노동으로부터 점차 분리되어 가는 과정으로 특징지어진다. "부분 노동자들이 잃어버린 것은 그들과 대립되는 자본에서 집적된다." 마르크스는 오언의 추종자인 리카도-사회주의자 윌리엄스 톰슨(Williams Thompson)을 인용하고 있다. "학식의 소유자와 생산적 노동자는 서로 완전히 분리되어 있다. 그리고 과학은 노동자의 수중에서 노동자를 위하여 그의 생산력을 증가시켜 주기는커녕 거의 모든 곳에서 노동자와 대립한다."[332] 개인에게서 생명의 근원을 빼앗아버리는 매뉴팩처 분업이 끼친 가장 핵심적인 영향은 노동자들에게서 직업병을 발생시킨 것이다.

마르크스는 매뉴팩처의 이중적 성격을 강조한다. 소재적 내용의 관점에서 볼 때 매뉴팩처는 하나의 새로운 사회적 생산력이며, 그런 점에서 그것은 사회의 경제적 발전에서 역사적 진보이며 필연적 계기이다. 그러나 그 사회적 형태라는 관점에서 보면 매뉴팩처는 "사회적 생산과정의 특수한 자본주의적 형태"로서, 노동에 대한 자본의 지배를 위한 새로운 조건의 등장이며 상대적 잉여가치 생산의 특수한 방법이며 "문명화되고 세련된 착취의 수단"이다.[333]

노동에 대한 자본의 형식적 포섭에서 실질적 포섭으로의 이행이라는 관점에서 볼 때, 매뉴팩처 분업의 특징은 자본이 "매뉴팩처 노동자에게서 이용할 수 있는 모든 노동시간을 자신의 것으로 만드는 데" 실패하였다는 점에 있다.[334] 자본은 이 과제를 기계제 대규모 생산 단계에 이르러서야 비로소 달성할 수 있었다.

자본주의적 생산양식의 이 첫 번째 발전 단계에서 아직 완전히 발전하지 못한 맹아적인 형태로 모습을 드러낸 이들 모든 경향은 대공업 단계에 이르러 완전한 꽃을 피우게 된다. 마르크스는 이 단계를 분석하면서도 다시 두 가지 측면에서 그것을 고찰하였다. 기계제 생산은 무엇보다도 '노동과정의 협업적 성격'을 주된 특징으로 갖는데, 이 성격은 "노동수단 자체의 성격에 의해 규정되는 기술적 필연"을 이룬다. 그런데 이때 기계를 도입하는 목적은 잉여가치의 생산을 늘리는 데에 있고, 따라서 부르주아사회에서 기계를 사용하는 기준은 매우 좁은 범위에 국한된다. 자본가에게서 기계의 사용은 "기계 자체의 생산에 필요한 노동이 기계의 사용으로 대체될 노동보다 적어야 하는" 경우로 제한된다. 이런 맥락에서 마르크스는 공산주의사회에서 기계의 사용에 대해서도 관심을 기울이면서 다음과 같이 지적하고 있다. "생산물의 가격을 낮추기 위한 수단이라는 측면에서만 본다면, 기계 사용의 한계는 기계 자체의 생산에 필요한 노동이 기계의 사용으로 대체될 노동보다 적어야 한다는 점에 있다"(기계가 노동의 부하를 줄여줄 수 있다는 점은 무시하기로 한다). "공산주의사회에서 기계는 부르주아사회와는 전혀 활동 범위가 다를 것이다." 공산주의사회에서 기계 사용의 기준은 기계를 만드는 데 들어간 노동이 기계의 사용으로 대체되는 노동보다 더 적어야 한다는 점에 있을 것이다. 그래서 공산주의사회에서 기계의 사용은 지불되는 노동시간의 감소에 의해 결정되는 것이 아니라 전반적으로 사용되는 노동의 감소에 의해 결정될 것이다.[335]

기계의 자본주의적 사용이 노동자들에게 끼친 영향을 분석하면서 마르크스는 자본주의에서 기계제 생산이 만들어낸 것보다 더 "아무런 부끄럼 없이 인력을 마구 낭비한"적은 어디에도 존재하지 않는다고 결론을 맺고 있다. 기계제 생산은 최초로 여성 노동과 아동 노동을 광범위하게 사용할 수 있도록 만들었고, 그것은 무엇보다도 성인 노동자의 노동력 가치를 떨어뜨리고 그들에 대한 착취가 증가하였다는 것을 의미한다. 마르크스는 계속해서 "자본은 소비에 필요한 가족 노동을 약탈하였고" 그에 따라 "노동자 가족의 생계비를 증가시켰다." 이 모든 사실과 무수히 많은 공장 감독관의 보고서에 나타나고 있는 부녀자와 아동의 신체적인 퇴락 현상에 대한 지적에 대하여 부르주아 경제학자들은 철저하게 침묵하였다. 아동 노동에 대한 착취로부터 비롯된 '도덕적 퇴락'과 '지적 황폐화' 때문에 결국 영국 의회는 14세 이하의 아동에 대해서 모든 산업 부문에서 초등교육을 의무적으로 실시하도록 법적으로 강제하게 되었다. 마르크스는 공장주들이 이 법을 온갖 방법을 동원하여 어떻게 회피하려 하였는지를 낱낱이 밝히고 있다.[336]

　　기계의 자본주의적 사용이 가져온 핵심적인 결과는 노동일의 연장과 노동강도의 강화였는데, 이것은 자본주의적 생산이 기계제로의 발전 단계에 도달하기 위해 필요한 조건이었으며 동시에 기계의 사용 조건(즉 기계의 물리적·도덕적 마모, 다시 말해 생산이 연속적으로 이어지기 위해서는 반드시 필요한 조건) 때문에 필요한 것이기도 하였다. 마르크스는 "노동시간을 단축하기 위한 가장 강력한 수단이 노동자와 그의 가족의 모든 생활시간을 자본의 가치 증식에 이용할 수 있는 노동시간으로 전화시키는 가장 확실한 수단으로 뒤바뀌는 경제학적 역설"을 자세히 분석하였다. 그리고 기계제적 생산은 새로운 노동자계급에 대한 자본의 포섭이 이루어지도록 만들어주고 과잉 노동인구를 양산하기 때문에 자본은 노동일의 연장에 반대하는 노동자들의 저항을 분쇄하기 위해 노력한다. 그러나 노동자계급이 노동일에 대한 법적 규제를 가까스로 획득하자, 자본은 노동의 강도를 강화하는 방법, 즉 단축된 노동일 내부에서 "노동의 밀도를 높이는 방법"을 취하였다. 기계의 작업 속도를 높이고 노동자 한 사람이 다루는 기계의 수를 늘리는 것이 바로 자본가들이 이런 목표를 달성하는 방법이었다. 이때 자본가들이 이런 목표를 달성할 수 있었던 것은 "노동력의 작업 능력이 그 작업 시간에 반비례"하고 "그냥 노동일만 단축하더라도 노동의 규칙성·균칙성·질서·연속성·에너지 등이 놀라울 만큼 증대"하기 때문이었다.[337]

마르크스가 노동일에 대한 절에서 설명하고 있는 노동자계급의 노동일 단축을 위한 투쟁의 객관적인 성격은 이제 보다 확대된 근거를 갖게 되었다. 노동자의 건강과 노동력 그 자체를 파괴하는 노동강도의 강화를 점차 증가시켜 나가는 자본의 경향은 "결국 또 다른 전환점을 향해 나아가지 않을 수 없게 되었다. 즉 자본은 다시 한 번 노동시간을 단축하지 않을 수 없게 되었다."[338] 여기에서 마르크스는 1867년 랭커셔에서 공장 노동자들 사이에서 벌어진 8시간 노동일 운동을 얘기하고 있다.

생산과정을 노동과정과 가치 증식 과정의 통일로 분석하는 『자본』 제1권 제5장에서 마르크스는 서로 다른 종류의 노동을 평준화하는 경향이 자본주의에 내재하고 있다는 점을 지적한다. 이 경향에 근거하여 그는 노동을 '단순한 사회적 평균 노동'으로 연구할 수 있었다. 자본주의적 공장제에서 이 경향은 완전한 모습을 드러낸다. 공장제에서 기술적 분업의 특징은 기계에 붙어서 작업하는 노동자들이 다수의 보조 노동자들, 막일 노동자들, 그리고 기계를 통제하고 수리하는 소규모 그룹의 노동자들(엔지니어와 기계공 등)과 결합되어 있다는 점에 있다. "이들은 아주 고급 노동자 부류로, 일부는 학문적인 교육을 받았고 일부는 수공업자 부류인데, 공장 노동자의 범위에는 속하지 않고 다만 공장 노동자와 섞여 있을 뿐이다." 기계의 사용은 한편으로 노동자들이 한 기계에서 다른 기계로 자유롭게 옮아 다닐 수 있는 이동성을 높이고 다른 한편 노동자들을 기계의 부속품으로 전락시켜 "공장 전체(즉 자본가)에 대한 노동자의 절망적인 종속을 완성"한다. 여기에 마르크스는 다음과 같은 말을 덧붙이고 있다. "어디서나 그렇듯이 여기서도 사회적 생산과정의 발전에 따른 생산성의 증대와 이것을 자본주의적으로 이용함으로써 발생하는 생산성의 증대는 서로 구분되어야 한다."[339]

기계제 생산의 관계 아래에서는 왜곡된 자본주의적 생산관계의 모습, 즉 생산수단이 노동자를 사용하고 생산과정의 지적 능력이 자본의 능력으로 육체노동자로부터 분리된 모습이 극단적인 형태로 드러난다. "대규모 협업이나 공동의 노동수단(특히 기계)의 사용과 함께 필요해지는 노동과정에 대한 사회적 규제"는 자본주의에서 군대와 같은 규율의 희화적인 형태로 변하고, 그것은 "감독 노동을 발전시키며, 그리하여 노동자들을 육체노동자와 노동 감독자로(즉 보통의 산업 병사와 산업 하사관으로) 완전히 분할한다." 공장 체제에 유리한 가능성을 제공하는 사회적 생산수단의 절약은 자본주의에서 노동자들에게, 푸리에의 표현을 빌리면, "창살 없는 감옥"으로 화한다.[340]

노동자계급은 사회적 생산의 소재적 내용과 그 사회적 형태를 매우 조금씩, 그리고 스스로 깨달아 나간다. 이와 관련하여 마르크스는 노동자들이 처음에는 생산수단 그 자체에, 즉 '자본주의적 생산양식의 물질적 토대'에 반역을 일으켰다고 얘기한다. 그것은 바로 17세기와 19세기 초에 있었던 일(기계파괴운동)을 가리키는 것이었다. "노동자가 기계 그 자체와 그것의 자본주의적 사용 사이의 차이점을 구별해 내고, 그리하여 자신의 공격 대상을 물질적 생산수단 그 자체가 아니라 그것을 이용하는 사회적 형태로 바꾸어야겠다고 깨달을 때까지는 상당한 시간과 경험이 필요했다." 기계의 자본주의적 사용은 필연적으로 노동자 가운데 일부가 생산과정에서 축출되고 과잉인구가 형성됨으로써 노동력의 가격을 그 가치 이하로 떨어뜨릴 수 있도록 만든다. 한편에서 노동자와 다른 한편에서 노동의 조건과 생산 사이에 '완전한 대립'이 점차 발전해 나간다. 자본주의에서 기계는 "자본의 전제에 반항하는 노동자의 주기적인 봉기와 파업 등을 타도할 수 있는 가장 강력한 무기가 된다."[341] 마르크스는 노동자계급의 파업 투쟁에 영향을 받아 이루어진 갖가지 기술적 발명의 역사를 추적하고 있다.

마르크스는『자본』제1권에서 별도의 한 개 절을 할애하여 기계에 의해 쫓겨난 노동자들에 대한 속류 경제학의 보상설을 다루고 있다. 리카도도 한때 이 이론을 추종한 바 있었지만 나중에는 거기에서 벗어났다. 마르크스가 논증하고 있듯이, 이 이론은 무엇보다 실제 사실과 모순된다. "기계에 의해 쫓겨난 노동자는 작업장에서 노동시장으로 내던져지고, 그리하여 언제라도 자본주의적 착취에 이용될 수 있는 노동자의 수를 증가시킨다." 게다가 이 이론은 기계가 생활수단을 해방하여 자본으로 만들고 이 자본이 기계에 의해 쫓겨난 노동자들을 다시 고용한다고 함으로써 사실관계를 왜곡하였다. 기계는 이들 이론의 주장과는 반대로 노동자들의 생활수단을 약탈하였기 때문이다.

이들 속류 경제학의 이론에 대한 비판과 연결지어 마르크스는 사회현상의 소재적 내용에 매달려 그 사회적 형태의 특수성에 대해서는 눈을 감아 버리는 부르주아적 변호론의 방법론적 뿌리를 밝혀냈다. "기계의 자본주의적 사용과 불가분의 관계를 맺는 모순이나 적대 관계 따위는 존재하지 않는다. 왜냐하면 그런 것은 기계 그 자체에서 생기는 것이 아니라 그것을 자본주의적으로 사용함으로써 생겨나는 것이기 때문이다! 즉 기계는 그 자체로서는 노동시간을 단축하지만 자본주의적으로 사용되면서 노동일을 연장하게 되고, 그 자체로서는 노동을 경감시키지만 자본주의적으로 사용되면서 노동강도를 높이게 되고, 그 자체로서는 자연력에 대한 인간의 승리이지만 자본주의적으로 사용되면서 인간을 자연력에 예속시키며, 그 자체로서는 생산자의 부를 증대시키지만 자본주의적으로 사용되면서 생산자를 빈민으로 만들기 때문에, 부르주아 경제학자는 간단히 다음과 같이 단언한다. 기계를 그 자체로서 고찰하면 그런 명백한 모순들은 모두 일상적 현실의 단순한 허상에 지나지 않는 것으로, 그 자체로 보든 이론적으로 보든 전혀 존재하지 않는 것이 분명하다는 것이다."[342] 속류 경제학자들은 오로지 기계를 자본주의적으로 사용하는 것만을 생각하기 때문에 이 사용 방식에 반대하는 사람은 모두가 기계 그 자체를 반대하는 사람으로, 즉 기술 진보에 반대하는 사람으로 간주된다.

　기계의 자본주의적 사용과 그와 연관된 노동 생산성의 증가, 그리고 잉여가치량과 생산량의 증가 등이 끼치는 가장 중요한 사회적 영향으로는 자본가계급과 그들 주변을 둘러싸고 있는 무리가 증가하고, 사치재의 생산이 증가하고 노동자계급 가운데 점점 더 많은 부분이 비생산적으로 낭비되는 현상이다. 마르크스는 이것을 1861년 잉글랜드와 웨일스 인구 센서스 결과를 가지고 설명하고 있다. 이 통계에 따르면 섬유산업, 석탄산업, 광산업에 종사하는 노동자의 숫자에 비해 '근대적인 집안 노예'에 해당하는 서비스 노동자의 숫자가 더 많았다. 개별 산업 부문 노동자 수의 증가는 고용된 노동자 전체 수의 감소와 함께 이루어질 수 있다. "공장 노동자 수의 증가는 공장에 투하되는 총자본이 그보다 훨씬 빠른 비율로 증대할 것을 필요로 한다."[343] 기술 진보로 인한 생산의 양적 증가와 질적 발전이 번갈아 이루어지면서 기계제 대공업의 생산이 겪게 되는 경제적 순환은 노동자들의 생활 상태를 불안정하고 단속(斷續)적인 것으로 만들며 생산으로부터 끊임없이 고용되었다가 다시 축출되도록 만들고, 임금을 노동력의 가치 이하로 터무니없이 떨어뜨린다.

　마르크스는 '대공업의 배후'에서 이루어지는 끔찍한 착취와 매뉴팩처, 수공업, 가내공업으로부터 공장제로의 이행 형태("사회적 경영 방식의 변혁―이것은 생산수단의 변화에 따른 필연적인 산물이다―은 여러 가지 복잡한 과도적 형태들이 마구 뒤섞인 가운데 이루어진다")에 대해 얘기하면서 이런 이행이 아직 이루어지기 전에 "이들 경영 형태가 모두 오래전에 벌써 대공업의 영향을 받아 완전히 변형되고 분해되고 왜곡되어 스스로의 올바른 발전 계기를 마련하지 못하고, 공장제의 온갖 흉악한 점만을 재생산할 뿐만 아니라 그보다 더한 것조차 자행해 왔다"는 사실을 보여준다. 그는 "값싼 노동력의 무제한적인 착취야말로 …… 경쟁력의 유일한 토대"인 낙후된 산업 부문의 폐기와 산업혁명의 촉진을 위해 공장법이 갖는 중요

한 의의를 지적한다.[344]

마르크스는 이와 관련하여 공장법으로 거슬러 올라가 공장법의 특징을 "사회가 그 생산과정의 자연 발생적 형태에 가한 최초의 의식적이고 계획적인 반작용"으로, "자본주의적 생산양식이 본질적으로 어떤 일정한 한계 이상으로는 작업장의 합리적인 개선을"(예를 들어 노동조건의 개선과 같은) "절대 더 이상 진전시키지 않는다"는 사실을 정확히 보여주는 법으로 규정하였다.

공장법은 초등교육을 노동의 의무 조건으로 선포하였다. 그것은 "학업과 체육을 육체노동과 결합시킬 수 있다"는 사실을 처음으로 보여주었다. "로버트 오언이 우리에게 상세히 알려주고 있듯이, 공장제에서 미래 교육——일정 연령 이상의 모든 아동에게 생산노동을 시킬 때는 반드시 학업과 병행하도록 하고 체육교육도 함께 시키도록 하는 것으로, 이것은 사회적 생산을 증대시키는 방법일 뿐만 아니라 인간의 전인적 발전을 위한 유일한 방법이기도 하다——의 맹아가 탄생하였다."[345] 그러나 동시에 기계의 자본주의적 사용은 노동자들을 바보로 만들고 그들을 "한 부분 기계의 자의식을 가진 부속물"로 만들어버리며 미숙련노동을 일반화해 버린다.

자연과학을 대공업의 기술적 토대로 광범위하게 사용하는 것은 기술적 토대가 혁명적 성격을 갖기 위한 전제를 이룬다. 사회적 무정부 상태 아래에서 노동력에 대한 엄청난 약탈과 더불어 노동력이 다방면으로 투입될 수 있는 가능성, 즉 노동을 전환할 수 있는 노동자들의 능력이 생긴다. 마르크스는 미국에서 귀국한 한 프랑스 노동자의 말을 인용하고 있다. "어떤 노동이라도 할 수 있다는 이런 경험으로 말미암아 나는 나 자신이 연체동물이라기보다는 오히려 인간이라는 것을 느끼게 되었다."[346]

대공업에 대한 다방면의 연구를 통해 마르크스는 미래의 공산주의사회에 대한 중요한 단서도 끌어낼 수 있었다. 대공업은 "자신의 파국을 통해서 노동을 전환시키고, 이에 따라 노동자의 가능한 모든 다면성을 일반적인 사회적 생산 법칙으로 승인할 뿐만 아니라 이 법칙의 정상적인 실현을 위해 온갖 사회적 관계를 맞추고자 결사적으로 노력하게 된다. 이제 대공업은 변화하는 자본의 착취 욕구를 위해 예비로 남겨진(그리고 자유롭게 이용될 수 있는) 궁핍한 노동인구를 변화하는 노동의 필요에 맞는 인간으로 사용할 수 있도록 바꾸기 위해 필사적으로 노력하게 되는데, 이는 곧 하나의 사회적 세부 기능을 담당하던 개인을 다양한 사회적 기능을 번갈아가면서 수행하는 전인적 인간으로 대체하는 것을 뜻한다. ……자본에서 임시방편으로 쟁취해 낸 최초의 양보에 해당하는 공장법은 단지 초등교육을 공장 노동과 결합시킨 것에 불과하지만, 노동자계급이 앞으로 정권을 장악할 경우에는— 이것은 피할 수 없는 일이다— 이론적이고 실제적인 기술 교육이 노동자 학교의 중요한 위치를 차지할 것이 분명하다. 마찬가지로 자본주의적 생산 형태와 거기에 상응하는 노동자들의 경제적 상태는 이런 변혁을 불러일으키는 요인은 물론 그런 변혁의 목표인 낡은 분업의 폐기와 정면으로 모순된다는 사실 또한 분명하다. 그러나 한 역사적 생산 형태의 갖가지 모순의 발전은 그 생산 형태의 해체와 새로운 형성으로 가는 유일한 역사적인 경로이다."[347] (때때로 공산주의 사회에서의 분업의 철폐에 대한 마르크스의 명제는 공산주의사회에서는 더 이상 전문화가 존재하지 않게 되는 것으로 설명되곤 한다. 마르크스가 공산주의사회의 인간을 전면적으로 발전된 인간으로 특징짓고 이 인간은 노동의 끊임없이 변화하는 요구에 절대적으로 적응할 능력을 갖추고 있다고 했던 말이 바로 이 설명에 대한 근거가 된다.)

기계제 대규모 생산의 조건으로부터 마르크스는 미래 사회의 가족 관계도 도출해 냈다. 대공업은 "가족의 영역 저편에 사회적으로 조직된 생산과정 내에서 부녀자와 소년·소녀 및 아동에 대하여 결정적인 역할을 부여함으로써 가족과 남녀관계의 더 높은 형태를 위한 새로운 경제적 기초를 만들어낸다. …… 온갖 연령층의 남녀 개인들로 이루어진 결합적인 작업 인력의 구성은 그것이 자연 발생적이고도 야만적인 자본주의적 형태 — 생산과정을 위하여 노동자가 존재하는 것이지 노동자를 위하여 생산과정이 존재하는 것은 아닌 — 를 띠게 되면 파멸과 노예 상태라는 해독의 원천이 되지만, 적절하게 알맞은 조건이 주어지기만 하면 거꾸로 인간 발전의 원천으로 돌변하고 말 것이 분명하다."[348]

마르크스의 특별한 관심은 공장법의 확대로 나아가는 경향을 "모든 사회적 생산의 법칙"으로 간주하는 것이었는데, 이는 공장법이 자본의 집적을 촉진하고 과도적인 형태들을 노골적인 자본 지배로 대체함으로써 "이런 지배에 대한 직접적인 투쟁도 일반화하기" 때문이다. "공장법의 일반화는 생산과정의 갖가지 물질적 조건과 사회적 결합을 성숙시키며, 또 생산과정의 자본주의적 형태가 지니는 모순과 적대 관계뿐만 아니라 새로운 사회의 형성 요소와 낡은 사회의 변혁의 계기까지도 함께 성숙시킨다." 우리는 마르크스가 이론을 발전시켜 나가면서 노동자계급의 투쟁에 대한 문제로 어떻게 나아가며, 자본주의에서 공산주의로 이행하는 데 이 투쟁과 그것의 실질적인 지위를 점차 더 깊이 탐구하게 되는 것을 보게 된다. 마르크스는 여기에서 다시 한 번 오언에게로 거슬러 올라가 그의 개념을 그의 추종자들과 분리해서 설명한다. "협동조합 공장과 협동조합 매점의 아버지인 오언은 앞에서도 얘기했듯이, 이 고립적인 변혁의 계기들이 행사하는 영향력에 대해서 결코 그의 추종자들이 품었던 것과 같은 환상을 품지 않았으며, 실제로 자신의 실천에서도 공장제를 출발점으로 삼았을 뿐만 아니라 이론적으로도 공장제를 사회혁명의 출발점이라고 선언하였다." 이처럼 결정적인 점에서 마르크스 이론은 위대한 유토피아주의자들의 견해와 일치하며, 그의 이론은 이들 유토피아주의자의 이론을 더욱 발전시키고 심화시킨 것이었다. 그것은 또한 마르크스주의의 이론적 원천에 속하는 생시몽, 푸리에, 오언 등의 이론의 업적이기도 하였다. 그러나 마르크스는 자본주의에 대한 온갖 형태의 유토피아적 비판들 — "현시대를 비판하고 평가할 줄은 알지만 그것을 제대로 파악하지는 못하는" — 과는 달리 결론에 이르기까지 일관된 형태로 자본주

의에 대해서 건설적인 비판을 수행한 최초의 사람이었다.●[349]

　이 연구 단계에서 마르크스는 농업에도 눈을 돌렸다. "농업 영역에서 대공업은 그것이 낡은 사회의 보루인 '농민'을 소멸하고 그들을 임노동자로 대체하는 경우에만 혁명적으로 작용한다." 이 영역에서도 자본주의적 생산양식은 자기 내부에 내재해 있는 적대적 형태로 "더욱 진전된 새로운 종합(Synthese)을 위한 물질적 조건, 즉 대립적으로 완성된 형태를 토대로 한 농업과 공업 간의 결합을 위한 물질적 조건도 함께" 창출해 낸다. 자본주의적 생산은 자연 발생적으로 성립한 도시와 농촌 사이의 물질대사 조건을 파괴하고 동시에 "그것을 사회적 생산의 규제 법칙으로(그리고 인간의 전인적 발전에 적합한 형태로) 체계화해서 다시 만들어낸다." 도시인구의 끊임없는 증가(즉 '사회의 역사적 동력')와 도시 노동자의 끊임없는 집적은 노동자계급의 저항력을 점차 증가시킨다.[350]

　그런 다음 마르크스는 자본주의의 세 가지 역사적 발전 단계를 연구하고 이들 발전단계를 잉여가치 생산의 세 가지 발전 단계로 설명한 다음 잉여가치 생산 그 자체의 분석으로 나아가는데, 이때 그는 이 과정을 노동생산성 범주의 관점에서 살펴보고 있다. 자본주의적 생산양식은 생산적 노동과 생산적 노동자의 범주를 극히 광범위하게 변형시켰다. 이들 개념은 소재적 내용의 측면에서 더욱 확대되었다. "이제는 생산적으로 노동하기 위해서 자신이 모든 것을 직접 수행할 필요가 없어진다. 전체 노동자 가운데 한 부분이라는 사실만으로도(즉 여러 부분 기능 가운데 어느 하나를 수행한다는 사실만으로도) 충분하다." 자본주의적 사회 형태라는 측면에서 생산적 노동과 생산적 노동자의 개념은 극도로 협소해진다. 이들 두 개념에 대한 기준은 잉여가치의 생산에 있다. 여기에서 노동자는 "자본의 직접적 가치 증식 수단"이 된다. "생산적 노동자가 된다는 것은 전혀

●　원문에서는 해당 부분의 인용 출처가 후주 번호 350으로 되어 있지만 내용에 맞추어 수정하였다 ― 옮긴이 주.

행운이 아니며 오히려 지독한 불운인 것이다."[351]

마르크스는 노동 생산성의 변동에 따라 노동력의 가치와 잉여가치가 서로 반대 방향으로 움직이는 법칙을 정립하고 노동력의 가격이 변동하는 범위를 정한다. 노동력의 가격이 하락할 수 있는 정도는 "저울대의 한편에 있는 자본의 압력과 다른 한편에 있는 노동자의 저항 가운데 어느 쪽이 상대적으로 더 무거운가에 의해 정해진다." 그러나 노동력의 가격이 하락한 노동력의 가치*에 비해 더 높은 수준에 머물러 있을 경우에도 "노동자와 자본가 사이의 생활 수준의 격차"는 갈수록 확대된다. 노동강도가 증가하면 "노동력 가격이 상승한다고 해서 그 가격이 반드시 가치 이상으로 상승하는 것은 아니다. 오히려 노동력 가격이 상승하더라도 그 가격이 가치 이하로 하락할 수도 있다. 이것은 노동력의 가격 상승이 급속한 노동력의 소모를 보전하지 못하는 경우 늘 일어나는 일이다."[352]

여기서 마르크스는 노동일을 단축해야 할 필요성을 논증한다. 노동일의 단축이 이윤을 감소시킨다는 부르주아 경제학의 주장에 대하여 마르크스는 이들 주장이 노동 생산성과 노동강도가 불변이라는 것을 전제로 하고 있지만 "실제로는 그 반대로 노동 생산성과 노동강도의 변동이 노동일의 단축에 앞서 일어나거나 아니면 곧바로 뒤따라 일어난다"고 대답하고 있다. 노동일의 연장은 노동력의 가격을 그 가치 이하로 떨어뜨릴 수 있고, 이는 그 가격이 명목상 상승할 경우에도 발생할 수 있다. "노동일의 연장과 밀접한 관련이 있는 노동력 소모의 증가는 어느 정도까지는 보전의 증가를 통해서 상쇄할 수 있다. 그러나 이 점을 넘어서면 노동력 소모는 기하급수적으로 증가하고, 그와 더불어 노동력의 모든 정상적인 재생산 조건과 활동 조건은 파괴된다. 노동력의 가격과 노동력의 착취도는 더 이상 서로 비교할 수 없을 만큼 격차가 벌어진다."[353] 이 경우 노동력 상품의 가치가 노동자의 정상적인 생존 조건에 의해 결정된다는 가치

• 노동 생산성의 증가로 인한―옮긴이 주.

법칙은 훼손된다.

노동 생산성의 증가와 노동강도의 증가가 노동일의 단축을 가져오는 경우도 있다. 이때 그 단축의 정도는 노동일 가운데 줄일 수 있는 필요노동 부분에 의해 결정된다. 마르크스는 자본주의에서 노동일의 단축이 이 최저한도까지 이루어지는 경우는 있을 수 없다고 지적한다. 그런 다음 그는 공산주의사회에서의 노동일의 길이에 대한 분석으로 넘어가서 자기 연구의 앞 단계에서 정립한 생각을 더욱 발전시키고 있다. "자본주의적 생산 형태가 폐기되어야만 노동일은 필요노동에 국한될 수 있다. 그렇지만 다른 조건이 불변이라면 필요노동의 범위는 확대될 것이다. 왜냐하면 한편으로는 노동자의 생활 조건이 더욱 풍요해지고 그들의 생활상의 요구가 더욱 커질 것이기 때문이다. 또 다른 한편으로는 현재의 잉여노동 가운데 일부가 필요노동(즉 사회적 준비금과 축적 기금의 획득에 필요한 노동)으로 계산될 것이기 때문이다."[354] 이처럼 마르크스는 노동을 필요노동과 잉여노동으로 분할하는 것이 공산주의사회에는 적용되지 않는다는 것을 이미 분명하게 확인해 주고 있다.

마르크스는 노동의 절약(생산수단의 절약과 불필요한 노동의 제거)과 노동의 일반성(Allgemeinheit der Arbeit)●과 같은 요인들도 노동 생산성의 증가와 그에 따른 노동일의 절약을 가져온다고 지적한다. 생산수단과 노동력의 낭비, 그리고 기생계급으로 인해 자본주의사회는 이들 두 생산요소를 완전히 이용할 수 없다. 공산주의사회가 되면 무정부적인 경쟁 체계와 생산수단에 대한 사적 소유가 폐기되기 때문에 이들 두 생산요소의 지나치게 과도한 낭비를 막고, 노동할 수 있는 모든 사회 구성원에게 노동을 고루 분배할 수 있게 된다. 그럼으로써 노동일의 단축과 "개인의 자

● 사회 구성원 가운데 노동 가능한 사람은 모두 노동에 종사하는 것을 의미한다. 반면 자본주의에서는 이들 구성원 가운데 일부만이 노동에 종사하는 것을 우리는 잘 알고 있다─옮긴이 주.

유로운 정신적·사회적 활동을 위해" 주어지는 시간의 해방이 이루어지게 된다.[355]

현실의 노동 착취도를 나타내는 범주는 잉여가치율인데 이것은 필요노동에 대한 잉여노동의 비율, 혹은 같은 말이지만 지불된 노동에 대한 미지불노동의 비율이다. "자본의 자기 증식의 비밀은 타인의 일정한 미지불노동에 대한 처분권을 갖는 데에 있다." 한편 부르주아 경제학은 잉여가치율 대신에 총노동에 대한 잉여노동의 비율을 사용한다. 그러나 이 비율은 무엇보다도 자본주의적 착취의 크기를 왜곡한다(마르크스는 이 점을 『자본』 제3권에서 자세히 설명하고 있다). 그러나 문제는 이것만이 아니다. 지출된 노동의 비율을 생산물의 각 부분 사이의 비율로 대체하는 것은(잉여노동과 필요노동의 비율 대신에 그것들의 등가 형태인 가변자본에 대한 잉여노동의 비율을 취할 경우에도) "자본 관계의 특수한 성격(즉 가변자본과 살아 있는 노동력과의 교환, 그리고 그에 따른 생산물로부터의 노동자의 배제)을 은폐한다. 그 대신 노동자와 자본가가 각자 제공한 생산요소의 비율에 따라 생산물을 나누어 갖는 하나의 협동 관계라는 허위의 가상 형태가 나타나게 된다."

노동력의 가치와 가격이라는 범주의 현상 형태인 '노동의 가치'와 '임금'이라는 범주를 통해 자본주의적 생산관계는 더욱더 왜곡된다. 이런 불합리한 형태를 단지 파격적인 시적 표현(dichterische Freiheiten)으로, 즉 '가상적 표현'으로 간주한 프루동과는 달리 마르크스는 이 현상 형태의 필연성을 상세하게 논의하였다. 자본주의에서는 필연적으로 노동자의 모든 노동이 지불된 노동으로 나타난다. 마르크스는 이것을 다음과 같이 확정짓고 있다. "현실적인 관계를 은폐하고 오히려 그 반대를 보여주는 이런 현상 형태에 기초하여 노동자와 자본가의 온갖 법 개념과 자본주의 생산양식의 온갖 신비화, 그리고 이 생산양식의 온갖 자유의 환상과 속류 경제학의 온갖 변호론적 헛소리가 성립하게 된다."[356] 마르크스가 다양한 형태의 임금을 분석한 부분은 과학적 공산주의 이론에 대한 특별한 관심과 관련되어 있다. 그는 먼저 "명목상의 …… (임금을) …… 낮추지 않고도 노동 가격을 떨어뜨리는 방법에 여러 가지가 있다"는 것을 보여 준다. 달리 말하자면 노동자가 자본가에게 제공하는 노동량과 그가 그 노동의 대가로 받는 등가 사이에는 불비례가 존재한다는 것이다. 또한 마르크스는 불완전 취업과 노동일의 법적 제한은 원칙적으로 다르다는 것을 지적한다. "우리는 앞에서 과도 노동의 파괴적인 결과를 보았지만, 이번에는 불완전 취업이 노동자에게 고통의 원인이 되는 현상을 보게 된다." 불완전 취업은 지불노동과 미지불노동 사이의 결합을 파괴해 버리고 정규적인 일자리를 유동적인 일자리로 만들고, 노동자가 번갈아가며 과도 노동과 완전실업 사이를 오가게 만든다. 낮은 시간당 임금은 보다 많은 임금을 위해 노동자를 과도 노동으로 몰아간다. 파업을 통한 노동자들의 요구는 자연스럽게 그때그때 실제로 자신들이 처해 있는 상황으로부터 출발한다. 마르크스는 1860년의 대파업 기간에 런던의 건축 노동자들이 단지 다음과 같은 두 가지 조건에서만 시간급을 받아들이겠다고 선언한 사례를 들고 있다. "1. 노동시간의 가격과 함께 9~10시간의 표준 노동일을 확정하고, 10시간 노동일의 1시간 가격을 9시간 노동일의 1시간 가격보다 높게 책정할 것. 2. 표준 노동일을 초과하는 시간은 모두 시간외 노동으로 계산하여 할증 임금으로 지불할 것."[357] 이들 요구는 명백히 불완전 취업과 노동일의 연장을 통해 임금을 낮추려는 자본의 경향에 대항하는 것이었다. 마르크스는 자본주의적 생산의 이런 경향에 대한 투쟁에서 가장 강력한 수단은 노동일의 법적 제한이라고 지적하고 있다.

그는 또한 "과도한 노동시간 아래에서의 비참한 임금"이 결정될 경우 노동자들 사이에서는 물론 자본가들 사이에서도 경쟁이 작용하는 역할을 지적하였다. 시간급과 성과급에 대한 분석을 통해서 마르크스는 이들 두 형태의 임금을 나란히 사용함으로써 공장주들이 벌이는 사기행각을 지적한다. 성과급은 노동자들에 대한 착취를 강화하는 중요한 수단으로 자본가들에게 다양한 형태로 임금을 삭감하고 사기를 자행할 수 있는 매우 큰 가능성을 제공한다. 자본가에 의한 노동의 감독은 노동자들 스스로의 감독에 의해 별로 쓸모가 없어진다. 성과급은 또한 노동강도를 정상적인 수준 이상으로 높인다. 이를 저지하려는 노동조합의 노력에 대하여 자본가들은 "우수한 기능과 노동력의 활발한 사용을 가로막는다"고 비난한다. 성과급은 노동자들 사이의 경쟁을 유발함으로써 평균임금을 떨어뜨리고 노동시간을 늘린다. 바로 그렇기 때문에 성과급은 자본주의적 생산양식에 가장 적합한 임금 형태이기도 하다(그러나 자본가들은 물론 시간급이 더 이익이 된다고 생각되면 주저없이 시간급으로 이행하기도 한다). 경제 현상의 소재적 내용을 그 사회적 형태와 구별하는 방법을 그대로 따라서 마르크스는 성과급의 또 다른 측면도 밝혀낸다. "성과급은 개인별 차이의 여지를 제공하기 때문에 한편으로는 노동자들의 개별적인 속성(즉 자유롭다는 느낌과 자립성·자발성)을 발달시킨다."358

노동 생산성의 증가는 생산물 단위당 노동 지출을 감소시켜 성과급의 하락을 가져오고, 따라서 마르크스가 지적했듯이 "자본가와 노동자 사이의 끊임없는 투쟁"을 불러일으킨다. 노동자들은 당연히 노동 생산성의 성과를 요구한다. 영국의 부르주아 경제학자 헨리 포셋(Henry Fawcett)이 얘기하고 있듯이 "노동자들은 원료의 가격과 제품의 가격을 주의 깊게 감시하고 있기 때문에 자신의 고용주의 이윤을 정확하게 계산할 수 있다." 그러나 임노동의 본질을 들먹거리면서 자본가들은 "당연히" "노동 생산성은 노동자와는 아무런 상관이 없는 것"이라고 선언하고, 기술 진보로부터 비롯된 이윤을 분배받으려는 노동조합의 노력을 "산업의 진보에 대해 세금을 부과하려는 건방진 시도"라고 호통을 친다.359 노동일의 단축을 위한 투쟁의 경우와 꼭 마찬가지로 이 경우에도 역시 서로 투쟁하는 두 계급 사이의 힘의 관계가 사태를 결정하게 된다.

가치법칙의 분석에서 출발하여 "그것을 국제적으로 적용"360하는 방식으로 임금 수준의 국가별 차이를 연구함으로써 마르크스는 선진국이 후진국보다 임금은 더욱 높고 노동조건은 보다 양호하다는 결론에 도달하였다. 한편 잉여가치와 생산물 가치에 대한 노동의 상대가격은 선진국이 보다 낮은데, 이는 선진국에서 생산성이 보다 높고 노동강도도 높기 때문으로 설명된다. 만일 자본가가 임금을 노동강도의 강화에 비례하여 어느 정도 함께 올려준다면 자본가는 생산물의 증가에 대한 임금의 상대적인 하락을 통해서 자신의 비용을 손쉽게 보전하고 높은 이윤을 얻을 수 있을 것이다.

자본주의적 단순 재생산의 분석을 통해서 마르크스는 노동자가 자신의 과거 노동 성과물로부터 현재의 임금을 지불받는다는 인식에 도달하였다. 그것뿐만이 아니다. "처음 생산과정에 투입될 당시의 자본은 그 소유주가 직접 노동하여 취득한 재산이라 할지라도, 일정 기간이 지나고 난 다음의 자본은 결국 등가 없이 취득한 가치(혹은 타인의 미지불노동이 물화한 것)—화폐 형태를 띠든 다른 형태를 띠든—가 된다." 자본주의적 단순 재생산이 만들어내는 또 하나의 결과는 이 과정이 임노동자로서의 노동자를 만들어낸다는 점에 있다. 노동자는 "이 과정에서 그가 처음 들어갈 때와 똑같은 형태—부의 인적 원천이지만, 자신을 위해 이 부를 실현할 수 있는 모든 수단을 상실한 형태—로 끊임없이 다시 나온다." "자본주의적 생산에 없어서는 안 되는 조건인 노동자의 끊임없는 재생산 또는 영속화"가 만들어진다. 또한 노동자의 개인적 소비는 자본의 재생산을 위한 계기로만 나타나고 노동자계급은—마치 작업 도구와 꼭 마찬가지로—자본의 부속물로만 나타난다. 그래서 "공장 노동자는 움직이는 공장의 부속물"이며, 임노동자가 로마의 노예와 구별되는 점은 "보이지 않는 끈"에 의해 자본에게 묶여 있다는 점이며 그의 독립성이라는 것은 하나의 환상에 지나지 않는다.[361]

자본주의의 축적 과정을 분석하면서 마르크스는 개별 자본가와 개별 노동자 대신 이들의 전체, 즉 자본가계급과 노동자계급을 고찰하고 자본주의적 생산 그 자체를 이들 계급을 중단 없이 갱신하는 하나의 흐름으로 고찰하였다. 그는 여기에서 다음과 같은 중요한 인식에 도달하였다.

"상품생산과 상품유통에 따른 취득의 법칙이나 사적 소유의 법칙은 그 자신의 내적인 (그리고 불가피한) 변증법에 따라 정반대의 결과를 가져올 것이다. 최초의 과정으로 나타난 등가물끼리의 교환은 완전히 뒤집혀져 단지 외견상의 교환으로만 되고 말 것이다."[362] 자본주의적 축적 과정의 불가피한 결과는 노동자와 자본가 사이의 등가교환이 순수하게 표면적인 허상으로 전화한다는 것이다. 첫째, 노동력을 구매할 때 사용되는 자본은 그 자체가 타인의 노동이 만들어낸 산물이다. 둘째, 노동자는 이 자본을 도로 보전해 줄 뿐만 아니라 자본가가 아무런 등가 없이 무상으로 취득하는 새로운 잉여도 함께 되돌려준다.

마르크스는 단순 상품생산에서 자본주의적 생산으로의 전화가 단지 취득 양식의 완전한 변혁만 이룩한 것이 아니라고 밝혔다. 그는 이 전화의 필연적인 결과로 "노동력이 노동자 자신에 의해 상품으로 자유롭게 판매되기 시작"하는 것도 함께 지적하였다.[363] 그러나 이 말은 그 전화가 상품생산의 일반적 성격, 즉 노동력을 포함하는 모든 생산물이 처음부터 상품으로 생산되는 그런 전형적인 상품생산으로의 전화를 가리키는 것이 아니다. 여기에서 마르크스는 자본주의적 소유의 철폐를 주장한 프루동의 유토피아적 개념이 완전히 틀렸다는 것을 밝혀냈다. 즉 프루동은 자본주의적 소유 대신 상품생산의 '영원한' 소유 법칙을 주장하였지만 정작 이 법칙이 생산수단에 대한 사적 소유 관계 아래에서는 자본주의적 취득 법칙—바로 자본주의적 사적 소유에 이미 기초해 있는—으로 되어버린다는 사실을 이해하지 못하였다.

자본주의적 확대재생산에 대한 분석을 통해서 마르크스는 이른바 스미스의 교의—즉 잉여가치 가운데 축적된 부분이 모두 노동력에 지출된다는 그 교의—가 왜 틀렸는지를 파악하게 되었다. 그런데 이 교의는 단지 부르주아 경제학자들(여기에는 리카도도 포함된다)로 하여금 확대재생산 과정을 올바로 파악하고 서술할 수 없게 만든 것에 그치지 않았다. 이 교의는 또한 자본주의의 변호론자들의 수중에서 노동자계급에 대항하여 자본가계급의 이해를 방어하는 수단이 되기도 하였다.

확대재생산을 통해서 자본주의는 그 사회적 형태의 측면에서 볼 때 '생산을 위한 생산'으로 나타난다. 이런 생산은 또한 자본가의 행동을 결정하는 추진 동력, 즉 "사용가치와 향락이 아니라 교환가치와 그 증식"에서 비롯된 것이기도 하다. 자본주의적 생산의 소재적 내용의 측면에서 볼 때 이 생산은 생산력의 발전과 "각 개인의 완전하고 자유로운 발전을 근본원리로 하는 더욱 높은 사회 형태의 유일한 현실적 기초가 될 수 있는 물질적 생산 조건의 창조"[364]를 나타낸다. 공산주의사회를 위한 이런 물질적 조건의 창조는 또한 자본주의의 역사적 의미, 즉 '과도기적 필연성'을 의미하는 그것의 역사적 정당성이기도 하다.

자본주의적 축적 과정에 대한 연구를 통해 마르크스는 속류 경제학의 '절욕설'이 틀렸다는 것을 입증할 수 있는 새로운 근거를 찾아냈다. 마르크스는 낭비가 자본을 대리하는 비용 속으로 편입되고, 자본가들의 낭비가 자본의 축적과 함께 증가하며, 확대재생산은 이 낭비와 아무런 관련이 없다는 사실을 입증하였다. 축적 재원의 핵심 원천은 자본가들이 멋대로 지어낸 '절욕'이 아니라 임금을 노동력의 가치 이하로 막무가내로 떨어뜨린 데에, 그래서 사실상 "노동자의 필요 소비 기금을 자본의 한 축적 기금으로" 전화시킨 데에 있다. 자본은 끊임없이 노동 일반을 공짜로 얻을 수 있는 것으로 만들려는 경향이 있다. 이것을 실현할 수 있는 가장 핵심적인 수단은 선진 자본주의 국가의 임금을 후진국 노동자들의 생계 수준으로 떨어뜨리는 것이다. 여기에는 또한 생활수단을 왜곡하는데 예를 들어 노동강도를 높임으로써 착취도를 높이는 방법도 당연히 중요한 역할을 수행한다. "노동력의 탄력성 때문에, 불변자본의 확대가 선행되지 않더라도 축적의 영역은 확대된다."[365]

자본주의 발전의 특징은 사용되는 자본의 크기가 가치량에 있어서나 소재적 크기에 있어서나 모두 점점 증가한다는 점에 있다. 속류 경제학자들은 이 사용되는 자본이 노동자의 과거 노동의 산물이라는 점을 '잊고',

이 결과를 자본의 공로라고 극구 찬양하면서, 이윤·이자 등과 같은 형태로 자본을 위해 별도의 보수('과거 노동에 대한 임금')가 주어져야 한다고 주장한다. "자본주의적 생산의 실제 담당자와 그 이데올로기적 대변자는 생산수단을, 거기에 씌워진 적대적인 사회적 가면에서 분리해서 생각할 수 없다"고 마르크스는 쓰고 있다. 반면 속류 경제학자들은 사회적 자본(여기에는 가변자본도 포함된다)의 크기가 불변이라는 도그마에 의존하여, 사회적 부의 일부를 이루는 이른바 '노동 기금'에 대해서 말하면서 이 기금의 크기가 자연에 의해 스스로 제한되어 있다고 말한다. 노동력의 가격을 최저한의 수준으로 떨어뜨리려는 자본의 노력은 바로 이 도그마에 기초한 것이다. 마르크스는 이 도그마를 "노동 기금의 자본주의적 제약을 사회적인 자연적 제약으로 변조하려는" 시도로 규정하였다.[366] 두 경우 모두에서 속류 경제학자들은 사회현상의 자본주의적 형태와 그 소재적 내용을 한데 혼동하고 있었던 것이다.

자본의 증가가 노동자계급의 상태에 끼친 영향을 연구하는 과정에서 마르크스의 출발점을 이루고 있는 것은 노동력의 재생산이 자본의 재생산에서 하나의 계기일 뿐이며 "자본의 축적은 프롤레타리아의 축적"이고 "축적 과정의 메커니즘 그 자체가 자본과 함께 …… 임노동자의 수를 늘려나가고 …… 이들 임노동자는 자신의 노동력을 증대되어 가는 자본의 증대되어 가는 가치 증식력으로 전화시켜야 하고, 또 그럼으로써 자본가로 인격화된 자신의 생산물에 대한 자신의 예속 관계를 영속화해야만 한다"는 것이었다. 노동자계급이 자본주의적 축적의 틀 안에서 유리한 조건들을 제공받고 있는 경우에도 자본주의적 착취 관계는 폐기될 수 없다. "자본 축적의 결과 노동 가격이 상승한다 하더라도, 그것이 실제로 뜻하는 바는, 임노동자가 스스로 만든 황금 사슬의 크기나 무게가 증대하더라도 그것은 단지 그 사슬이 죄는 힘을 조금 완화할 뿐이다." 그 원인은 노동자계급의 착취를 통한 자본가계급의 치부를 목표로 하는 자본주의적 생산의 본질에서 찾아야만 한다. 그렇기 때문에 자본가들이 취득하는 미지불노동의 감소를 의미하는 임금의 상승은 이 "제도 자체를 위협할 정도로까지는 결코 진행되지 않는다."[367]

자본주의적 축적 과정의 가장 핵심적인 물질적 성과는 자본의 유기적 구성의 상승과 그로 인한 자본 증가에 상응하는 노동력 수요의 감소이다. 그에 따라 자본주의적 축적은 "그 힘과 규모에 비례하여 끊임없이 상대적인, 즉 자본의 평균적 증식 욕구를 초과하는 과잉의 추가적인 노동자 인구를 낳는다." 이리하여 산업예비군이 등장하는데 자본주의 생산양식은 두 가지 측면에서 이 산업예비군을 필요로 한다. 즉 산업 순환의 조건하에서 자본주의 생산양식의 자유로운 발전을 위해, 그리고 고용된 노동자들의 착취를 강화하기 위해서 필요로 한다. 마르크스는 자본주의에서 과잉인구는 어디까지나 상대적인 것으로만 보아야 하고 그것은 공산주의사회를 위한 중요한 결론으로 이끌어준다고 밝혔다. "만약 내일이라도 사회 전반에 걸쳐 노동을 합리적인 수준에서 제한하고, 또한 노동자계급의 여러 계층을 연령별·성별로 재편성하게 되면, 현존의 노동인구로는 국가적 생산 규모를 현재 수준으로 계속 유지하기에 절대적으로 부족할 것이다. 그렇게 되면 현재 '비생산적' 노동자의 대다수가 '생산적' 노동자로 전화해야 할 것이다."[368]

자본주의적 축적 과정에 대한 이 분석과 관련지어 마르크스는 다시 기계의 자본주의적 사용으로 되돌아가서 기계의 사용이 새로운 노동자를 위한 자본을 해방한다는 속류 경제학의 도그마를 결정적으로 붕괴시켰다. 자본주의적 생산의 메커니즘은 자본이 증가하더라도 노동력에 대한 수요는 그와 함께 증가하지 않는 방식으로 작용한다. "노동자들이, 자신들이 더 많이 노동하여 더 많은 타인의 부를 생산할수록, 또 자신들의 노동 생산력을 더욱 증대시킬수록, 자본의 가치 증식 수단으로서의 그들의 기능도 점점 더 취약해지는 이유가 무엇인지에 대한 비밀을 알게 되는 순간, 그리고 그들이 자신들 간의 경쟁 수준이 전적으로 상대적 과잉인구의 압력에 따라 좌우된다는 사실을 발견하는 순간, 그리하여 그들이 노동조합과 같은 조직을 통해 취업자와 실업자 간의 계획적인 협력을 조직하여 자본주의적 생산의 자연법칙이 그들 계급에게 주는 파멸적인 결과를 분쇄하거나 약화시키려고 시도하는 순간, 자본과 그 추종자인 경제학자들은 이것을 '영원한'(그리고 이른바 '신성한') 수요·공급 법칙에 대한 침해라고 규탄하게 된다."[369] 여기에서 우리는 자본축적의 적대적 형태에 대한 노동자계급의 조직적인 저항의 가능성과 필연성에 대한 근거를 보게 된다.

상대적 과잉인구의 다양한 형태를 고찰함으로써 마르크스는 자본주의 사회에서 빈민이 합법칙적인 것이라는 인식에 도달하였다. 상대적 과잉인구와 함께 빈민은 "부의 자본주의적 생산·발전에서 하나의 존재 조건이 된다. 이 빈민은 자본주의적 생산의 헛된 비용에 속하지만, 그러나 자본은 이 헛된 비용의 대부분을 자신에게서 노동자계급이나 하층 중간계급에게로 전가하는 방법을 알고 있다." 마르크스는 또한 **"자본주의적 축적의 절대적이고 일반적인 법칙**"도 정립하였고, 그것의 논거를 상세히 제시하였다. 그는 자본주의적 생산의 세 가지 발전 단계를 상대적 잉여가치 생산의 세 가지 단계로 분석하고, 이것이 점점 더 노동자들이 자본의 전제 아래로 깊이 포섭(실질적 포섭)되어 가는 ─ 노동자계급에 대한 자본가계급의 착취가 점점 더 강화되어 가는 ─ 하나의 과정이라는 것을 보여주었다. 그러나 자본주의적 생산과 자본축적은 서로가 서로를 전제로 하고 있기 때문에 "자본이 축적되는 정도에 따라 노동자의 생활은 그가 얼마를 지불받든(즉 많이 지불받든 적게 지불받든) 상관없이 악화되지 않을 수 없다. …… 상대적 과잉인구가 …… 늘 축적의 규모 및 힘과 균형을 유지하게끔 하는 법칙은 헤파이스토스의 쐐기가 프로메테우스를 바위에 못박은 것보다 더 단단히 노동자를 자본에 못박아두고 있다. 그것은 필연적으로 자본축적에 따른 빈곤의 축적을 낳는다."[370]

마르크스는 자본주의적 축적의 법칙을 '절대적인' 법칙으로 표현하면서도 동시에 "이것도 다른 모든 법칙과 마찬가지로 그 실현 과정에서는 다양한 요인에 의해 변형"된다고 지적하고 있다. 노동자계급의 저항은 바로 이런 요인 가운데 대표적인 것인데, 왜냐하면 "자본축적과 함께 계급투쟁이 발전하고 그에 따라 노동자의 자각도 함께 발전"하기 때문이다.[371]

『자본』제1권의 연구를 정리하면서 마르크스는 자본주의적 생산양식의 발전을 경제 외적 강제로부터 '자유로운' 임노동으로의 이행, 즉 자본에 의한 노동의 포섭이 아직 형식적인 상태(다시 말해 "생산양식 그 자체가 아직 자본주의의 고유한 성격을 띠고 있지 않은" 상태)로부터 자본에 의한 노동의 실질적 포섭(다시 말해 노동자계급이 "교육이나 전통 또는 관습에 의해서 이 생산양식의 요구를 자명한 자연법칙으로 인정하게 되는" 상태)으로의 이행으로 표현하였다. "일단 완성된 자본주의적 생산과정의 조직은 모든 저항을 분쇄하고, 상대적 과잉인구의 끊임없는 창출을 통해서 노동의 수요·공급 법칙을 유지하며, 그 결과 임금 수준을 자본의 증식 요구에 알맞은 범위 내에서 유지하는 것은 물론 온갖 경제적 관계에 의한 보이지 않는 강제를 통해서 노동자에 대한 자본가의 지배를 확실하게 만들어준다. 경제 외적인 직접적인 강제도 여전히 사용되기는 하지만, 그러나 이는 단지 예외적인 경우에만 사용된다. 사태가 정상적으로 진행될 때, 노동자는 '생산의 자연법칙'에 맡겨놓기만 하면 된다. 즉 생산 조건 그 자체에서 발생하고 또 그것에 의해 보장되며 영구화되고 있는 자본에 대한 노동자의 종속에 맡겨두면 된다."[372]

마르크스는 부르주아적 상부구조, 특히 노동자에 대한 착취를 계속 목표로 하면서 노동자들을 끊임없이 적대적으로 생각하고 있는 "임노동에 관한 입법"의 반동적인 역할을 지적하였다. "잉글랜드 의회는 민중의 압력에 굴복하여 마지못해 파업과 노동조합을 금지하는 법률을 폐지하긴 했지만, 그것은 이미 노동자에 대항하는 항구적인 자본가 조합의 지위를 바로 의회 자신이 5세기 동안이나 뻔뻔스러운 이기주의로 유지해 온 뒤의 일이었다." 그는 부르주아혁명 기간 동안 프랑스 부르주아의 행동에 대해서도 주의를 환기시켰는데, 이들 프랑스 부르주아는 1791년 6월 4일의 포고에서 노동자들이 이미 어렵게 획득해 놓은 단결권을 다시 그들에게서 빼앗아 버렸다. 자코뱅 독재 아래에서도 이 반동적인 법률(마르크스는 이것을 '부르주아적 쿠데타'라고 불렀다)은 "자본과 노동 간의 싸움이 자본에 유리한 범위 내에서만 이루어지게 만들려는" 법령으로서 그대로 존속하였다.[373]

즉 그 법령에는 자본주의적 생산양식과 그 상부구조── 적대적인 사회적 형태로부터 생겨난── 의 반동적인 경향이 그대로 담겨 있었다. 그러나 마르크스는 대규모 생산의 객관적인 발전 법칙과 그것의 집적과 집중으로부터 또 다른 하나의 새로운 진보적인 경향── 자본주의 생산양식의 소재적 내용으로부터 비롯된── 도 정립하였는데, 이 경향은 곧 공산주의에 의해 자본주의가 해체될 수 있는 가능성과 필연성의 전제가 되는 경향이었다. "갈수록 대규모화하는 노동과정의 협업적 형태, 과학의 의식적·기술적 응용, 토지의 계획적 이용, 노동수단의 공동 사용, 결합적·사회적 노동을 생산수단으로 사용함에 따른 모든 생산수단의 절약, 세계 각 국민의 세계시장 네트워크 속으로의 편입 등으로 말미암아 자본주의 체제의 국제적인 성격이 발전하게 된다." 자본주의적 착취는 증가하지만 그와 동시에 "자본주의적 생산과정 자체의 메커니즘을 통해 훈련되고 결합되며 조직되는 노동자계급의 저항도" 함께 증가한다. 그리고 마지막에는 결국 사회주의 혁명의 불가피성이 결론으로 맺어지고 있다. "자본독점은 자신과 함께(또 자신 아래에서) 개화한 이 생산양식의 질곡으로 작용하게 된다. 생산수단의 집중이나 노동의 사회화는 마침내 자본주의적 외피와는 조화될 수 없는 시점에 이르게 된다. 이 시점에서 외피는 폭파된다. 자본주의적 사적 소유의 조종이 울린다. 이제는 수탈자가 수탈당하게 된다." 사회주의 혁명은 "사실상 이미 사회적 생산 경영에 기초를 두고 있는 자본주의적 소유에서 사회적 소유로의 전화"를 달성한다. 그것은 "사적 소유를 다시 만들어내는 것이 아니라 자본주의 시대의 획득물

(즉 협업과 토지 공유 및 노동 자체에 의해 생산되는 생산수단의 공유)을 기초로 하는 개인적 소유를 만들어낸다."[374]

✢ ✢ ✢

『자본』제1권은 과학적 공산주의의 경제적 근거와 발전에 결정적으로 기여하였다. 노동자계급의 상태에 대한 연구가 노동력 상품의 가치에 대한 다방면의 분석을 통해서 대폭 보완되었다. 특히 잉여가치율이 착취도에 대한 정확한 수학적 표현이라는 점이 충분히 논증되었다. 그럼으로써 마르크스는 표준 노동일을 쟁취하기 위한 노동자계급의 투쟁의 정당성을 제시할 수 있었고, 노동일 가운데 '마지막 1시간'이 이윤의 원천이라는 부르주아 경제학의 교의를 비판할 수 있었다.

『자본』제1권에서 마르크스는 노동자계급의 경제투쟁 역사에 대하여 처음으로 상세한 연구를 수행하였고, 이 투쟁에서 공장법의 중요성을 설명하였으며, 기계의 자본주의적 사용에 대한 세밀한 분석을 제공하였을 뿐만 아니라 임금 범주의 다양한 형태에 대해서도 연구하였다. 그는 자본의 유기적 구성이 상승하는 경향을 분석함으로써 자본주의적 축적의 일반법칙을 정립하고 이 과정에서 이 법칙의 작용이 핵심적으로 영향을 끼치는 대립적인 경향도 함께 지적하였다.

마르크스는 공산주의의 경제적 전망에 대해서도 미래 사회의 두 가지 단계를 구별하였는데, 그는 이것을 나중에 『고타강령 비판』에서 더욱 확고하게 정립하였다.

✢ ✢ ✢

『자본』제2권의 대상인 자본주의적 유통 과정에 대한 연구를 통해 마르크스는 과학적 공산주의 이론을 심화·보완할 수 있었다. 화폐자본과 생산자본의 순환에 대한 분석을 통해서 그는 자본가계급과 노동자계급의 소비에 관해 자신이 가지고 있던 과거의 인식들을 확증하였다. 노동자들의 개인적 소비는 자본에 의한 노동력의 생산적 소비를 위한 하나의 조건에 불과한 반면, 자본가의 개인적 소비는 잉여가치의 크기와 함께 증가한다.[375]

마르크스는 자본의 유통 과정에 대한 분석에서 공황에 많은 부분을 할애하였는데, 공황은 자본주의 경제의 적대적인 성격의 핵심적인 특징을 잘 보여주고 있다. 연구 전체에 걸쳐서 마르크스는 공황 이론의 구성 요소들을 하나하나 발전시켜 나갔는데, 공황 이론은 이들 구성 요소가 한데 모여 전체를 이루면서 하나의 완결된 이론을 형성하고 있다. 화폐자본의 순환은 자본주의적 생산의 추진 동력인 '돈벌이'를 가장 뚜렷하게 표현한다. 이 관점에서 보면 본래의 생산과정은 단지 중간고리에 지나지 않는다. 마르크스는 "자본주의적 생산양식하에 있는 모든 나라는 주기적으로 생산과정의 매개 없이 부를 늘리고자 하는 망상에 사로잡히게 된다"[376]라고 쓰고 있다. 마르크스는 여기에서 자본주의에 내재하는 생산과 유통 사이의 적대적 모순을 확정짓고 다시 자본주의적 생산과정을 단순 상품생산과 동일시하는 속류 경제학을 비판하고 있다.[377]

자본주의적 생산양식의 또 하나의 특징은 생산과 소비 사이의 적대적인 모순인데, 이 모순은 생산의 크기가 곧바로 충족시켜야 할 욕망의 크기에 의해 결정되는 것이 아니라 지속적으로 확대되는 경향으로 나타나는 데에 있다. 그래서 확대재생산이 이루어지더라도 상품은 생산적 소비와 개인적 소비로 이행하지 못하고 유통 영역에서 상품자본으로 머물게 된다. 시장은 상품자본으로 넘쳐나게 된다. "그리하여 공황이 발발한다."[378]

공황의 관점에서 볼 때 가장 중요한 것은 자본의 재생산과정의 연속성이 단절되고 사회적 자본의 '주기적인 가치 혁명'── 자본주의적 생산의 기본 원칙인 자본가치의 증식을 위협하는── 이 이루어진다는 것이다.[379]

회전기간의 연구를 통해서 마르크스는 이미 『자본』 제1권에서 확립한 바 있는 자본의 경향, 즉 "야간에도 노동자에게 노동을 시키는" 경향을 확인하고 있다. 왜냐하면 오로지 이런 방식을 통해서만 중단 없는 가치 생산과 잉여가치 생산이 보장되기 때문이다.[380]

유통 과정의 분석을 통해서 마르크스는 생산과정의 상품 형태라는 일정한 형태로부터가 아니라 사회적 생산 규모 그 자체로부터 발생하는 비용을 찾아냈다. 생산과정이 "사회적 규모로 진행되고 순수한 개별적 성격을 상실해 갈수록, 과정을 통제하고 관념적으로 총괄하는 기능을 갖는 부기(簿記)는 점점 더 필요하게 된다."[381] 자본주의적 상품생산에만 고유한 것이 아니라 '모든 사회적 생산'에서 나타나는 비용(예를 들어 생산수단과 소비수단의 재고를 형성하는 데 소요되는 비용)의 원천이 되는 비생산적 비용의 분석에서도 마르크스는 동일한 방법을 사용하였다.[382] 그런데 자본주의적 생산양식에서는 상품 재고가 과도하게 증가하는 것이 전형적인 현상인데 이는 첫째로 자본주의적 생산양식에서는 상품생산이 최고도로 발전하기 때문이며—마르크스의 표현에 따르면 "사회 구성원 가운데 대다수가 임노동자(일주일 단위로 임금을 받아 매일매일 지출하는 형태로 그날 벌어 그날 먹고사는 사람들)로 전화하고 이들은 생활수단을 재고 형태로 마련해 두어야만 한다"—둘째로 자본주의적 생산의 규모는 생산물에 대한 직접적 수요에 의해서 결정되기보다는 확대재생산의 조건, 즉 자본의 독자적인 발전을 위한 노력에 의해 결정되기 때문이다. 그것 때문에 시장에 나와 있는 상품자본의 규모도 함께 증가한다.[383]

고정자본과 유동자본을 다루는 장에서 마르크스는 자본주의에 내재하는 '생산력의 거대한 낭비'—그 원인은 생산이 "사회적인 계획에 따라 이루어지지 않기" 때문이다—를 분석하고 비용(예를 들어 기계의 유지에 들어가는 비용)을 노동자들에게 전가하려는 자본가들의 노력에 대해서 지적하였다.[384]

재생산과정에서 고정자본의 운동을 분석하면서 마르크스는 '주기적인 공황의 물질적 토대'를 인식하였는데, 그것은 곧 각기 다른 생산 영역의 고정자본들의 순환이 서로 맞물리는 주기에 의해 결정되는 것이다. 이때 공황은 새로운 자본 투자의 출발점으로서 미래의 공황을 위한 새로운 물질적 토대를 창출한다.[385]

유통 부문의 범주에 해당하는 고정자본과 유동자본의 개념은 불변자본과 가변자본의 본질적인 차이를 은폐하고, 따라서 잉여가치의 형성도 은폐한다. 스미스의 후계자들은 바로 이들 범주를 사용하였고 그에 따라 예를 들어 임금에 사용된 자본과 원료에 사용된 자본을 하나의 범주로 묶어버렸다. "그렇게 함으로써 자본주의적 생산(따라서 자본주의적 착취)의 실제 운동을 이해하기 위한 기초는 단번에 매몰되어 버린다." 동시에 부르주아 경제학 특유의 물신숭배, 즉 "사회적 생산과정을 통해 각 물품에 각인된 사회적·경제적 성격을 이들 물품의 소재적 성질에서 비롯된 자연적 성격으로 전화시키는 것"이 완성된다.[386]

사회적 재생산과정의 분석에서 마르크스는 장기적인 자본 투하에 대하여 특별한 관심을 쏟았다. 이 점과 관련하여 그는 공산주의사회에 대해서도 다음과 같이 언급하고 있다. 즉 그런 사회에서는 "철도 부설과 같이 분명히 연간 총생산물에서 노동, 생산수단, 생활수단 그리고 사용가치도 공급하지 않는 산업 부문에 대하여 사회는 아무런 중단 없이 얼마만큼의 노동, 생산수단, 생활수단 등을 조달할 수 있을지를 미리 계산해야 한다." 이와 함께 마르크스는, 자본주의사회에서는 "사회적 오성(悟性)이 오로지 사후 약방문으로만 발현"되고 이 문제가 생산과정의 끊임없는 대혼란의 원천, 즉 공황의 원천이 된다고 언급하고 있다.[387] 그는 여기에서 자본주의적 생산의 또 다른 모순(공황에서 비롯된)에 대해서도 언급하고 있다. 즉 그것은 노동력의 가격을 최저한도로 낮추려는 경향으로, 이로 인해 상품의 판매는 "사회 전체의 총소비 수요 규모에 의해 제약을 받는 것이 아니라 한 사회의 총소비 가운데 대다수의 빈곤 계층(또한 언제나 빈곤할 수밖에 없는 계층)의 수요 규모에 의해 제약을 받는다."[388]

농업 부문에 대한 장기간의 자본 투하— 예를 들어 임업의 경우처럼 자본의 완전한 회전에 150년 이상이 소요되고 따라서 개별적인 자본주의적 기업의 범위는 물론 한 세대의 범위도 넘어서는 그런 장기간의 자본 투하— 의 경우 공산주의사회는 자본주의사회보다 단연코 더 유리한 점을 갖는다. 공산주의사회에서 문제가 되는 것은 단지 "공동체가 얼마만큼의 토지를 경지나 목초지에서 떼어내어 임야로 만들 수 있을 것인가 하는 것"뿐이다.[389]

마르크스는 공산주의사회에서의 장기 투자 문제로 다시 한 번 돌아가서 이 문제가 "노동과정의 사회적 형태가 아니라 노동과정의 물질적 조건에서" 비롯된 것이라고 강조한다. 그런 다음 그는 곧바로 공산주의사회의 상품화폐 관계에 대한 문제로 다시 눈을 돌리고 있는데, 특히 노동성과에 따른 분배가 지배하는 공산주의사회의 첫 번째 단계에 대하여 다음과 같이 이야기하고 있다. "사회적 생산의 경우에는 화폐자본이 폐기된다. 사회는 여러 사업 부문에 노동력과 생산수단을 배분한다. 생산자들은 어떤 증서를 받아서, 그것을 주고 사회의 소비용 재고에서 자신의 노동시간에 해당하는 양을 인출할 것이다. 이때 이 증서는 화폐가 아니다. 그것은 유통되지 않는다."[390]

마르크스는 임금 인상이 전반적으로 물가의 상승을 가져온다는 부르주아 경제학의 주장에 반대하면서 전반적으로 임금이 상승할 경우에도 새로 창출된 가치가 임금과 잉여가치로 분배될 수 있다는 것을 확인하였다. 그리고 임금이 이미 상승한 경우 그것은 노동자의 소비에 들어가는 상품 가격이 상승한 결과이지 그것의 원인은 아니다. "만약 자본주의적 생산자들이 자신들의 상품 가격을 마음대로 올릴 수 있다고 한다면, 그들은 임금 상승이 없더라도 그렇게 할 수 있을 것이고 또한 그렇게 할 것이다. 상품 가격이 떨어질 경우에는 임금은 결코 오르지 않을 것이다. 왜냐하면 지금은 그들이 예외적으로 특수한(매우 국지적인) 조건하에서만 실행할 수 있는 행동— 즉 임금이 조금이라도 상승하면 그것을 이용하여 그보다 더 높게 상품 가격을 올리고 그리하여 더 많은 이윤을 집어삼키는 행동 —— 을 언제 어떤 상황에서나 마음대로 할 수 있을 것이기 때문이다."[391] 다른 한편 마르크스는 또한 임금 인상을 통해 공황으로부터 벗어날 수 있다는 견해(이것은 특히 공황이 노동자계급의 과소 소비에서 비롯된다고 생각했던 로트베르투스가 따르던 견해이기도 하다)에도 반대하였다. "공황은 임금이 전반적으로 상승하고, 노동자계급이 연간 생산물 가운데 소비용 부분에 대한 자신들의 몫을 보다 많이 받게 되는 바로 그 시기에 준비된다는 것이다. 그러나 이 건전하고 '단순한'(!) 상식을 가진 흑기사의 관점에서는 거꾸로 바로 그런 시기야말로 공황이 더욱 벌어지는 시기가 될 것임이 틀림없다. 따라서 자본주의적 생산은 선의나 악의와는 상관없는 조건(즉 노동자계급의 그런 호황기를 오직 잠깐 동안만, 그나마도 언제나 공황의 전조로만 허용하는)을 포함한다."[392]

또한 공황은 사치품의 소비와 그에 따른 사치품의 생산도 감소시키고 "사치품 생산 부문의 노동자 가운데 일부를 실업 상태로 빠뜨린다. 그와 함께 다른 한편에서는 필요 소비 수단의 판매도 정체되고 감소한다." 생활수단의 소비도 크게 감소하는데, 왜냐하면 공황기에는 자본가들에게 다양한 서비스를 제공하는 비생산적 노동자들도 많은 수가 해고되기 때문이다(마르크스는 "이들 노동자 그 자체가 사치품이기도 하다"라고 언급하고 있다).[393]

사회적 총자본의 재생산과 유통을 다룬 장에서 마르크스는 자본주의적 생산관계의 핵심적인 성격, 즉 자본가와 임노동자 사이의 관계로 되돌아가고 있다.[394] 노동력의 구매와 판매는 이 관계를 자본의 요소로서 영구화한다. 실제로 노동자는 자신의 임금을 다 써버림으로써 자본가의 도구로서 자신을 보존한다. 게다가 노동자는 자신에게 임금으로 지불되는 재원을 스스로 만들어준다. 그것은 또한 노동력을 노동자의 자본으로, 생산수단을 자본가의 자본으로 간주하는 속류 경제학자들의 견해가 왜 틀렸는지를 잘 보여주고 있기도 하다.[395]

마르크스는 자신의 재생산 이론이 공산주의사회의 경제에 적용될 수 있다는 것을 명시적으로 표현하였다. "생산이 공동으로 이루어지고 상품 생산의 형태를 띠지 않는다고 가정하면 얼마나 다른 상황이 벌어지는지에 대해서 나중에 연구할" 계획을 가지고 있었다(물론 실제로 이루어지지는 않았다).[396] 그러나 재생산 표식과 관련하여 마르크스가 언급한 많은 부분은 공산주의에서 재생산과정이 어떻게 이루어질지에 대하여 상당 부분 알려주고 있다(이들 언급 가운데 몇몇을 우리는 이미 인용한 바 있는데, 즉 공산주의적 생산양식 아래에서 장기간의 투자에 대한 사례가 바로 그것이다). 그래서 그는 사회적 생산의 I부문●의 자본 운동에 대해서 만일 "생산이 자본주의적으로 이루어지지 않고 사회적으로 이루어질 경우에는" I부문의 생산물이 I부문 내의 각 생산 부문들 사이에 균등하게 분배될 수도 있다고 얘기하고 있다.[397] 고정자본을 현물로 보전하기 위한 조건에 대해서 마르크스는 끊임없는 상대적 과잉생산이 필요하다고 말하면서, "이런 종류의 과잉생산은 사회가 자신의 재생산에 필요한 물질적 수단을 사회적으로 통제하는 것이나 마찬가지이다. 그러나 자본주의사회 내에서는 그것은 무정부 상태의 한 요소이다"라고 지적하고 있다.[398] 이미 앞서 마르크스는 "우연과 자연력에 의해 야기된 예외적인 파괴를 보전하기 위해" 부가적인 과잉생산의 필요성을 언급한 바 있었다.[399]

자본주의의 확대재생산에 대한 분석에서 마르크스는 자본가가 노동자에게 노동력의 실질적인 가치를 지불한다는 것에서 출발하고 있다. 이런 가정의 기초가 된 것은 "현실적으로 지불된 정상적 임금(이것은 다른 사정이 불변이라면 가변자본의 크기를 결정한다)이 결코 자본가의 호의에 의해서 지불되는 것이 아니라, 주어진 조건에서 지불할 수밖에 없다"는 사정 때문이다.[400] 그러나 마르크스는 여기에 덧붙여 현실에서는 자본가가 노동력의 가격을 가치 이하로 떨어뜨리고 노동자에게서 그만큼을 훔쳐낼 수

● 생산재 산업 부문을 말한다 ─ 옮긴이 주.

있는 다양한 수단을 가지고 있다고 말한다.[401] 이런 수단에 속하는 것으로는 노동자에게 임금을 상품으로 지급하는 방법, 유통화폐를 왜곡하는 방법, 노동자의 소비에 자본가가 직접 영향력을 행사하는 방법(예를 들어 공장 사택의 강제 배정), 노동일의 연장 등이 있다. 『고타강령 비판』에서 마르크스는 확대재생산 이론을 공산주의사회의 경제와 관련지어 상세하게 설명하고 있다.

✢ ✢ ✢

『자본』 제2권과 관련된 1870년대의 초고와 함께 『자본』에 대한 마르크스의 위대한 작업의 역사는 끝난다.

이 초고에서 마르크스는 자본주의적 재생산과정의 소재적 내용에 대한 연구와 함께 공산주의사회의 경제에 관한 핵심적인 부분을 예견하였다. 공산주의 경제에서 부기에 관한 그의 논증은, 사회적 소유가 지배하는 조건에서는 중앙집권적인 계획과 전방위적인 지휘와 통제가 필요하다는 점을 근본적으로 제기하고 있다.

마르크스가 사회적 재생산과정에 대한 자신의 분석과 관련하여 내리고 있는 결론들은 결정적으로 중요한 의미가 있다. 공업과 농업 부문에 대하여 생산수단과 노동력을 장기적으로 투입하는 문제에 대한 분석, 단순재생산과 확대재생산에 대한 고전적인 표식(이 표식을 통해 그는 사회적 총생산물의 운동에서 고유한 법칙을 발견하였다•), 실현 과정을 위한 조건으

• 마르크스는 또한 『자본』 제2권에서 생산수단의 생산 부문의 선도적인 성장 법칙을 확대재생산의 기본 법칙으로 정립하였다. 로스돌스키는 앞서 언급한 저작의 제30장에서 마르크스가 『자본』 제2권에서 자본의 유기적 구성의 상승 요소인 기술 진보를 배제하였다고 주장하였다. 그러나 마르크스는 이미 『자본』의 첫 번째 초안에서 "생산수단의 생산에 더 많은 부분(생산 기간 가운데)이 사용된다"고 얘기한 바 있다(K. Marx, *Grundrisse der Kritik der Politischen Ökonomie*, pp. 594~95). 『자본』

로서 예비 재원의 문제—이들 모든 것은 공산주의 경제에서 계획을 위한 이론적 토대를 이루는 것들이다. 레닌은 마르크스의 재생산 표식을 과학적·기술적 진보의 관점에서 한 단계 더 발전시켰다.

제2권의 확대재생산 과정의 분석에서 마르크스는 바로 자본의 유기적 구성의 수준이 서로 다른 두 개의 사례를 들고 있다. 첫 번째 사례에서 두 번째 사례로 이행하면서 자본이 증가하는 것은 이미 "자본주의적 생산과 거기에 상응하는 사회적 노동 생산력이 꽤 발달해 있다"(MEW Bd. 24, p. 509)는 것을 전제로 삼고 있는데, 이는 곧 기술 진보의 수준이 비약적으로 발전했다는 것을 의미한다.

마르크스의 작업 방식

　『자본』이 만들어지는 과정을 상세하게 연구함으로써 우리는 마르크스의 작업 방식에 대한 정보를 알아낼 수 있는 모든 요소를 얻게 되었다. 즉 그의 연구 노트, 친필 초고, 출판된 저작과 온갖 종류의 편지들 등이 바로 그것이다. 이들 요소에 대한 연구는 극히 필요한 것이며 동시에 매우 중요한 교훈을 남겨준다. 극히 모범적인 마르크스의 과학적 엄밀성, 그가 자신의 연구 기초로 삼았던 문헌 자료의 범위, 그가 이들 자료를 분석한 철저한 방식 ─ 이 모든 것은 마르크스의 동시대인들은 물론 오늘날의 우리들에게도 경이로움을 자아낸다. 또한 그것은 우리에게 경이로움을 넘어서서 엄청나게 많은 교훈을 던져주고 있기도 하다. 마르크스는 누구도 모방하지 않았고, 자신만의 독창적인 태도와 작업 방법으로 온갖 범위와 온갖 과학적 수준에 걸친 이론가들을 모두 성공적이고 탁월한 방식으로 자신의 것으로 소화해 냈다.

지금까지 우리는 마르크스의 과학적인 창조 작업의 다양한 측면을 살펴보았다. 이제 우리는 이 문제로 다시 한 번 돌아가 마르크스 연구 방법—마르크스가 『자본』을 위해 바친 40년의 작업 기간 동안 사용하였던—이 갖는 몇 가지 특징을 정리해 보고자 한다. 먼저 마르크스가 자신의 연구 작업에 사용한 문헌적 출처들과 관련된 몇 가지 점이 있다. 우리는 종종 '세상의 물정'과는 동떨어진 '책 속에만 있는 지식'에 관한 얘기를 듣곤 한다. 마르크스에 관한 한 이 말은 전혀 적용되지 않는다. 자본주의의 현실에 대한 그의 지식은 그가 부르주아 경제학의 문헌에 대하여 분석해 놓은 것에서 알 수 있듯이, 양적으로 매우 풍부하고 질적으로도 매우 심층적이다. 『자본』의 토대를 이루고 있는 엄청난 분량의 실재 사실을 마르크스는 모두 책을 통해서 얻어냈다. 경험적 사실(혹은 '구체적 사실'이라고 말할 수도 있을 것이다), 즉 예를 들어 다양한 시기에서 노동자계급의 상태와 관련된 부분을 얘기하자면, 영국 의회가 공식적으로 출판한 청서(靑書)와 비슷한 유형의 많은 자료를 들 수 있는데, 마르크스는 이들 자료의 매우 많은 분량을 『자본』에서 인용하고 있다. 그리고 『자본』 제1권에 대한 교정 작업을 진행하고 있던 바로 그 시기에, 즉 "최종 **마무리 작업**을 하고 있는 도중에 청서가 잇따라 출판되었고 나는 나의 이론적 결과물들을 사실을 통해 완벽하게 입증할 수 있어서 너무나 기뻤다"[402]라고 마르크스는 쓰고 있다.

　경험적 자료들은 마르크스의 경제 이론이 완성되고 정립되는 과정에서 매우 중요한 역할을 수행하였다. 거기에 관한 두 가지 사례가 있다. 『자본』 제1권에서 마르크스는 1861년 영국 인구통계에 대한 심층적인 분석에 기초하여 잉글랜드와 웨일스의 고용 인구 가운데 산업체에 고용된 사람의 숫자가 서비스 분야에 고용된 사람보다 적다는 사실을 알아냈다.[403] 마르크스가 "자본주의적으로 사용되는 기계의 놀라운 성과"라고 표현했던 이 매우 함축적인 사실은 노동 생산성이 상승하면, 즉 노동력에 대한 내포적·외연적 착취가 증가하면 그 결과 유산계급의 비생산적 소비가 증가한다는 것을 보여주는 명백한 증거였다.

『잉여가치론』(1861~63)에 대한 작업을 하면서 마르크스는 리카도의 지대론을 비판하였는데, 이 이론의 가장 큰 결함은 토지에서의 수확체감의 법칙이라는 '맬서스의 쓰레기 같은 이론'과 결합되어 있다는 것이었다. 1851년 마르크스는 이미 "농업 부문의 전반적인 생산성 증가와 관련하여 지대 법칙을 보충하겠다"는 계획을 세웠는데, 이 새로운 지대 법칙은 "한편으로는 오로지 그것을 통해서만 역사적인 사실을 설명할 수 있고 다른 한편으로는 맬서스의 수확체감의 법칙을 …… 제거하게 될"것이었다.[404]

마르크스는 이 계획을 1862년에 완수하였다. 곡물 가격이 지속적으로 상승할 수밖에 없다는 리카도의 주장에 대한 결정적인 반론은 1641~1859년 동안 잉글랜드의 연평균 곡물 가격에 대한 통계표였는데, 마르크스는 이 표에 상세한 해설을 덧붙였다.[405] (애석하게도 마르크스가 발췌한 이 표의 출처는 아직 밝혀지지 않았다.) 약 200년에 걸친 기간 동안의 가격 변동을 보여주는 이 통계표는 1797~1815년의 가격 상승을 설명한 리카도의 주장을 완전히 뒤집어엎었다. 마르크스는 200년의 기간 동안 곡물 가격은 상승과 하락을 번갈아가면서 반복했다는 것을 보여주었다. 곡물 가격의 변동에 결정적으로 영향을 끼친 요소로 마르크스는 곡물에 대한 수요 증가로 인해 새롭게 개간된 토지의 양을 들었다. 마르크스는 차액지대가 완전히 서로 다른 조건하에서 발생할 수 있다는 것에서 출발하였다. 즉 우등지로의 이행은 물론 열등지로의 이행에서도 발생할 수 있으며, 농산물의 가격이 상승할 때나, 불변일 때 그리고 하락할 때도 모두 발생할 수 있다는 것에서 출발하였다.

경제 이론의 갖가지 명제(우리는 이것을 이론 영역의 실재 사실로 표현할 수 있을 것이다)와 관련된 실재 사실을 마르크스는 주로 경제학의 역사에 대한 연구에서 얻어냈다. 경제 연구에 대한 역사적 관점은 마르크스의 경제 이론이 만들어지는 과정에서 항상 매우 큰 역할을 수행하였다.

부르주아 경제학의 역사에 대한 연구를 통해 마르크스는 명백하면서도 동시에 모순적이기도 한 두 개의 이론적 사실을 획득하였는데, 이것은 부르주아 고전학파가 해명할 수 없었던 문제들이었다. 첫 번째 사실은 가치법칙과 등가교환의 법칙에 의해 규제되는 상품화폐 관계가 지배하는 부르주아사회에서 자본과 노동 사이에는 본질적으로 부등가교환이 이루어지고 있다는 점에 있다.

자본주의적 착취의 사실 그 자체에 대해서는 이미 스미스와 리카도가 충분할 정도로 입증한 바 있다. 스미스는 이렇게 쓰고 있다. "**노동자가 원료에 부가하는 가치는 여기에서 …… 두 부분으로 분해된다. 한 부분은 노동자에게 임금으로 지불되는 부분이고 다른 한 부분은 그를 고용한 사람의 이윤으로 돌아가는 부분이다.**" 그리고 리카도도 이렇게 말하고 있다. "**만일 …… 노동자의 임금이 항상 그가 생산한 것과 일치한다면 상품에 사용된 노동량과 이 상품을 가지고 구매할 수 있는 노동량이 같아질 것이다. …… 하지만 이들 둘은 같지 않다.**"[406] 이처럼 스미스와 리카도는 부르주아 경제학의 용어를 사용하여 새로 창출된 노동 생산물의 가치와 이 생산물 가운데 노동자들에게 돌아가는 부분 사이에 사실상의 불일치가 존재한다는 것을 확인해 주고 있다. 이들은 노동자의 미지불 잉여노동이 곧 잉여가치의 원천이라는 점을 확인해 주고 있는 것이다.

그런데 부르주아 고전 경제학은 거기에만 머물렀다. 하지만 노동가치론을 일관되게 견지하기 위해서는 그것을 잉여가치의 영역으로 확장하여 잉여가치를 가치로부터 도출하고, 자본주의적 착취를 가치법칙의 토대 위에서, 즉 노동자의 미지불노동을 자본가가 획득하는 것을 가치법칙의 토대 위에서 설명할 필요가 있었다. 이 문제를 풀기 위한 부르주아 경제학자들의 노력은 실패로 끝났고 고전학파는 결국 완전한 해체로, 즉 노동 가치론을 완전히 포기하는 방향으로 나아갔다.

마르크스는 방금 얘기한 이런 모순을 1840년대와 1850년대의 부르주아 경제학에 대한 연구 과정에서 이미 발견하였고, 1857~58년 『경제학 비판』 초고에서 그것을 설명하였다. 이 모순에 대한 설명을 통해서 마르크스는 자신의 잉여가치론의 기본명제들을 정립할 수 있었다.

두 번째 모순은 자본주의적 생산양식의 조건에서는 가격이 가치법칙의 토대 위에서 규제되는 것이 아니라 얼핏 가치법칙과 모순되는 것처럼 보이는 평균이윤과 생산가격에 의해 규제된다는 사실에 있다. 이 점은 부르주아 경제학이 이미 발견했던 것이었다. 하지만 부르주아 경제학은 이들 두 법칙을 서로 '조화시키기' 위해 무던히도 노력하였다.

리카도는 이를 위해 자신의 이론에서 가치와 생산가격을 동일시하는 것으로 출발점을 삼았는데, 이로 인해 그와 그의 추종자들은 실제 현실과 반대 방향으로 나아갔고 결국 노동가치론을 포기하게 되었다. 그래서 이제 마르크스의 과제는 생산가격을 가치로부터 도출하고, 가치법칙의 토대 위에서 가격 형성의 원칙적인 변화—단순 상품생산에서 자본주의적 생산으로의 이행과 함께 이루어지는—를 설명하는 데에 있었다. 그는 이 핵심적인 이론적 과제를 1850년대에 이미 인식하고 있었고, 1860년대에 『잉여가치론』을 작업하면서 상세하게 설명하였다. 마르크스의 평균이윤과 생산가격에 대한 이론, 그리고 그로부터 도출된 지대론은 마르크스의 잉여가치론을 완성시켰다.

경험적 사실과 이론적 사실 외에도 마르크스의 연구에서는 문학적인 사실도 상당한 역할을 수행하였는데, 이들 문헌적 사실은 위대한 문학자들이 현실을 인위적으로 일반화시킨 결과물들이었다.

마르크스는 경제학자, 철학자, 역사학 등의 저작 외에도 발자크, 셰익스피어, 세르반테스, 디킨스, 디포 등과 같은 많은 문학자의 저작을 인용하였다. 곱세크*의 탐욕, 빌 사이크스**의 패악질, 로빈슨 크루소***의 모험

• 발자크의 『인간희극』에 나오는 인물―옮긴이 주.
•• 디킨스의 『올리버 트위스트』에 나오는 인물―옮긴이 주.
••• 디포의 『로빈슨 크루소』에 나오는 인물―옮긴이 주.

등에 대하여 『자본』은 상당한 분량을 할애하고 있다. 마르크스는 특히 발자크를 높이 평가하여 경제학에 대한 자신의 작업이 끝나고 나면 언젠가 『인간희극』에 대하여 집필을 할 계획을 세우기도 하였다.[407] 엥겔스는 마거릿 하크니스(Margaret Harkness)에게 보낸 편지에서 마르크스가 발자크의 저작에서 "구체적인 경제적 사실에 대하여 당시의 역사가, 경제학자, 통계학자 등의 전문가들로부터 얻은 것보다 더 많은 내용을 배웠다"고 쓰고 있다.[408]

마르크스는 『자본』에서 발자크 등의 문학자들의 작품에서 발췌한 얘기들을 가지고 핵심적인 이론의 단서들을 설명하고 있는데, 거기에서 그는 이들 설명을 이론적 단서에 대한 증거로 사용하였다. 이런 경우로 우리는 발자크를 가장 먼저 손꼽을 수 있는데 그것은 마르크스의 표현에 따르면 그가 "현실에 대한 깊은 통찰력"[409]을 탁월하게 보여주고 있기 때문이었다. 마르크스가 문학작품들의 내용을 경험적 사실이나 경제 이론의 사실과 꼭 마찬가지 비중으로 자신의 이론적 논거로 사용하고 있다는 점을 확인하려면, 『자본』 제1권에서 마르크스가 디포의 『로빈슨 크루소』를 이용하여 갖가지 사회 형태를 상세히 설명하는 부분[410]만 보아도 충분히 가능하다.

마르크스가 자신의 연구에서 사용한 기준들을 보다 잘 이해하기 위해서는 마르크스와 알베르트 아인슈타인(Albert Einstein)의 과학적 방법이 놀라우리만치 유사하다는 사실을 지적할 필요가 있다. 즉 인간 사회와 자연에 대한 천재적인 능력을 보여준 이들 두 명의 연구자는 똑같이 현실에 대한 변증법적 유물론의 고찰 방식을 탁월하게 발휘했던 것이다. 이들 두 사람의 유사점을 알게 되면 우리는 마르크스의 창조적인 작업 방식이 갖는 본질적인 특수성을 보다 잘 인식할 수 있을 것이다.*

---

* 물론 이런 비교가 과학적 연구 방법에 있어 마르크스의 '우월성'을 그대로 입증해 주는 것은 아니다. 단지 우리가 여기에서 강조하고 싶은 것은 자연과학과 사회과

아인슈타인은 철학 이론의 진실성 여부에 대한 두 가지 기준을 제기하였다. 첫 번째 기준은 이론이 경험과 모순되지 않아야 한다는 것이다. 여기에서 중요한 것은 "핵심 개념의 발전이 경험적 소재에 의거한 것이어야 한다"는 점이다. 두 번째 기준은 "체계의 내재적인 완성도를 지향하고 있어야 한다"는 것이다. 이때 가장 중요한 것은 이 체계의 '진실성이라는 가치척도'에 책임을 질 수 있어야 한다는 점이다. 아인슈타인이 여기에서 이론의 '내재적인 완성도'라고 했던 것은 이론의 토대를 이루는 것, 즉 최소한으로 압축된 '핵심 개념'을 가리키는 것이다. 두 개의 기준은 모두 이론과 실재가 최대한 서로 일치하도록 지향한다는 것을 특징으로 삼고 있다. 첫 번째 기준은 논란의 여지 없이 명확한 것이다. 단지 우리는 여기에 이론의 정립을 위한 출발점으로 경험적 데이터를 중시할 뿐만 아니라 이론으로부터 얻어진 결론을 경험적으로 검증할 수 있어야 한다는 점도 추가하고자 한다. 두 번째 기준은 "논리적으로 최대한 단순화된 세계관 혹은 그 세계관의 토대가 되는 압축된 논리를 지향하는 것"을 의미한다.[411]

이와 똑같은 기준을 우리는 마르크스에게서도 찾아볼 수 있다. 1843년 마르크스는 자본주의 제도를 폐기하고 공산주의사회를 건설할 수 있는 유일한 세력인 프롤레타리아의 세계사적 역할을 고도의 이론적이고 실천적인 창조 작업의 결과물로 만들어낸 다음, 그리하여 오로지 프롤레타리아혁명만이 부르주아적 상태를 몰아낼 수 있다는 결론에 도달하고 그럼으로써 과학적 공산주의 이론의 초석을 다진 다음, 마르크스는 공산주의 사상을 이론적으로 논증하는 작업에 착수하였다. 그러나 이와 함께 마르크스는 또한 이 사상을 실행에 옮기기 위해서 끊임없이 노력하였다. 자

학의 방법이 동일하다는 점에 있다. 소련과학아카데미 회원인 니콜라이 니콜라예비치 세묘노프(Nikolai Nikolaevich Semyonov)는 "마르크스의 이론적 사상의 진행 과정은 자연과학의 발전에 있어서도 우리가 쉽게 발견할 수 있는 것과 거의 전적으로 동일하다"라고 말하였다(*Kommunist*, 10/1968, p. 64, 러시아어판).

본주의 사회가 오로지 혁명적인 길을 통해서만 제거될 수 있다는 것을 확인하고 그것을 행동으로 옮기기 위한 노력, 바로 그것이 마르크스 이론 전체 속에 속속들이 침투해 있다. 그래서 마르크스가 자신의 과학적 작업에서 끊임없이 지향했던 첫 번째 기준은 극히 단순한 형태로 압축된다. 프롤레타리아혁명의 이해, 즉 프롤레타리아의 이해가 바로 그것이다. 마르크스는 일차적으로 혁명가였으며 결코 책상물림이 아니었다. 그의 이론적 작업은 곧바로 혁명의 세계적인 발전 과정으로 규정된다.

마르크스가 이처럼 프롤레타리아의 이해를 자신의 연구에 대한 기준으로 삼은 것은 그의 연구가 갖는 진정한 의미에서의 과학적인 성격과 전혀 모순되지 않는다. 뿐만 아니라 이 기준을 끊임없이 견지하는 것만이 비로소 마르크스 이론의 극히 뛰어난 유효성—즉 현실의 변화에 있어 그의 이론이 수행하는 역할—을 보장하기도 한다. 마르크스주의의 이런 특성을 엥겔스는 다음과 같이 잘 표현하고 있다. "만일 우리가 '과학자' (그것도 경제학자)라는 사람에 대하여 얘기한다면 그 사람은 이념을 가질 필요가 없고 오로지 과학적 성과를 추구하기만 하면 되지만, 만일 그 위에 그 사람이 당파적인 사람이라면 그 사람은 과학을 실천에 옮기기 위해 투쟁하는 사람일 것이다."[412]

마르크스는 부르주아 경제학에서 두 번째의, 보다 특수한 기준을 발견하였다. 그 기준은 자본주의 생산양식 이론을 정립하는 데 가치법칙을 기본 원리로 간주하는 것이었다.[*]

마르크스 이론의 정당성을 보여주는 결정적인 증거는 오로지 프롤레타리아혁명일 수밖에 없는데, 왜냐하면 그 혁명이야말로 자본주의에서 공산주의로의 이행이 시작된다는 것을 알려주고 세계사적인 혁명의 과

---

[*] 마르크스와 동시대인이던 한 부르주아 경제학자는 이렇게 쓰고 있다. "마르크스에 반대하는 사람들이 수행해야 할 유일한 과제는 가치론을 폐기하는 것이다. 왜냐하면 이 가치론을 허용하게 되면 마르크스에게서 엄격한 논리적 일관성을 인정하지 않을 수 없기 때문이다"(MEW Bd. 16, p. 312).

정이 '마르크스의 이론에 따라' 이루어진다는 것을 명확하게 보여주는 것이기 때문이다. 그러나 마르크스의 경제 이론이 과학적으로 진실된 내용이라는 것을 '경험적으로 검증할' 수 있는 또 다른 방법도 존재하는데, 그것은 즉 노동자계급이 자본가계급과 벌이는 일상적인 투쟁과 관련되어 있다.* 왜냐하면 마르크스가 경제 이론을 통해서 만들어낸 것은 바로 다름 아닌 노동자계급의 경제학이기 때문이다. 자신의 경제 이론을 만들어나가면서 마르크스는 노동자계급이 자본가계급은 물론 자본주의 국가에 대항하여 싸워나가는 과정에서 필요로 하는 경제정책의 기본 원리들도 함께 정립하였다.

지금까지 얘기한 두 가지 핵심 기준을 충실하게 지킴으로써 마르크스는 행동에 필요한 수단인 경제 이론을 만들어낼 수 있었는데, 이 이론은 곧 현실의 분석은 물론 노동자계급의 투쟁(개별 국가는 물론 세계적인 수준에서도)에 필요한 전략과 전술을 만들어내기 위한 방법과 출발점을 이루는 것이었다.

• 물론 마르크스 경제 이론의 정당성이 사회주의 경제와 관련해서도 "경험적으로 검증될 수 있는지"에 대한 물음도 제기될 수 있다. 그의 경제 이론이 옳은지의 여부에 대한 결정적인 기준, 즉 그가 정립한 경제법칙들이 객관적인 경제적 사실들과 일치하는지의 여부에 대한 시금석은 사회주의 경제학이 이룩한 경제정책의 성과일 것이다. 그렇기 때문에 사회주의에서는 국가의 경제정책과 생산관계를 서로 별개의 것으로 간주해서는 안 되고, 더구나 이들을 서로 대립하는 것으로 만들어서도 안 된다(*Das Kapital von K. Marx und die politische Ökonomie des Sozialismus*, p. 21 참조). 이 점과 관련하여 매우 흥미로운 연구는 생산관계를 국가와 법률 등과 관련시켜 분석한 마르크스의 방법론을 다룬 슈크레도프(W. P. Schkredow)의 연구이다. 슈크레도프는 이렇게 쓰고 있다. "경제학이 실천과 결합될 수 있는 것은 오로지 추상화의 방법을 가지고 실천으로부터 분리되어 나가는 것을 스스로 두려워하지 않을 경우뿐이다. 왜냐하면 오로지 그렇게 했을 경우에만 경제법칙에 대한 인식으로 무장한 다음 다시 실천에 다가갈 수 있고 사회주의 경제의 복잡한 문제들을 해결하는 데 있어서 효과적인 도움을 줄 수 있기 때문이다"(*Die Methode des Kapital und Fragen der Politischen Ökonomie des Sozialismus*, Moskau, 1968, p. 78, 러시아어판).

사회 발전 법칙을 파악하는 데서 한 발자국씩 전진할 때마다 마르크스는 많은 노동과 극도의 긴장을 가지고 자신의 정신적·육체적 힘을 소모하였다. 이론적인 발견이 하나씩 이루어질 때마다, 그리고 스스로 던진 물음에 대한 답을 하나씩 찾아낼 때마다 거기에는 마르크스가 주의 깊게 읽고 연구한 산더미 같은 책들과 헤아리기 어려운 양의 주석, 요약본, 그리고 낮과 밤을 가리지 않고 이어진 오랜 시간의 힘겨운 정신적 노동이 숨겨져 있었다.

그런데 그렇게 세심하고 오랜 기간의 노동이 정말 필요한 것이었을까? 우리는 엥겔스에게 그 답변을 들을 수 있다. "그처럼 광범위한 영역에 걸쳐 엄청나게 많은 분량의 자료를 모두 포괄하는 과학적 연구에서는 언제나 …… 정말 제대로 된 무엇인가를 이루어내기 위해서는 오로지 오랜 기간의 연구가 있어야만 비로소 가능하다. 개별적으로 볼 때 새롭고 올바른 관점들은 …… 이전에도 이미 많이 있었다. 하지만 전체를 통찰하고 새롭게 정리하는 작업은 이들 개별적인 관점을 모두 섭렵하고 나서만 비로소 가능하다. 만일 그렇지 않다면『자본』에 필적하는 책들이 헤아릴 수도 없을 정도로 많을 것이다."[413]

마르크스의 독창적인 작업 방식을 좀 더 자세히 들여다보면, 우리는 그가 스스로 읽어야 할 필요가 있다고 생각하는 모든 자료를 하나도 남김없이 파악해야 한다는 강박관념에 계속 쫓기고 있는 것을 반복적으로 확인하게 된다. 마르크스가『경제학 비판』제1권의 후속판 출판을 계속해서 미루고 있을 때 엥겔스는 다소 비난조로 그에게 다음과 같이 편지를 썼다. "이 책이 미루어지고 있는 주된 이유가 언제나 그렇듯 자네 자신의 그 꼼꼼함 때문이라는 것을 …… 나는 잘 알고 있네."[414] 정말 놀라우리만치 성실한 마르크스의 이런 작업 방식은 현실을 철저히 분석하여 사회 발전의 고유한 경향을 정확하게 반영하는 이론을 만들어내려는 그의 노력에서 비롯된 것이었다. 이 점에서도 역시 마르크스는 아인슈타인의 독창적인 방식과 서로 비교된다.

아인슈타인이 자연에 대한 연구에서 그렇게 했던 것과 꼭 마찬가지로 마르크스도 역시 현실이 모습을 드러내고 있는 갖가지 형태 사이의 모순은 현실 그 자체의 모순을 반영하는 것이라는 사실에서 출발하였다. 마르크스는 "과학적 진리는 언제나 사물의 허상만을 포착하는 일상적 경험의 관점에서 보면 모순적 성격을 띤다"[415]라고 말하고 있다. 마르크스는 경제학에 대해서 자신이 제기했던 문제들을 자신의 경제 이론 속에서 항상 견지해 나갔다. "우리는 오로지 서로 모순되는 교의를 서로 모순되는 경험적 사실들로 대체하고, 이들 모순되는 사실들의 배후에 숨겨진 실질적인 대립을 제거함으로써만 비로소 경제학을 제대로 된 의미의 과학으로 전환할 수 있다."[416] 앞서 이미 얘기했듯이 마르크스는 경제학의 역사에서 처음으로 가치법칙에 기초하여 자본주의적 착취의 모순적인 메커니즘을 해명할 수 있었다. 그가 이렇게 할 수 있었던 까닭은 그가 부르주아 경제학자들의 교의, 즉 노동자들이 자본가에게 자신의 노동을 판매한다는 교의를 기각했기 때문이다. 그는 노동력 매매의 모순적인 성격—본질적으로 부등가교환인 노동자와 자본가 사이의 교환이 등가교환이라는 가치관계의 틀 속에서 이루어지는— 이 부르주아사회의 생산관계가 갖는 적대적인 성격을 보여주는 것임을 입증하였다.

물리학 분야에서 아인슈타인이 했던 것과 꼭 마찬가지로 마르크스도 경제학 분야에서 일반적이고 본질적이며 또한 출발점을 이루는 모든 개념(노동, 가치, 상품 등과 같은)을 빈틈없이 철저한 방식으로 다듬어서 자본주의적 현실의 내적 구조를 파헤쳤다. 우리가 이미 보았듯이 마르크스는 1857~58년에 이런 분석을 통해서 상품을 자본주의의 '경제적 세포 형태'(즉 부르주아사회의 모든 모순의 싹을 이미 내부에 품고 있는)로 간주하는 발견에 도달할 수 있었다. 우리는 또한 마르크스의 잉여가치론이 그의 가치론의 직접적 결과물이라는 사실, 즉 이 이론의 논리적 귀결이자 동시에 그 이론을 자본주의에만 특수하게 존재하는 노동력 상품으로까지 확장한 것이라는 사실도 함께 보았다.

마르크스가 사용한 연구 방법과 부르주아 경제학자들의 방법 사이의 본질적인 차이가 무엇인지는 마르크스가 자본주의 경제의 두 번째 핵심 문제—평균이윤과 생산가격의 형성을 가치법칙의 토대 위에서 설명하는 것—를 어떻게 해결하였는지를 보면 알 수 있다. 이 문제를 어떻게 해결하느냐에 따라서 절대지대 이론도 서로 갈라졌다. 리카도는 가치와 생산가격을 동일한 것으로 선언하였고, 따라서 당연히 절대지대가 존재할 수 없다는 결론에 도달하였다. 마르크스는 이런 리카도에 대하여 다음과 같은 해석을 덧붙였다. "해결하기 어려운 난점을 …… **어떤 지점에서 부정해 버리고 그런 다음 이를 다시 출발점으로 삼아 다른 지점에서 그 난점이 존재한다는 것을 설명하려고 하였다.**"[417]

마르크스는 이 문제에 대하여 전혀 다른 방식으로 접근하였다. 그는 먼저 가치와 생산가격 사이의 모순이 단지 외견상의 모순일 뿐이라는 점을 보여준다. 그는 이 점을 이들 양자가 동일하다는 것을 증명하는 대신 생산가격을 가치로부터 도출하는 방식으로 보여주었다. 즉 리카도와는 반대의 방식을 사용한 것이다. 마르크스 이론에서 생산가격은 가치의 전화된 형태이며 단지 예외적인 경우에만 가치와 일치한다. 보통의 경우 그것은 가치와 일치하지 않는다. 평균이윤과 생산가격의 문제를 이런 방식으로 해결함으로써 절대지대—가치와 생산가격 사이의 차이에 의해 그 크기가 결정된다—의 문제도 쉽게 설명될 수 있다. 즉 부르주아 경제학자들을 혼란에 빠뜨린 모순은 마르크스에게서 자본주의 현실을 객관적으로 반영하는 거울이었다. 부르주아사회의 표면에서 잉여가치는 노동자들이 수행한 잉여노동의 산물로 나타나는 것이 아니라 자본의 산물로 나타나며, 그것은 필연적으로 이윤과 평균이윤이라는 전화된 형태로 나타난다. 순수하게 표면적으로만 보면 이것은 가치론과 모순되는데, 그러나 이 모순은 마르크스가 표현했듯이 "사물 그 자체의 발전에서 비롯된 하나의 허상"일 뿐이다.[418]

경제학의 출발 명제를 검토하는 과정에서 마르크스는 해당 이론의 출처를 찾아내기 위해 끊임없이 노력하였다. 1869년 11월 29일 엥겔스는 마르크스에게 보내는 편지에서 이렇게 쓰고 있다. "출처를 찾을 수 없다는 것은 참으로 통탄할 일일세. 출처만 찾아내면 우리는 그것을 가공한 글들에서보다 훨씬 더 많은 것을 알 수 있을걸세. 도대체 이들 가공된 글들에서는 원래의 출처에 너무나 명쾌하고 단순하게 되어 있던 내용들이 마구 헝클어져서 복잡하기 짝이 없게 되어 있으니 말일세."[419] 경제 이론의 뿌리를 찾아냄으로써 마르크스는 경제학을 모든 외부적 요소들로부터, 그리고 이들 외부적 요소로부터 파생된 온갖 교의들 — 경제학이라는 과학 그 자체의 내적 원리와 모순되는 — 로부터 해방할 수 있었다. 『잉여가치론』에서 마르크스는 리카도의 차액지대 법칙의 역사에 대하여 한 개장을 별도로 할애하고 있는데, 이 법칙은 우리가 알다시피 맬서스의 인구론과 결합된 것이다. 이 연구를 통해서 마르크스는 차액지대 이론의 진정한 선구자가 영국의 부르주아 경제학자 제임스 앤더슨으로, 이 사람이 차액지대 이론의 기본 골격을 만들었다는 사실을 알게 되었다. 또한 마르크스는 앤더슨이 "맬서스 인구론에 대한 가장 뛰어난 적"이었고 자신도 모르는 사이에 "자신의 이론이 이 괴물 같은 이론•의 토대로 사용되었다는 사실"도 알게 되었다.[420] 이처럼 리카도 차액지대 법칙의 출처를 찾아냄으로써, 마르크스는 첫째로 맬서스주의의 이론적 토대를 파괴할 수 있었고 둘째로 차액지대가 오로지 열등지의 개간이 이루어지는 과도기에만 발생한다는 리카도의 설명을 반박할 수 있었다.

『자본』이 만들어지는 과정의 역사는 마르크스의 절대적인 과학적 성실성에 대한 확고한 증거를 제공하며, 또한 마르크스가 항상 과학 그 자체를 위해 자신의 연구를 수행하였고 과학자이자 프롤레타리아혁명가로서의 자신의 의무를 위해 진리를 추구하였다는 것을 보여준다. 그는 부르주아사회의 반동 계급들에 대한 맬서스의 아첨 행위를 질책하면서 그에

• 맬서스의 인구론 — 옮긴이 주.

대하여 다음과 같이 썼다. "과학을 과학 그 자체의 관점(설사 그것이 틀린 것이라 한지라도)이 아닌 **외부의, 다른 사람들의 표면적인 이해관계**를 반영하는 관점에 **맞추려고** 노력하는 이 인간에 대하여 나는 '천박하다'라는 수식어를 붙인다."[421] 마르크스는 자신보다 앞서 있었던 사회주의의 유토피아적인 견해들과는 달리, 자본주의 제도에 대한 자신의 맹렬한 증오에도 불구하고 자본주의를 전 자본주의적 사회구성체들에 비해 진보한 것으로 간주하였다. 바로 이런 과학적 인식 때문에 마르크스는 자본주의의 운동 법칙을 발견할 수 있었고 자본주의의 품속에서 미래의 공산주의의 물질적·정신적 요소들 ─ 이들 요소를 형성하는 것이 또한 부르주아사회의 역사적인 성격을 이루는 것이기도 하다 ─ 을 발견할 수 있었다.

　마르크스의 과학적 성실성을 보여주는 또 하나의 사실은 그가 무조건 현실적인 문제에만 매달린 적이 한 번도 없었다는 점이다. 『경제학 비판』 제1권이 출판되었을 때 그는 자신의 친구들이나 자신이 신뢰하는 동지들로부터 이 책의 서술이 일반인들이 이해하기에 너무 어렵다는 비난을 들어야만 했다. "리프크네히트(Wilhelm Liebknecht)•는 비스캄프(Biskamp)•• 에게 '이 책만큼 나를 실망시킨 책은 없다'고 말했다 하고, 비스캄프 자신도 나에게 이 책의 '쓸모'를 알지 못하겠다고 말하였다네"라고 마르크스는 엥겔스에게 씁쓸하게 토로하였다.[422] 이런 비난에 대하여 마르크스는 이렇게 답변하였다. "진실로 대중적인 것은 결코 과학의 혁명을 위한 **과학적** 시도가 될 수 없다네."[423] 마르크스의 이 책은 극히 현실적인 것이긴 했지만 동시에 경제학에서 하나의 혁명이기도 했던 것이다. 마르크스는 스스로 이 책을 "사회적 관계에 대한 하나의 중요한 견해를 과학적으로 나타낸 최초의 책"으로 평가하면서 다음과 같이 썼다. "나는 우리 당파가 하나의 과학적인 승리를 거두기를 희망한다. …… 또한 이 책의 제2장에

• 마르크스를 추종하던 독일 노동운동의 지도자 ─ 옮긴이 주.
•• 런던에 살고 있던 독일의 언론인이자 민주주의자.

서는 지금 프랑스에서 한창 유행하고 있는 프루동의 사회주의를 …… 뿌리에서부터 완전히 무너뜨리고 있다."[424]

이 제1권에는 잉여가치론이 아직 포함되어 있지 않고 단지 가치론과 화폐 이론만 서술되고 있지만, 자본주의적 생산양식의 분석을 위한 토대를 우리는 충분히 발견할 수 있다. 마르크스는 이 책 속에 "가장 단순한 형태인 바로 상품을 통해서 부르주아적 생산의 **절대적** 성격이 아니라 사회적으로 **특수한** 성격이 분석되고 있다"고 쓰고 있다.[425]

마르크스의 이 천재적인 저작에 대한 초기의 이런 몰이해는(그것을 올바로 이해하는 데 수반되는 어려움과 더불어) 추상적인 이론을 아무런 실천적 가치도 지니지 않은 말장난으로 간주하면서 거부감을 갖거나 기껏해야 불신감을 갖는 일반적인 태도를 보여준다.

1868년 5월 16일 엥겔스에게 보낸 편지에서 마르크스는 실천적 이해를 반영하는 경제학이 필요로 하는 것과 이론적으로 경제학이 필요로 하는 것 사이에는 커다란 차이가 존재한다고 분명히 얘기하였다. 부르주아 사회의 '경제적 세포 형태'에 대한 면밀한 분석은 얼핏 보면 극히 사소한 문제에 대한 하나의 궤변처럼 보인다. 그러나 잉여가치론에서는 이 '사소한 문제'가 핵심적인 중요성을 갖는다. 일반적인 경제 이론을 발전시키는 일은 지금도 역시 마르크스 경제학의 당면과제이다.

제9장

마르크스의 경제 이론과
노동자계급

미지불노동으로서의 자본. 자본주의의 역사적으로 진보적인 성격. 생산 국유화의 문제. 통합의 민주적 형태를 위한 투쟁. 경제에 대한 국가의 개입. 자본주의의 경계선에서 이루어지는 "보다 고도의 새로운 형성을 위한 요소들." 협동조합 노동. 노동자계급의 경제투쟁. 부르주아사회의 경제적 관계로의 발전. 『자본』에서 묘사된 부르주아사회의 구조와 현재의 자본주의. 프롤레타리아의 국제적 연대의 필요성. 노동자계급과 비프롤레타리아 대중.

   마르크스는 잉여가치론을 만들어내고 경제학의 역사에서 처음으로 자본주의적 착취 메커니즘을 밝혀냄으로써 자본이 노동자들의 미지불노동이 축적된 것임을 입증하였다. 그것은 마르크스가 노동자계급의 이름으로 자본가계급에게 행한 엄청난 고발이었다. 엥겔스는 마르크스 경제 이론이 도달한 이 결론에 대하여 다음과 같이 얘기하였다. "만일 유산자 계급이 축적해서 쌓아둔 자본이 모두 다름 아닌 '미지불노동'이라면 그로부터 곧바로 다음과 같은 결론, 즉 이 노동이 추가적으로 지불된 것이라는 사실, 즉 노동에 대하여 지불된 자본이 변화한 것이라는 사실이 도출된다."[426]

   그런데 마르크스는 여기에서 훨씬 더 앞으로 나아갔다. 그는 경제학의 역사에서 처음으로 잉여노동(즉 노동자계급의 미지불노동)을 자본가계급이 획득하는 것이 자본주의의 내재적 법칙에 전적으로 부합한다는 것을 입증하였다. 마르크스는 이렇게 쓰고 있다. "자본주의 메커니즘을 객관적으로 분석하면서 이 메커니즘에 이례적으로 붙어 있는 특이한 흠집을 …… 이용하려 해서는 안 된다."[427] 그는 본질적으로 부등가교환인 노동자와 자본가 사이의 교환이 등가교환이라는 가치법칙에 기초하여 수행된다는 것을 입증하였다. 그러나 자본주의적 착취가 부르주아적 생산관계의 본질에서 비롯된 것이라면 노동자계급은 오로지 자본주의 제도의 철폐를 통해서만 이 착취로부터 해방될 수 있을 것이다. 마르크스의 잉여가치론은 사회주의 혁명이 불가피하다는 인식으로 곧바로 이어진다. 과학적 공산주의 이론에서 이런 인식은 특히 중요한데, 왜냐하면 이런 인식이야말로 온갖 종류의 사이비 사회주의적 환상——노동자계급의 상태를 '조용한 형태 변화'를 통해서, 즉 자본주의적 생산관계의 범위 내에 그대로 머물러 있으면서도 근본적으로 바꿀 수 있다고 생각하는——과 완전히 결별하는 것이기 때문이다.

마르크스의 경제 이론을 통해서 우리는 자본주의에서 공산주의로의 이행이 저절로 이루어지는 것이 아니라 그를 위해서는 자본의 지배를 혁명적으로 전복하고 노동자계급에 의한 정치권력의 획득, 즉 프롤레타리아 독재가 필요하다는 결론을 얻을 수 있다. 마르크스와 엥겔스는 혁명이 "전적으로 평화적이고 합법적인 수단"으로 가능하다는 점을 반복해서 얘기하였다. 물론 그들은 여기에다 자본주의사회의 각각의 발전 수준과 관련하여 "지배계급이 평화적이고 합법적인 혁명에 대하여 '노예제 옹호 반란'도 없이 굴복하리라고는 거의 기대할 수 없긴 하다"는 말을 덧붙이기는 하였다.[428] 오늘날 많은 자본주의 국가의 공산당의 강령은 사회주의 혁명으로의 평화적인 발전 가능성을 출발점으로 삼고 있다. 물론 사회주의 혁명의 필요성에 대한 마르크스의 결론은 자본주의사회에서 노동자계급의 경제적·사회적 상태를 개선하기 위한 이들의 투쟁의 필요성과 효과를 결코 배제하지 않고 있다. 그러나 참된 마르크스주의자와 혁명가들은 자본주의사회에서의 노동자계급의 투쟁을 자본주의 체제의 폐기를

위한 전제로 간주하였다.[•]

마르크스를 마르크스 이전 사회주의의 모든 유토피아적인 견해와 근본적으로 구별짓는 중요한 하나의 결론은 역사적으로 자본주의적 생산양식이 갖는 진보적인— 전 자본주의적 사회구성체들에 비해— 성격에 대한 부분이다. 그리고 자본주의는 비록 "피로 얼룩지고 불에 타오르는 문자로 인류의 연대기에 기록되어" 있긴 하지만, 그처럼 많은 부를 축적하고 그만큼의 생산력 발전— 사회주의로의 이행은 물론 사회의 모든 구성원의 다방면의 발전을 위한 전제조건을 창출해 줄— 을 이룩할 수 있었던 최초의 경제 제도였다. "보통의 사회주의자들에 비해 특별히 마르크스의 공적으로 손꼽을 수 있는 것은 그가 현재와 같은 상태의 극히 일면적인 발전이 곧바로 끔찍한 결과를 초래하고 있음에도 불구하고 여전히 그것을 하나의 진보로 입증했다는 점에 있다."[429]

이 과정은 우리가 이미 논의한 바 있는 마르크스와 엥겔스의 전체 방법론적 과정과 깊이 관련되어 있다. 즉 이들 두 사람은 모든 사회현상을 소재적 내용과 사회적 형태의 변증법적이고 모순적인 통일로 간주했던 것이다. 자본주의적 생산(다른 나머지 모든 경제 현상의 경우도 마찬가지이다)의 소재적 내용과 사회적 형태 사이의 구분을 통해서 마르크스는 자신의 경제 이론에서 자본주의적 생산과 그것의 상부구조가 갖는 반동적 경향(이것은 자본주의적 생산의 적대적인 사회적 형태로부터 발생한 것이다)을 그것의

• 소부르주아적인 개량주의에 대한 마르크스의 비판은 그가 자본주의의 범위 내에서 이루어지는 경제적인 개혁의 가능성과 필요성, 그리고 이 개혁이 부르주아사회의 생산관계에 끼치는 영향을 모두 부인한다는 의미가 아니다. 그가 얘기하고 싶었던 것은 단지 이런 종류의 개혁을 가지고는 자본주의 제도의 토대를 변화시킬 수 없다는 사실뿐이었다. "불가능한 과제를 내세우지 않도록 하기 위해서, 그리고 화폐개혁과 유통 체제의 전환을 통해서 생산관계와 그 생산관계에 기초한 사회적 관계를 새롭게 형성할 수 있는 데에는 한계가 있다는 점을 올바로 인식하기 위해서 이 점을 명확히 해둘 필요가 있다"(K. Marx, *Grundrisse der Kritik der Politischen Ökonomie*, p. 64).

소재적 내용──생산력의 객관적 발전, 대규모 생산으로의 객관적인 발전 법칙, 생산의 집적과 집중 등으로부터 만들어지는 자본주의적 생산의 발전 경향──과 엄격하게 분리할 수 있었다. 그리고 바로 이런 자본주의의 발전 경향은 공산주의에 의해 자본주의가 해체될 수 있는 가능성과 필연성의 전제를 이루는 것이었다.

마르크스주의 이론의 토대를 이루는 이런 방법론적 고찰 방식은 오늘날 자본주의 국가의 노동운동이 경제생활 및 정치생활에서 당면하고 있는 새로운 현상들(생산의 통합과 국유화, 자본주의적 계획화 등과 같은)을 분석하는 데 있어 결정적인 중요성을 갖는다. 공산주의 정당들은 이들 새로운 현상이 만들어내는 노동자들의 특수한 투쟁 조건을 교의적인 방식으로 부정하는 것을 극복할 수 있었다. 그래서 모든 자본주의 국가에서 노동자계급은 일련의 산업 부문을 '재사유화하려는' 독점의 시도에 대항하여 국유화된 산업 부문을 확장하기 위해──국유화된 산업 부문이 독점의 이익을 위해 봉사한다는 점을 잊지 않으면서──투쟁하고 있다. 이 투쟁에서 공산주의 정당들은 현재의 발전의 토대를 이루고 있는 객관적 경향에 근거를 두고 있다. 우리가 오늘날 보고 있는 바와 같은 생산력의 어마어마한 발전을 고려할 때 국가가 경제생활에 적극적으로 개입하는 것(국유화도 여기에 포함된다)은 하나의 객관적 필연성을 가지고 있다. 엥겔스는 당시에 이미 부르주아 국가의 개입을 "모든 생산력을 사회가 스스로 장악하기 위한 새로운 전 단계에 도달한 하나의 경제적 진보"라고 불렀다.[430] 국유화된 생산 부문은 노동자계급의 투쟁에서 사적 소유의 무제한적인 지배에 비하여 더 유리한 출발점을 이룬다. 독점은 국유화의 민주적인 내용을 훼손하기 위해 노력하고 노동자계급은 국유화를 민주적인 형태, 즉 비독점적인 형태로 만들기 위해 투쟁한다. 공산주의 정당들은 이를 위해 국유화의 영역을 최대한으로 확대하고 국유화를 통해 경제에 대한 지휘권을 높임으로써 이들 국유화 영역을 이용하여 독점 지배를 제한하고 무력화하기 위해 전력을 다하고 있다. 이런 의미에서 국유화는 오늘날 자본주의 경제체제 전반을 무너뜨리고 사회를 사회주의적으로 전환하기 위한 중요한 수단을 이룬다.

공산주의 정당들은 자본주의적 통합의 문제, 즉 국제적 수준과 개별 국가 수준에서 동시에 이루어지는 경제 발전에 대한 국가독점적인 규제의 경향에 깊은 관심을 기울이고 있다. 그리고 현재의 조건에서 이런 경제통합은 독점자본의 지배를 고착시키는 형태에 속한다. 하지만 마르크스주의적 방법론에 따르면 이런 통합 형태에 대해서 그것의 반동적이고 독점적인 성격을 분석할 필요도 있지만, 동시에 이들 통합이 추구하는 소재적 내용에 대해서도, 즉 통합을 생산력 발전의 진보적인 경향을 나타내는 형태로 간주할 필요도 있다. 공산주의 운동은 통합의 민주적 형태를 위해서 투쟁하고 '공동 시장' 대신에 자본주의와 사회주의의 평화적인 공존을 위한 경제적 토대로서 국제분업을 발전시킬 것을 추구한다. 민주적인 통합 형태를 위한 투쟁에서는 노동자들의 생활수준을 가능한 한 낮은 수준에서 평준화하려는 독점자본의 노력에 대항하고, 몇몇 나라에서 노동자들이 획득한 것(여기에는 사회주의 국가 노동자들의 생활수준의 향상 지표들도 포함된다)을 다른 모든 나라로 확대하는 것을 목표로 노동자계급의 국제적 연대를 강화할 필요가 있다. 독점적 통합에 대한 민주적인 대안은 그것이 반드시 국제적인 운동으로 될 때에만 성공을 거둘 수 있다. 이를 위해 공산주의 정당들은 국가독점자본주의의 다른 객관적 현상들(예를 들어 경제의 계획화나 반독점 조치들)에 대해서도 노동자계급과 국가 전체의 이해에 도움이 될 수 있도록 개입하고 있다.

오늘날 부르주아 경제학자나 사회학자 가운데 국가(이른바 초계급적 요소)의 경제에 대한 개입을 자본주의가 자유경쟁의 조건 아래에서 발전해나간다는 마르크스의 개념과 위배된다고 주장하지 않는 사람을 찾아보기는 힘들다. 이들은 국가가 자본주의 경제와 무관한 하나의 세력, 즉 사회 전체의 이해관계라는 독자적인 동기를 가지고 경제에 개입하는 하나의 세력이 될 것이라고 믿고 싶어 한다. 그래서 그들이 보기에 그것은 이미 더 이상 자본주의가 아닌 새로운 유형의 경제가 될 것이다. 왜냐하면 그런 경제는 '집단적인' 성격을 띠고 있기 때문이다. 그들에게는 부르주아 국가의 이런 개입이 더도 덜도 아닌, 말 그대로 '보편적 복지국가'의 시작을 알리는 하나의 혁명으로 간주된다.

물론 오늘날 자본주의 경제에서 국가가 매우 중요한 역할을 수행한다는 사실을 부정하는 것은 어리석은 일이다. 몇몇 주요 선진 자본주의 국가의 경우 주식시장에서 국가 부문이 차지하는 비중이 3분의 1에 달하고 있다. 그러나 그것은 단지 생산을 대규모로 사회화함으로써 자본주의의 지위를 유지하고 공고히 하려는 국가독점자본주의가 자신의 모순을 극도로 첨예화하는 것을 의미할 뿐이며 또한 자본주의적 생산관계가 사회주의적 생산관계로 해체되어야 할 급박한 필요성이 있다는 것을 의미할 뿐이다.

공산주의적 생산관계의 요소들이 이미 자본주의의 품속에서 자라난다는 것은 마르크스의 경제 이론이 도달한 가장 중요한 인식 가운데 하나이다. 『자본』 제3권에서 마르크스는 "더 고도의 새로운 형성을 위한 요소들"[431]을 자본의 문명적 측면 가운데 하나로 얘기하고 있다. 이런 맥락에서 마르크스는 협동조합 운동에 대해서 상당히 주목하고 있는데, 그는 이 운동을 "계급 대립에 기초한 현재의 사회를 변혁할 수 있는 추동력 가운데 하나"라고 표현하였다. 협동조합 공장에서 그는 자본의 경제학에 대한 노동자 경제학의 승리를 보았는데, 왜냐하면 이 공장은 생산과정에서 자본가가 전혀 없어도 된다는 것을 증명해 주고 있기 때문이다. 이 공장에서는 "사회적 통찰과 주의력에 의한 사회적 생산의 통제"[432]가 이루어지는데, 마르크스는 '국제노동자협회의 취임 연설'에서 바로 이것을 노동자계급의 경제학——이것은 곧 미래의 공산주의사회의 경제학이며 자본주의에서 이미 자본주의 경제보다 우월하다는 것을 증명해 보였다——이라고 정의하였다. 또한 마르크스는 만일 노동자계급이 정치권력을 획득하기만 하면 협동조합 노동이 전국적인 규모로 발전할 수 있다는 것을,

즉 노동자들이 실질적으로 해방될 수 있다는 것을 노동자들에게 확실하게 제시하였다.*

• 스미르노바(W. A. Smirnowa)는 프롤레타리아의 국제적인 대중 조직인 제1인터내셔널의 설립과 구성에 대하여 깊이 연구하면서(집단적 단일 주제 연구서인 *Die I. Internationale*, Moskau, 1964, 러시아어판의 제1권 제2장과 제3장을 참고할 것) 인터내셔널의 강령 자료들('취임 연설'과 '임시 규약')과 『공산당 선언』에 나타나 있는 혁명적 연속성을 강조하였다. 그러나 내가 생각하기에 여기에서 본질적으로 중요한 점은 『공산당 선언』(1848)에 비해 강령 자료들(1864)이 갖는 이론적 성숙도를 강조하는 일이다. 강령 자료들의 이론적 수준을 밝히는 부분에서 스미르노바의 글은 마르크스가 의식적으로 이론적 정식화를 약간 후퇴시키긴 했지만 이론적인 부분에서 본질적인 양보는 전혀 없었다는 사실이 다소 과소평가되어 있다(MEW Bd. 31, p. 16). 이런 의미에서 강령 자료들은 충분히 성숙한 마르크스주의를 포함하고 있다. 왜냐하면 마르크스는 이들 자료를 집필하면서 이 시기에 이미 자신이 만들어놓은 경제 이론을 기반으로 삼고 있었기 때문이다. 로소브스키(A. Losowski)는 '취임 연설'이 "철저히 공산주의적 자료"라고 정확하게 얘기하고 있다(A. Losowski, *K. Marx und die Gewerkschaften*, Moskau, 1933, p. 15, 러시아어판).

'취임 연설'에 들어 있는 1848~64년 동안 노동자계급의 상태에 대한 분석은 마르크스 경제 이론에서 중요한 두 가지 인식을 확인해 주고 있다. 첫째 부르주아사회의 경제적 진보가 노동자들의 빈곤을 해결해 줄 수 없다는 것을 입증하고 있다. 둘째 두 개의 '커다란 사건'을 지적하면서 이들 사건을 통해 자본주의의 품속에서 미래 사회의 물질적 조건이 발전해 나간다는 것을 입증하고 있다. 그 두 개의 사건 가운데 하나는 공장법과 관련된 성과로서, 이것은 곧 사회적 감시의 요소이며 다른 하나는 협동조합 운동인데 이것은 대규모 생산에 부르주아적 관계가 전혀 필요하지 않다는 것을 보여주는 증거이다.

스미르노바는 『임시중앙위원회 위원들에 대한 몇 가지 문제의 교육』(1866)에서 협동조합 노동('결합적 노동')에 관한 명제를 연구하였는데, 그는 이 책에 다음과 같은 내용이 들어 있다고 설명하였다. 1. "협동조합 노동에 참가하는 것은 노동자들에게 매우 큰 교육적 의미를 가지며 자본주의 제도가 확고부동한 것이라는 미신을 노동자들의 의식에서 지워버린다." 2. 만일 협동조합 사상이 노동자들에게 매우 인기가 있다면, 마르크스는 이 사상의 전파를 "전적으로 프루동주의자, 라살주의자, 오언주의자 그리고 부르주아 협동조합주의자들의 수중에만 맡겨두어서는" 안 된다고 생각하였다(*Die I. Internationale*, 제1권, Moskau, 1964, p. 107). 스미르노바는 여기에다 노동자들의 협동조합 공장이 자본주의의 품속에서 공산주의 생산양식을 위한 전제가 성숙해 나간다는 마르크스의 이론적 인식을 확인해 준다는 공산주의자들은 자본주의에서 이미 만들어진 노동의 사회화 형태들, 즉 협동조합 운동(농업 부문도 포함하여)이나 국유화된 기업에서의 노동자들의 민주적 통제와 같은 것들을 이용하여 이것을 자본에 대한 계속적인 투쟁의 발판으로 삼는다. 이런 입장은 노동자들 사이에서 주식 소유의 확대가 사회주의로 가는 길이라는 개량주의적 주장과는 전혀 다른 것이다. 마르크스는 노동자들 사이에서 소규모 주식 소유가 확산되는 현상을 '이윤 분배'라고 이름붙이고 이것이 "노동자들을 기만하는 특수한 방식으로 **노동자들의 임금 가운데 일부를** 경기 상태에 따라 불안하게 변동하는 이윤의 한 형태로 **묶어두는 것**"이라고 지적하였다.[433] 국유화된 기업이든 주식회사든(설사 노동자들의 주식 지분이 아무리 많다 할지라도) 이것들이 사회체제의 일반적인 토대를 변화시키지는 못한다. 하지만 이런 새로운 요소 하나하나가 이런 토대의 변화로 가는 길의 한 단계일 수는 있다.

협동조합 공장은 사적 자본주의의 진취적인 능력이라는 것이 불가결한 것이 아니라는 것을 보여준다. 이미 국유화된 산업 부문을 재사유화(민영화)하려는 자본의 필사적인 노력은 바로 그것을 그대로 설명해 준다. 현실을 올바로 설명하는 이론의 위대한 소명에 대해서 마르크스는 이렇게 쓰고 있다. "실제로 현실적인 붕괴가 이루어지기 전에, 사실들 사이의 관련에 대한 깊은 통찰력을 통해서 기존 체제가 영원히 지속되리라는 필연성을 신봉하는 모든 이론이 무너진다."[434] 이런 의미에서 자본주의의 범위 내에서 이루어지는 노동운동의 현실적인 경험은 더욱 큰 중요성을 갖는데, 왜냐하면 이들 운동이 사적 소유의 '신성한 원리'에 대한 온갖 환상을 모두 파괴해 버리기 때문이다. 공산주의자들은 구조 개혁을 위해서 싸우고, 국유화된 기업에서 자본가계급의 대변인을 경영진에서 몰아내고, 경영에 대한 노동자들의 참여를 확보하기 위해 노력한다. 그들은 이런 방식으로 자본주의 내에서도 이미 노동자계급이 주도적인 역할을

말을 덧붙여 두고 있다.

수행하도록 영향을 끼친다.*

마르크스 경제 이론(마르크스 이론 전반이 그러하다)의 독특한 특징 가운데 하나는 그것이 두드러진 사회적 성격을 띠고 있으며 실천을 지향하고 있다는 점이다. 마르크스주의자에게서 세계를 인식한다는 것은 항상 세계를 변화시키는 것을 의미한다. 자본주의적 생산양식의 객관적 법칙은 계급투쟁을 통해서 실현된다. 궁극적으로 노동자계급의 투쟁은 이들 경제법칙의 작용을 결정하고 그 법칙의 현상 형태에 본질적인 영향을 끼치는 객관적 요소에 해당한다. 마르크스주의의 이런 중심 사상은 경제법칙을 자연법칙과 똑같은 것으로 생각하는 부르주아 경제학과 곧바로 대립된다.

마르크스는 노동자계급을 최대한 착취하려는 자본주의 생산의 객관적 경향을 밝혀냈다. 이 경향은 자본주의적 생산양식의 발전 과정 전체에 걸쳐 계속해서 작용한다. 마르크스가 정리한 자본주의 발전의 세 가지 단계는 다름 아닌 자본에 의한 노동의 실질적 포섭의 세 가지 발전 단계이기도 하다. 이들 세 가지 단계는 곧 노동자계급의 착취도의 계속적인 증가, 노동일의 연장(노동시간의 증가가 아닐 경우에는 노동강도의 상승), 임금의 인하(즉 노동력 가격의 그 가치 이하로의 인하)를 의미한다. 방대한 기록 문서에 근거하여 마르크스는 이 경향이 노동력의 소진과 파괴를 앞당긴다는 것을 입증하였다. 그래서 최근 몇몇 자본주의 국가에서 이루어진 노동일의 단축도 증가된 노동강도를 충분히 상쇄하지는 못하였다. 마르크스는

• "공산주의 정당과 노동자 정당은— 우파 및 '좌파' 기회주의자들과는 달리— 경제적·사회적 요구를 철저하게 관철하기 위한 투쟁, 즉 민주주의의 진보를 위한 투쟁이 사회주의를 위한 투쟁에 위배되는 것이 아니라고 주장하며, 이들 투쟁을 사회주의를 위한 투쟁의 한 구성 부분으로 간주한다. 독점과 독점의 경제적 헤게모니와 정치권력에 반대하는 투쟁을 통해서 획득된 급진적인 민주적 개혁들은 보다 많은 대중이 사회주의의 필요성을 의식하도록 만드는 데 기여할 것이다"("Internationale Beratung der Kommunistischen und Arbeiterparteien in Moskau, 1969", *Dokumente*, Berlin: Dietz Verlag, 1969, p. 31).

대지와 마찬가지로 노동자들의 경우에도 "미래를 **앞당겨 소비하는** 현상"이 발생한다는 것을 보여주었다. "두 경우 모두에서 과도하게 앞당겨진 혹사와 소진을 통해, 즉 수요와 공급 사이의 균형의 파괴를 통해서 **사실상** 미래가 앞당겨 소비되고 황폐화될 수 있다."[435] 오로지 노동자계급의 보다 강력한 저항만이 이 경향을 약화시킬 수 있다. 마르크스는 엄밀한 과학을 통해서, 즉 다른 상품의 가치와는 달리 두 개의 요소로 구성되는 노동력의 가치에 대한 분석에 근거하여 이 사실을 입증하였다. 노동자의 생존에 필요한 생활수단의 가치는 노동력 가치의 최저한도(즉 노동력의 순수한 물리적 최저치)에 의해서만 결정된다. 그와 더불어 노동력의 가치는 또한 역사적·사회적 요소(즉 그때그때 각 나라별로 형성되는 전통적인 생활수준)에 의해서도 결정된다. 노동력 가치의 물리적인 최저한도는 하락하는 경향을 보이는 반면(노동 생산성의 증가와 생활수단의 가치가 하락하기 때문이다) 그 사회적 한계는 노동자계급의 문화적·사회적 수준의 상승에 따라, 그리고 노동의 내용이 복잡해지고 숙련이 증가함에 따라 점차 함께 상승한다. 과학기술 혁명과 함께 노동력 가운데 많은 부분이 점차 단순노동에서 복잡노동으로 전화한다.

하지만 노동력 가치(그에 따라 그것의 가격도)의 상한선은 마르크스가 이미 입증하였듯이 일정한 크기에서 머문다. 그것은 노동일의 최대 크기와 같다. 자본주의에서는 생각하기 어려운 노동일의 최저한도는 필요노동시간에 의해 결정되고 노동일의 최대 크기는 노동일의 최대치와 마찬가지로 노동력의 물리적 한계에 의해 결정되는 것이 아니라 그것의 사회적 한계에 의해 결정된다. 노동력의 가치가 이처럼 이중적인 구조로 결정되기 때문에 노동력 가치(따라서 가격도)의 실질적인 수준은 노동일의 실질적인 길이와 마찬가지로 노동자계급과 자본가계급 사이의 투쟁에 의해서 비로소 결정된다. 이런 방식으로 마르크스는 자본주의 국가들에서 노동일의 단축과 임금의 상승을 위한 노동자계급의 투쟁을 이론적으로 논증하였다.

생산의 합리화를 위해 온갖 수단을 모두 동원하고 있는 오늘날의 국가독점자본주의에서는 노동자계급에 대한 착취가 비상한 수준으로 증가하는 것이 주요 특징을 이룬다. 이런 조건에서는 마르크스가 살았던 시기와 마찬가지로 노동자계급의 경제투쟁의 핵심 형태도 임금 인상과 노동일의 단축을 위한 투쟁에 주로 머물게 된다. 제2차 세계대전 이후에 이루어진 임금 인상은 1950년대 후반과 1960년대 동안에 특히 강력하게 이루어진 노동자계급의 부단한 투쟁이 이룩한 결과물이다. 그러나 마르크스가 이미 노동자들에게 끊임없이 반복해서 지적했듯이, 여기에서 한 발자국 더 전진하여 이 투쟁을 임금제도 그 자체의 철폐를 위한 투쟁과 결합할 필요가 있다. 현재의 노동운동은 부르주아사회의 경제적 관계(예를 들어 자본주의적 재생산의 구체적인 과정, 즉 경기순환 과정)에 점점 더 많은 영향력을 행사하기 위해 노력하고 있다. 지금까지의 경험을 통해서 밝혀진 것은 국가독점자본주의의 특수한 형태를 노동자계급의 이해에 맞게 이용할 수 있는(예를 들어 국가적 소유를 노동자들에 의한 민주적 통제를 수립하는 미래적 목표와 결합하는) 가능성은 노동운동이 얼마나 성숙해 있느냐의 여부에 달려 있다. 이 경우 현재의 자본주의의 경제적 법칙을 자의적으로 운용하려는 움직임에 대항하는 반독점 민주주의 투쟁은 노동자계급과 다른 노동계급들의 사회주의적인 노력에 달려 있다.

마르크스의 경제 이론 가운데 노동자계급의 상태에 관한 인식은 자본주의에서 노동자계급의 빈곤화에 관한 마르크스 이론과 관련되어 있는데 이 이론은 자본주의적 축적의 일반 법칙에 기초해 있다. 지금까지 마르크스주의자들은 마르크스의 빈곤화 이론을 그것과는 무관한 외부의 요소들, 즉 부르주아 비판가들과 개량주의적 비판가들에 의한 온갖 종류의 터무니없는 날조들로부터 지켜내기 위해 갖은 노력을 아끼지 않았다. 특히 마르크스의 실제 이론을, 자본주의에서 노동자계급의 절대적 빈곤이 끊임없이 자동적으로 증가한다는 극단적으로 단순화시킨 틀로 왜곡하려는 시도는 이제 기각되었다.* 마르크스는 노동자계급의 생활 조건과 노동조건을 끊임없이 떨어뜨리려는 자본가들의 시도를 가로막는 것은 오로지 노동자계급의 끊임없는 투쟁을 통해서만 가능하다는 점을 반복해서 강조하였다. 노동자계급은 오로지 자신들의 이런 투쟁을 통해서만 부르주아사회에서 자신들의 상태가 더욱더 악화되는 경향을 막을 수 있다. 그러나 노동자계급이 자본가계급과의 투쟁을 통해 획득한 성과를 자본주의사회의 전반적인 발전과 이 사회에서 자본가계급의 상태와 비교해 보면 노동자와 자본가 사이의 사회적 상태의 차이가 점차 증가한다는 마르크스의 결론이 전적으로 맞다는 것을 알 수 있다.

오늘날 자본주의의 발전은 자본주의사회의 양극화라는 마르크스 이론의 또 하나의 중요한 명제도 확인해 주고 있다. 마르크스는 『자본』에서 "오늘날까지도 아직 노동 기금이 자본이라는 형태로 지구상에 나타나는 것은 단지 예외적인 현상일 뿐이라는 사실"을 분명히 밝히고 있다.[436] 오

• 마르크스의 빈곤화 이론의 참된 내용은 소련에서 최근 출판한 1861~63년 초고의 제1권을 통해서 명백히 밝혀졌다. 노동자들은 "언제나 오로지 소비를 위해서 노동한다. 차이가 있다면 그것은 단지 그들의 소비 비용·생산 비용의 크기가 제각기 다른 것뿐이다." 노동자들은 "말 그대로 …… 빈민이다"라고 하면서 마르크스는 이어서 "노동자들의 절대적 빈곤―이것은 그가 판매할 수 있는 유일한 상품이 자신의 노동력뿐이라는 바로 그런 의미의 빈곤이다 ……"라고 쓰고 있다. 마지막으로 마르크스는 노동자들의 생활 상태가 개선될 수 있다 하더라도 그것이 **상대적 잉여가치의 본질과 법칙**―생산성의 증가로 인해 노동일 가운데 자본가가 취득하는 부분은 갈수록 더욱 커진다―에는 아무런 영향도 끼치지 않는다. 따라서 이 법칙을 반박하기 위해서 노동 생산성의 증가로 인해 노동자들의 물질적 상태가 여러모로 개선되었다는 통계적인 자료를 증거로 들이대려 하는 것은 전혀 사리에 맞지 않는 쓸모없는 짓일 뿐이다"고 분명히 밝혔다(마르크스의 이 구절은 동독에서 아직 출판되지 않은 초고에서 발췌한 것이다. 이 인용문은 출판사가 동독 중앙위원회 마르크스·레닌주의연구소의 허락을 받은 것이다. 인용된 문장은 출판사에서 전집(마르크스 엥겔스 전집Marx Engels Werke을 가리키는 것이다―옮긴이)의 일반적인 문체에 맞추어 약간 바꾼 것이다. 러시아어판 마르크스 엥겔스 전집(제2소치데니야를 가리키는 것이다―옮긴이)에서 해당 구절은 얼마 전에 출판된 제47권의 126, 38, 279쪽에 들어 있다).

늘날 자본주의 국가들에서는 인구의 대다수가 임노동 관계에 놓여 있고, 임노동은 마르크스가 살던 시대에 비해 훨씬 더 큰 비중으로 자본주의의 토대를 이루고 있다. 마르크스가 『자본』에서 제시한 자본주의의 특징은 너무도 철저한 것으로 입증되었고 거기에서 밝혀진 자본주의의 발전 경향은 너무도 정확한 것이어서 소련아카데미 회원 바르가는 이에 대해서 다음과 같이 말하였다. "선진국들에서 근대 자본주의는 그 사회적 구조에서 마르크스가 살았던 시기의 실제 자본주의사회보다 훨씬 더 오로지 두 계급—부르주아와 프롤레타리아—으로만 이루어진 사회(마르크스가 자신의 이론적 분석의 출발점으로 삼았던)의 모습을 떠올리게 해주고 있다."[437] 물론 이것은 전혀 우연한 일이 아니다. "이론에서는 자본주의적 생산양식의 법칙이 순수한 형태로 발전해 나간다고 가정한다. 현실에서는 언제나 근사치만 존재한다. 그러나 자본주의 생산양식이 발전할수록, 그리고 전 자본주의적 경제 상태의 잔재가 더 빨리 더 완전하게 제거될수록 이 근사치는 점점 더 순수한 형태에 가까워진다."[438] 19세기 중반에는 산업 노동자의 숫자가 아직 100만 명이었던 데 반해 20세기 중반 자본주의 국가들에는 3억 명의 생산직과 사무직 노동자가 존재한다(미국의 경우 경제활동인구의 87퍼센트가 임노동 관계에 속해 있다).[439] 임노동 관계에 속해 있는 사람 가운데 물질적 생산에 종사하지 않는 사람 수의 증가, '전체 노동자'의 구성에서 정신노동자의 비중 증가 등과 같은 노동자계급 구성의 변화는 결코 노동자계급의 '탈프롤레타리아화 경향'을 보여주는 증거가 아니다. 최근 사무직 노동자의 숫자가 급격히 늘어난 것은 사실이다. 선진 자본주의 국가들에서 사무직 노동자들의 비중은 전체 산업 노동자 가운데 4분의 1에 달하고 있다. 그러나 이 범주의 노동자들도 역시 자본가들에게 자신의 노동력을 어쩔 수 없이 판매하고 있으며 그런 점에서 산업 프롤레타리아와 꼭 마찬가지로 자본가들로부터 착취를 당하고 있다. 이들도 역시 자동화로 인한 실업의 위험에 쫓기고 있으며 이들의 임금은 종종 숙련된 생산직 노동자들에 비해 오히려 더 낮은 경우도 많다.

이런 이유로 인해 이들은 생산직 노동자들과 연대하여 독점의 멍에에 대항하는 공동 투쟁을 벌이고 있다. 이런 투쟁을 통해서 작업대에 서 있는 프롤레타리아와 책상이나 제도판에 앉아 있는 프롤레타리아 사이의 사회적 장벽은 점차 허물어지고 있다.*

오늘날 노동자계급의 상태를 보여주는 가장 중요한 특징은 노동력의 실질적인 가치와 실질임금 사이의 격차가 갈수록 벌어지고 있다는 점에 있다. 이것이 그렇게 된 까닭은 노동강도의 강화로 인해 노동자들이 사회적으로 필요로 하는 욕망이 증가하고 노동자계급의 물적·사회적·문화

---

* 1969년 6월 모스크바에서 개최된 75개 공산주의 및 노동자 정당의 국제적 권고 문서에서는 이렇게 쓰고 있다. "과학이 곧바로 생산력이 되는 지금과 같은 시기에는 임금노동자의 대열에 점점 더 많은 지식 노동자들이 합류하고 있다. 이들 지식 노동자의 사회적 이해는 노동자계급의 이해와 한데 얽혀 있다. …… 육체노동자와 정신노동자 사이의 연대는 평화, 민주주의, 사회적 진보를 위한 투쟁에서 점점 더 중요한 세력으로 부상하고 있다 ……"(*Internationale Beratung von 75 Kommunistischen und Arbeiterparteien*, p. 33).
1861~63년 초고에서 마르크스는 정신노동과 육체노동에 종사하면서 "함께 통틀어 노동자(Atelier)로" 나타나는 피용자 '전체'에 대해서 얘기하고 있다(MEW Bd. 26.1, p. 386). 나중에 『자본』 제1권에서 그는 이들 노동자를 '총노동자' (Gesamtarbeiter)로 표현하였다(MEW Bd. 23, p. 531). '총노동자'라는 이 범주는 노동자계급(사회의 핵심 생산력)이 질적·양적으로 증가하는 경향— 자본주의에 내재하는 객관적 경향— 을 정확하게 표현한 것이다. 오늘날의 자본주의에서는 생산의 사회화가 점차 증가함에 따라 노동과정의 집단적 성격도 더욱 증가하여 총노동자의 형성이 촉진되고 있다. 즉 거대한 생산 복합단지가 등장하고 이 복합단지 내에서는 한 생산 부문 혹은 여러 생산 부문의 노동자가 모두 같은 곳에 자리를 잡은 하나의 생산 장소에 모이게 된다. 노동자계급의 역할을 축소하려는 온갖 노력—신체적인 활동을 단일화하여 이들을 '하나의 임금노동자 집단'으로 통합하고 이들 집단에서는 지식인들이 주도적인 역할을 수행하도록 하는 등—에도 불구하고 오늘날 자본주의사회에서 노동자계급이 차지하는 경제적·정치적 역할은 지난 세기에 비해 훨씬 더 늘어났다. 노동자계급 가운데 대다수는 대기업으로 집중되어 가장 근대화된 생산력과 결합되어 있다. 그에 따라 이들 노동자는 곧바로 자본주의 모순의 중심에 놓여져 가장 가혹한 착취를 당하게 되기 때문에 이들이야말로 일차적으로 자본주의와 화해할 수 없는 적이 되어 있다.

적 수준도 높아졌기 때문이다. 그 결과 실질임금의 증가는 노동력 가치의 증가에 비해 훨씬 뒤처지고 있다.

이미 숱한 사람들을 빈곤의 늪에 빠뜨리고 있는 현존의 실업은 물론 노동강도의 강화와 생산의 자동화로 인한 실업 위험의 증가 등과 같은 요인 역시 노동자계급의 상태에 큰 영향을 끼치고 있다. 엥겔스가 독일 사민당의 에르푸르트 강령에 대한 논평에서 언급했던 '생존의 불안정성'[440]이 계속 증가하고 있는 것이다. 이들 객관적인 요인은 모두 마르크스의 빈곤화 이론을 확인하여 주고 있다. 노동자계급은 사회혁명을 이룩하고 정치권력을 획득하고 나서야 비로소 이런 상태로부터 해방될 수 있을 것이다.

현재의 경제적 발전 상태는 그 어느 때보다 더욱 노동자계급이 한 나라 안에서 산업별로 단결하는 것은 물론 국제적으로도 단결할 필요성을 그대로 보여주고 있다. 마르크스의 경제 이론은 자본가계급이 자기들끼리 서로 물어뜯는 경쟁에도 불구하고 노동자계급과의 투쟁에서는 '참된 동지'[441]를 이루기로 결정한다는 것을 그대로 보여주고 있다. "만국의 프롤레타리아들이여, 단결하라!"라고 하는 슬로건은 이처럼 자본주의적 생산 체제에서 노동자계급의 객관적 상태로부터 나온 것이다.

오늘날 개별 기업이나 특정 산업의 범위 내에서만 이루어지는 노동조합의 투쟁을 통해서는 노동자계급의 요구를 실현할 수 없다. 서유럽 '공동 시장', 즉 국가독점자본주의적 성격의 유럽통합에 대항하는 반자본주의적이며 민주적인 대안은 필연적으로 국제적인 성격을 띨 수밖에 없다. 다시 말해 그것은 경제통합에 참여하는 모든 나라 노동자들의 이해를 대변해야만 한다. 오로지 국제적으로 연대한 노동자계급의 행동만이 국제적인 독점자본과의 투쟁에서 성공을 거둘 수 있다. 일국적 차원과 국제적 차원에서 이루어지는 모든 생산 부문 상호 간의 통합과 그로부터 발생하는 생산 부문 상호 간의 의존성 때문에 노동자계급의 투쟁에 유리한 조건이 만들어지고 있는데, 이는 한 지역에서의 생산의 중단이 독점 그룹 전체에 압력을 가하기 때문이다. 이들 투쟁의 성공은 곧바로 프롤레타리아의 국제적 연대에 달려 있다.

이로 인해 공산주의 정당들 상호 간의 지속적인 접촉이 갈수록 더욱 중요해지고 있다. 오늘날의 조건에서는 경제적인 사태를 과학적으로 분석하고, 새로운 형태의 자본주의적 착취에 대항하는 투쟁을 위한 공동의 수단을 개발하며, 세계 공산주의 운동의 전력과 전술을 합의하는 것 등이 결정적으로 중요해지고 있다. 자본주의적 경제통합 과정에 대해서는 노동자계급의 통일된 행동이 이루어져야만 한다. 오늘날 민중이 직면하고 있는 근본문제들은 오로지 노동자계급의 국제적인 단결을 통해서만 해결될 수 있다. 즉 글로벌화 프로그램, 경제블록 혹은 세계시장 단위의 경제 발전에 대항하는 민주적인 대안의 개발, 경제통합 과정에서 긴급하게 제기되고 있는 국민적 주권 문제의 해결, 독점적 통합에 대한 민주적 대안의 개발, 자본주의 국가와 사회주의 국가 사이의 평화적인 공존과 협력 문제의 해결 등이 바로 그런 것이다. 핵전쟁의 파국을 피하기 위한, 즉 평화를 위한 민중의 단결된 전선은 오로지 최대한의 범위로 조직된 노동자계급의 국제적 협력을 통해서만 이루어질 수 있다.

사회주의의 성공 여부는 대체로 식민지의 사슬에서 해방된 나라의 인민들이 어떤 사회체제를 선택하느냐에, 즉 오래 걸리고 고통에 가득 찬 자본주의의 길을 선택할 것인지, 아니면 궁극적으로 사회주의에 이르는 비자본주의적 발전의 길을 선택하느냐에 거의 달려 있다. 마르크스·레닌주의 이론에 따르면 자본주의의 전반적 공황의 조건하에서 이들 나라는 강력한 사회주의 체제가 존재하고 선진 자본주의 국가의 노동운동의 지원이 있을 경우 자본주의적 발전 단계를 피해 갈 수 있다. 마르크스는 생전에 이미 "모든 나라의 인민에게는, 그들이 어떤 역사적 단계에 처해 있든, 자신들에게 숙명적으로 주어진 일반적인 발전 경로가 있다"[442]는 개념을 완전히 철회하려고 한 바 있다. 마르크스와 엥겔스는 어떤 나라가 비자본주의적 경로를 밟을 수 있는지의 여부는 그 나라가 프롤레타리아 혁명이 성공한 나라의 도움을 받을지의 여부에 달려 있다고 강조하였다.

마르크스주의 이론의 이런 사상적 단서는 지금 시대에 결정적인 증거를 통해서 그대로 확인되고 있다. 비자본주의적인 경로를 선택하는 나라들이 갈수록 늘어나고 있는데, 이는 이들 나라가 자신들의 경제적·문화적 낙후성— 독점업체들이 자신들의 번영을 위해 희생하며 남겨놓은 이 힘든 유산— 을 극복할 수 있는 유일한 가능성을 바로 이 경로에서 보고 있기 때문이다.

부르주아사회의 사회적 구조에서 일어나고 있는 변화는 노동자계급의 혁명적 투쟁에 대한 새로운 전망, 즉 사회주의 혁명의 전위부대이자 착취와 억압을 당하는 모든 대중의 지도자로서 이들 노동자계급이 역할을 수행하는 데 대한 새로운 전망을 열어주었다. 선진 자본주의 국가들에서 임노동자가 수적으로 증가할 뿐만 아니라 전체 인구에서 이들이 차지하는 비중도 함께 증가하는 현상, 경제의 핵심 산업 부문에서 종사하는 산업 프롤레타리아의 경제적 역할이 증대하는 현상, 각 산업 부문 내에서 생산직 노동자와 사무직 노동자 사이의 노동조건의 격차가 해소되는 현상, 다른 노동자계급과 대립 관계에 있는 사회적 집단인 '노동 귀족'이 해소되는 현상, 대부분의 지식 계층이 임노동자로 전화하는 현상, 도시의 소상품생산자들이 물질적 생산 영역으로부터 밀려나고, 이들의 생존이 점차 불안정해지는 현상, 선진 자본주의 국가에서 농민 계층의 분화가 증가하는 현상, 대부분의 발전도상국의 민족 해방 투쟁에서 농민과 반(半)프롤레타리아의 적극적인 역할이 증가하는 현상, 이와 동시에 봉건영주, 토지 소유자, 대부르주아들의 지위가 점차 약화되는 현상— 이들 모든 현상은 노동자계급이 사회의 주도적인 세력으로 부상하고 프롤레타리아와 농민 계층 및 소부르주아 계층 사이의 굳건한 연대를 확립하는 데 유리한 조건을 만들어주고 있다.•

• "반독점 및 반제국주의의 단결된 행동은 정치적·경제적 변혁을 수행할 수 있는 정치적 연대— 한 나라의 경제생활에서 독점이 차지하는 역할을 결정적으로 저

지하고 대자본의 세력을 종식시키는 것은 물론 사회주의를 위한 투쟁에서 유리
한 조건을 만들어낼 수 있는―를 위해 모든 민주적인 흐름을 결집하는 데 유리
한 조건을 만들어줄 것이다"(*Internationale Beratung von 75 Kommunistischen und
Arbeiterparteien*, p. 35).

제10장

레닌의 제국주의 분석의 출발점을 이루는
마르크스의 이론

마르크스의 경제 이론과 레닌의 제국주의론. 『자본』에서 사용된 과학적 추상화 방법. 노동가치론의 추상화. 독점가격의 추상적 이론. 독점적 시장가격과 독점적 생산가격. 독점적 생산가격과 독점적 초과이윤. 독점가격 이론과 독점자본주의.

좋은 이론보다 더 실천적인 것은 없다고 물리학자들은 말한다. 그래서 그들은 그런 이론을 만들어내는 것이 얼마나 어려운지를 이해시키고 싶어 한다. 이것은 사회적 실천의 경우에도 전적으로 동일하다. 19세기 전반에 처음으로 독자적인 세력으로 모습을 드러낸 노동자계급은 자본주의 전체에서 자신들이 차지하는 위치를 밝혀주고, 앞으로 자신들의 지위가 어떻게 될 것인지에 대한 전망을 얘기해 줄 과학적인 이론을 절실하게 필요로 하였다.[*] 1840년대에 마르크스와 엥겔스가 만든 과학적 공산

---

[*] 마르크스는 1871년 다음과 같이 말하였다. "예를 들어 우리의 전술을—가령—밀의 경제학으로부터 도출하려고 하면서 우리가 자본과 벌이고 있는 전쟁에서 승리를 거둘 수 있으리라고는 거의 생각할 수 없다. 밀은 일종의 자본과 노동에 대한 관계를 대충 그려냈다. 우리는 그와는 다른 관계를 설정할 수 있다는 사실을 입증하려 한다"(MEW Bd. 17, Berlin: Dietz Verlag, 1962, p. 643).

주의 이론이 바로 그런 이론이었다.

이미 만들어진 지 100년이 넘었음에도 불구하고 마르크스주의 이론은 오늘날 우리의 현실(자본주의는 물론 사회주의에서도)을 분석하는 데서 그 유효성이 갈수록 높아지고만 있다. 과거에는 주로 마르크스-엥겔스 저작의 일정한 사상에만 국한해서 적용하던 것이 이제는 마르크스주의 이론을 현재의 사회생활의 토대에 하나의 전체로서(특히 그 방법론에서) 적용하는 것이 중요하게 되었다. 이런 점에서 레닌의 이론적 유산―마르크스의 이론을 제국주의 시대라는 완전히 새로운 역사적 국면에 대한 분석에 최초로 적용한― 에 대한 연구는 매우 중요한 의미를 갖는다.

제국주의에 대한 자신의 분석에서 레닌은 마르크스의 경제 이론을 곧바로 지지하였는데, 즉 마르크스는 "자본주의에 대한 자신의 이론적·역사적 분석을 통해서 자유로운 경쟁이 생산의 집적을 낳고 이 집적은 일정한 발전 단계에서 독점으로 이행한다는 것을 입증했던 것"[443]으로, 레닌의 제국주의 이론은 마르크스의 경제 이론으로부터 곧바로 만들어진 것이며 그것의 직접적인 연장선상에 있는 것이다. 결국 마르크스의 이론은 제국주의 연구에 필요한 모든 단초를 포함하고 있고, 따라서 레닌은 이 이론의 틀 안에서 자신의 연구를 진행할 수 있었던 것이다.

마르크스의 이론이 여전히 생명력을 가지고 있는 까닭은 마르크스가 정립한 자본주의사회의 모델이 일시적인 계기들은 모두 제외한 채로 이 사회의 본질적이고 핵심적인 특징을 잘 포괄하고 있기 때문이다.•

이런 의미에서 마르크스의 이론은 고도로 추상적인 이론이다. 예를 들어 마르크스는 『자본』에서 부르주아사회의 구조를 연구하면서 자본주의

• 마르크스의 모델은 수학적 모델에 필요한 사항을 모두 충족시키고 있는데, 이 수학적 모델에서는 "모델을 세우는 과정에서 무시된 요소들이 비본질적인 것이어서, 현실과 모델을 비교했을 때 모델이 무의미한 것으로 입증될 정도가 되어서는 안 되는 것이어야 한다"(I. T. Erolow, *Genetik und Dialektik*, Moskau, 1968, pp. 289~90, 러시아어판에서 인용).

적 생산양식이 이 사회를 절대적으로 지배한다는 것을 출발점으로 삼았지만 사실 그 당시의 현실은 이런 전제와 일치하지 않았다.

마르크스의 이론이 이처럼 고도로 추상적이고 일반화되어 있다는 것은 이 이론의 매우 큰 장점에 속한다. 왜냐하면 이런 추상성은 이 이론이 원래 그것이 만들어진 당시의 조건과는 본질적으로 차이가 나는 다른 조건에도 성공적으로 적용될 수 있는 가능성을 제공해서 그것의 생명력을 보장해 주고 있기 때문이다. 그러나 또한 바로 이런 마르크스 이론의 일반적이고 추상적인 성격은 그것이 다른 시대의 연구나 동일한 시대의 다른 조건에 대한 연구에 곧바로 적용될 수 없고 단지 그런 연구의 출발점을 제공할 뿐이라는 점이 되기도 한다. 왜냐하면 현실은 언제나 그것을 추상화한 이론적 모델과는 근본적으로 다르기 때문이다. 마르크스가 1870년대와 1880년 초 러시아 경제를 연구하는 데 몰두하고 『자본』의 연구 범위를 넘어서려 했던 것도 바로 이 점과 관련이 있었다. 마르크스는 이 연구를 마칠 수 없었지만 나중에 레닌은 1890년대에 시리즈로 집필한 글들—이것들은 『러시아에서의 자본주의 발전』이라는 제목으로 출판되었다—을 통해서 마르크스가 만년에 착수했던 이 연구를 곧바로 이어나갔다. 레닌이 이때 사용한 방법론적 원리들은 앞서 언급한 마르크스의 방법과 전적으로 일치하는 것이었다. 레닌은 "자본주의가 **일반적으로** 어떻게 발전하는지에 대한 해명은 러시아에서 자본주의적 발전이 가능할(그리고 필요할) 것인지의 문제에 대한 해답과는 전혀 다른 것이다"고 자신의 초기 저작에서 썼다. 마르크스의 이론을 러시아에 적용한다는 것은 단지 "**유물론적** 방법과 **이론적인** 경제학이라는 수단을 **사용하여** 러시아의 생산관계와 그것의 발전 과정을 **연구하는** 것일 뿐이며", 이 연구가 올바른 것인지의 여부에 대한 유일한 기준은 오로지 "오늘날의 경제 현실에서 드러나고 있는 사실들"에 있다고 레닌은 1894년에 강조하였다.[444]

이처럼 레닌은 이미 자신의 연구 초기에 마르크스의 이론과 방법을 현실에 창조적으로 적용할 수 있는 원리를 세웠고 이것을 평생 동안 지켰다. 이 원리를 지킴으로써 그는 마르크스 이론의 정신을 지켜낼 수 있었고, 또한 제국주의라는 새로운 역사적 조건에서 이 이론을 더욱 발전시킬 수 있었다. 이 장에서 우리는 마르크스가 만든 유물론적 방법과 이론적인 경제학 가운데 레닌이 자신의 연구에서 도움을 받았다는 것 몇 가지를 좀 더 자세히 다루어보고자 한다.

레닌은 자신의 제국주의 이론을 만들면서 마르크스가 자신의 연구에서 사용했던 일반적인 방법론적 수단, 즉 자본주의적 생산양식을 순수한 형태로 분석하고, 이 분석을 불투명하게 만들 수 있는 요소들을 배제한다는 원칙을 지켰다. 마르크스가 잉여가치를 그것의 특수한 형태로부터 분리하여 순수한 형태로 연구했던 것이 바로 이런 추상화 방법을 따르는 하나의 예가 될 수 있을 것이다.

이 원칙은 가치론에 적용되면서 가치와 가격을 등치시키는 형태를 취하였다. 모든 경제법칙과 범주는 일반적으로 모든 사회법칙과 많은 자연법칙과 마찬가지로 현실에 대해서는 단지 하나의 경향으로만, 즉 우회적인 경로를 통해서 "단지 근사치로 접근하는 형태로만"[445] 작용한다. (엥겔스는 이런 불일치의 사례로 사유와 존재, 즉 물질적 개념과 그것의 실제 현실 사이의 관계를 들었다.) 그렇지만 마르크스는 추상적인 경제 이론에서 이론적 범주가 경제 현상을 정확하게 반영하고 있다는 것, 즉 그것과 정확히 일치한다는 것을 전제로 삼았다. 과학적 추상화에서 마르크스의 이런 특성이 가장 뚜렷하게 드러나고 있는 부분은 그가 가치와 가격을 동일한 것으로 가정하고 있는 부분이다. "우리의 전체 논의에서는 가격의 상승이나 하락이 현실의 가치 변동을 그대로 반영하는 것으로 전제한다."[446] 얼핏 보면 이 전제는 마르크스의 가치론 그 자체의 토대와 모순되는 것처럼 보인다. 실제로 마르크스는 『자본』 제1권에서 이렇게 쓰고 있다. "가격 형태 그 자체 속에는 가격과 가치가 양적으로 불일치하거나 가치 크기로부터 가격이 괴리될 가능성이 모두 존재한다."[447] 그러나 바로 이 가치와 가격의 괴리는 가치법칙이 자본주의 상품경제의 우연적인 조건 아래에서 작용한다는 것을 나타낸다. 그리고 가치와 가격의 일치 혹은— 분석의 뒷 단계에서는— 시장가격과 생산가격의 일치는 마르크스 가치 분석의 기초를 이루고 있다. 마르크스는 그때그때 해당 논의에서 연구를 방해하는 부차적이고 비본질적인 요소들을 제외해 버렸다. 이런 형태의 추상화 없이는 경제 현상을 분석하는 것이 불가능할 것이다. 왜냐하면 그렇게 하지 않을 경우 경제 현상의 본질은 무수히 많은 부수적인 요소에 의해 뒤덮여서 은폐되어 버릴 것이기 때문이다. 그러나 마르크스가 추상화한 부차적인 요소들은 종종 해당되는 부분에서만 부차적이다. 연구의 다른 측면에서는 그것들이 추상화해서는 안 되는 일차적인 요소가 될 수 있다. 예를 들어 마르크스는 부르주아사회의 분석에서는 대외무역을 배제하였지만, 자본주의 생산의 작용 메커니즘을 분석할 때는 대외무역을 전면에 부각하였다.

가격—가치의 화폐적 표현— 은 상품가치를 표현할 수 있는 유일한 형태이다. 가격 없이는 가치가 표현될 수 없다. '정상적인 경우'(수요와 공급이 일치하는 경우) 가격은 가치를 매우 정확하게 표현한다. 왜냐하면 가격은 "상품 속에 대상화되어 있는 노동의 화폐 명칭"이고 따라서 "상품과 화폐량— 화폐량의 명칭이 상품의 가격이다— 의 등가성은 …… 하나의 동어반복"이기 때문이다. 그런데 가격이 가치로부터 괴리되는 이유는 무엇일까? 그것은 자본주의적 생산의 자연적이고 우연적인 성격, 즉 상품이 실현되는 조건, 다시 말해 상품이 양도되는 조건이다. 이 교환관계를 통해서 마르크스는 "나는 …… 상품이 어떤 상황에서 양도될 때의 가치 크기의 변동을 표현할 수 있다"[448]라고 쓰고 있다. 그런데 이 경우, 즉 가격이 가치로부터 괴리될 경우 가격은 이제 더 이상 가치의 완전히 정확한 표현이 아니다. 그래서 (『자본』에서 이루어지고 있는 것처럼) 가치론을 발전시켜 나가는 과제를 수행할 경우에는— 그리고 가치 범주가 오로지 그것의 화폐 표현의 형태, 즉 가격 형태로만 존재한다면— 우리는 가격을 가치와 일치하는 것으로 다루어야 한다. 왜냐하면 그렇게 해야만 가격은 가치 표현의 정확한 형태일 것이기 때문이다. 즉 가치로부터 가격이 괴리되는 것이 아무리 법칙에 맞는 것이라 하더라도 추상적인 가치론을 만들어나가는 데서는 이런 괴리를 추상화해서 가치와 가격을 등치시킬 필요가 있는 것이다. 이 경우 실현 조건은, 마치 재생산의 분석에서 대외무역이 그러하듯, 문제를 불분명하게 만드는 부수적인 요소가 될 것이다.

가치론에서 추상화가 필요한 또 하나의 이유는 직접적 생산과정을 나타내는 범주들이 가치(혹은 잉여가치)와 일치해야 한다는 점 때문이다. 마르크스의 이론에서 노동의 일정한 존재 양식이라는 특징을 가지고 있는 가치는 자본주의적 생산에서 이루어지는 모든 과정의 기초를 이룬다. 또한 가치를 통해서 마르크스 경제학의 유물론적 성격과 현실의 현상 형태에 대한 그것의 구체적이고 역사적인 접근도 나타난다. 가치를 자본주의적 생산의 토대로 간주하는 것은 사실상 노동을 사회적 부의 유일한 창조자로 인정하는 것을 의미하는데(그리고 노동을 통해서 가치론의 유물론적 성격도 드러난다), 이때의 노동은 단지 노동 그 자체가 아니라 추상적 노동의 특수한 사회적 형태를 지닌 노동이다(그리고 이를 통해서 가치론의 구체적이고 역사적인 성격이 드러난다).

그런데 가치 범주가 자본주의적 생산양식에 관한 이론의 기초를 이룬다는 말은 그것이 연구의 본질적인 조건을 이룬다는 것인데, 이 말은 곧 직접적 생산과정과 결합된 범주들이 가치(혹은 가치의 한 부분인 잉여가치)를 정확하게 표현하고 있어야만 한다는 의미이다. 이론에서 이런 요건은 이들 범주가 곧바로 가치와 같다는 것을 가정하는 형태로 이루어진다. 이들 범주가 가치로부터 괴리된다는 것은 이미 분배의 계기(즉 이 경우 부차적인 계기)를 나타내는 것이다. 그런 괴리가 발생할 경우 가치론은 예를 들어 생산가격의 총액이 가치의 총액과 일치할 것을 필요로 하는데, 이것은 가치와 시장가격의 관계에도 똑같이 적용된다.

여기에서 얘기되고 있는 것들은 일차적으로 직접적 생산과정을 나타내는 경제학적 범주와 관계가 있는데, 특히 자본주의 생산양식의 조건에서 가치 범주가 구체화되어 나타나는 시장가치와 관계가 있다. 시장가치는 한 생산 부문 상품의 사회적 총가치로서 자본가들 가운데 가장 생산성이 낮은 자본가와 가장 생산성이 높은 자본가에 의해 설정되는 범위를 벗어날 수 없다. 마르크스는 "시장**가치**는 …… 현실의 **가치**를 표현해야만 한다"[449]고 강조하고 있다. 시장가치가 이 범위를 벗어난다는 것은 시장가격이 시장가치로부터 괴리된다는 것을 의미하는 것일 뿐으로, 이는 곧 시장가치는 동일한 범위 내에 그대로 머물러 있는 반면 시장가격은 더 이상 시장가치의 정확한 표현이 아니게 된다는 것을 의미할 뿐이다. 시장가격은 시장가치의 크기보다 더 크거나 더 작아지는데, 이 차이는 실현조건에 의해 결정된다.

이윤의 경우도 마찬가지이다. 잉여가치의 전화된 형태인 이윤은 잉여가치와 동일하다. 즉 이윤은 "잉여가치인 것과 동일하다." 그러나 이윤이 평균이윤으로 전화하고 생산가격이 형성될 경우 이제 가치의 생산가격으로의 전화는 "단지 **총자본이 만들어낸 잉여가치**가 여러 산업 부문 혹은 각 산업 부문의 여러 개별 자본 사이에 분배되는 것을 의미할 뿐"[450]이다. 이처럼 평균이윤 범주는 시장가치나 이윤과는 구별되는 분배의 한 범주이다. 그래서 평균이윤의 총액은 잉여가치의 총액과 같은데, 이는 가치론의 요건과 정확하게 일치한다. 즉 평균이윤 범주는 궁극적으로 가치와 잉여가치에 의해 결정된다.

생산가격 범주는 이중적 성격을 보여준다. 그것은 먼저 직접적 생산과정을 나타내는데, 이는 생산비가 그것의 구성 요소이기 때문이다. 이와 동시에 그것은 분배 범주이기도 한데, 그것은 생산가격이 평균이윤을 포함하고 있기 때문이다. 여기에서 우리는 가격과 완전히 동일한 경우를 보게 되는데, 가격도 앞서 이미 언급했듯이 그것이 가치와 일치하는 한 생산과정을 표현하는 범주이면서 동시에 그것이 가치로부터 벗어날 경우 분배의 한 범주가 되었다. 이것은 이윤과 잉여가치 사이의 관계에도 똑같이 적용된다. 여기에서 분배가 생산의 뒷면에 불과하다는 사실이 그대로 드러난다. 바로 그렇기 때문에 똑같은 하나의 범주가 생산관계는 물론 분배관계도 모두 표현하게 되는 것이다.

물론 시장가격, 시장가치, 이윤의 범주와 평균이윤, 생산가격의 범주는 본질적으로 서로 다르다. '정상적인' 경쟁 조건을 가정할 경우(공급과 수요가 일치하는 조건) 시장가격은 대개 가치와 동일하며 이윤은 잉여가치와 동일하다. 그러나 평균이윤과 생산가격은 단지 예외적인 경우에만 잉여가치 및 가치와 동일하며 대개는 그것들로부터 괴리되어 있다. 그 경우 이것들은 분배의 범주가 된다.

그래서 노동가치론에 기초해 있는 마르크스주의 경제학에서 과학적 추상화의 적용은 다음과 같은 가정을 필요로 한다.

1. 가격과 가치의 동일성

2. 가치(혹은 잉여가치)와 이 가치(혹은 잉여가치)가 곧바로 구체화된 형태이자 직접적 생산과정을 나타내는 시장가치 및 이윤과의 동일성. 만일 가치와 생산가격, 잉여가치와 평균이윤이 동일하지 않다면 그것은 곧 생산가격이나 평균이윤과 같은 범주들이 이 경우 이미 만들어진 가치와 잉여가치가 배분되는 범주를 나타낸다는 것을 의미한다.

자본주의가 새로운 발전 단계로 이행하는 문제에 대해서 엥겔스는 1880년대와 1890년대에 『자본』제3권을 편집하면서 여러 주석과 보론을 통해 일정한 관점을 제시하였다. 이들 글에서 엥겔스는 자본주의적 기업의 '새로운 형태'—산업 독점 및 금융 독점—와 점차 증가하는 자본 수출, 열강에 의한 세계의 분할 등에 대해 쓰고 있다.[451] 그러나 훨씬 더 중요한 것은 여기에서 언급된 『자본』의 방법론적 원칙에 기초하여 자본주의의 독점에 관한 이론을 만들어내는 것인데, 레닌은 이 이론을 독점자본주의에 관한 자신의 연구에서 직접적인 출발점으로 사용하였다.

레닌은 자신의 저술에서 '독점가격'이란 개념을 매우 드물게 사용하였다. 그럼에도 불구하고 레닌의 제국주의 이론에서 독점가격 문제는 중요한 위치를 차지한다. 사실 제국주의는 무엇보다도 독점의 지배를 나타내는 것이며 독점가격은 바로 이런 지배가 경제적으로 실현된 형태이다. 이하에서 우리는 레닌이 만들어낸 제국주의 이론의 모델이 일정한 의미에서 독점적 생산가격의 이론이라는 사실, 그리고 그 이론이 자본주의적 독점에 관한 마르크스 이론의 방법론적 요건과 일치한다는 사실을 보여주고자 한다.

무엇보다 먼저 독점가격 이론은 그것이 독점가격 범주를 순수한 형태로 설명하고 있다는 의미에서 하나의 추상 이론이어야 하며, 이때 적어도 추상화의 첫 번째 단계에서는 예를 들어 분배 현상 등과 같은 부차적이면서 우연적인 현상을 모두 추상화해야 한다.

그에 따라 독점적 시장가격과 독점적 생산가격을 구별할 필요가 있다. 시장가격이 가치와 생산가격으로부터 괴리되는 것은 모두 가치 분배의 한 요소이며 추상화된 이론에서 부차적인 요소이다. 마르크스가 추상화된 가치 이론의 출발점을 가치(혹은 생산가격)와 가격(혹은 시장가격)의 동일성으로 삼았던 것과 꼭 마찬가지로 독점가격의 추상화된 이론도 독점적 시장가격과 독점적 생산가격의 동일성을 출발점으로 삼아야 한다. 다시 말해 독점적 생산기격의 분석을 기초로 삼아야 한다.

시장가격이 생산가격을 중심으로 변동하듯이, 독점적 시장가격도 독점적 생산가격을 중심으로 변동한다. 하지만 독점적 시장가격이 독점적 생산가격을 중심으로 변동하는 이 현상은 분석의 첫 번째 단계에서는 추상화해야 하는 부차적인 요소이다. 여기에서 핵심 과제는 독점적 생산가격을 설명하는 것에 있다. 그 설명은 곧 독점가격의 추상화된 이론이다.

한 상품의 생산가격은 잘 알려져 있다시피 '비용가격 + 평균이윤'으로 표현된다.

여기에서 얘기된 바에 따르면 독점적 생산가격은 독점화된 생산 부문의 생산가격으로 규정된다. 그것은 '독점적 생산가격+평균이윤'의 형태로 표현된다.

특정 산업 부문에서 사회적 생산비를 이루는 독점적 생산비와 독점기업의 개별 생산가격 사이의 차이는 독점적 초과이윤의 원천을 이룬다. 독점의 사회적 생산비는 생산 부문 내부의 경쟁(독점 지배를 둘러싼 투쟁의 핵심 영역)에 의해서 결정된다. 이 경우 독점적 초과이윤의 원천은 사회적 생산가격과 개별 생산가격의 차이이다.

독점적 생산가격과는 달리 독점적 시장가격은 '독점적 생산가격+추가적인 독점적 초과이윤'으로 나타난다. 이때 독점적 초과이윤은 생산 부문 사이의 경쟁으로부터 발생하는데, 즉 임금을 노동력의 가치 이하로 인하하거나 다른 생산 부문 기업들의 평균이윤을 희생함으로써 발생한다. 달리 말해서 이 경우 가치와 잉여가치의 배분이 독점적 초과이윤의 원천이 되는 것이다.

여기에서 분명히 드러나는 것은 독점적 생산가격과 독점적 시장가격의 구별이 가치 및 잉여가치의 분배와 관련된 부차적인 현상을 해당 생산 부문 내부의 생산 조건으로부터 발생하는 일차적인 현상과 분리할 수 있도록 만들어준다는 사실이다. 이윤은 오로지 생산 부문 그 자체로부터만 창출될 수 있기 때문에, 생산 부문 외부에서 이윤은 단지 분배될 뿐이다.*

---

* 루돌프 힐퍼딩(Rudolf Hilferding) 이후의 마르크스주의 문헌에서는 유감스럽게도 잉여가치 배분의 결과물인 독점적 시장가격만이 연구되었다. 여기에서 우리는 이들 문헌 가운데 그 의미가 명확하게 드러난 표현 몇 개만을 살펴보고자 한다. 힐퍼딩에 따르면 독점가격은 "다름 아닌 다른 산업 부문의 이윤에 간여한 부분 혹은 그것을 획득한 부분"이다(R. Hilferding, *Das Finanzkapital*, Berlin: Dietz Verlag, 1955, p. 343). 아간베기안도 "독점가격은 자본주의 독점의 영향 때문에 상품의 가치와 생산가격으로부터 이탈한 가격이다"라는 것에서 출발하고 있다(A. G. Aganbegjan, *Fragen der Monopolpreistheorie*, Moskau, 1961, p. 5, 러시아어판). 멘델손은 한 논문에서 "독점가격은 독점에 의해 생산가격의 수준 이상으로 올라

이 점과 관련하여 흥미를 끄는 것은 『경제학 비판』(1857~58) 초고에서 마르크스가 다음과 같이 말하고 있는 부분이다. "현실에서는 예를 들어 트럭제도(Trucksystem)*와 같이 자본에게는 가격을 통해 **필요노동**을 속임으로써 그것을 기준 이하로 떨어뜨리려고 노력하는 일반적 경향이 존재한다. …… 우리는 여기에서 **경제적으로** 올바른 임금, 즉 경제의 일반 법칙에 따라 정해진 임금이 지불된다고 가정해야 한다. 여기에서 모순은 일반적 관계 그 자체로부터 발생하는 것이지 개별 자본가들의 협잡에 의해 발생하는 것이어서는 안 된다."[452]

추상화된 독점가격 이론은 진정한 의미에서 독점적 생산가격 이론이다. 그렇다면 이렇게 규정된 독점적 생산가격은 과연 제국주의 단계에서 드러나는 자본주의적 발전— 레닌의 연구의 토대가 되고 있는— 의 주요 사실들과 일치하고 있을까?

첫째 독점적 생산가격은 어떤 생산 부문의 독점적(사회적) 생산비가 독점화된 기업의 개별 생산가격보다 높으며, 이 차이가 안정적인 성격을 띠고 있다는 것을 가정하고 있다.

레닌은 자신의 저작 『자본주의 최고의 발전 단계인 제국주의』에서 제

간 시장가격으로, 그것은 평균이윤을 초과하는 이윤을 보장한다"라고 말하고 있다(*Woprossy ekonomiki*, 2/1995, p. 96, 러시아어판). 모틸레프는 "우리는 독점가격에 대해서 독점적 지위를 한껏 발휘하여 독점이윤을 보장하는 수준에서 정해지는 약탈적 가격이라고 말할 수 있다"라고 쓰고 있다. 그는 독점적 시장가격에 대한 마르크스의 서술을 인용하면서 "마르크스에 따르면 독점가격은 상품의 가치와 생산가격을 넘어서는 가격이다"라는 잘못된 결론에 이르고 있다. 모틸레프는 계속해서 "이 독점적이며 제국주의적인 초과이윤은 …… 생산에서 이루어진 결과물이 아니라 독점에 의해 자행된 약탈의 결과물이라는 점에서 구별된다"라고 쓰고 있다(V. J. Motylew, *Das Finanzkapital und seine Organisationsformen*, Moskau, 1959, pp. 173, 174, 210, 러시아어판). 마지막에 인용된 문장을 통해 우리는 이 저자가 기술 진보에 의해서 필연적으로 이루어지는 독점자본주의의 본질적인 발전 경향을 잊고 있다는 것을 알 수 있다.
• 임금의 일부 혹은 전부를 기업의 생산물로 곧바로 지급하는 제도— 옮긴이 주.

국주의 시대의 특징이 거대한 규모로 진행되는 생산의 집적에 있으며 이런 집적의 결과, 독점으로의 이행이 이루어진다고 말하였다. 이 과정의 결과물은 거대한 규모의 생산의 사회화이다. 또한 독점화된 기업은 기술적인 관점에서 개별 생산비가 해당 생산 부문의 사회적 평균 생산비보다 훨씬 낮아지는 방향으로 나아간다. 마르크스도 이런 사실을 지적한 바 있다.

제국주의에서는 독점화된 기업의 기술적 우위가 안정적이고 장기적인 성격을 띠고 그만큼 현실적으로 지속적인 독점적 초과이윤을 보장한다.* 독점은 이들의 우위를 여러 가지 방법으로 안정시킨다. 즉 원료의 공급원을 장악하고, 생산을 결합하며, 특허를 매점하고, 중소 하청업체에 보다 높은 생산비를 강요하는 등의 방법이 바로 그런 것이다. 둘째, 독점화된 생산가격은 독점적 초과이윤이 단지 생산가격이 불변이거나 상승할 경우뿐만 아니라 심지어 하락할 경우에도 획득될 수 있도록 만들어준다. 독점적 생산가격이 불변이거나 상승하는 경우에 대해서는 여기에서 더 이상 자세히 다룰 필요가 없다. 그런데 독점적 초과이윤은 개별 생산비가 하락하는 경우에는 독점적 생산가격이 하락할 때에도 발생하고 또 상승할 수 있다. 개별 생산비의 하락이 독점적 생산가격의 하락보다 더 클 경우 독점적 초과이윤은 상승한다. 그렇지만 이때 사회적 생산비의 하락이 독점기업의 개별 생산비의 하락보다 크면 개별 생산비의 하락에도 불구하고 독점적 초과이윤은 정체하게 된다.[453]

레닌은 이에 대해 다음과 같이 말하였다. "기술 개량을 통하여 생산비

• "생산과 소유의 집중이 일정한 단계에 이르게 되면 한 나라에서 수십 혹은 수백의 자본가가 경쟁에서 특수한 지위를 누릴 수 있게 되는데, 이런 지위는 일단 한번 도달하고 나면 더 이상 누구도 거기에 근접할 수 없는 그런 것이다……" (J. Pewsner, *Die Methodologie des "Kapitals" von K. Marx und der gegenwärtige Kapitalismus*, p. 101). 오늘날 자본주의의 특징은 거대 기업집단(여러 산업 부문에 걸친 무역·산업·금융 복합체를 가리킨다)의 형성에 있다.

를 낮추고 이윤을 높일 수 있는 가능성" 때문에 제국주의는 발전해 나갈 수 있는데, 그러나 그것은 부패로 향하는 경향을 갖게 되고 이 부패가 바로 독점가격의 토대가 된다.[454] 또한 독점적 초과이윤―― 비정상적으로 부풀려진 '잘못된 사회적 가치'에 해당하는 독점적 생산가격이 바로 이것의 원천이다―― 은 제국주의적 관계 아래에서 소수의 독점적 지배자 집단이 사회 전체가 이룩한 기술적 진보의 성과를 어떻게 독차지하는지, 즉 사회 전체로부터 '공물'을 징수하는지를 잘 보여준다. 레닌은 『농업에서 자본주의의 발전 법칙에 대한 새로운 통계자료』라는 책에서 미국 농업 생산물의 증가량과 그 가격 사이의 관계를 수치로 비교하였다. 1900~10년 동안 미국에서 수확된 곡물의 총 가격은 79.8퍼센트 증가하였는데 생산량 자체는 겨우 1.7퍼센트 증가했을 뿐이었다. 이들 수치는 레닌이 얘기하고 있듯이, "지대, 즉 토지 소유자들이 사회로부터 징수하는 공물의 역할을 일목요연하게"[455] 우리들에게 잘 보여준다.

셋째, 독점적 생산가격은 경쟁을 전제로 한다. 경쟁은 결코 독점의 지배를 제거하는 것이 아니며 오히려 그것 때문에 더욱 심해진다. 독점적 생산가격은 제국주의 아래에서도 여전히 평균이윤과 생산가격의 범주가 유지된다는 것을 의미하며, 따라서 제국주의의 특징은 단지 독점뿐만 아니라 경쟁에 의해서도 나타난다.

독점의 존재는 이윤이 평균이윤으로 균등화되고 가치가 생산가격으로 전화하는 것을 방해하긴 하지만 결코 이들 경향을 완전히 없애지는 못한다. 이런 사정에 대해서도 레닌은 반복해서 지적하고 있다.•

제국주의에 대한 연구를 통해 레닌은 질적으로 완전히 새로운 성과를

• 제국주의 단계에서 더욱 심해지는 자본주의적 경쟁은 독점자본주의가 '낡은' 자본주의의 토대 위에 서 있으며 그 토대 위에서만 존재한다는 사실을 우리에게 분명하게 확인해 준다. 그것은 또한 마르크스의 경제 이론이, 특히 그가 발전시킨 자본주의적 독점 이론이 오늘날의 자본주의를 분석하는 데에도 여전히 유효하다는 것을 보여준다.

거두었는데, 즉 그는 마르크스주의 이론을 본질적으로 한 단계 더 발전시켰던 것이다. 레닌이 이런 성과를 거둘 수 있었던 것은 오로지 그가 자신의 연구에서 일관되게 마르크스 이론의 일반적인 발전 원리에 입각해 있었기 때문이다.

레닌의 제국주의 이론이 마르크스 경제 이론을 유기적으로 한 단계 더 발전시켰다는 사실은 오늘날의 시대에 있어 과학적 공산주의 경제 이론에서 결정적인 중요성을 갖는다. 레닌은 제국주의 단계에서 노동자들에 대한 지배계급의 착취가 어마어마한 규모로 확대되었다는 것을 입증하였다(오늘날 미국 제조업의 잉여가치율은 마르크스가 살던 시기에 자본주의의 최선진국이었던 영국에 비해 몇 배나 높다). 그러나 이런 착취는 여전히 자본주의의 일반적 법칙의 범위 내에서 이루어지고 있다. 그것은 곧 마르크스의 이론에서 비롯된 사회주의 혁명의 필연성이 레닌의 제국주의 이론에 의해 그대로 다시 한 번 확인된다는 것을 의미한다. 이와 함께 레닌은 제국주의 연구를 통해서 사회주의 혁명의 가능성에 대한 완전히 새로운 성과를 얻어냈다. 즉 독점의 발전과 독점자본주의의 국가독점자본주의로의 이행을 통해 생산의 사회화가 질적으로 변화함으로써 사회주의를 위한 물질적 전제가 보다 완전하게 마련되었다는 점에서 그 가능성은 더욱 커졌다는 것이다.

제11장

마르크스의 연구 방법과
공산주의 경제 이론의 몇 가지 문제

『자본』에서 이루어진 공산주의 경제에 대한 예측. 경제학의 대상이 되고 있는 사회적으로 결정되는 물질적 생산. 생산관계의 소재적 담당자가 되는 생산력. 추상화의 범위를 결정하는 일반적 기준. 마르크스 경제 이론 범주들의 소재적 내용.『고타강령 비판』에 담겨 있는 공산주의사회의 특징. 레닌이 더욱 발전시킨 마르크스 이론. 공산주의사회의 첫 번째 국면. 국가의 존속. 계획적으로 이루어지는 사회주의적 상품생산. 사회주의에서의 사회적 노동의 성격.

　　마르크스는『자본』에서 자본주의 생산양식을 살아 있는 유기체로, 즉 인간 사회의 발전에서 역사적으로 규정된 일시적인 단계로 표현하였다. 자본주의에 대한 과학적 분석을 수행하면서 마르크스는 계속 반복해서 자본주의를 전 자본주의 사회구성체는 물론 미래의 공산주의 생산양식과도 함께 비교하였다. 마르크스 경제 이론의 이런 특수성은 역사적 분석과 논리적 분석이 함께 결합된 그의 연구 방법에서 비롯된 것이었다. 이 방법을 통해서 마르크스는 한편으로 자본주의사회의 특수성을 철저하게 인식할 수 있었고, 다른 한편으로 그것의 경제법칙을 발견하고 공산주의에 의해 그것이 해체될 수밖에 없는 불가피성을 논증할 수 있었다.

　　물론 마르크스는『자본』에서 미래 사회에 대한 상세한 모습을 아직 제시할 수 없었다. 엥겔스는『자본』을 논평하는 한 글 속에서 이렇게 쓰고 있다. "이 책은 많은 독자에게 매우 큰 실망을 안겨줄 것이다. …… 많은 사람은 아마 이 책에서 공산주의적 천년왕국이 도대체 어떤 모습을 띠고 있을지를 듣게 되리라고 생각했을 것이다. …… 마르크스는 언제나 그랬듯이 똑같은 혁명가로 남아 있다. …… 그러나 사회주의 혁명 이후의 모습이 어떤 것일지에 대해서 마르크스는 우리에게 **매우** 불투명한 암시만 주고 있을 뿐이다."[456] 그러나 그럼에도 불구하고 공산주의 생산양식을 일반적 형태로 연구한 마르크스는 이미 공산주의사회의 기본적인 경제적 특징을 서술하였다.* 마르크스와 엥겔스가 공산주의 경제에 대하여 언급해 둔 많은 부분, 즉 『자본』 제1~4권, 『자본』의 집필에 앞서 써두었던 경제학 초고들, 『안티 뒤링』, 편지와 기타 다른 저작들에서 언급된 내용들을 모두 모으면 우리는 이들 마르크스주의의 창시자가 생각했던 공산주의사회의 제대로 된 모습을 그려낼 수 있다. 인류의 3분의 1이 이미 새롭게 건설된 사회의 현실 속에서 살아가고 있는 오늘날 이런 언급들은 특별한 흥미를 제공할 것이다. 이들의 언급 가운데 많은 부분은 우리가 이미 앞서 인용한 바 있다. 그래서 여기에서는 공산주의사회의 예측에 마르크스가 사용했던 방법에 대해서 관심을 기울여 보고자 한다.

마르크스 경제 이론에서 유기적인 형태를 이루고 있는 공산주의사회에 대한 경제적인 분석은 과학적 공산주의 이론의 중요한 구성 부분을 이룬다. 『도이치 이데올로기』(1845~46)에서 마르크스와 엥겔스는 이미 사회적 생산의 분석을 수행하면서 사회현상에 대한 근본적인 연구 방법을 만들어냈는데, 그 방법은 이들 모든 현상에서 사회적 형태와 소재적 내용을 구별해 내는 것이었다. 사회적 생산의 개념을 생산력과 생산관계의 변증법적 모순의 통일로 처음으로 파악한 것이 바로 『도이치 이데올

---

* 우리는 공산주의사회에 대한 예측이 과거는 물론 현재에도 여전히 얼마나 어려운지를 잘 알아야만 한다. 소비에트과학원 회원인 벨로프가 언급한 다음의 말은 바로 그것을 잘 말해 주고 있다. "과학에서 모든 장기적인 예측은 단지 근사한 형태로만 이루어질 수 있고, 이들 예측은 나중에 실제 이루어지는 현실과 완전히 일치하지 않는다"("Literaturnaja gaseta", Nr. 33, 14, 1968년 8월, p. 11, 러시아어판).

로기』였다. 생산력은 사회적 생산이라는 범주의 소재적 내용을 이루고 있는 데 반해 생산관계는 그것의 사회적 형태를 이룬다. 생산력과 생산관계의 모순은 사회적 생산의 발전의 원천이며 궁극적으로 역사적 발전의 일반적 원천이기도 하다. 마르크스는 이렇게 이해된 물질적 생산(사회적으로 규정된)을 1857년 경제학의 연구 대상으로 선언하였다.[457]

사회적 생산을 경제학 연구의 대상으로 규정하는 것은 생산력이 경제학 연구의 대상에 포함되는지의 여부에 대한 물음에 정확한 답변을 제공할 수 있도록 만들어준다. 사회적 생산은 경제학 연구에서 그것의 두 측면의 통일로 나타나는데, 이들 두 측면은 서로 구별되기는 해야 하지만 둘 가운데 어느 하나도 추상화되어서는 안 되는 것들이다. 왜냐하면 생산관계는 다른 사회적 관계와 마찬가지로 오로지 사유를 통해서만 파악되어야 하고 느낌으로는 포착할 수 없는 것이기 때문이다. 우리는 생산관계를 그것의 소재적 담지자인 생산력과 사유를 통해 구별할 수 있지만, 실제 현실에서는 생산력 없이는 생산관계도 존재하지 않는다.

경제 현상의 연구에 사용한 자신들의 과학적 방법에 의해 마르크스와 엥겔스는 부르주아 경제학 — 이 경제학의 가장 뛰어난 대표자들조차도 사회적 생산 범주는 물론 다른 범주들에 대해서도 올바른 분석을 수행할 능력이 없었다 — 을 방법론적인 측면에서 훨씬 앞질렀다. 부르주아 경제학자들은 자본주의의 경제법칙을 영속적인 지연법칙으로 상정하는 자신들의 몰역사적인 고찰 방식 때문에 이 문제를 풀 수 없었다. 반면 사회적 생산을 생산력과 생산관계의 통일로 파악하는 개념은 역사 발전의 정확한 척도를 제공하고, 역사 발전의 경과가 보다 높은 다음 단계의 사회구성체로 끊임없이 반복해서 이행하는 과정의 결과물 — 즉 사회적 생산의 낡은 유형이 새로운 유형으로 해소되는 것 — 로 나타날 수 있도록 만들어준다. 레닌도 이와 마찬가지의 얘기를 했는데, 즉 그는 물질적 생산을 역사적으로 규정된 사회적 생산으로 파악하는 것이 마르크스주의의 특성이라고 말하고, 마르크스주의 경제학을 "생산에 있어 인간들 간의 사회적 관계" 혹은 "생산의 사회적 구조"[458]를 다루는 것이라고 규정하였다.

마르크스는 『자본』에서 자본주의적 생산에 대한 고전적인 분석을 제시하였다. 그는 거기에서 추상에서 구체로 이행하는 전 과정에 걸쳐 모든 경제적 범주(상품, 화폐, 자본, 노동과정 등)를 변증법적 통일의 관점에서, 즉 소재적 내용(궁극적으로는 생산력의 발전으로 표현되는)과 사회적 형태(자본주의 생산양식의 생산관계로 표현되는)의 통일이라는 관점에서 분석하였다. 마르크스는 이 점과 관련하여 스스로 "주제*는 …… '가치'나 '교환가치'가 아니라 **상품**이다"[459]라고 말하고 있다. 사용가치(소재적 내용)와 가치(사회적 형태)의 통일체로서 상품은 부르주아사회의 '기본 형태'를 이루며 이런 특성 때문에 그것은 『자본』에서 이론적 분석의 출발점을 이루고 있다.

어떤 경제 현상의 사회적 형태를 그것의 소재적 내용과 구별하는 것은 각 개별 사례에 있어 추상화가 가능한지에 대한 엄격한 기준을 제공한다. 마르크스는 이 기준을 일반적이고 추상적인 문제(자본주의적 생산의 적대적 성격과 그것의 물질적 내용, 부르주아사회의 '경제적 세포 형태')는 물론 구체적이고 특수한 문제(자본주의에서 생산적 노동)에도 모두 적용하였다.

이 구별의 중요성을 이야기할 때는, 경제적 현상을 연구할 때 그것의 사회적 형태를 추상화해 버려서는 안 된다는 점도 반드시 함께 지적할 필요가 있다. 바꾸어 말하자면 경제적 현상의 표현인 경제적 범주는 생산관계—바로 그 경제적 현상의 사회적 형태인—와 관련짓지 않고 그것의 소재적 성격(소재적 내용)으로부터만 도출되어서는 안 된다는 것이다. 자본주의적 생산의 적대적 형태를 추상화해 버리고 이 생산의 법칙을 모든 사회구성체에서 작용하는 법칙으로 간주하는 것은 바로 부르주아 경제학의 본질적인 특징이다. 이런 이유 때문에 예를 들어 부르주아 경제학은 부르주아사회의 '경제적 세포 형태'를 찾아내고 분석할 수 없다.

• 자신의 연구의 주제라는 말이다—편집자 주.

그런데 경제적 현상의 사회적 형태를 그 소재적 내용과 구별하는 것은 또 다른 측면을 가지고 있다. 만일 특정 시기의 생산양식에 고유한 경제적 현상의 특성을 오로지 이들 현상과 과정의 사회적 형태로부터만 도출할 수 있다면 이 현상의 소재적 내용에 대한 분석은 모든 생산양식 혹은 여러 생산양식에 공통된 '일반적 특징' 혹은 '일반적 규정'의 형태로 정리될 수 있는 가능성이 주어진다. 마르크스 경제 이론을 사회주의 생산양식에 적용할 수 있는 가능성이 바로 여기에 있다. 그렇기 때문에 레닌의 유명한 테제, 즉 '순수한 공산주의'에서도 확대재생산에 대한 마르크스의 정식이 작용할 수 있고 축적도 존재한다는 테제[460]는 마르크스의 재생산 표식의 토대로부터 곧바로 출발하고 있다.

　과학적 공산주의 이론은 자본주의적 생산의 범위 내에서 생산력의 발전이 자본주의적 생산관계와 적대적 모순관계에 있다는 점으로부터 도출되고 있다. 자본주의 생산양식에서 생산력의 사회적 성격은 노동 생산물의 획득에 대한 사적 자본주의의 형태(즉 생산수단의 소유에 대한 사적 자본주의의 형태)와 근본적으로 일치할 수 없다. 따라서 생산수단에 대한 사회적 소유를 만들어내는 사회주의 혁명은 사회적 생산의 소재적 내용과 그것의 사회적 형태 사이의 일치를 만들어낸다.

　『자본』에서 자신의 경제 이론을 서술해 나가는 과정에서 매 단계마다 마르크스는 자본주의의 이런 적대적인 모순이 발전해 나가는 것을 추적하였고, 이 과정에서 그는 항상 자본주의적 생산양식의 소재적 내용과 그것의 적대적인 사회적 형태를 구별하였다. 그리고 자본주의적 생산의 소재적 내용에 대한 마르크스의 바로 이런 서술 속에서 우리는 공산주의 생산양식에 대한 마르크스 이론의 토대를 이루는 많은 내용도 함께 만날 수 있다. 공산주의사회의 경제와 관련된 마르크스의 결론은 그의 경제 이론——즉 자본주의에서 진행되는 경제적 과정의 소재적 내용에 대한 분석——으로부터 곧바로 얻어진다. 마르크스는 언제나 자본주의에서 분석되어야 할 경제적 과정의 실질적인 소재적 내용을 왜곡하는 적대적인 사회적 형태를 솎아낸 다음 미래 사회에서 이 과정이 어떻게 이루어지는지를 예측할 수 있는 가능성을 찾아냈다.

『자본』에서 수행한 경제 연구를 토대로 마르크스는『고타강령 비판』(1875)에서 공산주의사회의 시작 단계(첫 단계 혹은 낮은 단계, 즉 사회주의 단계)와 완전히 발전된 단계(보다 높은 단계, 즉 공산주의 단계)의 본질적인 특징을 상세히 서술하였다. 두 단계의 공산주의 모두에서, 마르크스는 즉 "생산수단에 대한 협동조합적 소유와 공동체적 소유 모두에서 생산자들은 자신들의 생산물을 서로 교환한다. 이때 생산물에 사용된 노동은 이들 생산물의 **가치로** 나타나지 않는데 …… 왜냐하면 이제 …… 개인의 노동은 더 이상 간접적인 경로를 거치지 않고 곧바로 사회 전체 노동의 한 구성 부분으로 존재하기 때문이다"[461]라고 얘기하고 있다.

한편 마르크스는 공산주의의 첫 번째 단계를 이행기적 국면으로 간주하였다. "여기에서 우리가 말하고 있는 것은 자신의 토대를 디디고 선 **완전히 발전된** 공산주의가 아니라, 오히려 자본주의사회로부터 이제 막 **태어난** 공산주의, 즉 경제적·도덕적·정신적 모든 관계에서 아직 자신이 태어난 낡은 사회의 모반을 그대로 지닌 공산주의이다." 이로부터 사회주의 사회에서 노동 성과에 따른 분배의 원리가 지배적일 수밖에 없다는 결론이 나온다. "그에 따라 개별 생산자들은 ― 일정 부분을 공제한 다음 ― 그가 제공한 만큼을 정확하게 돌려받는다."[462] 사회주의에서 사람들은 생산수단에 대하여 동일한 지위에 있다는 의미에서 서로 평등한데, 이는 생산수단에 대한 사적 소유와 인간에 의한 인간의 착취가 폐기되었기 때문이다. 공산주의사회의 첫 번째 단계가 지니고 있는 결함에 대해서 마르크스는 자본주의사회로부터 오랜 출산의 진통을 겪으면서 탄생한 사회에서는 불가피한 것이라고 반복해서 강조하고 있다. "정의는 사회의 경제적 변화와 그것을 전제로 한 문화적 발전보다 결코 더 높게 실현될 수 없다."[463] 마르크스는 또한 공산주의의 첫 번째 단계에서 등가교환의 형태뿐만 아니라 그 내용도 함께 변화한다는 점을 지적하고 있다. 그 내용의 변화란 곧 "변화된 조건에서는 어느 누구도 자신의 노동 이외의 것을 제공할 수 없으며", "개인적 소비 수단 이외에는 어떤 것도 개인의 소유로 이전되지 않는다"는 것을 의미한다. 등가교환의 형태가 변화한다는 것은 "상품 교환의 경우에는 등가물 사이의 교환이 단지 **평균적으로만** 이루어지고 개개의 경우에는 존재하지 않는 데 반해 이제는 등가교환의 원칙과 실제가 완벽하게 일치하는"[464] 것을 의미한다. 이 인용 구절의 마지막 부분은 사회주의사회에서 등가교환의 계획적 성격에 대한 내용을 포함하고 있다.

공산주의의 두 번째 단계의 특징에 대해서 마르크스는 이렇게 말하고 있다. "공산주의사회의 보다 높은 단계에 도달하고 나면, 즉 개인이 분업에 노예처럼 예속된 상태와 그에 따른 정신노동과 육체노동 사이의 대립이 해소되고 노동이 단지 살아가기 위한 수단일 뿐만 아니라 그 자체 일차적인 생활의 필요가 되고 나서는, 그리고 개인이 자신을 전인적으로 개발하고, 따라서 자신의 생산력을 발전시키며 공동의 부의 온갖 원천이 샘솟듯 넘쳐나게 되면, 부르주아적인 의미의 좁은 범위에 갇힌 정의의 개념에서 벗어나 사회 전체의 모토는 이제 다음과 같이 된다. 누구나 모두 자신의 능력에 따라 일하고 자신의 필요에 따라 분배를 받는다!"[465]

『자본』에서 완성한 재생산 이론을 기초로 삼아, 분배가 단지 사회적 생산의 기본 조건의 결과물에 불과하다는 사실에 근거하여 마르크스는 공산주의사회에서 이루어지는 사회적 총생산물의 분배에 관한 본질적인 특징을 정립하였다. 여기에서 그는 다음과 같은 요인을 구분하고 있다. 소비된 생산수단의 보전, 생산의 확대, 예비 재원, 관리 비용, 공통된 욕망의 충족, 노동능력이 없는 사람과 개인적 소비를 위한 재원 등이 바로 그것이다. 이 점과 관련하여 마르크스는 공산주의사회에서의 평등주의적인 분배에 관한 소부르주아 사회주의자들의 전형적인 생각을 비판하고 있다. "속류 사회주의는 …… 부르주아 경제학자들의 생각을 그대로 이어받아 분배를 생산양식과는 무관한 것으로 간주하고 다룸으로써 사회주의를 주로 분배와 관련된 것으로만 왜곡해서 표현하고 있다."[466]

　부르주아사회에서 있었던 과거의 혁명과 계급투쟁에 대한 연구를 바탕으로 정립한 자신의 국가론을 요약하면서 마르크스는 자본주의에서 공산주의로의 이행 단계의 특수성은 거기에 해당하는 국가 형태와 불가분의 관계에 있다고 밝혔다. "자본주의사회와 공산주의사회 사이에는 하나에서 다른 하나로 이행하는 혁명적 전환의 시기가 놓여 있다. 정치적 이행 시기도 이와 마찬가지인데, 그 시기에는 곧 국가가 **프롤레타리아의 혁명적 독재**로 될 수밖에 없다."[467]

　『고타강령 비판』이 집필되기 직전인 1875년 3월 18일에서 3월 28일 사이에 엥겔스가 아우구스트 베벨(August Bebel)에게 쓴 편지가 한 통 있는데, 이 편지에서 엥겔스는 독일 노동자 정당을 이끌 이 강령의 초안에 대한 평가를 내리고 있다. 이 편지에서 엥겔스가 이 강령에 대하여 비판하고 있는 점들은 대부분이 라살에게서 차용된 명제들로서, 즉 노동자계급과 대립하는 다른 모든 계급(여기에는 농민도 포함된다)을 반동적인 계급으로 표현하는 부분과 맬서스의 인구법칙에 근거한 라살의 '임금철칙'이 바로 그것이었다. 마르크스는 이렇게 쓰고 있다. "바로 여기에 근거하여 1850년대 이후 경제학자들은 사회주의가 **자연발생적인** 빈곤을 없앨 수 없으며 단지 사회 전체의 표면에 분배하는 방식으로 **일반화시킬** 수밖에 없다는 사실을 입증하였다!"[468] 고타 전당대회를 위해 작성된 이 강령은 프롤레타리아계급의 투쟁이 승리하기 위해서 반드시 필요한 문제들, 즉 프롤레타리아의 국제적 연대, 노동조합의 조직화, 노동조합과 노동자계급 정당의 결합, 파업 투쟁의 제반 관계 등의 문제들을 무시하고 있었다. 엥겔스는 자신의 편지에서 계급 위에 군림하는 국가에 대한 명제를 비판하면서 다음과 같이 강조하고 있다. "프롤레타리아가 아직 국가를 **이용할** 수 있을 경우 프롤레타리아는 자유를 위해서가 아니라 자신의 적을 무너뜨리기 위해 이 국가를 이용해야 하며, 자유가 문제로 될 경우에는 국가 그 자체를 곧바로 폐기해야 한다."[469]

대체로 이 정도가 미래 사회의 경제구조에 대해서 마르크스가 내리고 있는 몇 개의 결론이다. 그러나 이런 인식을 현실에 적용할 수 있으려면 이들 결론을 철저하게 더욱 발전시켜야 하며 혁명적 과정의 새로운 조건들에 맞추어 이들을 구체화해야만 한다. 마르크스주의 이론의 이런 전반적인 발전은 레닌의 저작에서 이루어졌다.

마르크스는 이미 『도이치 이데올로기』에서 "생산력의 커다란 발전, 즉 생산력의 고도의 발전"이 공산주의를 위한 전제 조건이라고 지적하였다. 과학적 공산주의가 유토피아 공산주의와는 달리, '분업을 최대한으로 확장'하는 자본주의적 발전과 대규모 산업의 발전을 진보적인 요소로 간주하는 까닭은 사적 소유의 철폐가 대규모 산업의 발전을 통해서만 비로소 이루어질 수 있기 때문이다.

제국주의 시대에는 사회주의가 모든 나라에서 동시에 달성될 수 없고 하나 혹은 몇몇 나라(반드시 자본주의가 가장 발전한 나라일 필요는 없다)에서만 달성될 수 있다는 명제에 근거하여 레닌은 사회주의 달성에 필요한 생산력 수준과 문화가 러시아와 같은 나라에서 혁명에 의해 만들어질 수 있다는 근본적인 인식에 도달하였다. 그는 마르크스가 이미 1850년대에 낙후된 프로이센에서 이런 가능성을 어느 정도 예견하고 있었다는 점을 지적하면서 "세계사 전체에 걸친 발전의 일반적인 법칙에서, 발전 형태나 발전 순서에서 제각각의 특성을 보이는 개별적인 발전 단계들은 결코 배제되는 것이 아니라 오히려 그 일반 법칙의 전제를 이루고 있으며" 러시아에서 구체적인 역사의 경과는 "문명의 근본적인 전제 조건을 창출할 수 있는 또 다른 이행의 가능성을 열어주고 있다"[470]고 결론 내리고 있다. 레닌이 정립한 사회주의로부터 자본주의로의 이행 시기의 특징들은 마르크스와 엥겔스가 미처 예견할 수 없었던 사회주의 국가의 경제에서 나타나는 특수한 현상들에 맞는 것들이었다.

소련과 다른 사회주의 국가들의 역사 발전에서 나타나는 특수성은 이들 나라에서 자본이 자신의 '역사적인 성격'을 충분히 실현할 수 없었다는 점에 있다. 따라서 이 과제는 사회주의 혁명에게로 이전되어야만 했다. 그렇기 때문에 이들 나라에서는 자본주의로부터 최고 단계의 공산주의사회로 이행하는 시기도 복잡해질 수밖에 없었다.

마르크스는 『자본』과 『고타강령 비판』에서 공산주의사회의 첫 번째 단계를 과학적인 형태에서 '절대적으로 사회주의적인' 사회로, 즉 계급이 없는 사회로 표현하였다. 그러나 그는 또한 자본주의의 품속에서 탄생한 이 사회의 이행기적 성격에 대해서도 얘기하였다. 마르크스의 이 명제를 기초로 삼아 레닌은 1917년 자신의 저작 『국가와 혁명』에서 국가가 자본주의에서 사회주의로 이행하는 동안만이 아니라 공산주의사회의 첫 번째 단계의 전체 기간 동안 존속해야만 한다는 인식에 도달하였다. 레닌에게서 비롯된 이런 인식에 따르면, 사회주의 혁명은 발전된 자본주의 국가에서 자본이 수행하는 일련의 역사적인 기능을 모두 수행해야만 한다는 것이었다. 레닌은 "공산주의의 보다 높은 단계로 들어갈 때까지 사회주의자들은 사회와 국가의 **편에 서서** 노동량과 소비량에 대해 **극히 엄격한** 통제를 수행해야만 한다"[471]고 말하였다. 이 중요한 과제는 공산주의사회의 첫 번째 단계―인민민주주의 국가들에서 노동자들이 건설에 착수한 사회주의사회의 선진화 기간도 이 단계에 포함된다―의 전체 기간에 걸쳐 주어져 있다.

공산주의사회에 대한 마르크스 경제 이론의 단적인 결론은 이미 언급한 바와 같이 이 사회의 두 단계 모두에서 상품생산이 전혀 이루어지지 않는다는 것, 즉 모든 생산물이 이제 더 이상 상품의 형태를 취하지 않는다는 점에 있다. 마르크스가 『고타강령 비판』에서 썼던 등가교환―사회주의사회에서 노동 성과에 따른 분배의 특징을 보여주는―은 비록 가치법칙이 작용하기 위한 조건이 형성되었다 하더라도 가치법칙이 작용한다는 것을 의미하는 것이 아니다. 등가교환의 원리는 가치법칙의 소재를 이루긴 하지만 무조건 사회적 가치 형태에 의해 보완되어야 하는 것은 아니다. 공산주의사회에서는 상품화폐 관계가 존재하지 않는다는 마르크스의 결론은 그의 경제 이론 그 자체의 본질, 즉 그 이론에 내재하는 역사적 고찰 방식에서 비롯된 것이다. "노동이 공동체적인 것으로 되면 사회적 생산에서 인간들 사이의 관계는 '가치', 즉 '물질적 존재'로 나타나지 않는다. 생산물들이 서로 상품으로 교환되는 것은 노동을 교환하기 위한 한 가지 방법이며 각자의 노동이 다른 사람의 노동에 의존하는 한 가지 방법이다. 즉 그것은 사회적 노동의 한 가지 양식이자, 사회적 생산의 한 가지 양식이다."[472]

공산주의사회에서 가치법칙의 작용에 대하여 고찰할 경우 우리는 상품화폐 관계의 소재적 내용과 그것의 사회적 형태를 혼동하지 말아야 한다. 공산주의에서도 가치가 여전히 지배적으로 작용한다는 마르크스의 유명한 명제는 상품화폐 관계의 소재적 내용이 지속된다는 것을 의미하며, 이는 곧 노동시간이 "교환가치가 폐기된 이후에도 …… 여전히 부를 만들어내는 실체이며 그 부를 만들어내는 데 들어간 **비용**의 척도로 (남는다)"[473]는 사실을 의미한다. 그러나 마르크스가 공산주의에서 상품화폐 관계가 계속 존속된다고 했던 말은 이 관계의 사회적 가치 형태도 계속 존속한다는 의미는 아니었다.* 많은 소비에트 경제학자들과 역사학자들이 입증한 바에 따르면 레닌도 이와 동일한 관점을 가지고 있었는데, 그

---

* 사회주의사회에서 상품 관계의 분석을 둘러싸고 우리의 과학적 문헌 사이에서는 이 관계가 사회주의에 내재하는 것인지의 여부, 즉 사회주의 생산을 사회주의적 상품생산이라고 부를 수 있는지 혹은 이 생산의 추상적인 분석에서 상품 관계를 추상화해도 되는 것인지의 여부에 대한 물음이 제기되고 있다. 사회주의에서 가치법칙의 작용에 대한 내재적 원인을 해명하는 문제는 매우 중요하고, 따라서 이 문제에 대하여 노트킨이 "생산물을 직접 사회적으로 계획하여 모두 상품으로 생산한다는 마르크스의 언급은 사실관계의 논리와 모순되는 역설적인 현상이다"(A. I. Notkin, *K. Marx und die sozialistische Wirtschaf*, Moskau, 1968, p. 33)라고 했던 말은 맞는 말이다. 반면 리시치킨은 가치법칙의 작용 원인에 대한 물음은 '현학적인 물음'이라고 주장하였다(G. S. Lissitschkin, *Plan und Markt*, Moskau, 1966, p. 61, 러시아어판).

의 이런 관점은 그가 사회주의 경제의 현실에 적용할 마르크스 경제 이론을 발전시켜 신경제정책(NEP)의 토대를 구축하는 데 결정적인 진전을 이루기 전에 이미 확립되어 있었다.[474] 1919년 3월 러시아 공산당(볼셰비키) 제8차 당 대회에서 채택된 당 강령에는 다음과 같이 되어 있다. "분배 영역에서 소비에트 권력이 현재 당면해 있는 과제는 상거래를 폐지하고 이를 계획에 입각하여 국가 전체 단위에서 조직된 생산물의 분배로 계속 대체해 나가는 것에 있다. …… 은행의 국유화를 바탕으로 러시아 공산당은 화폐 없는 계산 영역을 확대하고 화폐의 폐기를 준비하기 위한 일련의 조치들을 추진한다."[475]

신경제정책이 시행되고 있던 1921년 가을 레닌은 시장 관계를 확대하는 것이 필요하다는 인식에 도달하였다. 제7차 모스크바 당 회의(1921년 10월) 보고서에서 레닌은 이렇게 말하고 있다. "상품 교환은 상거래 **없이** 곧바로 사회주의적 생산물 교환으로 이행하기 위한 전제를 이루고 있다(필경 **명시적으로 표현하고 있지는 않지**만 그것의 전제를 이루고 있다). 그래서 다음과 같은 점이 분명해진다. 생활을 통해서 상품 교환이 폐기되고 그 대신 **구매와 판매**가 자리를 잡게 될 것이다." 바로 그래서 신경제정책으로의 이행기 동안은 물론 그것이 도입되고 나서 첫 반기 동안에도 아직 공산주의적 생산으로의 직접적 이행과 당 대회에서 결의한 상거래 없는 분배가 계속 이루어지고 있었다. 그리고 이 시기에 사회주의 건설이 한참 계속 이루어지고 나서야 비로소 "우리의 경제와 시장, 즉 상거래와의 관계는 무엇인가"라는 물음이 제기되었다.[476]

자본주의에서 사회주의로의 이행기―발전된 사회주의사회의 토대가 만들어지는 바로 그 시기―에서 상품생산에 관한 마르크스주의 이론을 한 단계 더 발전시킨 것은 명백하게 독창적인 마르크스주의의 한 사례이다. 레닌은 사회주의의 기초를 건설하는 시기에 상품화폐 관계를 사용하는 문제를 해결함으로써, 발전된 사회주의사회에서 상품생산의 본질에 대한 의문을 해명할 수 있는 본질적인 방법론적 전제를 만들어냈다. 야코프 A. 크론로드(Jakov A. Kronrod)는 이 점을 정확하게 다음과 같이 표현하였다. "레닌은 상품생산과 사회주의가 합치될 수 없다는 일반적인 마르크스주의의 관점을 지지하였다. 하지만 그는 이행기의 경험을 통해서 하나의 결정적인 이론적 단서를 만들어냈는데, 이 단서는 나중에 사회주의에서 상품 관계와 가치법칙이 필요하다는 이론으로 계승되었다."[477]

오늘날 사회주의를 채택하고 있는 나라들에서 나타나고 있는 바와 같이 계획과 경제적 유인 체계가 점차 완성되어 감에 따라 사회주의 경제에서 상품화폐 관계의 지위와 중요성에 대한 문제는 그 어느 때보다 더욱 중요해졌다. '시장 사회주의'의 개념을 너무나도 당연한 것처럼 완전히 부정하는 몇몇 경제학자는 사회주의 경제에서 상품생산의 존재와 가치법칙의 작용을 근본적으로 부인한다. 이런 주장이 갖는 오류는 사회주의 경제의 구체적인 발전 조건을 그것의 추상적인 이론적 모델— 개인의 전인적 발전을 위한 모든 물질적 조건이 이미 갖추어져 있다는 것을 전제로 하고 있는— 에 근거하여 설명하려는 데에 있다. 이런 물질적 조건을 만들어내는 것이 곧 현실 사회주의의 조건에서 공산주의사회로의 첫 번째 발전 단계의 과제이다.

우리는 발전된 사회주의사회 단계에서 상품화폐 관계의 원칙적인 필요성을 노동의 사회화가 아직 충분히 성숙하지 않았다는 점에서 도출해내려는 경제학자들의 의견을 지지한다. 사회주의에서 생산력의 발전 수준과 거기에서 비롯된 생산의 사회화 상태는 진정한 의미의 직접적인 사회적 노동이 아직 존재하지 않는다는 것이다(노동이 직접적으로 사회적 성격을 띠기 위해서는 생산수단에 대한 사회적 소유가 확립되어야 한다).

완전히 발전한 공산주의가 되고 나서야 비로소 생산과정의 사회적 형태와 소재적 내용은 일치하게 된다. 사회주의에서는 아직 개인적 노동과 사회적 노동이 완전히 일치하지 않는다. 개인적 노동은 자신의 사회적 성질을 아직 자신의 생산물의 실현을 통해서, 즉 상품에서 화폐로의 전화를 통해서 보여준다. 사회주의에서는 비록 자본주의와는 전혀 다른 토대이긴 하지만—즉 노동과 노동 생산물이 사회적 소유의 토대 위에 서 있고 구체적 노동과 추상적 노동, 그리고 사용가치와 가치가 서로 적대적인 모순 관계에 놓여 있지 않지만—아직도 노동과 노동 생산물이 이중적 성격을 띠고 있다.•

즉 구체적 노동은 아직 추상적 노동과, 사용가치는 가치와 관련을 맺고 있어야 한다. 그러나 그렇다고 해서 마르크스주의 가치론의 모든 소재적 내용이 사회주의 경제에서 이루어지는 생산과정에 무조건 곧바로 적용될 수 있다는 것을 의미하지는 않는다. 크론로드는 계속해서 이렇게 말하고 있다. "『자본』, 즉 고전적 마르크스주의 가치론에서 출발하여 오늘날의 사회주의적 발전의 현실에 이르는, 즉 오늘날 사회주의사회에서 과학에 근거하여 이루어지고 있는 경제 운용의 형태에 이르는 그 길을 이끌고 있는 것이 바로 마르크스·레닌주의 경제학이다."[478]

마르크스·엥겔스와 마찬가지로 레닌도 노동자계급이 권력을 획득한 이후 낡은 자본주의 생산양식으로부터 만들어지는 새로운 경제의 과도기적 성격을 강조하였다. 자본주의 경제의 범주로부터 사회주의 경제의 범주로 이행하는 이 변증법적 과정을 레닌은 1921년 5월 한 유명한 명제(지금은 고전적인 것으로 정착한)를 통해서 이렇게 말하였다. "…… 국가의 생산물, 농민이 생산한 소비 수단과 교환되는 사회주의적 공장의 생산물은 경제학적 의미에서 상품이 아니다. 즉 그것은 이제 단지 상품이 아닐 뿐만 아니라 더 이상 상품이 아니며 또한 상품이기를 멈춘다."[479]

• 슈크레도프(Schkredow)는 이렇게 쓰고 있다. 만일 사회주의 기업에서 노동이 직접적으로 사회적인 성격을 갖는다면, 사회주의사회 전체에서는 "노동의 성격이 기술적으로 반드시 공동체적이거나 직접적으로 사회적인 성격을 띨 필요가 없다. (물론 생산력의 발전과 함께 이 필요성은 점차 부각될 것이지만) 개별 기업의 노동은 다른 기업들과의 관계에서 상대적으로 독립적이고 구체적인 노동이다." 그는 계속해서 이렇게 말한다. "현실의 계획 가능성은 사회적 분업의 관점에서 생산의 사회화가 도달한 수준에 달려 있다"(W. P. Schkredow, *Wirtschaft und Recht*, Moskau, 1967, pp. 45, 48, 러시아어판).

사회주의사회에서 노동 생산물은 한편으로는 직접적이고 사회적인 계획에 의해 이루어진 생산—사회적 소유의 토대 위에 서 있는—의 특징을 가지고 있으며 다른 한편으로는 상품이기도 하다.[480] 그러나 그것이 어느 정도 상품이냐의 문제에서 노동 생산물은 자본주의 경제의 상품 개념과 본질적으로 구별된다. 그것이 그처럼 구별되는 까닭은 사회주의에서는 노동력 상품이란 개념이 없기 때문인데 이는 노동력의 상품으로의 전화가 사회주의적 생산의 목표와 모순되기 때문이다. 마르크스는 자본주의적 생산에서 상품생산의 전화에 대한 변증법을 분석하면서 이렇게 쓰고 있다. "노동력이 노동자 자신에 의해 자유롭게 상품으로 판매되는 순간 이런 결과는 불가피한 것이 된다." 사회주의에서는 노동력이 상품으로 전화하는 일이 없기 때문에 상품생산은 단지 제한될 뿐만 아니라 "자신의 숨겨진 모든 잠재력"[481]을 발휘할 수 없게 되며, 상품생산 그 자체의 발전 경향도 변화하여 상품화폐 관계가 사회주의 경제를 위해 사용될 수 있는 것이 원칙적으로 가능해진다. 소련공산당 강령에는 다음과 같이 되어 있다. "공산주의 건설에서 상품화폐 관계는 사회주의 단계에 적합한 새로운 내용에 맞추어 충분히 이용되어야 한다. …… 완전한 공산주의적 소유(인민의 일반적 소유와 공산주의 분배 체계)로 이행이 이루어지고 나면 상품화폐 관계는 경제적으로 쓸모가 없어지고 사라지게 될 것이다."[482]

생산수단에 대한 사회적 소유는 사회주의적 상품생산의 계획적 성격은 물론 그것의 한계(즉 노동력이 이제 더 이상 상품이 아닌 것으로 나타나는 그 한계)를 위한 전제 조건이다. 공산주의의 첫 번째 단계에서 생산의 사회화 정도가 불충분하다는 사실은 생산력의 객관적 발전 과정이 충분히 적절하게 재현되지 않는 것으로 나타난다. 또한 그것은 사회주의의 경제 영역에서 생산력과 생산관계 사이의 적대적이지 않은 모순의 일반적인 현상 형태를 나타내는 것이기도 하다. 그에 따라 사회주의적 성격의 사회적 생산은 필연적으로 계획적인 상품생산으로 나타난다. 그리고 그것은 계획과 상품화폐 관계(즉 시장 관계) 사이의 대립을 찾아내려는 것이 얼마나 쓸모없는 일인지를 보여준다.

1857~58년 초고에서 마르크스는 상품화폐 관계의 소재적 내용을 나타내는 시간의 경제에 대한 법칙이 공산주의적 생산을 규제하는 요인이 될 것이라고 얘기하였다.[483] 공산주의에서 회계의 역할이 더욱 증대하리라는 마르크스의 언급에서도 똑같은 얘기가 나온다. 공산주의사회의 첫 번째 단계에서 시간의 경제에 대한 법칙은 노동시간에 대한 사회의 계획적이고 의식적인 통제가 아직 가치법칙의 형태로 실현되고, 이런 의미에서 가치법칙은 사회주의 경제의 규제 요인이 된다. 시간의 경제에 대한 법칙의 요건들은 사회주의에서 국민경제를 계획하는 과정에서 가치법칙의 요건들을 최대한 유념하는 방식으로 실현된다.

공산주의 경제에서 상품화폐 관계의 소재적 내용이 그대로 지속된다는 것은 곧 이 관계의 전개된 형태들에서도 그 소재적 내용이 지속된다는 것을 전제로 하고 있다. 따라서 가치 범주의 발전을 나타내는 상품 가치 범주들(즉 시장가치와 생산가격 등과 같은)의 소재적 내용도 공산주의 경제에서 그대로 지속된다.• 자본주의에서 시장가치가 보여주는 '왜곡된 사회적 가치'의 성격—자본주의에서는 사회가 상품 전체의 가치보다 더 높은 가격으로 상품을 구매해야 한다—을 공산주의에서의 시장가치는 물론 갖지 않는다. 생산가격의 소재적 내용은 우리의 관점에서 볼 때, 기계제 대규모 생산에 기초한 사회에서 고도의 분업이 이루어진 조건에서는 사회적 노동 소비가 오로지 생산가격의 형태로만 계산될 수 있다는 점에 있다. 가치가 아니라 오로지 생산가격만이 모든 물질적 생산 영역의 상호 의존성을 보여주고, 물질적 생산 영역에서 소비된 총량을 파악할 수 있도록 해준다.

• 구사로프(A. S. Gussarow)는 생산가격에 대한 마르크스의 이론을 연구하면서 이 이론이 사회주의 경제의 계획적인 가격 형성에 매우 중요하다는 사실을 입증하였다(『'자본'의 방법과 사회주의 경제학의 문제』(*Die Methode des Kapitals und Fragen der politischen Ökonomie des Sozialismus*), pp. 217~23 참조).

최근 20년 동안 소련에서는 마르크스가 『자본』을 만들어나가는 각 단계에서 만들어놓은 경제학적 초고들을 출판하는 데 있어 주목할 만한 성과들이 이루어졌다. 1954~61년에 『잉여가치론』의 전체 초고가 출판되었는데, 이 초고는 마르크스가 1862~63년에 걸쳐 집필하였고 『자본』 제4권에 대한 유일한 초안이기도 하다. 1962~64년에는 마르크스-엥겔스 전집 소련판 제26권이 새로 편집되었다. 1968~69년에는 마르크스의 1857~59년 경제학 초고가 소련판 전집의 제46권으로 출판되었는데, 이 초고는 모두 『자본』의 첫 번째 초안을 이루는 것들이다. 1973년에는 최초로 1861~63년 초고의 첫 번째 부분이 소련판 전집의 제47권으로 출판되었고, 1974년에는 소련판 전집 제49권이 출판되었는데 여기에는 1863~65년 초고의 다른 부분들이 포함되어 있다. 이상의 저작들을 통해서 러시아어판의 경제학 저작은 전체적으로 **이중적 구조**로 확대되었다. 이를 통해서 우리가 보기에는 마르크스가 남겨놓은 경제학 분야의 문헌적 유산에 대한 연구가 질적으로 새로운 전환점을 마련하게 되었다고 말할 수 있고, 이 유산 전체와 그것의 구성 부분들과의 관련을 연구해야 하는 문제가 제기되었다고 할 수 있겠다. 왜냐하면 마르크스와 엥겔스의 경제학적 유산 전체를 통해서만 마르크스 경제 이론에 대한 전반적이며 올바른 생각을 얻을 수 있을 것이기 때문이다. 즉 『자본』의 각 초고들이 갖는 특수성은 이들 초고를 통해 추상에서 구체로의 이행과 더불어 구체에서 추상으로의 과정이 추상에서 구체로의 이행에 선행하는 계기로 인식될 수 있다는 점에 있다. 이 모든 것은 전적으로 마르크스가 스스로 연구를 통해서 만들어낸(그리고 나중에 이론의 서술에서 '감추어진 채로' 남겨진) 경제학적 연구 방법에 그대로 해당된다. 그렇기 때문에 경제학 초고의 출판은 마르크스의 방법을 연구하는 데 특히 중요하다. 왜냐하면 그것은 연구자가 마르크스의 경제 이론이 형성되어 가는 과정을 구성하는 모든 부분을 재구성할 수 있도록(즉 구체에서 추상으로의 이행 과정을 그다음에 이어지는 추상에서 구체로의 이행 과정의 선행조건으로) 해주기 때문이다. 그래서 우리는『경제학 비판』초고에서 화폐의 연구로부터 가치론으로 이행하는 부분─상품을 자본주의의 '기본 형태'로 발견하고 화폐 이론을 정립하는 것으로 끝나는─을 제4장에서 다루었다. 그리고 바로 그 앞의 제3장에서는『잉여가치론』의 초고에서 지대의 연구로부터 평균이윤과 생산가격 이론으로의 이행을 다루었는데 이 이행의 결론은 가치론 논의의 확대와 절대지대 이론을 정립하는 내용으로 되어 있었다. 이런 서술 체계를 통해서 우리는 구체에서 추상으로의 이행이 마르크스의 연구에서 필수적인 연결고리라는 결론을 도출할 수 있다. 마르크스주의 연구자들은 마르크스 방법의 이런 요건들을 결코 잊어서는 안 된다. 마르크스 방법의 이런 측면이 어떻게 적용되어야 하는지에 대한 가장 뛰어난 사례는 러시아에서 자본주의 발전에 대한 레닌의 연구이다. 레닌의 책이 나오기 전에도 대중운동에 대한 마르크스주의적 비판은 이미 많이 있었지만, 이들 비판은 러시아 경제의 개별적인 특수성을 설명하는 마르크스 이론의 일반적 명제에 기초한 것이었다. 레닌은 구체에서 추상으로의 이행을 자신의 연구에서 수행한 최초의 마르크스주의자였는데, 즉 그는 개혁 이후 러시아의 경제통계들에 대한 분석에서 이들 통계의 일반화로의 이행을 수행하였으며, 이를 통해 러시아에서의 경제 발전 경향이 자본주의의 일반적인 발전 경향(마르크스의 경제 이론에서 명확하게 밝혀진 바로 그 경향)과 일치한다는 것을 보여주었던 것이다. 이것은 곧 러시아에서도 자본주의가 발전하였다(통속적인 견해에서는 부정적으로 보았던 견해)는 것을 가리키는 것이었다.

제1장에서 우리는 이미 마르크스가 러시아 경제에 대한 그런 연구를 필요한 것으로 간주하고 있다는 것을 보았다. 그는 실제로 그 연구에 착수하였는데 아쉽게도 그것을 끝내지는 못하였다. 마르크스가 이 문제와 관련하여 남겨놓은 초고들은 레닌이 자신의 저작『러시아에서의 자본주

의 발전』(*Die Entwicklung des Kapitalismus in Rußland*)을 집필하기 위해 준비한 자료들과 놀라우리만치 정확하게 구조적으로 일치한다. 이것은 레닌이 경제 연구에 대한 마르크스주의의 방법을 매우 정확하게 따르고 있었다는 것을 그대로 보여준다.

『자본』에 대한 초고들은 또 다른 의미에서 마르크스 경제 이론의 연구에 중요한 자료를 이루는 것이기도 하다. 이들 초고는 무엇보다도『자본』제1~3권에서는 찾아볼 수 없는 많은 경제학적 자료를 담고 있는데 ─ 마르크스가 자신의 과제를 점차 좁혀 갔기 때문이다 ─ 만일 이들 자료가 없었다면 마르크스는 자신의 경제 이론의 토대를 끝까지 완성할 수 없었을 것이다. 게다가 마르크스는 자신의 이론이 점차 형태를 갖추어감에 따라 당장의 특수한 경제학적 문제에 더욱 주의를 기울여야 했던 반면,『자본』의 초안들을 집필하는 동안에는 아직 경제 이론의 문제를 보다 깊이 연구하는 것은 물론 비교를 위해 자본주의 이전의 사회구성체뿐 아니라 미래의 공산주의사회와 관련된 자료들도 많이 끌어들이고 있다.

또 하나의 초고, 즉『잉여가치론』은 마르크스주의 경제 이론에서 최소한 다섯 개의 중요한 이론적 문제를 해결해 주고 있다. 즉 부르주아사회에서의 생산적 노동, 평균이윤과 생산가격의 이론, 자본주의 재생산의 이론, 경제공황 이론, 자본주의 독점 이론이 바로 그것이다. 물론 이들 이론적 문제는 모두『자본』제1~3권에서 이런저런 형태로 나루어지고 있기는 한데, 단지『자본』에서는 이들 문제의 해석이 앞서 언급한 초고들의 자료 없이 매우 불충분한 형태로 이루어지거나 아예 빠져버린 경우도 있었다.『잉여가치론』에서 논의되고 있는 지대이론의 경우, 우리는 이것이 단지 그 형태에서 자본주의적 농업의 두 가지 독점 ─ 토지에 대한 사적 소유의 독점과 토지의 이용에 대한 자본주의적 독점 ─ 의 구별에 기초해 있다는 점만 생각할 필요가 있다. 차액지대와 절대지대를 엄밀하게 구분해 낼 수 있게 만들어주는 이런 구별을 레닌은 소비에트의 농업 강령의 토대로 사용하였다.

마르크스의 경제학 초고들은 마르크스 경제 이론의 구조(이것은 부르주아사회의 구조를 그대로 반영하고 있다)가 형성되어 가는 과정을 보여주고 있다는 점에서 『자본』 제1~3권을 근본적으로 보완해 주고 있다. 이런 관점에서 볼 때 초고에 대한 연구는 마르크스의 이론을 구체화하기 위한— 즉 만일 자본주의에 대한 완벽한 이론을 구축하기 위해서는 무엇이 더 필요한지에 대한—길을 결정하는 데에도 중요한 의미를 갖는다. 그래서 우리는 제1장에서 마르크스가 『자본』에서 경쟁의 본질적인 문제를 다루지 않았다는 점을 언급하였다. 『경제학 비판』 초고에서도 마르크스는 경쟁 이론을 연구 과제로 아직 설정하지 않고 있는데, 하지만 여기에서 그는 경쟁 이론의 본질적인 문제를 다루고 있다. 즉 그는 '경쟁의 기본 법칙'을 정의하고 자본주의적 경쟁의 일반적 성격(즉 경쟁이 부르주아 경제의 모든 범주에 작용한다는 등의)을 제기하였다. 또한 『경제학 비판』 초고에는 임노동의 문제가(특히 그것의 역사적 성격에 대하여) 『자본』에서보다 훨씬 더 상세하게 다루어지고 있다.

마르크스주의의 역사는 마르크스·엥겔스의 경제학적 유산에 대한 연구가 이들 두 사람의 저작의 출판과 더불어 더욱더 심화되어 왔음을 보여준다. 우리는 최근 출판되고 있는 마르크스주의의 이론과 역사에 대한 연구가, 그 가운데서도 특히 마르크스주의의 발전을 그 구성 요소들과 관련지어(즉 이들 구성 요소가 실제로 마르크스주의와 어떻게 관련되었는지) 다루는 연구 저작들이 새로운 자극제가 될 것이라고 생각할 필요가 있다. 마르크스와 엥겔스 저작에 대한 연구를 통해서 우리가 얻은, 움직일 수 없는 확고한 증거는 이 연구의 실질적인 진전이 오로지 선행하고 있는 인식의 안정적 기반 위에서만 이루어질 수 있다는 사실이다. 이런 의미에서 마르크스와 엥겔스는 물론 레닌도 과학에서 혁명적 변화가 이루어지기 위해서 필요한 전제가 되는 과학적 전통의 좋은 사례를 보여주고 있다. 1845년 아직 젊은이였던 엥겔스는 이미 이렇게 말하고 있다. "주어진 수학적 명제로부터 새로운 명제를 만들어낼 수 있는 것이 틀림없이 가능한 것과 꼭 마찬가지로 우리는 현존의 경제적 관계와 국민경제학의 원리로부터 사회혁명이 임박해 있다는 확고한 결론을 도출할 수 있다."484 『자본』에 대한 마르크스의 40년에 걸친 작업은 이 대담한 예언을 현실로 만들었다. 마르크스와 엥겔스, 그리고 레닌의 시대 이래로 과학적 공산주의의 이론적(그중에서도 특히 경제학적) 정립을 위한 지속적인 작업이 마르크스주의 정당의 당면한 과제로 되고 있다.

　마르크스주의자는 마르크스의 이론을 결코 도그마로 간주하지 않고 혁명적 이론으로, 즉 행동을 위한 필수불가결의 수단으로, 다시 말해 방법을 제시하고 현실 분석의 출발점을 제공하는 수단으로 간주한다. 공산주의의 건설을 위해서는 과학적 공산주의 이론을 우리 시대의 조건에 맞게 더욱 발전시켜야만 한다. 이런 과제를 해결하는 데 우리는 마르크스와 엥겔스, 레닌의 창의적인 전통으로부터 말할 수 없이 커다란 도움을 받고 있다.

독일어판 서문

1 MEW Bd. 39, 1968, p. 428.

2 Leontief, W., *Essays in Economics, Theories and Theorizing*, New York, 1966, p. 83.

제1장 여러 발전 단계로 이루어져 있는 마르크스 경제 이론

3 Rosenberg, D. I., *Skizzen zur Entwicklung der ökonomischen Lehre von Marx und Engels in den vierziger Jahren des 19. Jahrhunderts*, Moskau, 1954, pp. 228, 246(러시아어판).

4 Mirowaja ekonomika I meshdunarodnyje otnoschenija, 5/1966, p. 89.

5 MEGA, Abt.I, Bd. 3, Berlin, 1932, pp. 494, 502.

6 MEW Bd. 4, 1971, p. 81.

7 MEW Bd. 4, 1971, pp. 80, 95.

8 이 초고는 1939년 모스크바 마르크스·레닌주의연구소에서 원어로 『경제학 비판 요강』(*Grudrisse der Kritik der Politischen Ökonomie*)이라는 책으로 출판하였다. 1953년 동독에서 복제판 형태로 출판되었다(제2편, 1974년).

9 MEW Bd. 27, 1965, p. 228.

10 MEW Bd. 8, 1960, p. 542.

11 MEW Bd. 26.2, 1974, pp. 118~19.

12 MEW Bd. 27, 1965, pp. 159~61, 174, 201.

13 MEW Bd. 23, 1971, p. 62.

14 MEW Bd. 4, p. 112.

15 Marx, Karl, *Grundrisse der Kritik der Politischen Ökonomie*, Berlin: Dietz Verlag, 1974, p. 46.

16 MEW Bd. 4, p. 107.

17 MEW Bd. 26.1, 1974, p. 390.

18 MEW Bd. 26.1, p. 67; MEW Bd. 26.3, 1968, p. 242; MEW Bd. 30, pp. 249, 263~

67, 274~75.

19 MEW Bd. 19, 1969, p. 105, 335~36; Bd. 20, 1971, pp. 25~26.

20 Lenin, Werke Bd. 19, Berlin: Dietz Verlag, 1968, p. 5.

21 Lenin, Werke Bd. 1, Berlin: Dietz Verlag, 1971, p. 129.

22 Lenin, Werke Bd. 19, p. 5.

23 Lenin, Werke Bd. 1, p. 133.

24 MEW Bd. 32, 1965, p. 563.

25 MEW Bd. 16, 1971, p. 365.

26 MEW Bd. 6, 1968, p. 554.

27 MEW Bd. 7, 1969, pp. 228, 236, 241; MEW Bd. 28, 1963, p. 35.

28 MEW Bd. 6, p. 406.

29 MEW Bd. 4, p. 476.

30 MEW Bd. 26.1, p. 13.

31 MEW Bd. 16, p. 147.

32 MEW Bd. 16, p. 149.

33 MEW Bd. 9, 1970, p. 170.

34 MEW Bd. 16, p. 151.

35 MEW Bd. 16, pp. 10~11.

36 MEW Bd. 16, p. 197.

37 MEW Bd. 4, pp. 467~68.

38 MEW Bd. 27, p. 515.

39 MEW Bd. 7, p. 440.

40 MEW Bd. 27, pp. 291, 335, 344~45, 361~62, 597.

41 MEW Bd. 28, p. 118.

42 MEW Bd. 29, 1963, pp. 78, 86, 153.

43 MEW Bd. 26.2, pp. 497 각주, 510; MEW Bd. 26.3, p. 119.

44 MEW Bd. 13, 1972, p. 9.

45 MEW Bd. 34, 1966, pp. 370~72.

46 Marx, 앞의 책, 1974, p. 6.

47 MEW Bd. 19, p. 219; 엥겔스가『자본』제2권 서문에서『철학의 빈곤』과『임노동과 자본』에 대해서 내리고 있는 평가도 참조.

48 이 요약집은 마르크스의『경제학 비판 요강』781~839쪽에 들어 있다.

49 Marx, 앞의 책, 1974, pp. 781~839.

50 Marx, 같은 책, 1974, pp. 843~53.

51 Marx, 같은 책, 1974, p. 3~31.

52 Marx, 같은 책, 1974, pp. 375~413.

53 MEW Bd. 23, p. 27.

54 MEW Bd. 31, 1965, p. 326.

55 Marx, 앞의 책, 1974, pp. 163~65.

56 Marx, 같은 책, 1974, p. 449.

57 Marx, 같은 책, 1974, pp. 317, 338~39, 537.

58 MEW Bd. 30, 1964, pp. 248, 264~67, 274~75, 639.

59 Lenin, W. I., *Konspekt zum Briefwechsel von Marx und Engels in den Jahren 1844~ 1883*, Moskau, 1968, p. 342. 마르크스는 자본주의에서 생산수단의 생산이 계속 증가하는 현상에 대하여 『경제학 비판』 초고에서 처음으로 언급하였다(Marx, 앞의 책, 1974, pp. 594~99 참조).

60 Marx, 같은 책, 1974, pp. 28~29.

61 Marx, 같은 책, 1974, p. 186.

62 MEW Bd. 29, 1963, pp. 551, 312.

63 MEW Bd. 30, pp. 368, 639.

64 MEW Bd. 26.1, pp. 69, 82; MEW Bd. 25, 1964, p. 123.

65 MEW Bd. 31, p. 534.

66 MEW Bd. 23, p. 18.

67 MEW Bd. 24, 1963, pp. 7~12; MEW Bd. 25, pp. 8~15.

68 MEW Bd. 20, pp. 136~40.

69 예를 들어 루이스 모건(Lewis H. Morgan)의 책 『고대사회』(*Ancient Society*), Marx/Engels Archiv, Bd. IX, p. 1~192에 대한 마르크스의 요약 노트와 자수리치(Sassulitsch)에게서 온 편지에 대한 마르크스의 답장 초안(MEW Bd. 19, pp. 384~405) 등을 참조.

70 MEW Bd. 21, 1962, p. 27.

71 MEW Bd. 19, pp. 108~12, 242~43.

제2장 『자본』의 전사前史

72 MEW Ergängzungsband, Erster Teil, 1968, p. 537.

73 "마르크스 · 엥겔스, 『도이치 이데올로기』 제1권 제1장의 새로운 출판", *Deutsche Zeitschrift für Philosophie*, Berlin, 10/1966, p. 1203.

74 같은 책, 10/1966, p. 1203.

75 같은 책, 10/1966, p. 1217.

76 같은 책, 10/1966, p. 1243.

77 같은 책, 10/1966, p. 1214.

78 같은 잭, 10/1966, p. 1209 참조.

79 MEW Ergängzungsband, Erster Teil, 1968, p. 536.

80 같은 책, pp. 462~63 참조.

81 Lenin, Werke Bd. 19, p. 7.

82　MEW Ergängzungsband, Erster Teil, 1968, pp. 533~36.

83　Bagaturija, G. A., "Struktur und Inhalt des Manuskripts zum ersten Kapital der Deutsche Ideologie von K. Marx und F. Engels", *Woprossy filosofii*, 10/1965(러시아어).

84　『도이치 이데올로기』 신판 제1권 제1장, pp. 1245, 1241.

85　같은 책, pp. 1236, 1240, 1243.

86　같은 책, p. 1215.

87　같은 책, pp. 1216, 1228.

88　같은 책, pp. 1216, 1220, 1236.

89　같은 책, p. 1216.

90　같은 곳.

91　같은 책, p. 1237.

92　같은 책, p. 1216.

93　MEW Bd. 8, p. 412.

94　『도이치 이데올로기』 신판 제1권 제1장, pp. 1207, 1216.

95　같은 책, pp. 1216, 1220.

96　같은 책, p. 1221.

97　같은 책, p. 1246.

98　같은 책, p. 1219.

99　같은 책, pp. 1215~16, 1225, 1241~42 참조.

100　같은 책, p. 1224.

101　같은 책, pp. 1207~08, 1216.

102　같은 책, p. 1205.

103　MEW Bd. 22, 1963, p. 509.

104　MEW Bd. 7, p. 5.

105　MEW Bd. 7, p. 440.

106　MEW Bd.4, p. 149.

제3장　마르크스 경제 이론의 출발점이자 완결점인 부르주아 경제학의 역사에 대한 비판적 분석

107　MEW Bd. 23, p. 35.

108　유명한 속류 경제학자에 속하는 세(J. B. Say)는 아예 경제학의 역사에 대한 필요성을 근본적으로 부정하였다(Karatajew, N. K., *Economics-die bürgerliche Politökonomie*, Moskau, 1966, pp. 214~21, 러시아어판).

109　『도이치 이데올로기』 신판 제1권 제1장, p. 1200, 각주 5.

110　Lenin, Werke Bd. 38, Berlin: Dietz 1964, p. 319.

111　MEW Bd. 32, p. 553.

112　MEW Bd. 13, pp. 474~75.

113 Marx, 앞의 책, 1974, pp. 781~853; MEW Bd. 26.2 참조.

114 MEW Bd. 26.1, p. 320.

115 MEW Bd. 26.2, p. 111.

116 MEW Bd. 24, p. 23, 『자본』 제2권 엥겔스의 서문.

117 MEW Bd. 26.3, pp. 445, 490.

118 MEW Bd. 26.3, p. 316.

119 MEW Bd. 13, p. 37.

120 MEW Bd. 26.2, p. 164; MEW Bd. 26.3, p. 181.

121 MEW Bd. 26.2, p. 148.

122 Marx, 앞의 책, 1974, p. 170.

123 MEW Bd. 26.2, p. 163.

124 MEW Bd. 26.3, pp. 490~94.

125 MEW Bd. 26.2, p. 166.

126 같은 책, pp. 375~76, 428~29.

127 MEW Bd. 26.3, p. 491.

128 MEW Bd. 26.2, p. 403.

129 같은 곳.

130 MEW Bd. 26.3, p. 491.

131 같은 곳.

132 MEW Bd. 23, p. 28.

133 MEW Bd. 24, p. 20.

134 MEW Bd. 26.3, p. 256.

135 같은 곳.

136 MEW Bd. 26.3, p. 257.

137 MEW Bd. 34, Berlin: Dietz Verlag, 1966, p. 307.

138 MEW Bd. 23, p. 27.

139 MEW Bd. 13, p. 43.

140 Marx, 앞의 책, 1974, p. 23.

141 MEW Bd. 25, p. 33.

142 MEW Bd. 27, p. 450.

143 MEW Bd. 29, p. 551.

144 MEW Bd. 29, p. 573.

145 MEW Bd. 26.1, pp. 389~90.

146 MEW Bd. 30, p. 368.

147 MEW Bd. 23, p. 94 각주.

148 MEW Bd. 31, p. 132.

149 MEW Bd. 23, p. 21; MEW Bd. 26.3, p. 492.

150 Lenin, Werke Bd. 33, Berlin: Dietz Verlag 1962, pp. 395~96.

151 MEW Bd. 27, p. 228.

152 MEW Bd. 24, p. 8.

153 MEW Bd. 26.1, p. 124.

154 MEW Bd. 26.1, p. 31.

155 MEW Bd. 26.2, pp. 235~49.

156 MEW Bd. 23, p. 609.

157 같은 곳.

158 MEW Bd. 26.1, p. 146.

159 MEW Bd. 26.3, p. 50.

160 MEW Bd. 26.3, p. 46.

161 MEW Bd. 26.3, p. 10.

162 MEW Bd. 26.3, pp. 448, 464, 459.

163 MEW Bd. 26.1, p. 12.

164 MEW Bd. 26.1, p. 64.

165 MEW Bd. 23, pp. 95~96.

166 MEW Bd. 26.2, p. 188.

167 MEW Bd. 26.2, p. 26.

168 MEW Bd. 26.2, p. 97 참조.

169 MEW Bd. 26.1, p. 32.

170 MEW Bd. 26.3, p. 348.

171 MEW Bd. 26.1, pp. 60~61.

172 MEW Bd. 26.1, pp. 61~62.

173 MEW Bd. 26.1, pp. 183, 146.

174 MEW Bd. 26.3, p. 47.

175 MEW Bd. 26.3, p. 16.

176 MEW Bd. 26.3, p. 80.

177 MEW Bd. 26.3, p. 84.

178 MEW Bd. 26.3, p. 185.

제4장 『자본』의 첫 번째 초안(1857~59)

179 MEW Bd. 19, p. 229.

180 Marx, 앞의 책, 1974, p. 77.

181 MEW Bd. 23, p. 83 각주.

182 MEW Bd. 31, pp. 544~45.

183 MEW Bd. 22, pp. 196~97.

184 MEW Bd. 13, pp. 68~69.

185 MEW Bd. 23, pp. 109~10 각주 참조.

186 MEW Bd. 23, p. 82 각주.

187 Marx, 앞의 책, 1974, p. 46.

188 Marx, 같은 책, 1974, p. 54.

189 Marx, 같은 책, 1974, p. 59.

190 Marx, 같은 책, 1974, p. 62.

191 Marx, 같은 책, 1974, p. 76.

192 Marx, 같은 책, 1974, p. 69.

193 Marx, 같은 책, 1974, p. 163 참조.

194 MEW Bd. 25, p. 825.

195 Marx, 앞의 책, 1974, pp. 449~50.

196 Marx, 같은 책, 1974, p. 186.

197 Marx, 같은 책, 1974, p. 203.

198 Marx, 같은 책, 1974, p. 229.

199 Marx, 같은 책, 1974, p. 656.

200 Marx, 같은 책, 1974, pp. 364~65.

201 Marx, 같은 책, 1974, p. 247.

202 Marx, 같은 책, 1974, pp. 302~03.

203 Marx, 같은 책, 1974, p. 655.

204 Marx, 같은 책, 1974, p. 77.

205 Marx, 같은 책, 1974, p. 506 각주.

206 Marx, 같은 책, 1974, p. 231.

207 Marx, 같은 책, 1974, pp. 231, 415.

208 MEW Bd. 16, p. 227.

209 Marx, 앞의 책, 1974, p. 318.

210 Marx, 같은 책, 1974, p. 319.

211 Marx, 같은 책, 1974, p. 439.

212 Marx, 같은 책, 1974, pp. 592~93.

213 Marx, 같은 책, 1974, p. 593.

214 Marx, 같은 책, 214.

215 Marx, 같은 책, 1974, p. 597.

216 Marx, 같은 책, 1974, pp. 595~96.

217 Marx, 같은 책, 1974, p. 506 각주.

218 Marx, 같은 책, 1974, p. 596.

219 Marx, 같은 책, 1974, p. 89.

220 Marx, 같은 책, 1974, p. 593.

221 Marx, 같은 책, 1974, p. 505.

222 Marx, 같은 책, 1974, p. 599.

223 Marx, 같은 곳.

224 Marx, 같은 책, 1974, pp. 88~89.

225 Marx, 같은 책, 1974, p. 73.

226 Marx, 같은 책, 1974, p. 600.

제5장 『자본』의 두 번째 초안(1861~63)

227 Marx, 같은 책, 1974, pp. 969~78.

228 MEW Bd. 30, p. 368.

229 MEW Bd. 26.2, p. 421.

230 MEW Bd. 26.1, pp. 146, 183, 272~73.

231 MEW Bd. 26.1, p. 189.

232 MEW Bd. 26.1, pp. 257~58, 261.

233 MEW Bd. 26.1, pp. 189, 387.

234 MEW Bd. 26.2, p. 112; MEW Bd. 26.1, p. 196.

235 MEW Bd. 26.2, pp. 111, 423; MEW Bd. 26.3, p. 111 참조.

236 MEW Bd. 26.2, pp. 469, 493, 529.

237 MEW Bd. 26.2, p. 549.

238 MEW Bd. 26.2, pp. 562, 568, 576.

239 MEW Bd. 26.2, pp. 563~64, 573, 576.

240 MEW Bd. 25, p. 614.

241 MEW Bd. 26.3, pp. 235, 256~57.

242 MEW Bd. 26.3, p. 240.

243 MEW Bd. 26.3, p. 253.

244 MEW Bd. 26.3, p. 345.

245 MEW Bd. 26.2, pp. 8~11, 94~95.

246 MEW Bd. 26.3, p. 352.

247 MEW Bd. 26.2, pp. 97, 99~100.

248 MEW Bd. 26.3, pp. 421, 492.

249 MEW Bd. 26.2, p. 583.

250 MEW Bd. 26.3, p. 93.

251 MEW Bd. 26.2, p. 88.

252 MEW Bd. 26.2, p. 23.

253 MEW Bd. 25, p. 673.

254 MEW Bd. 26.2, p. 160.

255 MEW Bd. 26.2, p. 342; Lenin, Werke Bd. 13, Berlin: Dietz Verlag, 1974, p. 296.

256 MEW Bd. 26.2, pp. 11, 314.

257 MEW Bd. 26.2, pp. 160, 326.

258 MEW Bd. 25, p. 674.

259 MEW Bd. 26.2, pp. 30, 330.

260 MEW Bd. 26.2, p. 88.

261 MEW Bd. 26.2, pp. 300, 302.

262 MEW Bd. 26.2, p. 362.

263 MEW Bd. 26.2, p. 94.

264 Marx, 앞의 책, 1974, p. 754.

제6장 『자본』의 세 번째 초안(1863~65)

265 MEW Bd. 30, p. 639.

266 MEW Bd. 26.1, pp. 389~91 참조.

267 MEW Bd. 30, p. 368.

268 MEW Bd. 24, p. 11.

269 *Marx-Engels-Archiv*, Moskau: Partei Verlag, 1933, p. 118.

270 *Marx-Engels-Archiv*, 1933, pp. 112, 114, 116, 118, 234, 236 참조.

271 *Marx-Engels-Archiv*, 1933, pp. 144, 146.

272 *Marx-Engels-Archiv*, 1933, p. 148.

273 *Marx-Engels-Archiv*, 1933, p. 150.

274 *Marx-Engels-Archiv*, 1933, p. 152.

275 *Marx-Engels-Archiv*, 1933, p. 174.

276 *Marx-Engels-Archiv*, 1933, pp. 174, 176.

277 *Marx-Engels-Archiv*, 1933, p. 176.

278 MEW Bd. 25, p. 33.

279 MEW Bd. 25, p. 34.

280 MEW Bd. 25, p. 49.

281 MEW Bd. 25, p. 96.

282 MEW Bd. 25, pp. 113, 93, 99.

283 MEW Bd. 25, pp. 177~78, 208.

284 MEW Bd. 25, p. 228.

285 MEW Bd. 25, pp. 250, 252, 274.

286 MEW Bd. 25, p. 130.

287 MEW Bd. 25, pp. 130 각주, 506 각주.

288 MEW Bd. 25, pp. 269, 274, 267.

289 MEW Bd. 25, pp. 271~72.

290 MEW Bd. 25, pp. 403, 312 각주.

291 MEW Bd. 25, pp. 397, 401~02.

292 MEW Bd. 25, pp. 452~54 참조.

293 MEW Bd. 25, p. 456.

294 MEW Bd. 25, p. 501.

295 MEW Bd. 25, pp. 620~21.

296 MEW Bd. 25, p. 623.

297 MEW Bd. 25, p. 640.

298 MEW Bd. 25, pp. 734, 784.

299 MEW Bd. 25, p. 826.

300 MEW Bd. 25, p. 827; MEW Bd. 26.1, p. 123.

301 MEW Bd. 25, pp. 827~28.

302 MEW Bd. 25, p. 859.

303 MEW Bd. 25, p. 883.

304 MEW Bd. 25, pp. 835~39.

제7장 『자본』 제1권과 제2권(1867~79)

305 MEW Bd. 31, pp. 178~79.

306 MEW Bd. 19, p. 358.

307 MEW Bd. 23, pp. 93~94.

308 MEW Bd. 19, p. 20 참조.

309 MEW Bd. 23, p. 118.

310 MEW Bd. 23, p. 128.

311 MEW Bd. 23, p. 180.

312 MEW Bd. 23, pp. 185, 187.

313 MEW Bd. 23, p. 188 참조.

314 MEW Bd. 23, p. 209.

315 MEW Bd. 23, p. 232.

316 MEW Bd. 23, pp. 230~31.

317 MEW Bd. 23, pp. 246, 249.

318 MEW Bd. 23, p. 249 각주.

319 MEW Bd. 23, pp. 167, 16, 271, 253, 276 참조.

320 MEW Bd. 23, pp. 285, 299, 308, 316 참조.

321 MEW Bd. 23, pp. 280, 313.

322 MEW Bd. 16, p. 11.

323 MEW Bd. 23, pp. 316, 320 각주.

324 MEW Bd. 23, pp. 322~23.

325 MEW Bd. 23, pp. 328~29.

326 MEW Bd. 23, pp. 333~34, 338.

327 MEW Bd. 23, pp. 339~40.

328 MEW Bd. 23, pp. 349~51 각주.

329 Marx, 앞의 책, 1974, pp. 198~99.

330 MEW Bd. 23, p. 351 각주.

331 MEW Bd. 23, pp. 359, 377, 371.

332 MEW Bd. 23, p. 382 각주.

333 MEW Bd. 23, p. 386.

334 MEW Bd. 23, p. 390.

335 같은 책, pp. 407, 414 각주.

336 MEW Bd. 23, pp. 416~17, 421~23.

337 MEW Bd. 23, pp. 430~33.

338 MEW Bd. 23, p. 440.

339 MEW Bd. 23, pp. 212~13, 443, 445.

340 MEW Bd. 23, pp. 447, 450.

341 MEW Bd. 23, pp. 451~52, 455, 459.

342 MEW Bd. 23, pp. 464~65.

343 MEW Bd. 23, pp. 470, 477.

344 MEW Bd. 23, pp. 489, 496, 498~99.

345 MEW Bd. 23, pp. 504, 506~08.

346 MEW Bd. 23, pp. 508, 512 각주.

347 MEW Bd. 23, p. 512.

348 MEW Bd. 23, p. 514.

349 MEW Bd. 23, pp. 514, 526 각주, 528 각주.

350 MEW Bd. 23, pp. 528~29.

351 MEW Bd. 23, pp. 531~32.

352 MEW Bd. 23, pp. 545~47.

353 MEW Bd. 23, pp. 548~49.

354 MEW Bd. 23, pp. 552, 316~17 참조.

355 MEW Bd. 23, p. 552.

356 MEW Bd. 23, pp. 555~56, 559, 562.

357 MEW Bd. 23, pp. 567~68, 570 각주.

358 MEW Bd. 23, pp. 571, 578 각주, 579.

359 MEW Bd. 23, p. 582.

360 MEW Bd. 23, p. 584.

361 MEW Bd. 23, pp. 595~96, 608~09, 598~99, 603.

362 MEW Bd. 23, pp. 608~09.

363 MEW Bd. 23, p. 613.

364 MEW Bd. 23, p. 618.

365 MEW Bd. 23, pp. 620, 626, 630.

366 MEW Bd. 23, pp. 635, 637~38.

367 MEW Bd. 23, pp. 642~43, 646~47.

368 MEW Bd. 23, pp. 658, 666.

369 MEW Bd. 23, pp. 669~70.

370 MEW Bd. 23, pp. 673~75.

371 MEW Bd. 23, pp. 674, 683.

372 MEW Bd. 23, pp. 765~66.

373 MEW Bd. 23, pp. 766, 769~70.

374 MEW Bd. 23, pp. 790~91.

375 MEW Bd. 24, pp. 63~64, 74.

376 MEW Bd. 23, p. 62.

377 MEW Bd. 23, pp. 73~74 참조.

378 MEW Bd. 23, p. 8.

379 MEW Bd. 23, pp. 108~09.

380 MEW Bd. 23, pp. 125~26, 241.

381 MEW Bd. 23, pp. 136~37.

382 MEW Bd. 23, pp. 141, 143, 146.

383 MEW Bd. 23, p. 146.

384 MEW Bd. 23, pp. 173~75.

385 MEW Bd. 23, pp. 185~86.

386 MEW Bd. 23, pp. 220~21, 228.

387 MEW Bd. 23, pp. 316~17.

388 MEW Bd. 23, p. 318 각주.

389 MEW Bd. 23, p. 246.

390 MEW Bd. 23, p. 358.

391 MEW Bd. 23, pp. 340~42, 345~46 참조.

392 MEW Bd. 23, pp. 409~10.

393 MEW Bd. 23, p. 409.

394 MEW Bd. 23, pp. 380~81 참조.

395 MEW Bd. 23, pp. 437~38 참조.

396 MEW Bd. 23, p. 448.

397 MEW Bd. 23, p. 423.

398 MEW Bd. 23, pp. 464~65 참조.

399 MEW Bd. 23, p. 178.

400 MEW Bd. 23, p. 504.

401 MEW Bd. 23, pp. 504~05, 510~12 참조.

제8장 마르크스의 작업 방식

402 MEW Bd. 31, p. 327.

403 MEW Bd. 23, p. 470.

404 MEW Bd. 27, p. 158.

405 MEW Bd. 26.2, pp. 126~29 참조.

406 MEW Bd. 26.1, p. 50; MEW Bd. 26.2, p. 398.

407 *Erinnerungen an Marx und Engels,* Moskau, 1956, p. 65(러시아어판).

408 MEW Bd. 37, p. 44.

409 MEW Bd. 25, p. 49.

410 MEW Bd. 23, pp. 90~93 참조.

411 Einstein, A., "Physik und Realität", *Zeitschrift für freie deutsche Forschung*, Paris, 1938, Nr. 2, pp. 13~14, Nr. 1, p. 8.

412 MEW Bd. 36, p. 198.

413 MEW Bd. 36, pp. 59~60.

414 MEW Bd. 30, p. 15.

415 MEW Bd. 16, p. 129.

416 MEW Bd. 32, p. 181.

417 MEW Bd. 26.2, p. 26.

418 같은 곳.

419 MEW Bd. 32, p. 407.

420 MEW Bd. 26.2, p. 109.

421 MEW Bd. 26.2, p. 112.

422 MEW Bd. 29, p. 463.

423 MEW Bd. 30, p. 640.

424 MEW Bd. 29, pp. 566, 573.

425 MEW Bd. 29, p. 463.

제9장 마르크스의 경제 이론과 노동자계급

426 MEW Bd. 16, p. 214.

427 MEW Bd. 24, p. 504.

428 MEW Bd. 23, p. 40.

429 MEW Bd. 23, p. 743; MEW Bd. 16, p. 227.

430 MEW Bd. 19, p. 221.

431 MEW Bd. 25, p. 827.

432 MEW Bd. 16, pp. 195, 11.

433 Marx, 앞의 책, 1974, p. 199.

434 MEW Bd. 32, pp. 553~54.

435 MEW Bd. 26.3, p. 303.

436 MEW Bd. 23, p. 594.

437 Varga, E., 『20세기의 자본주의』(*Der Kapitalismus des zwanzigsten Jahrhunderts*), Berlin: Verlag Die Wirtschaft, 1962, p. 62.

438 MEW Bd. 25, p. 184.

439 『현대 자본주의의 문제와 노동자계급』(*Probleme des gegenwärtigen Kapitalismus und die Arbeiterklasse*), Prag, 1963, p. 56~57(체코어판).

440 MEW Bd. 22, p. 231.

441 MEW Bd. 25, p. 208.

442 MEW Bd. 19, p. 111.

제10장 레닌의 제국주의 분석의 출발점을 이루는 마르크스의 이론

443 Lenin, Werke Bd. 22, Berlin: Dietz Verlag, 1971, p. 204.

444 Lenin, Werke Bd. 1, pp. 80, 267, 100.

445 MEW Bd. 39, Berlin: Dietz Verlag, 1968, p. 431.

446 MEW Bd. 25, p. 123.

447 MEW Bd. 23, p. 117.

448 MEW Bd. 23, pp. 116~17.

449 MEW Bd. 26.2, p. 266.

450 MEW Bd. 25, p. 46.

451 MEW Bd. 25, pp. 130, 472~73, 488, 506, 917~19.

452 Marx, 앞의 책, 1974, p. 329 각주.

453 Motylew, V. J., *Das Finanzkapital und seine Organisationsformen*, Moskau, 1959, p. 174(러시아어판).

454 Lenin, Werke Bd. 22, p. 281.

455 같은 책, p. 92.

제11장 마르크스의 연구 방법과 공산주의 경제 이론의 몇 가지 문제

456 MEW Bd. 16, p. 216.

457 Marx, 앞의 책, 1974, p. 6.

458 Lenin, Werke Bd. 3, Berlin: Dietz Verlag, 1956, p. 51.

459 MEW Bd. 19, p. 358.

460 Leninski sbornik XI, p. 349 (러시아어판).

461 MEW Bd. 19, pp. 19~20.

462 같은 곳.

463 MEW Bd. 19, pp. 20, 21.

464 MEW Bd. 19, p. 20.

465 MEW Bd. 19, p. 21.

466 MEW Bd. 19, p. 22.

467 MEW Bd. 19, p. 28.

468 MEW Bd. 19, p. 25.

469 MEW Bd. 19, p. 7.

470 Lenin, Werke Bd. 33, p. 464.

471 Lenin, Werke Bd. 25, p. 484.

472 MEW Bd. 26.3, p. 127.

473 MEW Bd. 26.3, p. 253; Bd. 25, p. 859 참조.

474 특히 Genkina, E. B., 「신경제정책에 대한 레닌의 주장」, *Woprossy istorii KPSS*, 1. 1967, 58~70쪽, 러시아어판과 Genkina, E. B., 「신경제정책의 문제에 대한 레닌의 저작」, *Woprossy istorii UPSS*, 11/1965, 104~13쪽(러시아어판) 참조.

475 *Die KPdSU in den Resolutionen und Beschlüssen der Parteitage Konferenzen und Plenen des ZK*, Bd. 1, Moskau, 1953, pp. 425, 427(러시아어판).

476 Lenin, Werke Bd. 33, Berlin: Dietz Verlag, 1962, p. 69; Lenin, Werke Bd. 44, Moskau, p. 471(러시아어판).

477 Kronrod, J., "Das Wertgesetz und Wirtschaft des Kapitalismus und Kommunismus", *Mirowaja ekonomika I meshdunarodnyje otnoschenija*, 1/1967, pp. 65~66(러시아어판).

478 같은 책, p. 69.

479 Lenin, Werke, Bd. 32, Berlin: Dietz Verlag, 1961, p. 401.

480 Minz, B., *Die Politische Ökonomie des Sozialismus*, Moskau, 1965, pp. 85~86(러시아어판).

481 MEW Bd. 23, pp. 612~13.

482 *Programm und Statut der Kommunistischen Partei der Sowjetunion*, Berlin: Dietz Verlag, 1961, p. 85.

483 Marx, 앞의 책, 1974, p. 89 참조.

484 MEW Bd. 2, 1957, p. 555.